WITHDRAWN
University of
Illinois Library
at Urbana-Champaign

SONDERHEFT 10

KLEINGRUPPENFORSCHUNG UND GRUPPE IM SPORT

KLEINGRUPPENFORSCHUNG UND GRUPPE IM SPORT

herausgegeben von

GUNTHER LÜSCHEN

WESTDEUTSCHER VERLAG · KÖLN UND OPLADEN

DIE GRUPPE IM SPORT
UND DIE KLEINGRUPPENFORSCHUNG

Von René König

Es ist erstaunlich zu sehen, wie spät sich die Sozialpsychologie der Gruppe, insbesondere die Kleingruppenforschung des Problems „Gruppe im Sport" angenommen hat, obwohl sich Vorläufer schon im 19. Jahrhundert finden lassen, etwa Untersuchungen über das Verhältnis von Schrittmacher und Rennfahrer beim Radsport. Aber diese älteren Versuche blieben nur sporadisch und waren auch wenig methodischer Natur (vor allem waren sie auch von Psychologen und nicht von Soziologen angebahnt), so daß keine ernsthaften Anstöße für die soziologische Forschung von ihnen ausgegangen sind. Dagegen war das Interesse für die Untersuchung von Arbeitsgruppen in der Industrie von Anfang an viel intensiver, was vielleicht durch das unmittelbare wirtschaftliche Interesse für die Ergebnisse dieser Untersuchungen erklärt werden kann, während der Sport in den Augen der meisten Forscher eben doch nur wirtschaftsenthobenes „Spiel" war — und das trotz aller Beeinträchtigung des Amateurtums durch den sich immer mehr in den Vordergrund drängenden Berufssport, der sicher die Öffentlichkeit zuweilen mehr interessiert, selbst wenn die Zahl der Amateure noch immer die überwältigende Majorität darstellt.

Insbesondere sind es zwei Punkte, die uns eine mehr methodologische Beschäftigung mit dem Problem der Gruppe im Sport nahezulegen scheinen, die auch für die allgemeine Kleingruppenforschung fruchtbare Resultate erbringen könnte: 1. Das Verhältnis der Gruppensituation zur Leistung und 2. die Tatsache, daß im Zeitalter des Massensports unendlich viele, ja praktisch unbegrenzte Möglichkeiten für die Beobachtung von Gruppenphänomenen im Sport gegeben sind. Der erste Punkt berührt sich engstens mit den Interessen der Betriebssoziologie und der Analyse von Arbeitsgruppen; der Gedanke ist nicht von der Hand zu weisen, daß Ergebnisse der Sportsoziologie dazu benutzt werden könnten, um besondere Situationen bei der Leistungserstellung besser zu beleuchten, z. B. die vielumstrittene Frage, ob es auf ein „Maximum" oder nur auf ein „Optimum" inneren Zusammenstimmens bei der Gruppe ankommt, um einen befriedigenden Ausstoß zu erzielen. Ferner muß man zugestehen, daß die Chancen der Beobachtung bei Sportgruppen insofern besser sind als bei industriellen Arbeitsgruppen, als bei den ersteren keine greifbaren Motive da sind, die die Leistung und den Ablauf des Geschehens beeinflussen könnten, während es im zweiten Falle, wie wir wissen, sehr viele Motive gibt, die sowohl zu einer bewußten (also taktisch angewendeten) als auch — was viel wichtiger ist — zu einer unbewußten Beeinflussung des Arbeitsprozesses beitragen, sowie die „Beobachtungssituation" gegeben ist. Darum hat sich ja auch die Erforschung der Gruppenleistung von der Feldforschung immer mehr in die Laboratoriumsatmosphäre zurückgezogen, was große Nachteile im Gefolge hat, selbst wenn man es sich zur Regel macht, erfolgreiche Laboratoriumsexperimente unmittelbar mit Hilfe von Feldexperimenten zu kontrollieren.

Angesichts der hier nur anzudeutenden Verhältnisse bleibt es also wirklich unverständlich, wieso das Phänomen „Gruppe im Sport" erst so spät methodisch angegangen worden ist — vielleicht sogar etwas zu spät, um noch mit dem gleichen Brio und Optimismus behandelt zu werden, die, wie *Hans Anger* sehr richtig bemerkt, Anfang der 50er Jahre in der eigentlichen Kleingruppenforschung einen eindrucksvollen Höhepunkt der Produktion zur Folge hatten. Wir möchten es aber nicht nur einer Modeströmung zuschreiben, wenn seither die Forschung auf diesem Gebiet zurückgegangen ist, sondern dem zunehmenden Hervortreten neuer Einsichten, die einerseits zur Zurückhaltung mahnen, andererseits aber neue Differenzierungen kritischer Art hervorgetrieben haben, so daß sich die künftige Forschung vor die Notwendigkeit gestellt sehen wird, neue und komplexere Untersuchungsansätze aufzubauen, um weiterkommen zu können. Das würde also nicht ein totales Zurücktreten der Kleingruppenforschung, sondern neue Entwicklungsmöglichkeiten auf neuen Grundlagen zur Folge haben. Wir möchten damit allerdings nicht behaupten, daß darum Kleingruppenforschung ein eigener Zweig der Sozialforschung bleiben wird, wie es in den 50er Jahren zu sein schien; vielmehr wird sie sich sicher in breiter gelagerte Forschungsansätze einbauen, wobei wir nicht ausschließen, daß dies in verschiedenen Wirklichkeitsbereichen unter durchaus verschiedenen Aspekten der Fall sein kann: etwa Gruppenforschung im Betrieb, wobei der Rahmen die Gesamtorganisation des Betriebs ist („Small Groups and Large Organizations"), oder Gruppenforschung in der Familie, bei der der Akzent viel mehr auf den Interaktionen der einzelnen Partner als im Bezug auf einen allgemeinen Rahmen liegt, der sich als Zwangsorganisation auswirkt.

Zusammenfassend gesehen, scheint uns mindestens ein Teil der Schwierigkeiten, denen sich die klassische Kleingruppenforschung heute gegenübersieht, methodologischer Natur zu sein. Es mag verwunderlich klingen, bei einem scheinbar so hoch entwickelten Forschungsgebiet von methodologischen Schwierigkeiten zu sprechen, aber wir möchten uns in der Tat allen jenen anschließen, die von geradezu elementaren methodologischen Unklarheiten bei der Kleingruppenforschung sprechen. Wir wiederholen ausdrücklich, daß wir mit diesen Bemerkungen den Forschungsansatz als solchen keineswegs radikal über Bord werfen, sondern nur in weiteren Forschungsansätzen einbauen wollen, ein Verfahren, das vielleicht einige der bestehenden methodologischen Unklarheiten zu erhellen beitragen wird. Aber es ist nicht von der Hand zu weisen, daß man sich außer einigen gelegentlichen Bemerkungen noch überraschend wenig Gedanken gemacht hat über gewisse Probleme, mit denen die Kleingruppenforschung bisheriger Art steht oder fällt.

Dazu gehört in erster Linie, was wir *die Reichweite der Beobachtung oder ihren Fokus* bezeichnen wollen. Jedermann sind die soziometrischen Beziehungsdiagramme bekannt, mit deren Hilfe sich *in vielen Fällen* Gruppenstrukturen vorzüglich diagnostizieren lassen; *aber eben nicht in allen Fällen*, z. B. in denen nicht, in denen eine Person in der Gruppe angibt, *ihre soziometrischen Wahlen außerhalb der real präsenten Gruppe zu treffen.* Wenn man in einem solchen Fall zu analysieren fortfährt, wie man es gewöhnt ist, muß man notwendigerweise ein völlig schiefes Bild erhalten; denn man behandelt das nach außen orientierte Mitglied ganz gleich wie die anderen, ohne nachzuforschen, ob diese Gleichheit wirklich vorhanden ist. Bei Untersuchungen über Kommunikationsdiffusion muß das sogar zu falschen Annahmen führen, indem dieser eine über Kommunikationskanäle verfügt, die den anderen grundsätzlich nicht offenstehen (im Betrieb etwa die Beziehung eines Arbeiters zu einer Direktionssekretärin). Die Soziometrie sieht nun in ihrer Praxis diesen Fall zwar vor, indem sie in der graphischen Darstellung eine Verbindung zu einem Punkt außerhalb der Gruppe zieht, der von dieser selbst durch einen Strich getrennt ist. Aber sie macht mit dieser Einsicht insofern nicht Ernst, *als im Zweifelsfalle eigentlich alle beteiligten Mitglieder der real präsenten Gruppe außerhalb dieser ebenfalls ihre höchst vielseitigen Beziehungen und Interessen haben, die man nur bei der Auswertung einfach unter den Tisch fallen läßt.* In dem beschriebenen Fall wird der Fokus der Beobachtung das eine Mal enger, das andere Mal weiter eingestellt, was methodologisch unter keinen Umständen zu rechtfertigen ist.

Im übrigen ist unser Problem keineswegs auf die Soziometrie begrenzt, sondern tritt in gleicher Weise bei Laboratoriumsexperimenten auf, bei denen viel zu häufig die Unterstellung gemacht wird, als seien die ad hoc etwa in einem Beobachtungsraum zusammengebrachten Personen, die ein Gruppenexperiment durchführen sollen, gewissermaßen berufliche Versuchskaninchen ohne spezielle Persönlichkeitskomponente, ohne Geschichte, ohne Interessen und Verbindungen außerhalb des Versuchsraums. Wenn wir die Möglichkeit hätten, diese Variablen bei der Beobachtung in Anwendung zu bringen, dann würde sich vielleicht herausstellen, daß ein äußerlich gleichförmiges Verhalten verschiedener Personen in jedem einzelnen Falle eine unter Umständen ganz verschiedene Bedeutung hat, so daß man in der Auswertung eines solchen Experiments im Grunde Unvergleichbares gewaltsam über einen Leisten schlägt, weil die entscheidenden Variablen unter Umständen erst bei einer beträchtlichen Erweiterung des Fokus der Beobachtung sichtbar werden (wie z. B. nicht nur die interpersonalen Beziehungen in einer Arbeitsgruppe für den Ausstoß verantwortlich sind, sondern genauso Zugehörigkeit oder Nichtzugehörigkeit zu einer Gewerkschaft).

Wir rollen hier diese Fragen auf, weil sie uns gerade bei der Behandlung des Problems der „Gruppe im Sport" besonders aufdringlich zu sein scheinen. Damit würde das späte Eindringen der Kleingruppenforschung in den Sport ein doppeltes Ergebnis zeitigen, nämlich 1. die Anwendung bereits in anderen Wirklichkeitsbereichen bewährter Forschungstechniken auf eine neue Wirklichkeit und 2. eine Anwendung unter neuen methodologischen und auch theoretischen Voraussetzungen, die vielleicht später auf die Kleingruppenforschung in anderen Lebensbereichen zurückwirken werden. Dabei ist es auch wichtig zu vermerken, daß relativ alte und auch allgemeine Probleme hier wieder neu erörtert werden müssen, wie etwa das Verhältnis von allgemeinem „sozialem Einfluß" und spezifischer „Gruppenwirkung". Dies kann sich etwa so auswirken, daß das Ziel einer Sportgruppe, nämlich der Sieg über die gegnerische Mannschaft, durch eine diesem Ziel entgegenwirkende Norm, „nicht zu verlieren", die von einer unbestimmt-allgemeinen Umwelt ausgeht, aufgehoben wird. Das drückt sich praktisch z. B. bei den nationalen Liga-Ausscheidungskämpfen im Fußball in einer Vermehrung der Spiele aus, die mit dem Ergebnis 0:0 endeten. Nur in den wenigsten Fällen ist dies Ergebnis eine Folge gleicher Spielstärke, sondern zumeist die eines stärkeren sozialen Einflusses, der in der Gruppe die Risikobereitschaft herabsetzt und damit auch das Ziel des Spiels verdrängt, nämlich den Sieg über die gegnerische Mannschaft. Es liegt auf der Hand, daß angesichts dieser Situation auch das ganze Zusammenwirken der Spielergruppe beeinflußt werden wird, indem etwa die Rollenverteilung zwischen Angriff und Verteidigung eine Umstellung erfährt; versucht man sonst die „aggressiven" Spieler in den Angriff zu nehmen, so wirken sie jetzt in der Verteidigung, und die gesamte Spieltaktik wird durch den Verzicht auf Angriff und Sieg bestimmt. Damit muß die Beobachtung notwendigerweise auf die Mentalität der Trainer, der Verbands- oder Vereinsleiter sowie der Manager und Agenten und schließlich auch auf die des Publikums ausgedehnt werden, die unter Umständen alle miteinander vollauf damit zufrieden sind, daß eine Niederlage vermieden wurde. Um zu siegen, muß man siegen wollen, lautet die eine Norm; die andere: es genügt, bis zum Ende des Spiels ohne Entscheidung durchzuhalten, um den Abstieg aus der Liga in eine untere Klasse zu verhindern. Daß dies Ausdruck einer „schlechten Moral" ist, spricht nicht gegen die Wirkung solcher Vorstellungen, die etwa jüngstens in der italienischen Fußballwelt zu einer akuten Krise geführt haben, wobei man zum ersten Male auf die beträchtliche Zunahme der Spiele aufmerksam wurde, die mit 0:0 Toren endeten.

Zunahme der Spiele, die mit 0:0 Toren endeten (Italien)

Spielzeiten		Spielzeiten	
1952—1953	28	1959—1960	39
1953—1954	24	1960—1961	31
1954—1955	25	1961—1962	28
1955—1956	38	1962—1963	37
1956—1957	24	1963—1964	49
1957—1958	33	1964—1965	50
1958—1959	35	1965—1966	50

(Quelle: Corriere della Sera, Freitag, den 5. August 1966, Blatt 12.)

Damit eine solche Taktik Erfolg hat, muß sie natürlich von beiden Spielergruppen angenommen werden. Wiederum sprechen wir hier nicht etwa von einer „Verabredung", sondern von einem allgemeinen „sozialen Einfluß", dem beide Partner unterliegen. Von hier aus wird gleichzeitig sichtbar, daß ein Fokus der Beobachtung, der *nur* eine Mannschaft ins Auge faßt, zu eng sein muß. Der wirkliche Prozeß spielt sich in einer „Konstellation" ab, die *beide* Mannschaften umfaßt und in ständiger Bewegung ist *(Norbert Elias* und *Eric Dunning).* Außerdem unterliegt dieser Prozeß „Einflüssen", die keineswegs nur von den „Spielregeln", sondern noch von einer ganzen Reihe anderer Meinungsträger und Interessen bestimmt werden, die mit dem Sport nicht das geringste zu tun haben.

Damit wird als weitester Horizont des Geschehens schließlich die Gesamtgesellschaft sichtbar; es ist schon lange bemerkt worden, daß jede Gesellschaftsform die ihr eigentümliche Form des Sports hat. Das soll und kann aber natürlich nun nicht in dem Sinne verstanden werden, als sollten auf Grund dessen alle Ansätze der Kleingruppenforschung aufgegeben werden; vielmehr fordern wir damit nur die Einordnung der Sportgruppe in jeweils zugeordnete weitere Rahmen gesamtgesellschaftlicher Natur, die auch gewisse funktionale Verschiebungen zur Folge haben können, indem etwa die große Mehrheit der Mitglieder von Sportvereinen nicht um des Sports, sondern nur um der Geselligkeit willen (im Sinne der Freizeitgestaltung) dabei sind. Es gibt noch zahlreiche andere intermediäre Gruppen zwischen der Sportgruppe und der Gesamtgesellschaft, wie etwa Banden von Jugendlichen, Schulklassen, Schulen, Vereine, Verbände, aber auch Altersgruppen sowie soziale Schichten, die über die Partizipation an verschiedenen Sportarten entscheiden (in verschiedenen Kulturen übrigens auf höchst verschiedene Weise). Insgesamt kann man sagen, daß das Verhältnis von „äußerem System" und „innerem System", wenn wir uns einmal der Sprache von *George C. Homans* bedienen wollten, äußerst flexibel ist, indem das, was im einen Falle als äußeres System erscheint, sich in einem anderen seinerseits als inneres System gegenüber einem anderen, weiteren äußeren System darstellt. Von entscheidender Bedeutung ist aber jeweils das prozeßhafte Geschehen, dessen Analyse präzise Schlüsse darüber zuläßt, was im einzelnen Falle als das innere und was als das äußere System anzusehen ist. Damit ist schließlich auch eine Basis erreicht, die die früher viel ventilierte Frage weit hinter sich läßt, ob Ergebnisse der Kleingruppenforschung auf die weitere Gesellschaft anwendbar seien. Diese Frage stellt sich jetzt vielmehr so dar, daß die Prozesse in kleinen Gruppen jeweils mit verschiedenen weiteren sozialen Ordnungen in Interdependenz stehen, die es durch die Forschung methodisch einwandfrei herauszuarbeiten gilt.

Inhaltsübersicht

Die Gruppe im Sport und die Kleingruppenforschung. Von Prof. Dr. *René König*, Universität Köln 5

Einleitung. Von Dr. *Günther Lüschen* (Bremen), z. Z. Gastprofessor, University of Illinois, Urbana, Ill. 13

I. Teil: Allgemeine Theorie und Probleme der Kleingruppenforschung

Kleingruppenforschung heute. Von Prof. Dr. Dr. *Hans Anger*, Universität Köln 15

Begriffliche Probleme in der Kleingruppenforschung. Von Prof. Dr. *Gregory P. Stone*, University of Minnesota, Minneapolis, Minn. 44

Der Gruppenfertigungsversuch. Von Prof. Dr. *Theodor Scharmann*, Universität Erlangen—Nürnberg 66

Die Zusammensetzung von Gruppen und ihre Risikobereitschaft. Von Prof. Dr. *Eugene Burnstein*, University of Michigan, Ann Arbor, Mich. 84

Theorie und Probleme der Führung. Von Prof. Dr. *Albert E. Myers*, University of Delaware, Newark, Del., und Prof. Dr. *Fred E. Fiedler*, University of Illinois, Urbana, Ill. 92

II. Teil: Zu Theorie und Forschung kleiner Gruppen im Sport

Die soziale Struktur von Sportgruppen. Von Prof. Dr. *Walter E. Schafer*, University of Oregon, Eugene, Or. 107

Zur Dynamik von Sportgruppen. Von Prof. Dr. *Norbert Elias* und Prof. Dr. *Eric Dunning*, University of Leicester, Leicester 118

III. Teil: Forschungsberichte

Mount Everest: Eine Fallstudie über Kommunikationsrückfluß und Erhaltung des Zielstrebens von Gruppen. Von Prof. Dr. *Richard M. Emerson*, University of Washington, Seattle, Wash. 135

Maximale Leistung trotz inneren Konflikten. Von Dr. *Hans Lenk*, Technische Universität Berlin 168

Generationswechsel in Sportmannschaften. Von Prof. Dr. *Miro Mihovilović*, Universität Zagreb 173

Gruppenkomposition, Gruppenstruktur und Effektivität von Basketballmannschaften. Von *Michael Klein* und *Gerd Christiansen*, Universität Köln 180

Soziale Beeinflussung der Leistung bei vier psychomotorischen Aufgaben. Von Prof. Dr. *Gerald S. Kenyon* und *John W. Loy jun.*, M. A., University of Wisconsin, Madison, Wisc. 192

Wettbewerb und Geschicklichkeit im Sport. Von *K. B. Start*, Research Associate und *J. F. Herbert*, M. A., University of Manchester, Manchester 203

Leistungsorientierung und ihr Einfluß auf das soziale und personale System. Von Dr. *Günther Lüschen*, Bremen, z. Z. Gastprofessor, University of Illinois, Urbana, Ill. 209

Leistungsforcierung im Sportunterricht und ihr Einfluß auf die Struktur von Schulklassen. Von Diplom-Sportlehrer *Kurt Hammerich*, Universität Köln 224

Die Aufgabe von Verteidigungsschichten in Drucksituationen. Von Dozent *Harold Charnofsky*, University of Southern California, Los Angeles, Cal. 237

Der Einfluß von Freundesgruppen auf die Einstellung von Studenten zum Studium und zum Beruf des Sportlehrers. Von *Barbara Krawczyk*, Hochschule für Körperkultur, Warschau 251

Sport und Sozialisierung in Banden und sozialen Aggregaten. Von Dozent Dr. *Rafael Helanko*, Universität Turku 254

IV. Teil: Diskussionen

Kleingruppenforschung in Anwendung auf Sportgruppen und Sportvereine. Von Dozent *Takaaki Niwa*, Universität Nara 259

Forschungsergebnisse im Bereich der Körperkultur und der Formierungsprozeß von Sportgruppen. Von Dozent Dr. *Friedrich Trogsch*, Deutsche Hochschule für Körperkultur, Leipzig 268

V. Teil: Bibliographie

Ausgewählte Literatur zur Kleingruppenforschung. Von Dipl.-Kaufmann *Helmut E. Lück*, Universität Köln 273

EINLEITUNG

Von Günther Lüschen

Dieses Sonderheft ist das Ergebnis eines Internationalen Seminars, das unter dem Thema „*Kleingruppenforschung und ihre Anwendung auf den Sport*" am 14./15. April 1966 an der Universität Köln unter Schirmherrschaft der International Sociological Association (ISA) stattfand. Veranstalter war das *Forschungsinstitut für Soziologie* in Zusammenarbeit mit dem *UNESCO-Komitee für Soziologie des Sports* (Weltrat für Sport und Leibeserziehung). Ohne die dankenswerte Unterstützung des *Bundesministeriums des Innern* und des nordrhein-westfälischen *Kultusministeriums* wären Veranstaltung des Seminars und Herausgabe dieses Sonderheftes nicht möglich gewesen.

Die Erforschung kleiner Gruppen im Sport bietet einen Weg, über den ohne großen Aufwand ad-hoc-Theorien zu einer *Soziologie des Sports* erreichbar erscheinen. Die Soziologie des Sports findet zwar starkes Interesse. Diesem Interesse entspricht aber nicht immer ein methodisch einwandfreier Ansatz. Allzuoft löst sich das, was Soziologie des Sports sein möchte, auf dem Hintergrund pädagogischer Intentionen in unverbindliche Sozialphilosophie und Kulturphilosophie auf. Insofern schien das vorliegende Thema besonders geeignet zu definieren, was Soziologie des Sports sein soll — *eine auf Theoriebildung ausgerichtete streng empirische Disziplin*. Schließlich sollte dokumentiert werden, daß genau dieser Bereich noch in die Soziologie des Sports einzuschließen ist.

Unabhängig von solchen Fragen bestand die Absicht, einen Forschungsansatz erneut in den Vordergrund zu rücken, der in Mitteleuropa mit Ausnahme der Niederlande nicht die Beachtung gefunden hat, der ihm für Soziologie und Sozialpsychologie zweifellos zukommt. Über eine stärker soziologische Ausrichtung der Kleingruppenforschung am Beispiel von Sportgruppen scheint auch eine Überwindung der relativen Stagnation in Methode und Theorie möglich. Daß hier keine neue Wissenschaft angestrebt wird, braucht nicht besonders betont zu werden. So wie das *Leopold von Wiese* eindeutig für die in ihrer Erkenntnismöglichkeit oft überschätzte Soziometrie festgestellt hat, so fassen auch wir die *Kleingruppenforschung nur als spezifischen Forschungsansatz* auf.

Ein solches Thema darf sich schließlich mit *Georg Simmel* und *Kurt Lewin* auf zwei Sozialwissenschaftler berufen, deren Erbe in den USA unverhältnismäßig stärker als bei uns gepflegt wird. Über *Georg Simmel* geht man mit dem Etikett „formale" Soziologie nur allzu schnell zur Tagesordnung über, obwohl die bei ihm zu findenden Erkenntnisse über die Gruppe längst nicht ausgewertet sind. Und *Kurt Lewin* wird erst in den letzten Jahren stärker rezipiert. Nun liegt die Ursache gerade bei ihm darin, daß seine Wirkung sehr viel stärker über die Lehre und seine Persönlichkeit als über Publikationen gegangen ist. Maßgeblich durch *Lewin* beeinflußt, sind die Einzelergebnisse der Kleingruppenforschung heute kaum noch zu überblicken; und einer ihrer Hauptvertreter, *Robert F. Bales*, ist in den USA heute der meist zitierte Sozialwissenschaftler.

Bei den folgenden Beiträgen wird ebenso die Vielfalt der dargestellten Probleme und vertretenen Meinungen auffallen, wie die Übereinstimmung in einer ganzen Reihe von Forschungsergebnissen. Die Beiträge gliedern sich in fünf Teile: Zunächst wird eine allgemeine Einführung in die Kleingruppenforschung und ihre Probleme vermittelt. Dazu gehört der Artikel von *Hans Anger*, Ordinarius für Sozialpsychologie in Köln, und die kritische Stellungnahme aus der Sicht eines „symbolic Interactionist" von *Gregory P. Stone*. *Theodor Scharmann* führt mit seinem Forschungsansatz zur Gruppenleistung die bisherigen Erkenntnisse speziell im Hinblick auf das äußere System von Gruppen weiter. *Eugene Burnstein*, vom Michigan Center for Group Dynamics, diskutiert das Problem der Risikobereitschaft. *Albert E. Myers* und *Fred E. Fiedler* berichten über neue Erkenntnisse zur Theorie der Führung. Im zweiten Teil stellt *Walter E. Schafer* die Struktur der Sportgruppe und mögliche Forschungsansätze dar. *Norbert Elias* und *Eric Dunning* kommen über ihre Untersuchungen zum Fußball auf der Basis einer „Konfigurations-Soziologie" zu einer Kritik an *George C. Homans* und der Theorie des Konflikts. Im dritten Teil wird über Forschungen berichtet. Hier steht das Problem der Leistung im Vordergrund. Als abhängige Variable erscheint sie in den Untersuchungen über Hochleistungsgruppen von *Richard M. Emerson*, *Hans Lenk* und *Miro Mihovilović*. Soziale Bedingungen für Leistung finden sich bei *Michael Klein* und *Gerd Christiansen*, *Gerald Kenyon* und *John Loy* sowie bei *K. B. Start* und *J. F. Herbert*. Als unabhängige Variable ist Leistung bei *Kurt Hammerich* und *Günther Lüschen* gesetzt. *Harold Charnofsky* diskutiert eine soziodramatische Untersuchung. *Barbara Krawczycks* Beitrag hat Bedeutung für die Bezugsgruppentheorie. *Rafael Helanko* stellt eine Untersuchung über Sozialisierung dar. Im vierten Teil geben *Friedrich Trogsch* und *Takaaki Niwa* einen Überblick zu Forschungen und theoretischen Ansätzen in ihrem Bereich. Der fünfte Teil enthält eine von *Helmut Lück* zusammengestellte Bibliographie, die den Weg deutlich macht, der speziell in Mitteleuropa und in einem stärker soziologisch orientierten Ansatz der Kleingruppenforschung noch zu gehen ist.

Dem Herausgeber bleibt schließlich die angenehme Pflicht, Herrn *Prof. Dr. René König* und all denen zu danken, die durch ihren Einsatz und ihre Unterstützung das Internationale Seminar und dieses Sonderheft ermöglicht haben.

I. Teil: Allgemeine Theorie und Probleme der Kleingruppenforschung

KLEINGRUPPENFORSCHUNG HEUTE

Von Hans Anger

Warum Kleingruppenforschung?

Wir beginnen am besten mit der naheliegenden Frage nach den Gründen für das seit dem Ende des zweiten Weltkrieges zu beobachtende, geradezu sprunghafte Anschwellen der Literatur auf dem Gebiet der Kleingruppenforschung. Wie kommt es, daß die Untersuchung kleiner und kleinster Gruppen — zwei bis maximal zwei Dutzend Personen — seither zunehmend in den Vordergrund des sozialwissenschaftlichen Interesses gerückt ist? Sicher haben wir es hier z. T. mit einer gewissen *Modeströmung* im Kielwasser verschiedener „Human-Relations"-Bewegungen zu tun, die Anfang der 50er Jahre ihren Höhepunkt erreichte und dann langsam abzuebben begann. Die eigentliche Ursache aber dürfte darin liegen, daß sich an solche Untersuchungen von verschiedenen Seiten z. T. sehr weitgehende *theoretische* Erwartungen knüpfen.

Den vorwiegend *psychologisch* orientierten Forscher interessiert meist in erster Linie die Wirkung der Gruppe auf das *Individuum*, also das ungeheuer komplexe Gebiet der *sozialen Beeinflussung*. An die Stelle der primitiven Fragestellungen der Anfangszeit, die lange Zeit fast ausnahmslos um die in dieser allgemeinen Form wenig sinnvolle Frage kreisten, ob der einzelne mehr leistet, wenn er isoliert oder in Gesellschaft anderer tätig ist, sind inzwischen differenziertere Untersuchungen der Motivation, der Konformität, des Einstellungswandels, der kognitiven Orientierung und der sozialen Wahrnehmung getreten. Man erwartet, auf diese Weise schließlich zu einem vertieften Verständnis der individuellen Entwicklung im sozialen Feld zu gelangen, und hofft, eines Tages vielleicht sogar zu einer umfassenden, sozialpsychologisch fundierten Persönlichkeitstheorie vorzustoßen. Die Gruppe wird dabei stets als eine bedeutsame soziale Umweltgegebenheit behandelt — nicht immer freilich als ein interdependentes soziales System; oft sind es einfach der oder die „anderen", auch wenn an die Stelle des bloßen körperlichen „Nebeneinander" im Sinne der *Moede*schen „Experimentellen Massenpsychologie" oder der *Allport*schen „co-acting group" vielfach schon mehr oder minder komplexe „Miteinander-Situationen" im Sinne einer „interacting group" getreten sind. So betrachtet, bildet die Gruppe für viele Psychologen oft also gar nicht den eigentlichen Forschungsgegenstand, sondern im Grunde nur den äußeren Rahmen, um bestimmte Aspekte des individuellen Erlebens und Verhaltens unter sozialer Beeinflussung zu untersuchen. In jedem Falle steht das Interesse für die Auswirkungen auf die einzelne Person, also für eine ganz spezielle Klasse von Effekten der meist nicht näher analysierten „sozialen Situationen" dabei eindeutig im Vordergrund. Wie *George C. Homans* (1959)* einmal so treffend sagte, ist die Bezeichnung „Kleingruppenforschung" unter diesen Umständen eigentlich sogar irreführend: „Small groups are not *what* we study, but *where* we often study it" — und in der Tat müssen wir feststellen, daß Einzelheiten der Gruppenstrukturen und Gruppenprozesse bei solchen Ansätzen sehr oft nur auf beiläufiges Interesse stoßen oder gänzlich unbeachtet bleiben.

Anders der typisch *soziologische* Ansatz, zu dem ich *Homans* aus verschiedenen Gründen nur sehr bedingt zählen möchte. In der Soziologie kann das neuerlich immer stärker hervortretende Interesse für Gruppenstrukturen und Gruppenprozesse, also für die Gruppe als ein geschlossenes System sozialer Bezüge und Regelhaftigkeiten, auf eine reiche historische Tradition zurückgreifen. Während es in der Psychologie sehr lange gedauert hat, bis die Gruppe als ernst zu nehmender Forschungsgegenstand, als eine sinnvolle Einheit eigener Art, überhaupt Anerkennung fand, zählte die Vorstellung des natürlichen, von ganz bestimmten Gesetzen geregelten Gruppenverbandes von Mensch und Mitmensch von alters her zu den Selbstverständlichkeiten des soziologischen Denkens. Spätestens seit *Emile Durkheim, Georg Simmel* und *Charles H. Cooley* ist auch eine deutliche Tendenz zur Beschäftigung mit den speziellen Eigenarten und Funktionen *kleiner* Gruppen festzustellen. Dabei fehlt fast nie ein explizites Bewußtsein der zentralen Bedeutung verschiedener Arten von Sozialbeziehungen zwischen den Gruppenmitgliedern (etwa einer mehr *zweckrational-instrumentellen* oder einer mehr *sozial-emotionalen* Basis), die zu verschiedenen Typologisierungen Anlaß gegeben haben. Kurzum: in der Soziologie nimmt der Begriff der Gruppe mehr und mehr den Platz ein, an dem früher der Begriff der Gesellschaft stand, und eine deutliche Tendenz geht dahin, zunächst einmal übersichtliche soziale Kleingebilde in den Griff zu bekommen, die ihrerseits als Studienobjekte sui generis interessieren, vielleicht aber auch eines Tages als Modell für das Verständnis gesellschaftlicher Großgruppen, Institutionen und übergreifender sozio-kultureller Strukturen dienen könnten. Das ist natürlich eine sehr weitgehende Erwartung, und mein Eindruck geht dahin, daß viele Soziologen der Gegenwart diese Hoffnung nicht teilen. Immerhin:

---

* Die Jahreszahlen in Klammern beziehen sich auf das Literaturverzeichnis am Ende des Artikels.

„Better a good theory in an unimportant field than a bad theory in an important one", wie der aphorismenfreudige *Homans* hierzu vor kurzem bemerkt hat (1959), und charakteristisch für die gleiche Haltung ist wohl auch die resignierende Feststellung, die er vor Jahren bereits seiner „Theorie der menschlichen Gruppe" (1950) mit auf den Weg gab: „Es mag sein, daß wir überhaupt keine Theorie formulieren können, die auf ganze Gemeinwesen oder Nationen anwendbar ist, aber vielleicht können wir gerade noch eine solche für die kleine Gruppe zustande bringen. Synthese des Mikrokosmos, das ist möglicherweise ein erreichbares Ziel, und der Umkreis der kleinen Gruppe ist vielleicht gerade klein genug, um ihn völlig auszuloten."

So tritt neben die primär psychologische Frage nach der sozialen Beeinflussung und Prägung des Individuums die primär soziologische Frage nach der Struktur und Funktion der Kleingruppe als solcher, und beide Ansätze beziehen natürlich zusätzliche Impulse aus einer ganzen Anzahl von praktischen Aufgabenstellungen, die wir hier einmal beiseite lassen wollen. Theoretische und praktische Interessen überschneiden sich z. T. freilich ohne Rücksicht auf traditionelle Fachgrenzen, und dies gilt auch für die wissenschaftliche Arbeit des einzelnen. Zahlreiche Forscher, die „von Hause aus" Soziologen sind, beschäftigen sich heute mit den sozialpsychologischen Problemen des Wechselspiels zwischen Gruppe und Individuum, während es umgekehrt eine Reihe von Psychologen gibt, die am einzelnen Individuum mitunter so gut wie gar nicht interessiert erscheinen, höchstens insofern, als es eine bedeutsame Teilgröße im Rahmen eines komplexen zwischenmenschlichen Interaktionssystems darstellt. Auch einige andere traditionelle Unterschiede beginnen sich mehr und mehr zu verwischen: experimentelle Untersuchungen von ad hoc gebildeten unstrukturierten Laboratoriumsgruppen — einst ausschließlich Domäne der Psychologen — werden heute auch von soziologisch vorgebildeten Forschern unternommen, während Psychologen damit begonnen haben, sich mehr und mehr auch der Untersuchung „echter" Kleingruppen in ihrer natürlichen Umwelt zuzuwenden — einst typischer Ausgangspunkt der modernen Gruppensoziologie. Geblieben ist allenfalls noch eine mehr „makroskopische" und gleichzeitig „theorienfreudigere" Haltung auf seiten der soziologisch orientierten Forschung, die jedoch nicht selten zur Postulierung nur *scheinbar* allgemeingültiger Zusammenhänge führt, die einer detaillierten Analyse nicht standhalten; während die Psychologen typischerweise zwar höhere Exaktheitsansprüche stellen, infolge ihres mehr „mikroskopischen" Blickwinkels aber oft auf die Eigenheiten des einzelnen Individuums fixiert bleiben und über der Beschäftigung mit zahllosen Einzelheiten mitunter in Gefahr sind, größere Zusammenhänge aus dem Auge zu verlieren. Beides mag im Endeffekt schließlich zu einer durchaus wünschenswerten Synthese führen, denn die ganze Geschichte der Sozialwissenschaften lehrt, daß Soziologen sehr oft die besseren Fragen stellen — sie haben selbst die *psychologisch* relevanten Probleme in diesem Zusammenhang oft schon viel eher erkannt und präzisiert —, während psychologisch geschulte Forscher im allgemeinen vielleicht eher geeignet sind, solche Fragen besser zu beantworten.

Der Vollständigkeit halber sei schließlich noch ein weiterer, bisher viel zu wenig beachteter Aspekt der Kleingruppenforschung erwähnt, bei dem sich psychologische, soziologische und anthropologische Interessen faktisch die Waage halten. Er ergibt sich daraus, daß die Untersuchung kleiner Gruppen stets auch die Möglichkeit einer Analyse spezieller *Teil-* oder *Subkulturen* und der Tradierung dieser kulturellen Gemeinsamkeiten bietet. Treten zwei oder mehrere Individuen über einen gewissen Zeitraum hinweg miteinander in engeren Kontakt, so resultiert daraus eine wechselseitige Angleichung der individuellen Perspektiven, eine verstärkte Ähnlichkeit in kognitiver, emotionaler und verhaltensmäßiger Hinsicht, verbunden mit einem Bewußtwerden dieser Kongruenz. Den Inhalt solcher inter-individuellen Überschneidungen von Bezugssystemen und Betrachtungsweisen, von Annahmen, Werten, Gefühlen und Verhaltensnormen, können wir die gemeinsame Kultur einer Gruppe nennen. Für die Soziologie ist das natürlich in gewisser Weise ein „alter Hut" — mit eben diesen Annahmen operierte sie in mehr oder minder allgemeiner Form bereits vor der Jahrhundertwende, wobei sie sich freilich mehr auf den Einfluß der Gesellschaft als Ganzes bezog und gewisse Teilgruppen der Gesellschaft im wesentlichen nur als Mittler und Medien solcher kulturellen Prägungen betrachtete (*Charles H. Cooley*, 1902). Aber erst der Experimentalpsychologie blieb es vorbehalten, das Entstehen gruppenspezifischer kultureller Normen unter Laboratoriumsbedingungen sichtbar zu machen (*Muzafer Sherif*, 1936), dabei gleichzeitig die Beteiligung sämtlicher Gruppenangehörigen an der Fixierung dieser Normen nachzuweisen und damit erstmals einen experimentell fundierten Hinweis auf den Ursprung übergreifender gesamtgesellschaftlicher Kulturen und die Ursachen für die Abspaltung spezieller Subkulturen zu liefern. Neuerdings ist man sogar in der Lage, die Tradierung künstlich erzeugter und z. T. sehr extremer Gruppennormen über mehrere „Generationen" von Versuchspersonen hinweg experimentell zu verfolgen (*Robert C. Jacobs* und *Donald T. Campbell*, 1961). Ob es freilich auf dem bisherigen Wege gelingt, auch den dahinterstehenden Sozialprozeß theoretisch weiter aufzuhellen, erscheint mindestens fraglich. Strukturabhängige Prozeßvariable spielen gerade bei diesen Untersuchungen nach dem Muster der klassischen *Sherif*schen Experimente kaum eine Rolle; das Interesse konzentriert sich daher nolens volens auf Zusammenhänge mit bestimmten individuellen Persönlichkeitsmerkmalen der Beteiligten, und auch hier ist man — wahrscheinlich *wegen* der Vernachlässigung struktureller Bezüge — bisher nicht zu wirklich eindeutigen Ergebnissen gelangt.

Kleingruppenforschung hat es also — je nach dem Aspekt, unter dem man sie betrachtet — mit dreierlei Dingen zu tun: mit dem Individuum unter sozialem Einfluß, mit der Gruppe als einem sozialen System und mit den kulturellen Regelhaftigkeiten innerhalb eines solchen Systems. Die strategische Bedeutung einer wirklich integrierten Kleingruppenforschung liegt in der einmaligen, wenn auch noch nicht annähernd verwirklichten Chance, diese verschiedenen, bislang meist getrennt betrachteten Aspekte im Rahmen einer überschaubaren, z. T. sogar experimentell manipulierbaren Situation auf ihre gemeinsame Basis zurückzuführen: auf jenen dynamischen Interaktionsprozeß, in dem sie letzten Endes alle gründen.

Im folgenden soll die Betrachtung struktureller Wechselbeziehungen im Vordergrund stehen, und unter dem Oberbegriff „Struktur" möchte ich dabei auch die Zusammensetzung der Gruppe in bezug auf die persönlichen Merkmale ihrer Mitglieder verstehen. Mit Rücksicht auf den verfügbaren Raum verbietet sich eine nähere Beschäftigung mit dem außerordentlich weitläufigen Gebiet der sozialen Beeinflussung des Individuums durch die Gruppe, und auch die Probleme der Normbildung und der „Gruppenkultur" können nur ganz kurz gestreift werden.

Die Kleingruppe als Forschungsgegenstand

Wenden wir uns also der Kleingruppe als einem besonderen Sozialgebilde zu und fragen wir zunächst, was wir darunter verstehen wollen. Natürlich ist die Bezeichnung „klein" *relativ* zu nehmen. Es gibt keinen genau angebbaren Gruppenumfang, oberhalb dessen man notwendig von einer „großen" und unterhalb dessen man in jedem Falle von einer „kleinen" Gruppe sprechen müßte. Faktisch arbeitet man vorwiegend mit außerordentlich kleinen Zahlen von Versuchspersonen (N = 2 bis 5, selten mehr als 10, kaum jemals 20 oder mehr). Außerdem ist auch die Bezeichnung „Gruppe" in gewisser Hinsicht *relativ*. Im Grunde müssen wir fließende Übergänge annehmen von einem bloßen „Nebeneinander" einzelner Personen, wie man sie z. B. an einer Straßenbahnhaltestelle oder in einem Wartezimmer versammelt findet, und einer voll strukturierten Gruppe. Im allgemeinen sind die Anforderungen der praktischen Forschung an den Grad der jeweiligen „Gruppenhaftigkeit" sehr gering. *Robert F. Bales*, der 1946 die bewußt neutrale Bezeichnung „Small Group" bzw. „Small Group Research" prägte, liefert folgende *Minimaldefinition* (1950): „Eine beliebige Anzahl in unmittelbarem Kontakt stehender Personen, von denen jede einzelne bei einem einmaligen Treffen oder bei mehreren Zusammenkünften von jeder anderen einen gewissen persönlichen Eindruck erfährt..., sei es auch nur die Erinnerung, daß der Betreffende anwesend war."

Diese, von ihrem Erfinder offensichtlich einer ganz bestimmten experimentellen Anordnung auf den Leib geschnittene Definition deckt freilich nicht einmal *alle* in der Kleingruppenforschung verwendeten sozialen „Minimalsituationen", wie schon, um nur zwei sehr bekannte Beispiele zu nennen, die Versuche von *J. F. Dashiell* (1930) oder *Alexander Bavelas* (1950) zeigen. Und in jedem Falle entwickeln so definierte Quasi-Gruppen auch bei den *Bales*schen Gruppendiskussionen erst im weiteren Verlauf der Interaktion die typischen Merkmale einer „echten" Gruppe. Dazu gehören:

1. Ein gemeinsames *Motiv* oder *Ziel*, das in der Regel erst die Gruppe qua Gruppe konstituiert. Treten solche Motivationen nicht spontan auf, so wird vom Versuchsleiter meist eine Aufgabe vorgegeben, wodurch sich übrigens noch einmal verschiedene Möglichkeiten ergeben, den Grad der „Gruppenhaftigkeit" experimentell zu variieren;

2. ein mehr oder minder elaboriertes System gemeinsamer *Normen* zur Regelung der zwischenmenschlichen Beziehungen und der jeweiligen zielgerichteten Aktivität;

3. mit weiterem Fortschreiten des Gruppenprozesses ein System mehr oder minder differenzierter *Positionen* und *Rollen;*

4. ein mehr oder minder komplexes Geflecht *gefühlsmäßiger* Wechselbeziehungen zwischen den beteiligten Personen.

Das läßt sich im Zeitverlauf, z. B. bei einem typischen Gruppengespräch ad hoc zusammengestellter Versuchspersonen, die miteinander ursprünglich nicht bekannt gewesen sind, in der Tat meist sehr schön verfolgen. Bei näherer Betrachtung zeigt sich freilich, daß man mit solchen Gesetzmäßigkeiten, jedenfalls in dieser Allgemeinheit, noch nicht sehr viel anfangen kann. Um nur ein Beispiel herauszugreifen: kleine Gruppen verschiedenen Umfangs verhalten sich im Hinblick auf den charakteristischen Ablauf der Gruppenprozesse und die daraus resultierenden strukturellen Konstellationen u. U. durchaus verschieden; leider ist der Faktor „Gruppengröße" bisher aber weitgehend vernachlässigt und immer noch nicht systematisch genug untersucht worden.

Immerhin wissen wir so viel, daß wachsender Gruppenumfang mit einer Tendenz zur *Zentralisierung* einhergeht, mit steigendem *Formalismus* der Gruppenprozesse, mit größeren Unterschieden im Ausmaß der *Beteiligung* verschiedener Mitglieder, mit stärkeren Diskrepanzen im Grad der persönlichen *Befriedigung* der einzelnen Teilnehmer und daß optimale Gruppenleistungen bei größeren Gruppen ein wesentlich höheres Maß an organisatorischem Geschick von seiten des jeweiligen Führers oder Diskussionsleiters voraussetzen als bei kleineren Gruppen. Aber der Faktor „Gruppengröße" scheint nicht nur als eine kontinuierliche *quantitative* Variable zu funktionieren, wobei das Hinzukommen einer weiteren Person mit wachsendem Gruppenumfang natürlich immer geringer ins Gewicht fällt; er zeigt z. T. auch deutliche Charakteristika einer diskreten *qualitativen* Variablen. So spielt es in bestimmten Größenordnungsbereichen z. B. eine wichtige Rolle, ob die Zahl der Gruppenmitglieder *gerade* oder *ungerade* ist; einige sehr auffällige Effekte scheinen überdies an eine ganz *bestimmte* Anzahl von Beteiligten gebunden zu sein (*Rober C. Ziller* und *Richard D. Behringer*, 1959). Das gilt bereits für relativ *kleine* Gruppen (worauf vor mehr als 50 Jahren bereits *Simmel* hingewiesen hat); ein sehr bedeutsamer qualitativer Umschlagspunkt wird aber in jedem Falle erreicht, wenn die Zahl der Gruppenmitglieder 25 oder 30 überschreitet, wenn also der Punkt erreicht ist, bei dem die Gesamtgruppe für den einzelnen Teilnehmer unüberschaubar zu werden beginnt und primäre Interaktionen von jedem mit jedem nur noch begrenzt, wenn überhaupt, möglich sind. Ohne auf nähere Einzelheiten einzugehen, zeigen schon diese nur zur Illustration herausgegriffenen Beispiele, daß es mitunter bereits fahrlässig ist, von *den* Ergebnissen *der* Kleingruppenforschung zu sprechen, ganz zu schweigen von der vorschnellen Verallgemeinerung solcher Ergebnisse auf Sozialgebilde höherer Ordnung.

Determinanten der Gruppendynamik
Entwurf eines vereinfachten Klassifikationsschemas

Natürlich stellt jeder Versuch, die fast unübersehbare Vielfalt der Faktoren, die den Ablauf der Gruppenprozesse und ihre Auswirkungen auf die Gruppe determinieren, in ein übersichtliches Schema zu bringen, eine Übervereinfachung dar. Trotzdem soll im folgenden versucht werden, ein relativ einfaches Schema der wichtigsten Klassen von Variablen zu entwerfen und dabei gleichzeitig einige Hinweise auf den gegenwärtigen Stand der Forschung in bezug auf diese analytischen Kategorien zu geben.

Der für einen Psychologen sicher besonders naheliegende Ausgangspunkt einer solchen schematischen Betrachtung ist zunächst die *Persönlichkeit* der Gruppenangehörigen oder — da wir immer noch nicht über wirklich befriedigende Möglichkeiten zur Charakterisierung von Individuen als *Gesamtpersönlichkeiten* verfügen — die *Zusammensetzung* der Gruppe in bezug auf die *individuellen Merkmale* ihrer Mitglieder. Zu diesen gehören neben Geschlecht, Alter, sozio-ökonomischem Status, Beruf und einer Reihe anderer Sekundärmerkmale die jeweiligen Fähigkeiten, Interessen und Attitüden sowie zahlreiche Charaktereigenschaften, deren auch nur annähernd vollständige Aufzählung schon deshalb nicht möglich ist, weil die psychologische Literatur in diesem Punkte selbst noch zu keiner allgemein verbindlichen Klassifikation gelangt ist. Immerhin — und von Schwierigkeiten der Nomenklatur, Definition und operationalen Erfassung einmal ganz abgesehen —, es leuchtet unmittelbar ein, daß persönliche Charakteristika dieser Art mit zu den wesentlichen Determinanten aller Gruppenphänomene gehören; in gewisser Hinsicht bilden sie einen bedeutsamen Aspekt der Gruppenstruktur, obwohl sie gewöhnlich nicht unter diesem Gesichtspunkt abgehandelt werden. Da ein außerordentlich großer Teil der verfügbaren Informationen über *andere* Strukturaspekte — Führung, Status, Beliebheitsrang usw. — in der Regel aber nicht durch direkte Beobachtungen des Gruppenverhaltens, sondern durch *Befragung* der einzelnen Gruppenmitglieder gewonnen wird, erscheint es doppelt wichtig festzustellen, *wer denn welche* Urteile abgibt, und diese Frage müßte sicherlich wesentlich systematischer verfolgt werden, als man das bisher getan hat.

Die zweite Gruppe von Variablen bezieht sich auf die Beziehungen *zwischen* den Gruppenangehörigen, also auf *strukturelle* Merkmale im engeren Sinne. Diese Relationen betreffen auf der einen Seite die Gruppenmitglieder als *Personen*, also das Netzwerk der *affektiven* Wechselbeziehungen („inter-personal attraction" oder „friendship structure"). Auf der anderen Seite gibt es aber auch mehr oder minder normierte Relationen zwischen verschiedenen Gruppenangehörigen als Inhabern bestimmter *Positionen* bzw. als Trägern entsprechender *Rollen* („rôle structure"). Diese Rollenbeziehungen kommen in der Kleingruppenforschung theoretisch und praktisch bisher definitiv zu kurz; sie werden mitunter gar nicht und sehr oft nur inadäquat behandelt. Hier ließe sich etwa unterscheiden die Rolle der verschiedenen Teilnehmer im Vollzug *zielgerichteter* Gruppenaktivitäten („task structure"), ihre Position in der *Autoritätshierarchie* („power structure") und schließlich ihre Position im gruppeninternen *Kommunikationssystem* („communication structure"). Daß zwischen diesen verschiedenen Aspekten der Gruppenstruktur, die natürlich nicht in jeder Gruppe voll ausdifferenziert sind, z. T. wiederum sehr enge Wechselbeziehungen und Abhängigkeiten bestehen, liegt auf der Hand. Infolge der typischen Strukturarmut der üblichen Experimentalgruppen werden diese Unterscheidungen mitunter aber gar nicht gesehen; es mangelt daher noch sehr an hieb- und stichfesten Einsichten in solche Zusammenhänge.

Der dritte Punkt betrifft das jeweilige *Gruppenziel*. Jede Gruppe existiert in einer bestimmten Umwelt, die gewisse Anforderungen stellt, Anforderungen, die oft die eigentliche *raison d'être* der Gruppe bilden. In diesem Sinne spricht *Homans* (1950) ja auch vom sog. „äußeren System". Ändert sich die Aufgabe, so verändern sich natürlich auch die entsprechenden Anforderungen, denen die Gruppe sich nicht nur funktional, sondern auch strukturell anpassen muß; das gleiche ist, ungeachtet des jeweiligen Gruppenziels, oft der Fall, wenn sonstige wesentliche Veränderungen in der physischen und sozialen Umwelt der Gruppe eintreten.

Zur Bezeichnung sämtlicher strukturrelevanten personen- oder zielgerichteten Aktivitäten der Gruppenangehörigen möchte ich schließlich den Begriff *Gruppenprozeß* benutzen; er bezieht sich vor allem auf die sozialen Interaktionen innerhalb der Gruppe, schließt aber auch andere Verhaltensweisen nicht aus, da ihre Wahrnehmung durch andere Gruppenmitglieder in jedem Falle einen, wenn auch inzidentellen Interaktionseffekt haben muß. Ohne die Annahme derartiger rudimentärer Interaktionen wären beispielsweise die dramatischen Ergebnisse der klassischen Experimente von *Sherif* und *Solomon Asch* oder die vielfältigen zwischenmenschlichen Einflüsse in der sozialen Minimal-Situation des sog. „Nebeneinander" gar nicht zu erklären. *Homans* hat den Versuch gemacht, Aktivitäten und Interaktionen zu unterscheiden — er führt sie in sein theoretisches System als getrennte Faktoren ein und postuliert sogar bestimmte Abhängigkeiten —, tatsächlich ist es aber meist unmöglich, eine solche Unterscheidung mit Sicherheit zu treffen, zumal Interaktionen und zielgerichtete Aktivitäten bei zahlreichen typischen Gruppenleistungen ohnehin zusammenfallen.

Nehmen wir also den Begriff „Gruppenprozeß" im eben erklärten Sinne als eine Sammelbezeichnung für *beliebige* Arten des (tatsächlich oder vermeintlich) wahrgenommenen Verhaltens der Gruppenmitglieder, so zeigt sich, daß der Ablauf dieses Prozesses einerseits beeinflußt wird durch die Art des *Gruppenziels* und die sonstigen Anforderungen der Umwelt, auf der anderen Seite aber auch durch die *Zusammensetzung* der Gruppe (die Persönlichkeit ihrer Mitglieder) und die verschiedenen Aspekte der vorhandenen Gruppe*struktur*. Aber alle diese Beziehungen — und darin liegt m. E. die eigentliche Bedeutung des sonst so vielfältig schillernden Begriffs der „Gruppendynamik" — sind durchaus *wechselseitiger* Natur. Denn der Gruppenprozeß verändert ja gleichzeitig das Verhältnis der Gruppe zum Gruppenziel und zur Umwelt. Er führt ebenso notwendig zur Differenzierung und Modifikation der inneren Gruppenstruktur, nicht nur in den persönlichen Gefühlsbeziehungen der einzelnen Gruppenangehörigen, sondern auch im Gefüge der Positionen und Rollen. Und da er gleichzeitig das gemeinsame Norm- und Wertsystem affiziert, die Einstellungen, Erwartungen, das Anspruchsniveau, die Motivation und schließlich sogar die Entwicklung bestimmter Fertigkeiten und Fähigkeiten fördernd oder hemmend beeinflussen kann, übt er zudem gewisse psychologische Wirkungen auf die einzelnen Mitglieder der Gruppe aus und verändert dadurch, genau genommen, auch die Zusammensetzung der Gruppe.

Mit anderen Worten: Gruppenphänomene lassen sich im Prinzip als zyklische Abfolgen nach dem Muster: *Input-Prozeß-Output* verstehen, wobei der Output einer auslaufenden Phase jeweils die Input-Bedingungen der nächstfolgenden Phase verändert und so fort. Das bedeutet, daß jeder der bisher genannten Faktoren mit jedem anderen unmittelbar zusammenhängt und dabei sowohl als *abhängige* wie als *unabhängige* Variable in Erscheinung tritt, was die Aufklärung gruppendynamischer Gesetzmäßigkeiten sehr erschwert. Das Schema des klassischen Experimentes ist jedenfalls nur sehr bedingt geeignet, diesem verwickelten Wechselspiel zahlreicher reziproker Einflußgrößen gerecht zu werden — daher die vielbeklagte Zersplitterung und Unübersichtlichkeit des Gebietes, daher auch manche faktischen oder vermeintlichen Widersprüche zwischen bestimmten Teilergebnissen des vielfach bis zur Unkenntlichkeit fraktionierten Gesamtprozesses. Hier liegen ganz ohne Zweifel wesentliche Ursachen für den bisher so unbefriedigenden theoretischen Entwicklungsstand der Kleingruppenforschung; sie reflektieren einerseits gewisse, z. T. noch ungelöste *methodische* Probleme, andererseits aber auch *begriffliche* Schwierigkeiten bei der theoretischen Konzeptualisierung eines derart komplexen Systems von multiplen Simultanabhängigkeiten.

Ein Blick auf den gegenwärtigen Stand der empirischen Forschung in bezug auf die oben skizzierten Hauptdeterminanten der Gruppendynamik bestätigt diesen im ganzen eher pessimistischen Gesamteindruck.

Beispielgruppe I: Interdependenzen zwischen individuellen und Gruppeneigenschaften

Was zunächst den Aspekt der *Gruppenzusammensetzung* betrifft, so gehört im Grunde wenig Scharfsinn zu der Feststellung, daß die individuellen Persönlichkeitsmerkmale der Beteiligten eine sehr bedeutsame Klasse von Variablen bilden, die den Ablauf und den Effekt aller Gruppenprozesse entscheidend beeinflussen. Die Hoffnung, auf dem Wege der Kleingruppenforschung zur Formulierung weitgehend persönlichkeits*unabhängiger* sozialer Gesetzmäßigkeiten zu gelangen, ist wohl nicht mehr sehr weit verbreitet. Fast jede soziale Variable, die noch vor zehn Jahren *das* Individuum in ganz bestimmter, eindeutiger Weise zu beeinflussen schien, hat sich inzwischen als eine durchaus *relative* Größe erwiesen, deren Wirkung auf verschiedene Individuen notwendig verschieden und dabei gleichzeitig von komplizierten Bedingungskonstellationen abhängig ist, zu denen nicht zuletzt wiederum bestimmte Persönlichkeitseigenschaften auf seiten der übrigen Beteiligten gehören. Sieht man von gröbsten Allgemeinheiten ab, so scheint es *das* Individuum ebensowenig zu geben wie *den* sozialen Einfluß der Gruppe. Freilich kann man die Alltagserfahrung, daß nicht alle Menschen gleich reagieren, in eine geradezu uferlose

Vielfalt von speziellen Einzelfragen auflösen, und genau *das* ist vielfach geschehen: die überwiegende Mehrzahl der entsprechenden Untersuchungen erweist sich, nach einer sarkastischen, aber überaus treffenden Bemerkung von *Martin E. Shaw* (1960) als „piecemeal, one-shot, unrelated, and generally unorganized". Im übrigen ist es gar nicht ausgeschlossen, daß die moderne Kleingruppenforschung, die ja vorwiegend mit relativ undifferenzierten, ad hoc zusammengewürfelten kurzlebigen Experimentalgruppen arbeitet, aus eben diesem Grund die Bedeutung von spezifischen Persönlichkeitsvariablen systematisch *überschätzt*. Es ist sogar durchaus wahrscheinlich, daß in solchen „Quasi-Gruppen" individuelle Persönlichkeitscharakteristika wesentlich stärker ins Gewicht fallen als in „echten" Gruppen mit klar differenzierten Gruppenstrukturen; aber auch das ist ein Punkt, der noch der näheren Aufklärung bedarf.

Zahlreiche Studien weisen jedenfalls darauf hin, daß strukturelle Bedingungen von entscheidender Bedeutung für die Nutzbarmachung individueller Fähigkeiten zur Lösung bestimmter Gruppenaufgaben sein können. Bei solchen zielorientierten Aktivitäten definiert das vorhandene Ausmaß aufgabenspezifischer Fähigkeiten und Erfahrungen u. U. nur eine Art potentieller oberer Grenze der Gruppenleistung — wo die *effektive* Leistung liegt, bestimmt neben anderen persönlichen Variablen (wie z. B. der Motivation) auch eine Reihe von gruppenspezifischen Faktoren. So konnte *E. P. Torrance* (1954) nachweisen, daß das Persistieren einer unzweckmäßigen Statusstruktur (hier: die formelle Hierarchie der militärischen Über- und Unterordnung) in einer gänzlich neuartigen Situation die Nutzung vorhandener aufgabenspezifischer Fähigkeiten weitgehend verhinderte. Den gleichen Punkt unterstreicht die kritische Analyse von *Ivan D. Steiner* und *Nageswasi Rajaratnam* (1961). Ähnliche Effekte ergeben sich, wenn besonders befähigte Gruppenmitglieder in der Kommunikationsstruktur einer Gruppe nicht die entsprechende Position einnehmen. Ceteris paribus mag es richtig sein, daß Gruppen mit fähigeren Angehörigen ihren Aufgaben besser gerecht werden als Gruppen mit weniger fähigen Mitgliedern, aber neben den persönlichen Eigenschaften der Gruppenmitglieder gibt es eben noch eine ganze Reihe von relevanten Strukturfaktoren, von denen das effektive Leistungsniveau einer Gruppe abhängt.

Im übrigen kommt es nicht nur auf die Qualität der insgesamt vorhandenen aufgabenrelevanten Fähigkeiten an, sondern auch auf deren *Verteilung* in der Gruppe, z. B. auf den Grad der *Homogenität*. Sprichwortsweisheit führt hier auch nicht weiter, denn die altbewährte Behauptung „gleich und gleich gesellt sich gern" findet ihr vertrautes und ebenso plausibel klingendes Gegenstück in dem Spruch „Gegensätze ziehen sich an", wie schon *Durkheim* erkannt hatte.

Leider vermitteln aber auch die empirischen Ergebnisse der Kleingruppenforschung in diesem Punkt bisher kein sehr klares Bild. Bis vor kurzem schien der Eindruck zu überwiegen, daß *inhomogen* zusammengesetzte Gruppen sich nicht nur durch eine höhere Interaktionsrate, sondern auch durch bessere Gesamtleistungen auszeichnen. In diese Richtung deutet z. B. die vielzitierte Studie von *Richard L. Hoffmann* (1959) oder die sehr ähnlich angelegte Untersuchung von *Louis Lerea* und *Alvin Goldberg* (1961). Inzwischen aber häufen sich Befunde, die — mindestens für *bestimmte* Persönlichkeitsmerkmale — eher in die umgekehrte Richtung deuten, z. B. die Ergebnisse von *William Haythorn* et. al. (1956), von *Irvin Altmann* und *Elliott McGinnies* (1960), von *S. Rosenberg*, *I. Spradlin* und *S. Mabel* (1961) sowie von *Carl W. Backmann* und *Paul F. Secord* (1962). Sofern es sich um heterogene Gruppen handelt, taucht natürlich auch die naheliegende Frage nach der *Kompatibilität* der Mitglieder in bezug auf bestimmte Persönlichkeitsunterschiede auf: harmonieren sie miteinander, ergänzen sie sich u. U. wechselseitig, oder ergeben sich aus der jeweiligen Merkmalskonstellation Anlässe für Spannungen und Konflikte? *William C. Schutz* hat vor einigen Jahren eine entsprechende Untersuchung durchgeführt (1958). Seine Hypothese, daß Personen mit *verschiedenen*, aber *komplementären* Eigenschaften besser miteinander kooperieren als homogen zusammengestellte Paare, bestätigte sich aber nur für bestimmte Arten von Aufgaben — bei anderen Leistungen fand sich kein nennenswerter Unterschied zwischen homogenen und inhomogenen Dyaden.

Dieses buntscheckige und mindestens teilweise widersprüchliche Gesamtbild läßt im Grunde nur einen Schluß zu: daß weder Homogenität noch Heterogenität *an sich* entscheidende Gruppeneigenschaften sind. In dieser Hinsicht ist die Fragestellung zahlreicher Untersuchungen einfach viel zu allgemein. Allem Anschein nach wirkt Homogenität in bezug auf *bestimmte* Merkmale, wie Dominanzstreben, Aggressivität oder projektive Selbstschutzmechanismen, eher nachteilig auf die innere Harmonie und die äußere Effizienz einer Gruppe ein, während Homogenität in bezug auf *andere* Eigenschaften, wie etwa Soziabilität, den Gruppenmitgliedern eher einen höheren Grad persönlicher Befriedigung vermittelt und gleichzeitig auch zu einem reibungslosen Ablauf zielgerichteter Aktivitäten beitragen kann. Umgekehrt scheint sich bei manchen unmittelbar aufgabenrelevanten Fähigkeiten ein gewisser, freilich nicht allzu extremer Grad von Heterogenität eher förderlich auf die Kooperation auszuwirken, während Inhomogenität in bezug auf Herkunft, persönliche Interessen, Einstellungen und Wertmäßstäbe in der Regel interaktions- und kommunikationshemmend wirkt und — nach dem bekannten Prinzip des kognitiv-affektiven Gleichgewichts — auch das Gefüge der zwischenmenschlichen Gefühlsbeziehungen und damit die Kohäsion, also den Zusammenhalt der Gruppe, negativ beeinflußt.

Am umfangreichsten ist freilich jene Gruppe von Persönlichkeitsmerkmalen, über deren Einfluß wir bisher schlechterdings *nichts* Sicheres sagen können. Soweit sie überhaupt untersucht worden sind, liefern die vorliegenden empirischen Daten teils signifikante, teils nicht-signifikante, nicht selten sogar ausgesprochen widersprüchliche Ergebnisse. Die Gründe dafür sind vielfältig und oft nicht ohne weiteres ersichtlich. Eine u. E. wesentliche Ursache hängt mit der geringen Zuverlässigkeit und Gültigkeit der verwendeten diagnostischen Hilfsmittel zusammen, was bei der Arbeit mit typischerweise sehr kleinen und nicht-repräsentativen Stichproben natürlich doppelt ins Gewicht fällt. Eine andere, sicherlich sehr bedeutsame Ursache für manche sonst unerklärlich erscheinenden Diskrepanzen ergibt sich daraus, daß Kleingruppenexperimente eigentlich nur ausnahmsweise einmal wirklich *repliziert* und damit empirisch nachgeprüft werden. Fast immer finden sich bei näherer Betrachtung mehr oder minder erhebliche Variationen der ursprünglichen Versuchsanordnung, bei der operationalen Definition der untersuchten Variablen oder auch in der Verwendung verschiedener Meßinstrumente. So stößt mitunter schon die Feststellung, ob in einem gegebenen Falle überhaupt eine *tatsächliche* oder nur eine *scheinbare* Unvereinbarkeit der Ergebnisse vorliegt, auf ernsthafte Schwierigkeiten. Dieser Umstand kennzeichnet übrigens eine ganz allgemeine Schwäche der heutigen Kleingruppenforschung, die sich weit über den hier betrachteten Teilbereich hinaus störend bemerkbar macht und sehr zur vielbeklagten Unübersichtlichkeit des ganzen Gebietes beiträgt.

Eine weitere Ursache für gewisse Diskrepanzen der vorliegenden Untersuchungsergebnisse liegt sicher auch darin, daß individuelle Merkmale, die bei bestimmten Gruppenversuchen in Erscheinung treten, nicht einfach als konstante *Gegebenheiten* betrachtet werden können, sondern mindestens teilweise auch situationsbedingt und gruppenabhängig sind. So konnten *H. H. Kelley* und *K. Ring* (1961) beispielsweise zeigen, daß experimentelle Manipulationen der Versuchssituation u. U. ganz *andere* Verhaltensweisen der Beteiligten provozieren, als dies nach Kenntnis ihrer (an Hand der F-Skala) zuvor erhobenen Einstellungen zu erwarten gewesen wäre. In die gleiche Richtung deutet auch die interessante Studie von *Donald W. Fiske* (1960): versucht man, bestimmte individuelle Merkmale einzelner Personen auf Grund systematischer Verhaltensbeobachtungen in einer ganzen Reihe von Gruppensituationen zu erfassen, so ergeben sich für die gleichen Individuen teilweise recht *verschiedene* Einschätzungen, wenn diese Personen im Rahmen verschiedener Gruppen agieren.

Möglicherweise hängt damit auch die neuerdings immer wieder festgestellte Diskrepanz zwischen (vorher oder nachher erhobenen) *Selbsteinschätzungen* der Beteiligten und systematischen *Beabachtungsdaten* zusammen, die von nichtbeteiligten Beobachtern während des tatsächlichen Versuchsablaufs festgehalten wurden. Man vergleiche dazu etwa die Feststellungen von *Fiske* und

John A. Cox (1960) oder die entsprechenden Beobachtungen von *Morton Deutsch* (1960). In Anbetracht der bekannten Unzulänglichkeiten von Selbstbewertungen oder retrospektiv erhobenen Urteilen naiver Versuchspersonen in bezug auf bestimmte Aspekte des Interaktionsgeschehens erscheint es besonders bedauerlich, daß sich gruppendynamische Schlußfolgerungen immer noch vorwiegend auf derartige subjektive Daten (einschließlich sog. „soziometrischer" Fragen) stützen und nicht auf systematische Interaktionsprotokolle. Wir werden gleich noch sehen, daß dies in einem immerhin entscheidenden Punkt sogar für die Interaktionsanalyse nach *Bales* gilt.

Ein weiterer Umstand, der eine wirklich zuverlässige Beurteilung von Übereinstimmungen und Widersprüchen zwischen den Ergebnissen verschiedener Untersuchungen außerordentlich erschwert, betrifft schließlich den geradezu *chaotischen* Zustand des *Begriffsapparates* zur Bezeichnung von Persönlichkeitsmerkmalen. Schon aus der Alltagssprache verfügen wir über Tausende von deskriptiven psychologischen und quasi-psychologischen Termini, und es ist offensichtlich, daß sich ihre Bedeutungen dabei in unkontrollierter Weise mehr oder minder stark überschneiden. Hinzu kommen zahlreiche ad hoc geprägte wissenschaftliche Neologismen, von denen man vielfach dasselbe sagen kann. Schon die fast unübersehbare Vielfalt der von verschiedenen Autoren benutzten Bezeichnungen für die jeweils untersuchten Variablen weist auf die Notwendigkeit einer Begriffs*klärung* hin, die faktisch identisch ist mit einer *Reduktion* dieser vielen Einzelbegriffe auf einige wirklich relevante Dimensionen. Ein Meilenstein auf diesem Wege ist das Werk von *Launor F. Carter* (1954), der auf faktorenanalytischem Wege drei Hauptfaktoren isolierte, die seiner Ansicht nach die wesentlichen interaktionsrelevanten individuellen Merkmalsdimensionen beschreiben:

1. Eine Tendenz zur Demonstration der eigenen Leistung (individual prominence and achievement);

2. die Bereitschaft, einen Beitrag zur jeweiligen Gruppenleistung zu erbringen (aiding attainment by the group);

3. die Fähigkeit, mit anderen harmonisch zu kooperieren (sociability).

Edgar F. Borgatta, L. S. Cottrell und *J. H. Mann* identifizierten später (1958) an Hand anderer Daten drei sehr ähnliche Faktoren, die freilich nicht ganz ausreichen, um das Ausmaß der Gesamtvarianz befriedigend zu decken.

Besonderes Interesse dürfen die *Carter*schen Faktoren 2 und 3 beanspruchen, weisen sie doch zugleich deutliche Bezüge zu einigen anderen bekannten Dichotomien auf, z. B. zu *Chester J. Barnards* Unterscheidung der „effectiveness" und „efficiency" (1938), wobei *Barnard* unter „effectiveness" das Ausmaß der Verwirklichung oder Erreichung von Gruppenzielen versteht, unter „efficiency" das Maß der individuellen Befriedigung, das die Gruppe ihren Mitgliedern verschafft. Ähnliche Bezüge lassen sich unschwer herstellen zu den sog. „Lokomotions"- und „Kohäsionsfunktionen" der an *Kurt Lewin* anknüpfenden Ann-Arbor-Gruppe, zu den beiden Führungsdimensionen „initiation of structure" und „consideration" nach *Ralf M. Stogdill* (1957), zu den „Psychegruppen" und „Soziogruppen" der *Moreno*schen Schule und zu der *Bales*schen Unterscheidung des Tüchtigkeits- und Beliebtheitsspezialisten, wobei der „idea man" von *Bales* vermutlich dem „psychotelen" Führer von *Helen H. Jennings* entspricht, der „best liked man" andererseits dem sog. „soziotelen" Führungstyp. Weitere Ähnlichkeiten lassen sich schließlich entdecken mit der „work-emotionality" Theorie von *Bion* und *Herbert A. Thelen* (1960) und, trotz einiger Abstriche, sicher auch mit der von *Bernard M. Bass* jüngst (1960) propagierten Unterscheidung der „effectiveness" und „attractiveness" einer Gruppe.

Das unkontrollierte Nebeneinander dieser zahlreichen, untereinander zwar in mancher Hinsicht ähnlichen, aber doch wiederum nicht bedeutungsgleichen theoretischen Kategorien unterstreicht noch einmal nachdrücklich die Notwendigkeit einer wirklich säuberlichen Begriffsanalyse. Der eigentlich erregende Gedanke aber, den solche Vergleiche nahelegen, liegt in der Möglichkeit, daß es bestimmte *Gruppen*dimensionen geben mag, die den von *Carter* u. a. aufgedeckten *Individual*dimensionen parallel gehen. Inzwischen haben *Borgatta, Cottrell* und *H. J. Meyer* (1956) in einer unabhängigen Untersuchung drei Gruppenfaktoren isoliert, die schon dem Namen nach eine solche Parallelität aufzuweisen scheinen: „rôle structure acceptance", „group task interest" und „group hedonic tone". Der jüngste Beitrag auf diesem Gebiet stammt von *Richard D. Mann* (1959, 1961), der den dankenswerten Versuch unternahm, einen großen Teil der insgesamt verfügbaren Daten über die Beziehungen zwischen Mitgliederpersönlichkeiten und Gruppenverhalten einer systematischen Analyse zu unterziehen. Er stieß dabei auf über 500 (!) verschiedene individuelle Merkmale, die in diesem Zusammenhang untersucht worden waren, von denen sich immerhin 350 faktorenanalytisch 7 Hauptdimensionen zuordnen ließen. Diese 7 Faktoren wurden dann zu 6 besonders wesentlich erscheinenden Aspekten des Gruppenverhaltens in Beziehung gesetzt, wobei sich folgende Zusammenhänge ergaben: *Intelligenz* korreliert positiv mit der Höhe der Gesamtaktivität, mit Führungsfunktionen, Beliebtheitsgrad und der Zahl der positiv gefärbten sozial-emotionalen Interaktionen; *persönliche Ausgeglichenheit* (adjustment) korreliert positiv mit Führungsfunktionen, Beliebtheit, Gesamtaktivität und sozial-emotionalem Verhalten; *Extraversion* korreliert positiv mit Beliebtheit, Gesamtaktivität und Führungsfunktionen; *Machtstreben* (dominance) korreliert positiv mit aufgabenbezogener Initiative und Führungsfunktionen, dagegen negativ mit Konformitätsbereitschaft; *konservative Haltung* korreliert positiv mit Beliebtheit, Konformität und aufgabenbezogener Aktivität, negativ dagegen mit Führungsfunktionen; *Maskulinität* zeigt wiederum eine positive, allerdings nicht sehr hohe Korrelation mit Beliebtheit und Führungsfunktionen, und das gleiche gilt für den Faktor *Einfühlungsvermögen* (interpersonal sensitivity). Die auffallend zahlreichen Beziehungen sämtlicher Persönlichkeitsdimensionen zu Führerstellung und Beliebtheitsrang scheinen die auch von anderer Seite immer wieder geäußerte Vermutung zu bestätigen, daß diesen beiden Aspekten der Gruppenstruktur wahrscheinlich eine besonders zentrale Bedeutung zukommt. Doch ist auch hier das letzte Wort offensichtlich noch nicht gesprochen, denn auch *Mann* mußte die Beobachtung machen, daß diejenige Faktorenstruktur, die sich aus einer Analyse subjektiver Selbst- und Fremdurteile der Gruppenmitglieder ergibt, mit der faktoriellen Struktur von systematischen Beobachtungsdaten keineswegs identisch ist. Da man bei der faktorenanalytischen Bestimmung der Dimensionen des Gruppenverhaltens bisher vorwiegend retrospektiv erhobene individuelle Urteile der Beteiligten als Ausgangsmaterial benutzt hat, erscheint es immerhin denkbar, daß die so ermittelten Strukturen mindestens ebensosehr gewisse Unzulänglichkeiten dieser subjektiven Schätzungen (z. B. die hier besonders naheliegenden Halo-Effekte) wie die tatsächlichen Eigentümlichkeiten des beurteilten Verhaltens reflektieren.

Beispielgruppe II: Interdependenzen zwischen verschiedenen Aspekten der Gruppenstruktur

Wir wollen nun, nachdem wir die Zusammensetzung der Gruppe in bezug auf die individuellen Merkmale ihrer Mitglieder und die damit verknüpften strukturell-funktionalen Probleme verhältnismäßig eingehend behandelt haben, einen Blick auf einige spezielle Probleme der *Gruppenstruktur* werfen. Wir können uns dabei kürzer fassen, da eine Reihe wichtiger Zusammenhänge bereits angedeutet wurde.

Am besten erforscht ist das Gefüge der persönlichen Wechselbeziehungen zwischen den Gruppenangehörigen, die sogenannte *Affektstruktur*, zumal sich darüber mit Hilfe simpler soziometrischer Fragen relativ mühelos Informationen erhalten lassen. Dabei handelt es sich, wie bereits erwähnt, um ein Netzwerk von primär *personenbezogenen* Präferenzen; dennoch bestehen auch hier — sofern eine entsprechende Strukturierung der Gruppe vorliegt — gewisse, oft nicht genügend beachtete Zusammenhänge mit dem jeweiligen System von Positionen und Rollen. So existieren z. T. recht festumrissene *Erwartungen* bezüglich der affektiven Beziehungen zwischen den Trägern gewisser Rollen: gute Mütter „sollen" ihre Kinder lieben, tüchtige Vorgesetzte „sollen" sich freundlich im Umgang mit ihren Untergebenen verhalten, gleichzeitig aber einen gewissen Abstand wahren, klassenbewußte Arbeiter „sollen" ihren Brotgebern gegenüber eher mißtrauisch sein usw. Solche Erwartungen hinsichtlich der affektiven Beziehungen zwischen den Inhabern bestimmter Statuspositionen sind faktisch ein Bestandteil der jeweiligen *Rollenstruktur.* Wenn die Kleingruppenforschung mit derartigen Phänomenen bisher wenig in Berührung gekommen ist und infolgedessen dazu neigt, soziometrisch ermittelte Präferenzen grundsätzlich für einen Ausdruck *persönlicher* Sympathien oder Antipathien zu halten, so reflektiert auch dies eine gewisse Verengung des Blickwinkels, die aus der vorwiegenden Beschäftigung mit relativ strukturarmen kurzlebigen Laboratoriumsgruppen herrührt.

Von ganz besonderer Bedeutung für das Entstehen und die Aufrechterhaltung einmal entstandener affektiver Bindungen ist die *Kommunikationsdichte*, u. a. also auch die Position verschiedener Personen im Kommunikations*netz* einer Gruppe. Daß Sympathiebeziehungen nicht zuletzt von der Kommunikationshäufigkeit abhängen, ist bereits im Alltagsleben deutlich zu beobachten. So konnten *Leon Festinger* et. al. (1950) z. B. nachweisen, daß bloße räumliche Nähe (d. h. höhere Interaktionswahrscheinlichkeit) der wichtigste Einzelfaktor war, von dem die Entwicklung freundschaftlicher Beziehungen zwischen den Familien einer größeren Wohnsiedlung abhing. Aber die Kontakthäufigkeit bestimmt nicht nur das Ausmaß der Sympathie, sie hängt auch ihrerseits von der Stärke der einmal etablierten Sympathiebeziehung ab: Wir suchen Gelegenheiten zur Begegnung mit Personen, die wir schätzen, und gehen im allgemeinen Menschen aus dem Wege, die wir nicht leiden können. Diese wechselseitige Abhängigkeit von Interaktion bzw. Kommunikation und Sympathie bildet einen Eckpfeiler der *Homans*schen Gruppentheorie (1950).

Im übrigen geht es, wie gesagt, nicht nur um *informal-persönliche* Kontakte, sondern z. T. auch um die Stellung der Beteiligten im *formalen* Kommunikationsnetz einer Gruppe. Die durch diese Struktur vorgezeichnete Kontaktdichte zwischen den Inhabern verschiedener Positionen beeinflußt natürlich ebenfalls die Wahrscheinlichkeit des Entstehens affektiver Wechselbeziehungen. Hinzu kommt, daß der Grad der „Zentralität" im Rahmen einer solchen Struktur sehr hoch mit dem Ausmaß der persönlichen *Befriedigung* korreliert (*Bavelas*, 1950; *Harold J. Leavitt*, 1951; *Murray Glanzer* und *Robert Glaser*, 1961). Je zentraler die Stellung des einzelnen im Kommunikationsnetz, um so höher der Grad seiner persönlichen Befriedigung; je höher seine Befriedigung, umso attraktiver wird für ihn die Gruppe als Ganzes; je größer die Attraktivität der Gruppe in den Augen des einzelnen, um so größer wird, ceteris paribus, meist auch seine Bereitschaft zur Bildung positiver Affektbeziehungen. Das bedeutet: in einem extrem *zentralisierten* (autoritären) Kommunikationsnetz werden immer nur *wenige* Individuen untereinander engere Bindungen eingehen; das Ausmaß der individuellen Befriedigung und der positiven Affektbeziehungen bleibt im übrigen gering. Bei stark *dezentralisierten* (demokratischen) Strukturen sind alle diese Effekte dagegen besser ausgeglichen: die durchschnittliche Befriedigung der Beteiligten ist größer, die Gruppe ist nicht nur für einige, sondern für *alle* relativ attraktiv, und das Ausmaß der zwischenmenschlichen Sympathien ist im ganzen meist wesentlich höher.

Die oft gestellte Frage nach der *leistungsmäßigen* Überlegenheit des einen oder anderen Gruppentyps läßt sich freilich nicht allgemein beantworten. In zentralisierten Kommunikationsnetzen werden leichte und mittelschwere Gruppenaufgaben in der Regel nicht nur schneller, sondern auch besser gelöst. Bei der Lösung komplexerer Probleme sind die Ergebnisse weniger eindeutig; in jedem Falle werden die Unterschiede geringer, und soweit sich zentralisierte Kommunikationsstrukturen dabei als deutlich überlegen erweisen, scheint dies unter anderem vom organisatorischen Geschick des jeweiligen Führers abzuhängen. Nicht zuletzt kommt es auch in diesem Zusammenhang natürlich auf gewisse *Persönlichkeitsmerkmale* an, sowohl auf seiten des Führers wie auf Seiten der Geführten. Nach einer aufschlußreichen Untersuchung von *Shaw* (1959) sind Gruppen mit einem *zentralisierten* Kommunikationssystem erfolgreicher unter der Leitung eines autoritär eingestellten Führers, während Gruppen mit *dezentralisiertem* Kommunikationssystem unter der Leitung eines *nicht-autoritär* eingestellten Führers mehr leisten. Ähnliches konnte *Shaw* für die Persönlichkeit der Geführten nachweisen: überwiegen unter den Gruppenmitgliedern autoritäre Personen, so funktionieren sie besser unter einem straffautoritären Führungsstil; überwiegen nicht-autoritäre Gruppenmitglieder, so zeigen sie ihre optimale Leistung eher in einer mehr demokratischen Atmosphäre.

Wir wollen in diesem Zusammenhang vielleicht noch einige Bemerkungen zum Thema „Führung" anschließen, die sich unter anderem auf die von *Fred E. Fiedler* (1958; 1961) wieder in die Debatte geworfenen sogenannten „leadership effectiveness traits" beziehen. Was hier erneut fröhliche Urständ feiert, ist im Grunde nichts anderes als die traditionelle Frage nach ganz bestimmten Persönlichkeitsmerkmalen, die *generell* den erfolgreichen vor dem nicht erfolgreichen Führer auszeichnen. *Fiedler* glaubte, sie in gewissen persönlichen Einstellungen des Führers zu den von ihm geleiteten Personen gefunden zu haben, unter anderem in der Haltung zu seinem jeweils „besten" und „schlechtesten" Mitarbeiter. Führer, die in der Bewertung dieser beiden Personen keinen großen Unterschied machen (hoher ASo-Wert bzw. geringer sozialer Abstand zu den Geführten*), sollen im allgemeinen *schlechtere* Gruppenleistungen erzielen

---

* ASo = „Assumed similarity of opposites", ein Maß für die vom jeweiligen Führer *wahrgenommene* Diskrepanz zwischen seinem „besten" und „schlechtesten" Mitarbeiter. Hoher ASo-Wert bedeutet *große* Ähnlichkeit, also *geringe* Diskrepanz, niedriger ASo-Wert *geringe* Ähnlichkeit, also *große* Diskrepanz.

als diejenigen, die zwischen ihrem tüchtigsten und am wenigsten tüchtigen Mitarbeiter einen *großen* Unterschied sehen (niedriger ASo-Wert bzw. große soziale Distanz). Daß besonders erfolgreiche Führer sich in der Tat sehr oft durch *niedrige*, weniger erfolgreiche Führer dagegen durch *hohe* ASo-Werte auszeichnen, kann gar nicht bezweifelt werden; *Fiedler* selbst hat es wiederholt bestätigt, und zwar bei sehr verschiedenen Arten von Gruppen mit sehr unterschiedlichen Gruppenzielen: bei Basketballmannschaften und anderen Sportgruppen, bei militärischen Einheiten, Arbeitsteams in der Industrie usw.

Aber handelt es sich hier eindeutig um ein *individuelles* Merkmal des jeweiligen Führers? Ist die wahrgenommene Diskrepanz zwischen dem „besten" und dem „schlechtesten" Mitarbeiter lediglich ein Maß für die Sensitivität des Führers für solche Unterschiede und für den Grad seiner eigenen „Aufgabenbezogenheit", wie *Fiedler* ursprünglich vermutete? Tatsächlich verändern sich mit sinkendem ASo-Wert des Führers ja gleichzeitig auch wichtige *strukturelle* Beziehungen innerhalb der Gruppe: je größer der wahrgenommene *Unterschied* zwischen tüchtigen und weniger tüchtigen Mitarbeitern wird, um so *enger* verzahnt ist notwendig das Gefüge der kooperativen Wechselbeziehungen zwischen dem sogenannten Führer und den Inhabern anderer wichtiger Schlüsselpositionen innerhalb der Gruppe (den „Tüchtigsten"), und wer will entscheiden, was hier Ursache, was Wirkung ist? Kurzum: der soziometrisch ermittelte ASo-Wert des Führers mag nichts anderes sein als ein eher beiläufiges Korrelat dieser *strukturellen* Unterschiede, keineswegs die entscheidende Variable selbst.

Und noch eins: es gibt immerhin eine ganze Reihe von *Ausnahmen* von der ursprünglichen *Fiedler*schen Regel, die offensichtlich einer zusätzlichen Erklärung durch den Einfluß bestimmter *Situationsfaktoren* bedürfen. *Fiedler* selbst stellte (1962) bei mehreren ad hoc gebildeten Experimentalgruppen keine durchgängigen Zusammenhänge zwischen ASo-Werten und Gruppenleistung fest. Nur dort, wo eine relativ *unfreundliche, gespannte* Gruppenatmosphäre herrschte, erwiesen sich Führer mit niedrigen ASo-Werten tatsächlich als erfolgreicher, wo jedoch eine *angenehme, freundschaftliche* und *entspannte* Atmosphäre herrschte, waren es sogar die Führer mit besonders *hohen* ASo-Werten, die mit ihren Gruppen die besten Ergebnisse erzielten.

Das steht in unmittelbarem Widerspruch zur ursprünglichen These; *Fiedler* sah sich unter diesen Umständen veranlaßt, eine „Kontingenz-Hypothese" (1963) aufzustellen, die die wechselseitigen Abhängigkeiten zwischen Führungsstil, Gruppenstruktur und Mitgliedererwartungen in Rechnung stellt. Sie besagt, daß ein straffer, auf beständige Leistungskontrolle abgestellter Führungsstil im Grunde nur dort angebracht oder nützlich ist, wo eine geringe Leistungsmotivation und/oder zwischenmenschliche Differenzen vorliegen, daß ein solcher

Stil in einer harmonischen, ohnehin auf zielgerichtete Kooperation ausgerichteten Gruppe dagegen nicht nur *unnötig* ist, sondern von den Gruppenangehörigen u. U. sogar als unangemessen empfunden und daher *abgelehnt* wird. Mit dieser entscheidenden Modifikation reiht sich also auch dieser ursprünglich auf die Isolierung bestimmter individueller Führereigenschaften abgestimmte Ansatz wieder in den vorherrschenden Trend der Kleingruppenforschung ein, der die Effizienz der Führung als ein strukturell-funktionales Produkt der wechselseitigen Interaktion zwischen Führer, Gruppe und Situation betrachtet.

Da das Thema „Führung" anschließend noch in einer Reihe von speziellen Beiträgen behandelt wird, soll hier darauf nicht weiter eingegangen werden. Werfen wir statt dessen noch einen Blick auf die vielfältigen Interdependenzen zwischen *Sympathie* und *Status*, die ihrerseits wiederum enge Bezüge zu dem bereits erörterten Problem der *Kommunikationsdichte* aufweisen. Zahlreiche Untersuchungen stimmen darin überein, daß Personen mit hohem Prestige nicht nur mehr Autorität besitzen, sondern auch einen höheren Beliebtheitsrang; hohe Beliebtheit kann aber andererseits wiederum Status und Autorität verleihen. Das zeigt sich unter anderem bei stark ausdifferenzierten Beliebtheits*unterschieden*. So stellten *Renato Tagiuri, N. Kogan* und *L. M. K. Long* (1958) z. B. fest, daß der Status von Teenagern in ihrer Schulklasse u. a. von der Anzahl der von ihnen *nicht erwiderten* Sympathiewahlen abhing: wer von anderen als beliebt bezeichnet wurde, *ohne* diese seinerseits als Partner zu bevorzugen, genoß höheres Prestige als ein Junge, bei dem die Sympathiebeziehungen mehr auf Gegenseitigkeit beruhten — eine Ausnahme von dieser Regel bildeten allerdings solche Fälle, in denen der Wählende selbst bereits einen sehr hohen Status besaß. Im übrigen ist immer wieder demonstriert worden (z. B. *John Thibaut*, 1950; *Fred L. Strodtbeck* et al., 1957; *Jacob L. Hurwitz*, 1960), daß höherer Status mit einer höheren aktiven und passiven Kommunikationshäufigkeit einhergeht, so daß auch von dorther ein positiver Einfluß auf das jeweilige Sympathieniveau zu erwarten ist. Hier liegen offenbar relativ komplexe zyklische Wechselbeziehungen vor, und dieser Eindruck verstärkt sich noch, wenn man bedenkt, daß ähnliche Zusammenhänge zwischen Status, Kommunikation und Attraktivität in gewisser Hinsicht auch für Gruppen als Ganze gelten. Die Mitgliedschaft in einer Gruppe ist für die Beteiligten in der Regel um so erstrebenswerter, je höher der Status dieser Gruppe in ihren Augen ist; mit der Attraktivität einer Gruppe steigt im allgemeinen auch die Kommunikationsdichte und der Grad der zwischenmenschlichen Sympathie. Inzwischen sind — z. B. von *Elliot Aronson* und *Judson Mills* (1959) — einige Techniken entwickelt worden, um den Status einer Experimentalgruppe in den Augen der Versuchspersonen künstlich zu manipulieren, so daß man solche Zusammenhänge jetzt auch im Laboratorium näher untersuchen kann.

Über bestimmte, besonders sympathiefördernde individuelle Eigenschaften gibt es viele Spekulationen, aber bisher wenige konkrete Forschungsergebnisse. Nach *Bernice E. J. Lott* und *A. J. Lott* (1960) hängt die Attraktivität eines Gruppenmitgliedes u. a. mit dem Grad seiner *Tüchtigkeit*, d. h. seiner aufgabenrelevanten Fähigkeiten, zusammen. Tatsächlich kann die Beliebtheit einer Person, die einen erheblichen Beitrag zur Erreichung des Gruppenzieles leistet, u. U. stark ansteigen, wie *Robert J. Kleiner* (1960) in einigen vom Versuchsleiter manipulierten Erfolgssituationen beobachtete, und nach einer Studie von *Ziller* und *Behringer* (1960) bringen zuvor frustrierte, *erfolglose* Gruppen einem besonders fähig erscheinenden neuen Mitglied meist von Anfang an *mehr* Sympathie entgegen als zuvor *erfolgreiche* Gruppen. Auf der anderen Seite aber sprechen viele Beobachtungen dafür, daß gerade die Fähigkeit zur Befriedigung *nicht*-aufgabenbezogener individueller Bedürfnisse mitunter die besondere Popularität eines Gruppenmitgliedes begründet. Überhaupt scheint die Annahme einer allgemein positiven Beziehung zwischen Beliebtheit und Tüchtigkeit, wie sie lange Zeit unter anderem von der *Moreno*schen Schule vertreten wurde, kaum noch haltbar zu sein. Dagegen sprechen z. B. die experimentellen Beobachtungen von *Bales* und *Paul Slater* (1955), auf die wir gleich noch einmal zurückkommen werden, und auch *Peter M. Blau* vertritt in seiner „Theorie der sozialen Integration" (1960) den Standpunkt, daß große Tüchtigkeit ein Gruppenmitglied u. U. sogar *unsympathisch* machen kann, jedenfalls in extrem aufgabenorientierten Gruppensituationen.

Auch die *affektive Gesamtstruktur* einer Gruppe, der Grad ihrer auf persönlichen Sympathiebeziehungen beruhenden inneren *Harmonie*, hat in der Kleingruppenliteratur große Beachtung gefunden. Gruppen mit engen zwischenmenschlichen Bindungen zeigen größere Stabilität, Kohäsion und Solidarität, eine verstärkte Tendenz zum Konsens, also zur Ausbildung gemeinsamer, für alle verbindlicher Normen und Werte, und ihre Mitglieder üben infolgedessen, wie immer wieder demonstriert worden ist, einen wesentlich größeren Einfluß aufeinander aus. Da solche Gruppen gleichzeitig eine erhöhte Interaktionshäufigkeit aufweisen, da alle Gruppenprozesse hier naturgemäß spannungs- und konfliktloser ablaufen und da erfolgreiche Gruppen sich im großen und ganzen tatsächlich durch bessere zwischenmenschliche Beziehungen auszeichnen als nicht-erfolgreiche, hat man lange Zeit angenommen, daß hier der Schlüssel zum Verständnis optimaler kooperativer Gruppenleistungen zu finden sei. Um diese naheliegende Vorstellung hat sich, ausgehend von *Elton Mayo* und bestimmten, allzu einseitig interpretierten Ergebnissen der *Hawthorne*-Untersuchung eine ganze „Human-Relations"-Bewegung gebildet; man hat umfangreiche Trainingsprogramme entwickelt mit dem Ziel, die innere Gruppenharmonie, die Gruppenmoral und damit die Leistungsfähigkeit der Gruppe zu erhöhen.

Aber ist eine Gruppe von gut miteinander harmonierenden Individuen in jedem Falle eine besonders *leistungsfähige* Gruppe? Viele Monographien beschäftigen sich mit der angeblich entscheidenden Bedeutung positiver zwischenmenschlicher Beziehungen für die jeweilige Gruppenleistung; tatsächlich gibt es aber wenig hieb- und stichfeste Anhaltspunkte für eine notwendige Verknüpfung zwischen besonders harmonischen menschlichen Wechselbeziehungen innerhalb der Gruppe und besonders optimalen Gruppenleistungen. Natürlich wirken sich persönliche Spannungen und Konflikte in jedem Falle leistungs*mindernd* aus — u. U. *zerbricht* eine Gruppe an solchen inneren Unverträglichkeiten —, daraus folgt aber noch nicht, daß sehr enge positive Gefühlsbeziehungen unbedingt leistungs*fördernd* sein müssen.

So kann die betonte Pflege positiver emotionaler Bindungen z. B. zu einem erstrebenswerten Ziel *an sich* werden, dessen Verwirklichung in keinem Zusammenhang mit der eigentlich erwarteten oder geforderten Gruppenleistung steht. Ausgeprägte Freundschaftsbeziehungen können auf diese Weise sogar dazu führen, daß eine Gruppe ihre Aktivitäten vorwiegend auf den sozial-emotionalen Bereich verlagert und nicht mehr auf wirklich aufgabenrelevante Verhaltensweisen konzentriert. In gewisser Hinsicht gelten solche Entwicklungen, mindestens tendenziell, offenbar für *jede* länger bestehende Gruppe. So beobachtete *Bales* (1953), daß die Mitglieder seiner Diskussionsgruppen von Sitzung zu Sitzung allmählich weniger Zeit auf instrumentell-zielrelevantes und mehr Zeit auf sozial-emotionales Verhalten verwandten: der Grad der „effectiveness" ging also zugunsten der „efficiency" signifikant zurück. Selbst bei ad hoc zusammengewürfelten Versuchsgruppen ist die Tendenz von kooperativen Zweckgemeinschaften zu Freundschaftsbünden mitunter so stark, daß sich relativ kurzlebige Laboratoriumsgruppen später noch oft zu informellen Zusammenkünften verabreden und als gesellige Vereinigung ohne definitive Zielsetzung noch eine ganze Weile weiter existieren.

Wird einer solchen Gruppe mit ausgeprägt engen, positiv gefärbten persönlichen Wechselbeziehungen ein gemeinsames Ziel gesetzt, so bedeutet das keinesfalls, daß sie ihre jeweilige Aufgabe erfolgreicher bewältigt als eine Gruppe mit weniger engen affektiven Bindungen. Worauf es — neben der Akzeptierung des Gruppenziels — ankommt, ist offensichtlich nur die *Abwesenheit* ausgesprochener *Spannungen* und menschlicher *Konflikte*, also ein möglichst geringes Ausmaß *negativer* Affekte; allzu viel emotionale *Harmonie* aber kann u. U. eher *abträglich* sein für eine optimale Gruppenleistung. Was an wirklich zuverlässigen Daten darüber bisher vorliegt, weist jedenfalls darauf hin, daß aufgabenbezogene Kooperation, insbesondere erfolgreiches Zusammenwirken bei der Erreichung eines gemeinsamen Ziels *eher* dazu geeignet ist, positive zwischenmenschliche Bindungen zu *erzeugen*, als umgekehrt. Auf die kürzeste

Formel gebracht: eine harmonische Gruppe kann, je nach der Richtung des hier besonders wirksamen „sozialen Drucks", sowohl extrem produktiv wie extrem unproduktiv sein; eine disharmonische, konflikt- und spannungsreiche Gruppe aber ist in jedem Falle auf die Dauer wenig leistungsfähig.

Der Gruppenprozeß

Alle Beispiele, die bisher erörtert wurden — und es handelt sich in der Tat nur um relativ willkürlich herausgegriffene Beispiele, zumal die vorliegende Darstellung keinen Anspruch auf Vollständigkeit erhebt — beschränken sich auf die Feststellung mehr oder minder komplexer reziproker Abhängigkeiten zwischen verschiedenen In- und Output-Variablen. Der vermittelnde *Prozeß* aber zwischen Input und Output, jener immer wieder zum eigentlichen Zentralthema der Kleingruppenforschung, ja der Sozialpsychologie überhaupt erklärte Vorgang der sozialen Interaktion hat über solchen Lippendienst hinaus in der Literatur bisher auffallend wenig Beachtung gefunden. Soweit überhaupt Versuche zur systematischen Erfassung und Analyse dieses zwischenmenschlichen Geschehens gemacht worden sind, beschränken sie sich fast ausschließlich auf den Bereich der *verbalen* Kommunikation — also nur auf eine einzige und vielleicht nicht einmal die wichtigste Klasse von Interaktionen; über *nichtverbale* Kommunikationen wissen wir vorläufig noch so gut wie nichts.

Im übrigen liegen selbst über verbale Kommunikationsprozesse, ungeachtet eines z. T. spektakulären Aufwandes an technischen Hilfsmitteln — trotz des Einsatzes verborgener Beobachter hinter Ein-Weg-Spiegeln, trotz der Benutzung mehr oder minder raffinierter Registriergeräte, trotz aller modernen Möglichkeiten der Tonband-, Film- und Fernsehaufzeichnung — bisher nur spärliche Ergebnisse vor. Das Mißverhältnis zwischen Aufwand und Ertrag, zwischen Anlauf und Sprunghöhe erscheint auf diesem Gebiet mitunter geradezu grotesk. Diese wenig schmeichelhafte Feststellung bedarf natürlich einer näheren Begründung, die an Hand einer kritischen Betrachtung gewisser Aspekte der bekannten „Interaction Process Analysis" (IPA) nach *Bales* anschließend gegeben werden soll.

Wir wollen zunächst vorausschicken, daß wir die *Bales*sche Beobachtungsmethode, insbesondere das von ihm mit großer Sorgfalt entwickelte Kategoriensystem, sehr schätzen. Es gibt andere Systeme, wie z. B. das von *E. D. Chapple* (1940), die vielleicht objektivere und zuverlässigere Messungen ermöglichen, da sie sich auf rein formale Aspekte der Kommunikation stützen, dafür aber nur relativ oberflächliche Beschreibungen des Gruppenprozesses liefern; es gibt Systeme, wie das von *Carter* (1951), die wesentlich differenziertere inhaltliche

Unterscheidungen zulassen, aber schon wegen ihrer extrem hohen Kategorienzahl in der Praxis zu unhandlich sind; schließlich gibt es Systeme wie das von *Thelen* (1950), die gerade wegen der angestrebten größeren psychologischen „Tiefe" vom Beobachter sehr weitgehende Interpretationen verlangen und schon deshalb fragwürdigere Ergebnisse erwarten lassen. In bezug auf sämtliche damit angedeuteten Vorzüge und Nachteile nimmt das *Bales*sche System eine sehr glückliche Mittelstellung ein. Es gründet sich auf die *funktionale Bedeutung* jedes Kommunikationsaktes für den Ablauf des gesamten Gruppenprozesses, der im Prinzip als „Problemlösungsverhalten" aufgefaßt wird; es beschränkt sich auf eine nicht allzu große Zahl verhältnismäßig gut abgegrenzter Kategorien und ermöglicht in der Hand geschulter Beobachter eine recht genaue und zuverlässige Beschreibung des Kommunikationsgeschehens.

Was leistet nun dieses Instrument für eine theoretische Erhellung verbaler Kommunikationsprozesse in kleinen Diskussionsgruppen? Ganz offensichtlich ist sein *deskriptiver* Wert wesentlich größer als sein *analytischer*. So lassen sich z. B. typische Unterschiede im Interaktionsprofil verschiedener Arten von Gruppen deutlich erkennen: Kindergruppen, Erwachsenengruppen, therapeutische Gruppen, harmonische und disharmonische Gruppen. Aber alle diese Unterschiede hätte man auf weniger aufwendigem Wege wohl ebenfalls feststellen können, und was die *Ursachen* dieser Unterschiede betrifft, so gibt das Interaktionsprotokoll darüber bisher keine wirklich befriedigende Auskunft. Interessanter ist schon der Nachweis *typischer Phasen* im Ablauf zielgerichteter Gruppendiskussionen: im Anfang überwiegen Probleme der *Orientierung* bzw. des wechselseitigen Informationsaustausches, anschließend treten Fragen der *Bewertung* in den Vordergrund, dann Probleme der *Kontrolle* und *Entscheidung*, und während dieser charakteristischen Phasen nimmt in der Regel auch die Häufigkeit emotionaler Reaktionen zu, sowohl der negativen wie auch der *positiven*. Das ist zunächst natürlich nur der Nachweis einer empirischen Regelmäßigkeit, aber es scheint, daß diese Regelmäßigkeit sich für nahezu beliebige Arten von Gruppen und eine große Vielzahl sehr verschiedener Gruppenaufgaben verallgemeinern läßt; was sie theoretisch darüber hinaus interessant macht, ist die anscheinend weitgehende Parallelität individuellen und kollektiven Problemlösungsverhaltens.

Aber auch das liegt, gemessen an den eigentlich relevanten Anliegen der Kleingruppenforschung, immer noch sehr am Rande. Einem zentralen Bereich nähern wir uns erst bei der Betrachtung der Kommunikations*häufigkeit* und der Herausdifferenzierung eines typischen Kommunikations*netzes* in einer solchen Diskussionsgruppe. In einer unstrukturierten, führerlosen Gruppe sind — anders als bei den bereits erwähnten Experimenten von *Bavelas* — zunächst sämtliche Kommunikationswege nach allen Seiten gleichmäßig offen, und doch zeigt sich schon nach kurzer Zeit, daß sich die aktiven und passiven Kommunikationsakte keineswegs gleichmäßig auf die Mitglieder verteilen (*Bales* et. al., 1951). Es entsteht eine definitive *Rangordnung*, eine Tendenz zur *Zentralisierung*, bei der die Häufigkeit, mit der ein Mitglied Bemerkungen an andere Mitglieder richtet, von der Häufigkeit abhängt, mit der diese ihrerseits Kommunikationsakte initiieren; ähnliches gilt für die passiven Kommunikationen, also für die Zahl der an ein Mitglied jeweils gerichteten Bemerkungen der anderen. Ganz offensichtlich haben wir es hier mit dem Beginn einer *Rollendifferenzierung* zu tun; die Interaktionsanalyse scheint auf der Spur eben jener Prozesse zu sein, die einerseits die aufgabenbezogene Arbeitsteilung der Gruppe und die Verteilung der Macht- und Einflußpositionen, auf der anderen Seite aber auch die Struktur der affektiven Wechselbeziehungen zwischen den Gruppenmitgliedern determinieren.

Tatsächlich nehmen Rollendifferenzierungen — im Prinzip als *Stabilisierungsprozesse* für den Ablauf zwischenmenschlichen Geschehens betrachtet — und entsprechend dynamisch aufgefaßte Rollenbeziehungen im theoretischen Ansatz von *Bales* einen sehr bedeutenden Platz ein. Die elaborierten Beobachtungsmethoden der Interaktionsanalyse wurden nicht zuletzt mit dem ausdrücklichen Ziel entwickelt, das Entstehen von Rollen sichtbar zu machen und eine Reihe sehr interessanter Hypothesen über mehr oder minder komplizierte Gleichgewichtsprozesse zwischen verschiedenen Rollendimensionen empirisch zu überprüfen. Dazu gehört unter anderem ein *Grundpostulat*, nach *Bales'* eigenen Worten „die Annahme, daß jedes Sozialsystem unaufhörlich zwischen zwei theoretischen Polen hin- und herschwingt: zwischen optimaler Anpassung an die äußere Situation auf Kosten innerer Fehlintegration und optimaler innerer Integration auf Kosten einer Fehlanpassung an die äußere Situation" (1950). Diese beiden funktionalen Pole der Gruppenaktivität — zielgerichtete Leistungsfähigkeit auf der einen und sozial-emotionale innere Harmonie auf der anderen Seite — sind nach *Bales* zwar untrennbar miteinander verknüpft, zeigen aber auch *antagonistische* Züge. Sie finden ihren Niederschlag in dem berühmten *Rollendualismus* des *Tüchtigkeitsspezialisten* („idea man", „task specialist") und des *Harmoniespezialisten* („harmonizer", „social-emotional specialist"). Beide Rollen können sich in *einer* Person vereinigen, fallen bei längerem Bestehen einer Gruppe aber meist auseinander. Die innere Stabilität und äußere Leistungsfähigkeit der Gruppe hängt davon ab, ob sich, was sehr oft der Fall zu sein scheint, zwischen den Trägern der beiden Spitzenfunktionen eine harmonischkooperative *Allianz* entwickelt oder ein *Rivalitätsverhältnis*, das dann entweder die bestehende Gruppe sprengt oder zu einer Neuverteilung der entscheidenden Positionen und Rollen führt.

Diese theoretisch und praktisch zweifellos sehr bedeutsamen Einsichten werden im allgemeinen als Ergebnisse der *Bales*schen Interaktionsanalyse dargestellt und gelten gleichzeitig als Beweis für die Leistungsfähigkeit seiner Methode. Aber das *scheint* nur so. Tatsächlich ist *Bales* nicht, oder jedenfalls nur sehr begrenzt in der Lage, diese Rollendimensionen auf Grund systematischer Interaktionsprotokolle zu identifizieren. Ursprünglich mag er gehofft haben, durch Indexbildung auf Grund verschiedener Kombinationen seiner Beobachtungskategorien zu solchen Operationalisierungen zu gelangen. Da sich dieser Weg als unergiebig erwies, verfiel er auf genau denselben Ausweg, auf den vor und nach ihm schon viele gekommen sind: an die Stelle systematischer Beobachtungsdaten treten einfach subjektive Impressionen der beteiligten Gruppenmitglieder. „Wer hat, Ihrer Ansicht nach, die besten Ideen beigesteuert?" — „Wer hat am meisten zur Diskussionsleitung beigetragen?" — „Welcher Teilnehmer war Ihnen am sympathischsten?" — Antworten auf solche simplen, erst nachträglich gestellten Fragen bilden die ausschließliche Basis der faktisch benutzten Rollendefinitionen für „ideas", „guidance" und „liking", und selbst die Definition der „talking rôle", also die Bestimmung der Person mit der jeweils höchsten Partizipationsrate, wird mindestens teilweise ohne Bezug auf die Daten der zuvor mit großem technischem Aufwand erhobenen Interaktionsprotokolle vorgenommen.

Damit ist nicht gesagt, daß die eben beschriebenen Ergebnisse unbrauchbar oder gar unzutreffend seien. Sie sind gewiß nicht fragwürdiger, wahrscheinlich sogar zuverlässiger als die Ergebnisse anderer Input-Output-Analysen, die den Sozialprozeß völlig unbeachtet lassen und sich allein auf subjektive retrospektiv ermittelte Eindrücke der Beteiligten stützen, aber sie können andererseits auch kaum als Resultat einer systematischen *Interaktionsanalyse* betrachtet werden. So bleibt also auch in bezug auf das zuverlässigste und sicher am besten ausgereifte System zur unmittelbaren Erfassung zwischenmenschlicher Kommunikationsprozesse die Frage nach dem eigentlichen Ertrag dieser aufwendigen Techniken vorläufig noch offen.

Abschließende Bemerkungen

Wir kommen zum Schluß. Unsere Aufgabe war — zunächst ohne expliziten Bezug auf die spezielle Problematik der möglichen Anwendbarkeit gruppendynamischer Prinzipien auf die sozialen Aspekte des Sports —, einen allgemeinen Überblick über den derzeitigen Stand der sog. Kleingruppenforschung zu geben. Wir haben uns bemüht, ein wenig Ordnung und Systematik in dieses bislang so unübersichtliche Gebiet zu bringen, und dabei gleichzeitig den Versuch gemacht, wenigstens einige der Gründe für den bisher noch so wenig befriedigenden theoretischen Entwicklungsstand dieses Forschungsbereichs anzudeuten. Wir möchten versuchen, mit einem anschaulichen Bild zu schließen.

Im Grunde gibt es zwei Möglichkeiten, ein bis zur Hälfte angefülltes Gefäß zu beschreiben: man kann sagen, es ist immer noch *halb leer*, oder man kann darauf verweisen, es sei immerhin schon *halb voll*. Vielleicht haben wir die erste Betrachtungsweise bei unserem Bericht etwas zu einseitig betont. Tatsächlich haben wir den Eindruck, daß im Laufe der letzten 10 Jahre in der Kleingruppenforschung außerordentlich viel erreicht worden ist. Ein Teil des gegenwärtig spürbaren Mißbehagens rührt ja gerade daher, daß während dieser Zeit sehr viele neue Einsichten in bisher vernachlässigte Zusammenhänge hinzugekommen sind. Es ist nicht mehr ganz so einfach, mit einer einzigen genialen Versuchsanordnung Aufsehen erregende Entdeckungen zu machen; das Bild der inneren Gesetzmäßigkeiten kleiner, angeblich leicht überschaubarer Sozialgebilde beginnt in seiner ganzen Komplexität sichtbar zu werden.

In der Tat: das Glas ist schon fast bis zur Hälfte gefüllt. Wir wollen darüber aber nicht die *andere* Hälfte vergessen: *es bleibt noch sehr viel zu tun.*

Literaturverzeichnis

Altman, Irvin u. *McGinnies, Elliott,* Interpersonal Perception and Communication in Discussion Groups of Varied Attitudinal Composition, in: Journal of Abnormal and Social Psychology 1960, Bd. 60, S. 390—395.
Aronson, Elliot u. *Mills, Judson,* The Effect of Severity of Initiation on Liking for a Group, in: Journal of Abnormal and Social Psychology 1959, Bd. 59, S. 177—181.
Backmann, Carl W. u. *Secord, Paul F.,* Liking, Selective Interaction, and Misperception in Congruent Interpersonal Relations, in: Sociometry 1962, Bd. 25, S. 321—335.
Bales, Robert F., Interaction Process Analysis: A Method for the Study of Small Groups. Reading, Mass., 1950.
Bales, Robert F., How People Interact in Conferences, in: Scientific American 1955, Bd. 192, S. 31—35.
Bales, Robert F. et al., Channels of Communication in Small Groups, in: American Sociological Review 1951, Bd. 16, S. 461—468.
Bales, Robert F. u. *Slater, Patrick,* Role Differentiation in Small Decision-making Groups, in: *Parson, T.* et al., Hrsg., Family, Socialization, and Interaction Process. New York 1955, S. 259—306.
Barnard, Chester I., The Functions of the Executive. Cambridge, Mass., 1938.
Bass, Bernard M., Leadership, Psychology, and Organizational Behavior. New York 1960.
Bavelas, Alex, Communication Patterns in Task Oriented Groups, in: Journal of the Acoustical Society of America 1950, Bd. 22, S. 725—730.
Blau, Peter M., A Theory of Social Integration, in: American Journal of Sociology 1960, Bd. 65, S. 545—556.
Borgatta, Edgar F., Cottrell, L. S. u. *Mann, J. H.,* The Spectrum of Individual Interaction Characteristics: An Inter-dimensional Analysis, in: Psychological Reports 1958, Bd. 4, S. 279—319 (Monograph Supplement No. 4).
Borgatta, Edgar F., Cottrell, L. S. u. *Meyer, H. J.,* On the Dimensions of Group Behavior, in: Sociometry 1956, Bd. 19, S. 223—240.

Carter, Launor F., Recording and Evaluating the Performance of Individuals as Members of Small Groups, in: Personnel Psychology 1954, Bd. 7, S. 477—484.

Carter, Launor F. et al., A Note on a New Technique of Interaction Recording, in: Journal of Abnormal and Social Psychology 1951, Bd. 46, S. 258—260.

Chapple, E. D. u. *Arensberg, C. M.*, Measuring Human Relations: An Introduction to the Study of Interaction of Individuals, in: Gen. psychol. Monogr. 1940, Bd. 22, S. 3—147.

Cooley, Charles H., Human Nature and the Social Order. New York 1902.

Dashiell, J. F., An Experimental Analysis of Some Group Effects, in: Journal of Abnormal and Social Psychology 1930, Bd. 25, S. 190—199.

Deutsch, Morton, The Pathetic Fallacy: An Observer Error in Social Perception, in: Journal of Personality 1960, Bd. 28, S. 317—332.

Festinger, Leon et al., Social Pressures in Informal Groups: A Study of Human Factors in Housing. New York 1950.

Fiedler, Fred E., Leader Attitudes and Group Effectiveness. Urbana, Ill., 1958.

Fiedler, Fred E., Leadership and Leadership Effectiveness Traits: A Reconceptualization of the Leadership Trait Problem, in: *Petrullo, L.* u. *Bass, B. M.*, Hrsg., Leadership and Interpersonal Behavior. New York 1961.

Fiedler, Fred E., Leader Attitudes, Group Climate, and Group Creativity, in: Journal of Abnormal and Social Psychology 1962, Bd. 65, S. 308—318.

Fiedler, Fred E., A Contingency Model for the Prediction of Leadership Effectiveness. Group Effectiveness Research Laboratory. Urbana, Ill., Technical Report No. 10, Mai 1963.

Fiske, Donald W., Variability among Peer Ratings in Different Situations, in: Educational and Psychological Measurement 1960, Bd. 20, S. 283—292.

Fiske, Donald W. u. *Cox, John A.*, The Consistency of Ratings by Peers, in: Journal of Applied Psychology 1960, Bd. 44, S. 11—17.

Glanzer, Murray u. *Glaser, Robert*, Technique for the Study of Group Structure and Behavior: II. Empirical Studies of Effects of Structure in Small Groups, in: Psychological Bulletin 1961, Bd. 58, S. 1—27.

Haythorn, William et al., The Behavior of Authoritarian and Equalitarian Personalities in Groups, in: Human Relations 1956, Bd. 9, S. 57—74.

Hoffmann Richard L., Homogeneity of Member Personality and its Effect on Group Problem-Solving, in: Journal of Abnormal and Social Psychology 1959, Bd. 58, S. 27—32.

Homans, George C., The Human Group. New York 1950.

Homans, George C., Small Groups. Radio-Vortrag 1959, publiziert durch US Information Agency, Washington 1961.

Hurwitz, Jacob L. et. al., Some Effects of Power on the Relations Among Group Members, in: *Cartwright, D.* u. *Zander, A.*, Hrsg., Group Dynamics — Research and Theory. Evanston, Ill., 1960.

Jacobs, Robert C. u. *Campbell, Donald T.*, The Perpetuation of an Arbitrary Tradition through Several Generations of a Laboratory Microculture, in: Journal of Abnormal and Social Psychology 1961, Bd. 62, S. 649—658.

Kelley, H. H. u. *Ring, K.*, Some Effects of „Suspicious" versus „Trusting" Training Schedules, in: Journal of Abnormal and Social Psychology 1961, Bd. 61, S. 294—301.

Kleiner, Robert J., The Effects of Threat Reduction upon Interpersonal Attractiveness, in: Journal of Personality 1960, Bd. 28, S. 145—155.

Leavitt, Harold J., Some Effects of Certain Communication Patterns on Group Performance, in: Journal of Abnormal and Social Psychology 1951, Bd. 46, S. 38—50.

Lerea, Louis u. *Goldberg, Alvin*, The Effects of Socialization upon Group Behavior, in: Speech Monographs 1961, Bd. 28, S. 60—64.

Lott, Bernice E. J. u. *Lott, A. J.*, The Formation of Positive Attitudes toward Group Members, in: Journal of Abnormal and Social Psychology 1960, Bd. 61, S. 297—300.

Mann, Richard D., A Review of the Relationship between Personality and Performance in Small Groups, in: Psychological Bulletin 1959, Bd. 56, S. 241—270.

Mann, Richard D., Dimensions of Individual Performance in Small Groups under Task and Social-emotional Conditions, in: Journal of Abnormal and Social Psychology 1961, Bd. 62, S. 674—682.

Rosenberg, S., Spradlin, J. u. *Mabel, S.*, Interaction among Retarded Children as a Function of their Relative Language Skills, in: Journal of Abnormal and Social Psychology 1961, Bd. 63, S. 402—410.

Schutz, William C., FIRO: A Three-Dimensional Theory of Interpersonal Behavior. New York 1958.
Shaw, Marjorie E., Scaling Group Tasks: A Method for Dimensional Analysis. Technical Report No. 1 ONR Contract Nr. 170—266, Juli 1963.
Shaw, Marvin E., Group Dynamics, in: Annual Review of Psychology. Palo Alto, Calif., 1961, S. 129—156.
Sherif, Muzafer, The Psychology of Social Norms. New York 1936.
Steiner, Ivan D., Group Dynamics, in: Annual Review of Psychology. Palo Alto, Calif., 1964, S. 421—446.
Steiner, Ivan D. u. *Rajaratnam, Nageswari*, A Model for the Comparison of Individual and Group Performance Scores, in: Behavioral Science 1961, Bd. 6, S. 142—147.
Stogdill, R. M. u. *Coons, A. E.*, Hrsg. Leader Behavior: Its Description and Measurement, in: Ohio Studies in Personnel, Research Monographs No. 88, Columbus, Ohio, 1957.
Strodtbeck, Fred L. et al., Social Status in Jury Deliberations, in: American Sociological Review 1957, Bd. 22, S. 713—719.
Tagiuri, Renato, Kogan, N. u. *Long, L. M. K.*, Differentiation of Sociometric Choice and Status Relations in a Group, in: Psychological Reports 1958, Bd. 4, S. 523—526.
Thelen, Herbert A., Techniques for Collecting Data on Interaction, in: Journal of Social Issues 1950, Bd. 6, S. 77—93.
Thelen, Herbert A., Work-Emotionality Theory of the Groups as Organism, in: *Koch, S.*, Hrsg., Psychology: A Study of a Science, Bd. 3. New York 1960, S. 544—611.
Thibaut, John, An Experimental Study of the Cohesiveness of Underprivileged Groups, in: Human Relations 1950, Bd. 3, S. 251—278.
Torrance, E. Paul, Some Consequences of Power Differences on Decision Making in Permaent and Temporary Three-man Groups, in: Research Studies. Washington State College 1954, Bd. 22, S. 130—140.
Ziller, Robert C. u. *Behringer, Richard D.*, A Longitudinal Study of the Assimilation of the New Child in an Group, in: Human Relations 1961, Bd. 14, S. 121—133.

BEGRIFFLICHE PROBLEME IN DER
KLEINGRUPPENFORSCHUNG

Von Gregory P. Stone

Die Kleingruppenforschung übt heute auf viele europäische Soziologen eine große Anziehungskraft aus, kommt sie doch ihrem Streben nach reiner Empirie und Wissenschaft wie auch ihrer Abwehrstellung gegen die historischen, vergleichenden und gelegentlich auch spekulativen Arbeiten der akademischen Vorfahren entgegen. Ich habe jedoch den Eindruck, daß europäische Soziologen häufig recht unkritisch empirische Techniken anwenden. Dieses Urteil dürfte auch für ihre derzeitige Beschäftigung mit der Kleingruppenforschung gelten. Ganz besonders scheint es auf jene europäischen Soziologen zuzutreffen, die den Sport behandeln. Sportmannschaften bieten aufschlußreiche Beispiele für Kleingruppen, und man sollte es für durchaus angemessen halten können, daß Methoden des Experiments und der Beobachtung beim Studium von Mannschaften und losen sportlichen Gruppierungen Anwendung finden. Nun möchte ich einer solchen Annahme keineswegs widersprechen, aber ich fürchte, daß diese Techniken, gerade weil sie grundsätzlich angemessen erscheinen, bedenkenlos verwertet werden könnten. Deshalb habe ich die Kleingruppenforschung einmal kritisch gesichtet und dabei einige begriffliche Unzulänglichkeiten entdeckt, die bedenklich stimmen. Europäische Soziologen (ja, Soziologen in aller Welt) sollten sich ihrer deutlich bewußt sein, bevor sie ausgedehnte empirische Studien an kleinen Gruppen unternehmen.

Meine Durchsicht der Literatur über Kleingruppen ist — offen gesagt — im Ergebnis recht verwirrend gewesen. Die Literatur ist äußerst umfangreich[1]; Arbeiten werden oft nicht aufeinander abgestimmt[2]; manchmal stecken sie voll krasser innerer Widersprüche[3] und oft sind sie beladen mit naiven Simplifizierungen[4]. Darüberhinaus habe ich unmittelbar feststellen können, daß Kleingruppenforscher in den von ihnen berichteten Beobachtungen und Analysen manchmal auf höchst irreführende Weise parteilich sein können.

Ein Beispiel soll diesen Sachverhalt beleuchten. Um experimentell die Wirkung von Angst auf die Kommunikation in einer Kleingruppe zu erfassen, bat man darum, es möchten sich ein paar Leute freiwillig für die Erprobung eines neuen Medikaments zur Verfügung stellen. Ein Psychologe im Arztkittel begrüßte die Teilnehmer im Versuchsraum und erteilte ihnen einige „ärztliche" Anweisungen, die Angst erregen sollten. So hieß es, das Medikament sei eine außerordentlich dickflüssige Substanz, was eine besonders große Injektionsnadel erfordere. Die Injektion werde also sehr schmerzhaft sein. Außerdem werde sich ein heftiges Herzklopfen einstellen, der eine oder andere könne gar in Ohnmacht fallen. Jedoch wurde den Versuchsteilnehmern versichert, daß niemand, der an früheren Tests mitgewirkt hätte, langfristig Schaden davongetragen hätte. Der „Arzt" verließ sodann den Versuchsraum, nachdem er sein Teil getan und Angst erregt hatte, und im Beobachtungsraum machte man sich nun daran, den Verlauf der Kommunikation im Versuchsraum mit Hilfe eines Ein-Weg-Spiegels festzuhalten. Die Versuchspersonen reagierten zunächst einmal damit, daß sie ausfindig zu machen suchten, ob der Spiegel im Beobachtungsraum wirklich ein Ein-Weg-Spiegel war. Danach versuchten sie Mikrophone ausfindig zu machen. Als sie nicht herauszubringen vermochten, ob sie als Versuchspersonen dienten oder nicht, setzten sie sich schließlich zusammen und besprachen ihre Zensuren und die gerade laufenden Examen.

Lassen wir einmal die ethischen Fragen unberücksichtigt, zu denen ein solches Experiment geradezu herausfordert, und wenden wir uns den Schlußfolgerungen der beteiligten Forscher zu. Ihre Deutung ging dahin, der „Stimulus" sei nicht stark genug gewesen. Deshalb müsse die Einführung des „Arztes" in Zukunft noch mehr darauf abgestellt werden, die Teilnehmer in Schrecken und Angst zu versetzen. Später veröffentlichte man die Untersuchung, doch mit keinem Wort wurde das mißglückte erste Experiment erwähnt [5].

In unserem Zusammenhang ist von entscheidender Bedeutung, daß die Kleingruppenforschung, wie übrigens alle Spezialdisziplinen, unter dem leidet, was *Thorstein Veblen* als „trained incapacity" oder *John Dewey* als „Berufspsychose" bezeichnet haben [6]. Die Wurzel des Übels liegt in einer mangelhaften Klärung der Begriffe *Person, Rolle, soziale Beziehung* und *soziale Situation*. Kleingruppenforscher haben diese Begriffe gewiß einigermaßen einheitlich gefaßt, doch blieben dabei wichtige analytische Dimensionen wie die Scheidung von Leistungen in Kleingruppen *oder* Kleingruppenleistungen dem Auge des Forschers nicht nur unklar, sondern geradezu verborgen.

Die meisten Kleingruppenforscher beginnen mit Annahmen über die Persönlichkeit, die sie als Einheit, als mehr oder weniger integriert, als mehr von Versagungen oder Befriedigungen bestimmt, als strebsam oder zurückhaltend, als ansprechend oder abstoßend bezeichnen. Als Soziologe, und nicht als Psychologe, möchte ich mit meinen Ausführungen an einigen Begriffen aus dem Bereichen der sozialen Beziehungen ansetzen. Soziologische Einsichten erlauben den eindeutigen Schluß, daß jede Person, mit Ausnahme eines fortgeschrittenen Psychotikers, in manchen Situationen mehr unter Selbstkontrolle steht oder befriedigter, strebsamer, ansprechender ist als in anderen. In der Tat, ginge es darum, ein „Selbst" neben das andere zu setzen, dann könnte es uns entgehen, daß sie zu ein und demselben Individuum gehören. Der Soziologe verfährt also in der Weise, daß er individuelles Verhalten aus der Perspektive sozialer Beziehungen analysiert, und nicht etwa umgekehrt.

Soziale Beziehungen

Nach *Simmel* möchte ich soziale Beziehungen in *zwischenmenschliche* und *strukturelle (Simmel:* „vergesellschaftete", d. Übers.) Beziehungen unterteilen. Der Unterschied zwischen beiden bezieht sich vor allem darauf, daß die strukturelle Beziehung typischerweise über die Lebenszeit und die Teilnahme eines einzelnen Mitglieds hinaus fortbesteht. Die zwischenmenschliche Beziehung hingegen wird umgestaltet, möglicherweise gar beendet, wenn ein Mitglied ausscheidet oder ein neues hinzukommt. Wie wir sehen werden, leisten diese beiden Begriffe bei der Analyse verschiedener Problemstellungen gute Dienste. Nicht immer schließen sie sich gegenseitig aus. Zwar können zwischenmenschliche Beziehungen außerhalb des Rahmens von strukturellen Beziehungen vorliegen, jedoch läßt sich schwerlich eine soziale Struktur denken, die ohne zwischenmenschliche Beziehungen fortbestünde. Die Frage der gegenseitigen Beziehungen zwischen „sozialer Organisation" und „Persönlichkeit", die viele Kleingruppenforscher beschäftigt, stellt häufig die Wechselwirkung von zwischenmenschlichen Beziehungen und sozialer Struktur dar. Um diesen Sachverhalt verständlich zu machen, scheint eine weitere Klärung angebracht.

Zunächst einmal gilt, daß strukturelle Beziehungen durch „Exteriorität" und „Zwang" im Sinne *Durkheims* gekennzeichnet sind. So kann niemals eine Einzelperson für eine soziale Struktur zu irgendeinem Zeitpunkt ihrer Geschichte verantwortlich sein, und alle sozialen Strukturen üben auf das Verhalten ihrer Mitglieder einen Druck aus. Auf das Fußballspiel übertragen heißt das, daß kein lebender Spieler für die Positionen verantwortlich ist, die die soziale Struktur einer Fußballmannschaft ausmachen, und es heißt weiter, daß mit dem Anschluß an eine Mannschaft und der Zuweisung einer Position das Verhalten des einzelnen während des Spiels wie von außen gesteuert abläuft. Wenn ich hier die „Exteriorität" sozialer Strukturen hervorhebe, so möchte ich doch sogleich vor einer Verwechslung mit *George Homans'* Begriff des „äußeren Systems" warnen.

Hier mag es angebracht sein, mit wenigen Strichen das *Homans*sche Begriffssystem für die Analyse sozialer „Gruppen"[7] zu umreißen. Immer wieder ist an diesem System vor allem seine Einfachheit und Sparsamkeit mit Begriffen bewundert worden. Mit vier „Elementen" soll nach *Homans* die soziale Gruppe erfaßt sein. Diese sind 1. Aktivität (oder die Handlungen, die Menschen vollziehen), 2. Gefühl, 3. Interaktion (oder Kommunikation) und 4. Normen (oder „Standards", manchmal auch Wertvorstellungen) [8]. Nach *Homans* wird das äußere System gebildet: „... durch den Zustand dieser Elemente ... und ihrer gegenseitigen Beziehungen, sofern er eine Lösung — wenn auch nicht unbedingt die einzig mögliche — des Problems darstellt: Wie soll die Gruppe in ihrer Umwelt überleben? ... Wir kennzeichnen dieses System als ein ‚äußeres', weil es durch die Umwelt bedingt ist; wir sprechen von einem ‚System', weil seine Verhaltenselemente gegenseitig voneinander abhängen [9]."

Ich glaube, *Homans* spricht an diesem Punkt die „Exteriorität" *aller* sozialen Beziehungen an, wie sie durch ihren „zwingenden" Einfluß auf *alle* persönlichen Verhaltensweisen offenbar wird. Das heißt, nicht nur die strukturellen, sondern auch die zwischenmenschlichen Beziehungen enthalten ein Element der „Exteriorität". Beide üben ihren Zwang auf das Verhalten der Teilnehmer aus. So wie der Fußballspieler erfährt, daß ihm durch die an seine Position geknüpften Erwartungen eine bestimmte Spielweise auferlegt ist, erlebt auch ein Mensch im Kreise seiner Freunde, daß er das eine tun, das andere aber unterlassen sollte, falls er ein Mitglied des Kreises zu bleiben wünscht. Wie ich den Begriff der strukturellen Beziehung auffasse, scheint er mir nicht „äußerlicher" zu sein als irgendeine soziale Beziehung, die zwischenmenschliche nicht ausgenommen [10].

Dem „äußeren System" stellt *Homans* das „innere" gegenüber. Dies ist: „... nicht direkt von der Umwelt bedingt ... es ist das Gruppenverhalten, das die im Laufe des Zusammenlebens entwickelten Gefühle der Gruppenmitglieder widerspiegelt [12]." Gefühle entwickeln sich jedoch nicht nur in zwischenmenschlichen, sondern auch in strukturellen Beziehungen. Wird z. B. ein britischer Bürger seiner Königin gegenübergestellt, mag er sich so sehr in Emotionen verfangen, daß es ihm die Sprache verschlägt. Es ist durchaus klar, daß zwischenmenschliche Beziehungen sehr stark um persönliche Empfindungen kreisen, wie wir unser Verhalten der Stimmung unserer Freunde anpassen.

Dementsprechend hat unsere Unterscheidung von strukturellen und zwischenmenschlichen Beziehungen kaum etwas mit *Homans'* Differenzierung von äußerem und innerem System gemein [12]. Es taucht nun die Frage auf, ob strukturelle und zwischenmenschliche Beziehungen je nach dem Vorliegen geschriebener Regeln bestimmt werden können. Damit berühren wir eine geläufige Unterscheidung in der Soziologie, nämlich die von „formellen" und „informellen" Beziehungen. Formelle Beziehungen werden im Gegensatz zu informellen als von geschriebenen Regeln gesteuert aufgefaßt. Doch ist auch das nicht die Unterscheidung, auf die wir hinauswollen. Anstandsbücher setzen sich z. B. aus hoch formalisierten Regeln zusammen, die zwischenmenschliches Verhalten lenken. Umgekehrt bieten soziale Strukturen eine Überfülle an informellen oder ungeschriebenen Regeln und Bräuchen, die z. B. die Beziehungen zwischen „offiziellen" Personen oder solchen, die bestimmte Positionen innehaben, beherrschen. *Reuel Denney* hat festgestellt, daß das Verhalten in allen Sportarten von „praktischen Normen", nicht aber „formellen Regeln"[13] gesteuert wird. Z. B. ist im Basketball beim Abpraller viel mehr Körperberührung erlaubt, als die schriftlichen Regeln ausdrücklich zugestehen. Ähnliche Abweichungen gelten für den Baseball: Wenn die Schiedsrichter zu klären haben, ob der Läufer am ersten Laufmal „sicher" oder „aus" ist, entscheiden sie im Zweifelsfall fast immer zugunsten des ersten Malspielers, d. h. zugunsten der Mannschaft in der Verteidigung.

Man könnte auch daran denken, Strukturen und zwischenmenschliche Beziehungen nach dem Charakter der jeweils angewandten Regeln oder zumindest nach der Art ihrer Erzwingung zu unterscheiden. Auf den ersten Blick gewinnt man den Eindruck, daß die Verletzung formeller Regeln in einer sozialen Struktur *offiziell* bestraft wird. In einem gewissen Sinn werden jedoch auch Verstöße gegen die Etikette von den Vertretern einer Gemeinde offiziell sanktioniert, wie etwa bei einer Strafe wegen „Friedensbruchs" oder bei der Überweisung eines Menschen in eine Anstalt, wenn er sich öffentlich gegen die Erwartungen vergangen hat. Weder geschriebene Regeln noch deren Sanktionen scheinen also soziale Strukturen exakt von zwischenmenschlichen Beziehungen zu unterscheiden.

Ein wirksamer Weg zur Unterscheidung sozialer Strukturen von zwischenmenschlichen Beziehungen wird durch die Art eröffnet, wie man in beiden Fällen Mitglied wird. Strukturelle Beziehungen bahnen sich an, indem man seinen Namen gegen einen Titel eintauscht, zwischenmenschliche Beziehungen hingegen werden über den Austausch von Namen, oft gar Spitznamen, geknüpft. Wenn wir Menschen bei gemeinsamen Aktivitäten beobachten, fragen wir uns, was sie das erste Mal zusammenführte. Wenn ihre Gemeinsamkeit voraussetzt, daß jeder von ihnen zunächst einmal seinen Namen einem Vertreter des größeren Kollektivs angeben mußte und ihm dann im Zuge der Gegenleistung ein Titel verliehen wurde, können wir sicher sein, daß es sich um Vorgänge in einer sozialen Struktur handelt. (Ein Beispiel aus der Universität: Studenten tragen sich für Kurse ein und werden daraufhin mit Vertretern des Lehrkörpers zusammengebracht, die ihrerseits von Vertretern der Universitätsverwaltung in ihre Positionen eingewiesen worden sind.) Damit wird deutlich, daß wir eine soziale Struktur als *wirklich* begreifen und nicht etwa als eine bloße Abstraktion wie etwa einen Organisationsplan ohne individuelle Amtsträger. Wenn andererseits die Personen, die wir bei gemeinsamem Handeln beobachten, *allein* durch den Austausch von Namen zusammengekommen sein können, läßt sich mit Sicherheit auf eine zwischenmenschliche Beziehung schließen. Wie bereits gesagt, knüpfen Menschen in einer sozialen Struktur gewöhnlich zwischenmenschliche

Beziehungen an. Darüber hinaus können zwischenmenschliche Beziehungen ihrerseits Menschen in soziale Strukturen einführen, wie es oft bei Mitgliedschaften in exklusiven Vereinigungen, etwa einem amerikanischen „Country Club", einem Tennis-Verein oder einer Studentenverbindung der Fall ist. Ausschlaggebend für die Unterscheidung von strukturellen und zwischenmenschlichen Beziehungen ist also der *Titel*. Wenn Titel die Menschen zusammenbringen, dann ist der Zusammenhang für ihr Verhalten ein struktureller. Innerhalb dieses Zusammenhangs kann dann die Ausbildung zwischenmenschlicher Beziehungen sehr wohl die Ausführung strukturell bedingter Rollen beeinflussen. Ob jedoch derartige Einflüsse wahrscheinlich sind oder nicht, hängt von der sozialen Struktur selbst ab.

Beide Arten von Beziehungen sind *organisiert*, das heißt, beide sind in wiederkehrenden sozialen Situationen durch beobachtbare repetitive Interaktionsmuster gekennzeichnet. Im allgemeinen spricht die Wahrscheinlichkeit dafür, daß soziale Strukturen stärker organisiert sind als zwischenmenschliche Beziehungen: doch dies gilt nicht immer. Sportmannschaften sind straff organisierte soziale Strukturen, die den Einfluß zwischenmenschlicher Beziehungen wenig zum Durchbruch kommen lassen. Z. B. läßt ganz offensichtlich die Anordnung einer Mannschaft beim Staffellauf nur wenig Raum, um zwischenmenschliche Beziehungen während des Wettkampfs hervortreten zu lassen. Hingegen bietet der Basketball mit seiner fließenderen und lockeren Organisationsweise eher die Möglichkeit, daß zwischenmenschliche Beziehungen den strukturellen Ablauf des Spiels durchkreuzen[14]. Außerdem engt schon allein die von der sozialen Struktur vorgesehene ökologische Anordnung der Spieler den Einfluß zwischenmenschlicher Beziehungen stark ein. Man könnte z. B. im Baseball die Position des rechten Feldspielers mit der des ersten Malspielers vergleichen, um zu erkennen, wie sehr die soziale Struktur beim Baseball den größten Anteil von Interaktionen auf den Ballwerfer („pitcher") und den Ballfänger („catcher") konzentriert.

In einigen Sportarten tritt die Spielstrategie als ein weiteres Moment zur Regulierung zwischenmenschlicher Beziehungen hinzu. Z. B. kann die Spieltaktik im Basketball den Mittelspieler das eine Mal so hervorheben, daß er zur Schlüsselfigur für den Einsatz der anderen Spieler wird. In diesem Fall wird er der Mittelpunkt der Interaktion oder — wie die Kleingruppenforscher es nennen — die „zentrale Person". Ein anderes Mal kann er als Torwerfer eingesetzt sein. Die Fäden des Spiels laufen dann nicht mehr bei ihm, sondern gewöhnlich bei einem Spieler der Verteidigung zusammen, der damit zur „zentralen Person" wird. Aus all dem geht hervor, daß Struktur und Strategie beim Mannschaftssport *die Eigenheiten der Personen* beträchtlich einschränken, *sofern es um ihren Einfluß auf die Mannschaftsleistung geht*[15]. Allzu häufig haben

Kleingruppenforscher darüber hinweggesehen, daß — wie beim Sport — auch in der Gesellschaft allgemein viele Verhaltensweisen eindeutig strukturell geformt sind. Wie wir noch sehen werden, unterstellen Kleingruppenforscher häufig, daß ihre aus dem Studium zwischenmenschlicher Beziehungen hergeleiteten Verallgemeinerungen auf die weitere soziale Organisation ausgedehnt werden können. Ein solches Vorgehen ist jedoch unvertretbar. Im amerikanischen Baseball ist die großartigste Doppelspiel-Kombination der Legende nach „Tinkers-zu-Evers-zu-Chance". Trotz der strukturellen Wirksamkeit dieser Kombination heißt es jedoch, daß in dieser Triade der eine mit den beiden anderen *auf zwischenmenschlicher Ebene* gewöhnlich nichts zu tun hat!

Daß die Mitglieder einer sozialen Struktur, ja einer sozialen Beziehung überhaupt, miteinander interagieren können, richtet sich in erster Linie nach den *Normen* oder Regeln, seien sie nun geschrieben oder nicht. Hier wollen wir nun unsere Aufmerksamkeit der Frage zuwenden, wie sich Normen in strukturierten sportlichen Wettkämpfen herausbilden. Kein Soziologe sollte annehmen, daß die *Organisation* zwischenmenschlicher Beziehungen unbedingt das Auftauchen einer sozialen Struktur ankündigt. Wie wir bereits hervorgehoben haben, setzen beide Arten von Beziehungen einen mehr oder weniger organisierten normativen Konsensus voraus. Da jedoch beim Mannschaftssport Titel oder Positionen für die Spielweise der einzelnen Mitglieder „äußerlich" und „zwingend" sind, müssen die Normen, die die Interaktion der Spieler in den verschiedenen Positionen lenken, historisch zurückverfolgt werden.

Kein Kleingruppenexperiment wird jemals nachzeichnen können, wie sich die Regeln des amerikanischen Fußballs von denen des britischen Rugbys abgehoben haben [16]. Ebensowenig wird ein solches Experiment klären können, warum sich die Regeln einer jeden Sportart wandeln [17]. Soziale Strukturen, d. h. Beziehungen, die über die Lebenszeit der einzelnen Mitglieder hinaus andauern, können nicht a priori in einem Laboratorium aufgebaut werden. Doch genau das wird erstrebt, wenn Kleingruppenforscher ihre Untersuchung auf das Entstehen sozialer Strukturen abstellen und dabei die von ihnen analysierte Kleingruppe gegenüber einer Ansammlung von Fremden oder einer „natürlichen Gruppe" abgrenzen [18].

Zum Thema der sozialen Beziehungen scheint eine abschließende Bemerkung angebracht. Ein und dieselbe Struktur kann durch variierende Organisationsformen gekennzeichnet sein. So kann z. B. Baseball von ad hoc zusammengestellten Teams wie auch von größeren professionellen Liga-Mannschaften, etwa in der sogenannten „Welt-Serie", gespielt werden. Die Spielweise in den beiden Formen des Wettkampfs weist grundlegende Unterschiede auf, wie die folgenden Ausführungen erkennen lassen: „Achtzehn Fremde, die mit den Spielregeln des Baseballs vertraut sind, jedoch nichts miteinander zu tun haben, fordere man auf, Parteien zu bilden und Baseball zu spielen. Wenn die Aufstellung der Parteien beginnt, ist es für jeden potentiellen Spieler zunächst völlig belanglos, welcher Seite er angehört oder welche Seite gewinnt, obwohl er, vom Rivalitätsdenken durchdrungen, sich wünschen wird, auf seiten der Siegermannschaft zu kämpfen. Die Gruppen, wenn man sie so nennen kann, haben keine Identität. Ein Start des Spiels unter derartigen Bedingungen, d. h. ohne Identität der Mannschaften, könnte nicht viel mehr erwarten lassen als ein witzloses Hin und Her. Sicherlich würden die Spieler ihre Rollen entsprechend ihrer Placierung in der Mannschaft spielen, sei es am Schlagmal oder im Feld. Im Zuge des Spiels könnten auch gewisse physiologische Bedürfnisse, soweit sie sich durch ein körperliches Training befriedigen lassen, befriedigt werden. Hier wäre die Rollentheorie in Aktion ... eine leere Flasche, in die Verhaltensweisen und formelle Beziehungen gezwängt werden, ohne Motiv oder Anreiz außer dem unbestimmten physiologischen Zwang, Energie freizusetzen und Zeit zu töten. Es spräche nicht mehr dafür, die Regeln einzuhalten, als sie zu umgehen. Doch das Spiel liefe vielleicht durch phantasieloses Befolgen der Regeln weiter. Da sein Verlauf die Spieler nicht mehr zu fesseln verstünde als irgendeinen Beobachter, der die Regeln nicht kennt, ist es überhaupt unbegreiflich, wie man die Spieler zum Spielen bewegen könnte, es sei denn, man böte ihnen eine Belohnung, etwa Geld. Dem Spiel selbst ist jedoch ein solcher Anreiz fremd. Wenn er erfolgt, sprechen wir nicht mehr von einem Spiel [19]."

In seinen weiteren Ausführungen stellt *Nelson Foote* das soeben beschriebene Spiel einem Kampf in der Welt-Serie gegenüber. Deutlich tritt der Kontrast zutage. *Foote* sieht den Unterschied „in der Tatsache, daß die leere Flasche von Status und Rolle plötzlich einen Inhalt hat ... und der heißt *Identität*"[20]. Damit berührt *Foote* den weiten Komplex der Motivation. Bevor ich mich diesem Bereich zuwende, möchte ich jedoch eine weitere analytische Unterscheidung für das Studium sozialer Beziehungen vorschlagen: Ist die Teilnahme an sozialen Beziehungen grundlegend durch „Spiel" oder „Arbeit" gekennzeichnet[21]? Obwohl diese Unterscheidung stark von der persönlichen Motivation abhängen mag[22], möchte ich behaupten, daß sich soziale Beziehungen als solche durch derartige Gegenüberstellungen erfassen lassen, wie sie etwa *Roger Caillois* nicht ganz exakt zwischen *paidia* und *ludus*[23] zu unterscheiden versucht. Differenzierungen dieser Art sind in der Kleingruppenforschung des Spiels selten. Sie haben jedoch auch für die historische Betrachtung ihre Bedeutung, etwa wenn man den Prozessen nachgeht, wie sich einzelne Sportarten voneinander abgesetzt haben, während sie *von Arbeit zu Spiel* und umgekehrt wurden. Für erstere Umwandlung bietet oft der Amateursport, für letztere der Berufssport ein Beispiel[24].

Personen

Foote behauptet, der grundlegende Unterschied zwischen dem Spiel der ad hoc zusammengestellten Mannschaft und dem Welt-Serien-Kampf könne mit Hilfe des Begriffs der Identität herausgearbeitet werden. Sicherlich kommt nun diesem Begriff eine zentrale Bedeutung für die Analyse sozialer Interaktionen zu. Es steht auch fest, daß er tief in die Motivationsforschung hineinwirkt. Doch habe ich den Eindruck, daß *Foote* seine Analyse nicht weit genug vorangetrieben hat. Ich möchte die einzelnen Punkte nacheinander behandeln.

Der Begriff der *Identität* bezieht sich auf jede soziale Objektivierung der Person, wie sie durch einen Namen oder Titel, eine Alters- oder Geschlechtskategorie oder die Klassifizierung nach irgendeiner anderen sozialen Nomenklatur wiedergegeben wird. Geht man von dieser Definition aus, so stellt man fest, daß „in" einer jeden sozialen Transaktion stets mehr Identitäten als Körper gegeben sind. In der westlichen Zivilisation ist es z. B. fast unmöglich, eine wie auch immer geartete Beziehung einzugehen und sozusagen sein Geschlecht hinter sich zu lassen. Auch über das Alter muß fast immer eine gewisse Angabe vorliegen. Die Identitäten beeinflussen das persönliche Verhalten wie auch den weiteren sozialen Prozeß. Sie selbst werden durch Placierungen und Erklärungen ausgelöst und unterliegen dem Konsensus, der sich bei den Teilnehmern über vorgegebene Klassifizierungen herausbildet[25]. Einige dieser Identitäten brauchen für die Beziehung nicht zentral zu sein, können aber stillschweigend das gegenseitige Verhalten „stützen". Eine solche Wirkung kann z. B. von den Kategorien Geschlecht und Alter ausgehen. Andere Identitäten werden dagegen zentral sein, das heißt, man kann sie als zur Situation „gehörig" betrachten. Wieder andere dürften bestimmt nicht zur Situation gehören, dringen aber von außen in sie ein. Schließlich ist der Fall denkbar, daß Identitäten zwar geschaffen werden, aber für die gegebene Situation einfach „irrelevant" bleiben. Wie dem auch sei, auf jeden Fall sind soziale Transaktionen „dicht" mit Identitäten „bevölkert". Sie brauchen sich jedoch nicht alle zu einem System zusammenzufügen. Entscheidend ist, daß sie nur nicht gegeneinander gerichtet sind[26]. Wie wir bereits gesehen haben, richtet sich der Charakter sozialer Beziehungen nach den jeweils zentralen Identitäten: Die Zentralität des Namens kennzeichnet die zwischenmenschliche Beziehung, die Zentralität des Titels wirft ein Licht auf die strukturelle Beziehung. Gewöhnlich hat im Mannschaftssport oder in anderen athletischen Kämpfen sowohl die Position (der Titel) als auch der Name zentrale Bedeutung, wobei der Schwerpunkt je nach der Situation unterschiedlich gesetzt sein kann.

Das bedeutet, daß zwischenmenschliche und strukturelle Beziehungen gleichzeitig bei den meisten sportlichen Aktivitäten vorliegen und daß das Verhalten in beiden Beziehungstypen wie auch ihre Zentralität das Spiel der Mannschaft beeinflussen können. Wie bereits hervorgehoben wurde, arbeitet die Struktur des Sports darauf hin, die Wirkung zwischenmenschlicher Beziehungen entweder zu maximieren oder zu minimieren. Aber dieser Punkt verdient es, noch einmal an Hand von Beispielen herausgestellt zu werden. Es ist eine wohl bekannte Tatsache, daß im amerikanischen Fußball zwischenmenschliche Konflikte zwischen Stürmern und „Verteidigern" dahin führen können, daß ein Stürmer einen „Verteidiger" nicht abschirmt, wenn die Mannschaft im Angriff ist. Schwelt dagegen der zwischenmenschliche Konflikt unter den Stürmern, vor allem unter solchen, die in unterschiedlichen Positionen auf verschiedenen Seiten spielen, wird ihre Feindschaft das Spiel der Mannschaft nur geringfügig beeinflussen. In diesem Fall sind die Folgerungen für die Analyse klar. Aber wie ist es um das andere oben erwähnte Beispiel bestellt: Was heißt es, wenn der zwischenmenschliche Konflikt solche Spieler berührt, die durch ihre Position in enge Interaktion gebracht sind? Was heißt es z. B., wenn er die Doppelspiel-Kombinationen „Tinkers-zu-Evers-zu-Chance" betrifft? In diesem Fall taucht ein weiteres Problem auf, *das Problem der Bindung.* Wie man von vielen Situationen im Mannschaftssport weiß, läßt ein Spieler in gewissem Sinne seinen Namen hinter sich und verschreibt sich selbst der erforderlichen Mannschaftsidentität. Gegenüber anderen Mitgliedern des Teams, mit denen er außerhalb des Spiels im Streit liegt, spielt er das Mannschaftsspiel anonym.

Der Begriff der Identität wird demnach ein relevanter Bestandteil der Analyse, weil die Identität, wenn sie einmal erklärt und durch die Placierung der anderen bestätigt ist, eine Person an eine Richtlinie des Verhaltens *bindet.* In dieser Form stellt die Identität eine wichtige Dimension der Motivation dar, wenn auch nicht die einzige, wie wir noch sehen werden, und sie eröffnet der soziologischen Erklärung eine wichtige Dimension. Es leuchtet ein, daß man das Mitglied einer Kleingruppe nicht als „ganz aus einem Stück" betrachten kann, und dennoch haben buchstäblich Hunderte von Kleingruppenforschern ihre Versuchspersonen als lediglich „männlich" oder „weiblich" oder sogar geschlechtslose College-Studenten geschildert, ohne sich darüber Gedanken zu machen, ob die Beteiligten während des Versuchs nicht gerade in entscheidender Weise an diese Identitäten gebunden sind. Die Kleingruppenforschung hat sogar ihrerseits eine neue Identität für Studenten an amerikanischen Colleges und Universitäten kreiert, die Identität der „Versuchsperson". Wir haben ja bereits gesehen, wie der Ablauf des Versuchs dadurch gesteuert wurde, daß die Versuchspersonen genau diese neue Identität durch ihr Verhalten bestätigen wollten. Um es noch einmal zu sagen: In dem oben beschriebenen Beispiel war die Identität des Studenten so zentral für die Interaktion während des Versuchs, daß sie die Voraussagen der Versuchsleiter durchkreuzte.

Rolle und Rollenverhalten

Bestätigte Identitäten binden eine Person an eine Richtlinie des Verhaltens, weil sie ihren Rollen zugrunde liegen. *Rollen* sind auf gegenseitiger Übereinstimmung beruhende Erwartungen, die in unterschiedlichen sozialen Situationen durch die jeweils bestätigten Identitäten mobilisiert werden. Um hier einen der wenigen zitierbaren Sätze von *Talcott Parsons* anzuführen: „Was für Alter Erwartung ist, ist für Ego Verpflichtung." Von der Rolle ist jedoch das *Rollenverhalten* zu unterscheiden, d. h. das persönliche Umsetzen von Erwartungen gegenüber einer Person in eine Handlung, und zwar entsprechend der von dieser Person erklärten und von anderen bestätigten Identität. Das Rollenverhalten stimmt nur selten mit der festgesetzten Rolle überein, sieht man einmal von einigen wenigen hoch ritualisierten Interaktionen ab (und auch da ist die Übereinstimmung nur selten gegeben!). Diese Erscheinung hat nichts mit „Idiosynkrasie" oder einer ähnlichen Restkategorie zu tun. Zu einem Teil weicht das Rollenverhalten eben deshalb von der Rolle ab, weil der Rollenträger viele Identitäten in eine Transaktion hineinbringt und folglich dauernd in ein vielfältiges Rollenverhalten hineingezogen wird. Es ist bezeichnend, daß Menschen mehr als eine Sache auf einmal tun. Oft spielen sie gleichzeitig verschiedene Rollen, wie z. B. der Autofahrer, der eine lebhafte Unterhaltung mit einem Fahrgast führt. Es kann natürlich auch vorkommen, daß Aktivitäten „außerhalb der Rolle" liegen. Dieser Fall führt jedoch über den Rahmen dieser Arbeit hinaus, obgleich zweifellos auch diese Aktivitäten den Lauf der Interaktion beeinflussen. Ich möchte keineswegs den Eindruck entstehen lassen, als sei alles menschliche Verhalten Rollenverhalten.

Die Analyse des Rollenverhaltens in Kleingruppen und speziell im Mannschaftssport kann vor allem durch die Beobachtung erhellt werden, daß Abweichungen häufig für die Schaffung der Kompetenz im Rollenverhalten günstig sind[27]. Im Gegensatz zum Anfänger oder Neuling läßt der kompetente Rollenspieler eine gewisse Loslösung von den Rollenverpflichtungen erkennen; das gilt für viele Sportarten. Im Baseball kann es sich z. B. in der Weise äußern, daß der Ball deutlich sichtbar nur mit einer Hand gefangen wird, auch wenn beide Hände hätten benutzt werden können. Eine derartige Loslösung von der Rolle vermittelt gleichzeitig den Eindruck der Kompetenz im Spiel und eine gewisse Loslösung von der Rolle. Manches von dem, was heute als „Stil" in einem Sport bezeichnet wird, dürfte sich auf eine einmalige nach außen bekundete Loslösung von den Erfordernissen des Spiels zurückführen lassen. Ein solcher Stil hebt das Spiel einzelner Spieler von dem anderer im gleichen Spiel oder in der gleichen Position ab. Unter einem anderen Aspekt kann dieses Phänomen auch in der Weise gedeutet werden, daß man den Stil als einen Kompromiß zwischen der persönlichen und der strukturellen Rolle auffaßt und daß die Spannung zwischen beiden Rollen automatisch einen Stil erzeugt, der — wie die Nummern auf den Trikots — einen Spieler von dem anderen unterscheiden hilft. Kurz gesagt, der Stil wird ein Merkmal oder ein offensichtliches Symbol für persönliche Identität, er wird zum Namen. Dennoch aber begründet nicht nur der *Ausdruck* der Loslösung des Spielers von der Rolle seine Kompetenz.

Während nicht jede Loslösung von der Rolle einen Akt der Kompetenz darstellt, erfordert doch fast jedes kompetente Verhalten eine solche Loslösung. Das hat einen ganz einfachen Grund. Ein gewisser Abstand von den Erfordernissen der Rolle bereitet den Rollenträger auf Notfälle vor, indem ein Moment des „Spiels" und der „Gelöstheit" in das Rollenverhalten eindringt. Wenn sich das Spiel in unvorhergesehener Weise entwickelt, ist der kompetente Spieler nicht so in seiner Rolle verfangen, daß er nicht mehr improvisieren und der Notlage Herr werden könnte. Zweifellos ist dies der Grund, warum sich die Mitglieder fast aller Mannschaften im Sport vor Spielbeginn mit „Lockerungs"-Übungen befassen. Auf diese Weise wird die Loslösung von der Rolle eingeleitet, und der Spieler bereitet sich darauf vor, in kompetenter Weise mit den fast unausbleiblichen Notsituationen des Spiels fertig zu werden.

Eine weitere Bemerkung zur Rollendistanz oder zur Abweichung von der Rolle während ihrer Ausführung sei an dieser Stelle vorgebracht. Der Grad der Rollendistanz richtet sich entscheidend danach, welche Stufe der Rollenträger in seiner Karriere erreicht hat. Zu Beginn seiner Laufbahn wird er nur wenig Rollendistanz erkennen lassen. Er konzentriert sich zunächst ganz darauf, seine Rolle aufzubauen. Ihn beschäftigen die Erwartungen, die durch seine Identität oder — um es auf den Mannschaftssport abzustellen — seine Position im Spiel ausgelöst werden. Wenn die Erwartungen wenig fest umrissen sind, scheint die Distanz gering. Erst nach der Beherrschung der Rolle kann sich Distanz im Rollenverhalten herausbilden. Das heißt, daß erst relativ spät die Kompetenz des Rollenträgers geschaffen und jene Gelöstheit vermittelt wird, die für die Bewältigung von Notsituationen unerläßlich ist. So stehen wir vor dem Paradox: Je mehr eine Rolle beherrscht wird, desto mehr löst man sich auch von der Rolle während des Rollenverhaltens, und dieses Lösen hat kaum etwas mit idiosynkratischen Persönlichkeitselementen zu tun. Um auf das zurückzukommen, was wir über die Motivation gesagt haben: Die Beherrschung der Rolle tendiert dahin, den Rollenträger mit der Zeit aus seiner Bindung an die Rolle zu lösen oder doch zumindest seine Bindung zu lockern. Folglich reicht es nicht aus, die „Identität als Grundlage für eine Theorie der Motivation" herauszustellen.

Wichtig ist hier die Tatsache, daß das Rollenverhalten die Identität des Rollenträgers näher bestimmt. So ist man nicht nur ein erster Malspieler im

Baseball, ein Torwart im Fußball oder ein „quarterback" im amerikanischen Fußball. Das eigene Spiel erschöpft sich niemals darin, daß man in der jeweiligen Spielsituation den an die eigene Position geknüpften Erwartungen nachkommt. Wie wir gezeigt haben, ist der Spieler wenigstens ein mehr oder weniger kompetenter erster Malspieler, ein mehr oder weniger kompetenter Torwart oder „quarterback", und diese Kompetenz schlägt sich in einem Rollenverhalten nieder, das gewöhnlich etwas anderes ist als ein schlichtes Erfüllen von Erwartungen. Die nähere Bestimmung der Identität spiegelt die *Hingabe* des Spielers an das persönliche Rollenverhalten wie auch an die Aktivitäten der Gruppe wider. Sie kündet an, ob in der Spannung zwischen persönlichen und strukturellen Beziehungen beim Mannschaftsspiel der Vorrang dem Namen oder Titel eingeräumt wird. Wenn man die eigene Person an eine Position ausliefert, liegt ein Akt der *Loyalität* vor. Wenn man seine Position mit der eigenen Person überlagert, d. h. wenn der Spieler sein Verhalten so stilisiert, daß er selbst und andere keine Identitäten jenseits seines Namens feststellen können, liegt ein Akt der *Aufrichtigkeit* vor. In diesem Sinne hat vollständige Aufrichtigkeit keinen Raum in sozialen Strukturen, während bedingungslose Loyalität nicht in zwischenmenschliche Beziehungen gehört. Wenn im strukturellen Verhalten der Vorrang ganz und gar dem Namen eingeräumt wird, etwa wenn der Athlet beim Mannschaftssport sich mehr Gedanken über „Zeitungsausschnitte" oder seine individuelle Leistung als über den Erfolg der Mannschaft macht, kann das Spiel vollkommen auseinanderfallen. Ähnliche Probleme wirft die Frage des Vorrangs für zwischenmenschliche Beziehungen auf. Eine Freundschaft kann nicht ohne Schwierigkeiten fortbestehen, wenn einer der Partner seine Position in einer sozialen Struktur völlig über seinen Namen setzt und sein Rollenverhalten nicht an den Erwartungen seiner Freunde ausrichtet, sondern an den Erwartungen, die sich an seine Position knüpfen. Diese Unvereinbarkeiten sind dennoch nicht absolut. Wie wir gezeigt haben, zersetzt die Rollendistanz durchaus nicht immer das kollektive Verhalten. Vielmehr schwankt ihr Einfluß zwischen zwei Extremen, zwischen Fördern und Hemmen. Offensichtlich ist Loyalität sozialen Strukturen und Aufrichtigkeit zwischenmenschlichen Beziehungen zuträglich, obwohl wiederum vollständige Loyalität in sozialen Strukturen und vollständige Aufrichtigkeit in zwischenmenschlichen Beziehungen ihre eigenen Probleme hervorrufen, auf die jedoch hier nicht näher eingegangen werden soll.

Wir haben bereits gezeigt, wie Aufrichtigkeit das kollektive Verhalten in einer sozialen Struktur erleichtern kann. Ein Beispiel bot die Rollendistanz, die Kompetenz hervorkehrt oder jene „Gelöstheit" vermittelt, die den Spielern mit den unvorhergesehenen Phasen des Spiels fertig werden läßt. Wenn in einer zwischenmenschlichen Beziehung der Vorrang dem Titel eingeräumt wird, kann auch die Distanz, die aus einer derartigen Bewertung erwächst, für die Beziehung günstig sein. Der strukturelle Vertreter kann z. B. in den zwischenmenschlichen Kreis eben in seiner Eigenschaft als struktureller Vertreter aufgenommen werden. Ein solcher Vorgang spiegelt sich z. B. in „Spitz-Titeln" wider. So kann „Doc", „Prof" oder „Teach" ein Freund aller werden, eben weil er ein Doktor, Professor oder „Teacher" ist und seine Rolle so vollführt, wie es die Freunde, die mit ihm in struktureller Beziehung stehen, schätzen. Seine Aufnahme in den Freundeskreis kann sehr stark darauf hinwirken, die zwischenmenschliche Beziehung, die sich seinetwegen vorher angebahnt hatte, zu erhalten. Ein solcher Prozeß läßt sich z. B. an langanhaltenden Freundschaften zwischen Mitgliedern einer Mannschaft beobachten, die übereinstimmend eine starke Verehrung für ihren Trainer empfanden, nicht nur, weil er wirklich ein Trainer war, sondern vor allem, weil er sich ihnen gegenüber in persönlicher Weise geben konnte und es auch ihnen offenstand, engen persönlichen Kontakt zu ihm zu gewinnen. Wiederum sei betont, daß auch eine solche Konstellation ihre Probleme hat, die über den Rahmen dieser Arbeit hinausgehen. Aufrichtigkeit im Rahmen einer sozialen Struktur kann zum Verrat an den Interessen der Struktur führen. Loyalität im Rahmen zwischenmenschlicher Beziehungen kann einen Vertrauensbruch nach sich ziehen. Mit anderen Worten: das erstere könnte Unloyalität, das letzere Unaufrichtigkeit bedeuten.

Die Dimension der Hingabe erschöpft sich nicht darin, daß bestimmten Identitäten je nach der sozialen Situation der Vorrang eingeräumt wird. Die grundlegenden Koordinaten zur näheren Bestimmung der Identität sind *Wert* und *Stimmung*. Was den Wert betrifft, so richtet sich die Aufmerksamkeit zunächst auf kollektive Ziele, ferner auf Leistungsstandards, die zur Messung der persönlichen Annäherung oder Abweichung gegenüber den kollektiven Zielen eingesetzt werden können. Wichtig ist weiter die Konformität gegenüber den Regeln, die den Weg zu den kollektiven Zielen beschreiben bzw. die Abweichung von ihnen sowie schließlich das Eintreten für allgemeine moralische Vorschriften (wie Sauberkeit, Ehrlichkeit oder Wirtschaftlichkeit). Diese Wertdimension, bei der gewöhnlich die „moralischen Vorschriften" ausgelassen werden, wird oft als „Aufgabe" gekennzeichnet, und Aufgaben, vor allem die wichtigen Aufgaben der Gesellschaft, sind gewöhnlich strukturiert. Das ganze Übergewicht strukturellen Verhaltens ist — wie wir früher dargelegt haben — der *Arbeit* zugefallen. So geschieht es, daß sich die Kleingruppenforschung bei all ihrer Beschäftigung mit der „Bewältigung von Aufgaben" weitgehend auf die Wertdimension der Hingabe konzentriert hat. Eine nähere Bestimmung an Hand der Koordinaten Stimmung und Gefühl — das Behagen oder das Unbehagen, das man in der Gegenwart anderer *fühlt* — hat hingegen sehr viel weniger Aufmerksamkeit auf sich gezogen. Die Koordinate Stimmung hat jedoch zur näheren Bestimmung anderer (zur Bestimmung von Namen) entscheidende Bedeutung in zwischenmenschlichen Beziehungen, und dies sind ja gerade die sozialen Beziehungen (wenn es überhaupt soziale Beziehungen sind!), die die Kleingruppenforscher beschäftigen. Zweifellos haben sie ihr manchmal Rechnung getragen, wenn sie von „sozial-emotionaler Führung" sprachen. Doch nicht alle expressiven, affektiven oder launenhaften Verhaltensweisen sind ein Akt der Führung. Was man in Amerika „grandstanding" (Sich-in-Szene-Setzen) nennt, ein Verhalten, das in erster Linie darauf abzielt, die Bewunderung des Publikums zu erheischen, ist ein emotionaler Akt, doch kaum ein Akt der Führung.

Die Dimension des Gefühls oder der Stimmung ist die am wenigsten erforschte Dimension der Kleingruppenforschung. Ihre Analyse im Hinblick auf Identität, Rolle und Rollenverhalten (es geht nicht um die Persönlichkeit) wurde bisher vernachlässigt. Wahrscheinlich rührt das daher, daß die Hingabe in strukturellen Beziehungen weniger oft expressiv oder affektiv ist. Die große Masse der Kleingruppenforschung bezieht sich auf soziale Struktur durch Konzentration auf Aufgabenbewältigung. Meiner Meinung nach heißt das, den Karren vor den Ochsen spannen; denn im Gegensatz zu den Begegnungen im Laboratorium müssen im täglichen Leben zunächst einmal soziale Beziehungen geknüpft und gleichzeitig Identitäten geschaffen werden, bevor die *Arbeit* beginnt, und nicht etwa umgekehrt. Sind erst einmal die Identitäten geklärt, bilden sich die Rollen heraus, das Rollenverhalten setzt ein, und die Hingabe an die Arbeit entsteht. Es verläuft einfach nicht anders herum.

Situation

Wenn man die Rolle als die auf Übereinstimmung beruhenden Erwartungen definiert, die durch eine Identität in unterschiedlichen sozialen Situationen ausgelöst werden, dann ist die Identität das kontinuierliche Moment, das von einer Situation zur nächsten anhält, während die Rolle variiert. Wie wir weiter gesehen haben, ist das Rollenverhalten sehr stark durch die Rolle geprägt, wenn es auch niemals mit ihr identisch ist. Demzufolge wird eine Analyse von Situationstypen von äußerster Wichtigkeit. In der amerikanischen Soziologie gilt es fast als Binsenwahrheit, wenn man feststellt, daß sich menschliches Verhalten erst ereignen kann, wenn die Situation, in der es ablaufen soll, definiert ist. Diese Vorstellung geht weit zurück, wenigstens bis zu *William I. Thomas*, dem der Begriff der „Definition der Situation" zugeschrieben wird. Sie reicht hinein in *Robert MacIvers* „dynamische Einschätzung" und in *Florian Znanieckis* „humanistischen Koeffizienten", und sie gipfelt in *Talcott Parsons'* Versuch, die Komponenten einer solchen Definition in seinem Konzept der Verhaltensalternativen (pattern variables) einzeln herauszuarbeiten. Diese Begriffe sind zum großen

Teil Ausdruck einer nur als Geist oder Kultur gefaßten Realität. Kürzlich hat *Erving Goffman* **konkrete** Situationen aus dem rein geistig gefaßten Bereich gelöst, wo sie — um es gelinde zu sagen — nur schwer untersucht und erklärt werden konnten. Für *Goffman* sind konkrete Situationen durch Verhalten definiert. Wir könnten hier ein Gesetz formulieren, das *Goffman*sche Gesetz, nach dem konkrete Situationen durch „In-Szene-Setzen" definiert sind. Mit anderen Worten: konkrete Situationen werden durch eine Aktivität definiert, eine Aktivität wie jede andere, die soziologische Forscher beobachten können[28]. Der Begriff der Situation geht jedoch über den konkreten Rahmen der Begegnung hinaus. Er ist bisher in soziologischen Arbeiten noch keineswegs definiert worden. Fest steht jedenfalls, daß er in der Kleingruppenforschung ärgstens vernachlässigt worden ist.

Man könnte eine Betrachtung über die Bedeutung der Situation damit einleiten, daß man sich *Durkheims* Kritik an der Vertragstheorie vor Augen führt. In „De la division du travail social" heißt es: „Hinter jedem Vertrag steht die Gesellschaft, bereit zu intervenieren." Der Satz kann auf die Kleingruppenforschung übertragen werden: *Hinter jeder Kleingruppe steht die Gesellschaft, bereit zu intervenieren.* Die Schwierigkeiten in der Spezifizierung einer Situation nehmen mit der Konkretheit der Spezifizierung ab. Auf der abstraktesten Ebene könnte man von der *epochalen Situation* sprechen. Im Hinblick auf den Sport scheint es fast überflüssig, auf die unterschiedlichen Erscheinungsformen hinzuweisen, die der Sport in der „industriellen Phase" der wirtschaftlichen Entwicklung und in der Phase des „Massenverbrauchs" angenommen hat. Ich möchte auf diese Unterscheidung hier nicht länger eingehen, sondern nur auf die Arbeiten von *Galbraith*, *Rostow* und *Riesman* verweisen. Sicherlich würden Kleingruppenstudien über das Mannschaftsverhalten im Sport recht unterschiedliche Ergebnisse zutage bringen, je nachdem, ob sie die „industrielle Phase" der wirtschaftlichen Entwicklung in den Vereinigten Staaten oder aber die heutige Situation beträfen. Der Grund liegt auf der Hand: Der Mannschaftssport, der heute im amerikanischen Leben demokratisiert ist, war gegen Ende des 19. Jahrhunderts weitgehend eine exklusive Statusaktivität. Zwischenmenschliche Wirkungen im Mannschaftsspiel konnten einem besonderen Lebensstil zugeschrieben werden, während sie sich heute bei der sozio-ökonomischen Heterogenität der Teilnehmer nicht mehr in der Weise einordnen lassen. Die Kleingruppenforschung hat epochale Situationen überhaupt nicht behandelt.

Wir könnten ferner von dem größeren gesellschaftlichen Rahmen ausgehen, an den sich Bindung und Hingabe im menschlichen Verhalten gewöhnlich anpassen. Es wäre z. B. einleuchtend, den Zyklus von Depression und Prosperität oder von Krieg und Frieden in die Betrachtung einzuschließen. Die Situationsanalyse des Sports sollte wenigstens zwei Zusammenhänge beachten. Zunächst einmal taucht beim Sport das Phänomen der Mode auf. Hier ließe sich z. B. aus dem Basketball der Unterschied zwischen dem „Wurf aus dem Stand", wie er in den dreißiger und zu Beginn der vierziger Jahre vorherrschte, und dem heute modernen „Wurf aus dem Sprung" anführen. Wenige Basketball-Spieler in den Vereinigten Staaten benutzen heute beide Hände, wenn sie den Ball in den Korb werfen wollen. Ein solches Verhalten hat Folgen für das Interaktionsmuster beim Mannschaftsspiel. Ein noch deutlicherer Wandel läßt sich beim amerikanischen Fußball beobachten, der Wandel vom Angriff über einen Flügel zur „T-Formation". Jeder dieser modischen Wechsel beeinflußt die Interaktion der Mannschaftsspieler. Ferner müssen die technologischen Veränderungen bei athletischen Leistungen berücksichtigt werden, die sich nicht leicht auf die Formel Mode bringen lassen. Ohne länger darauf einzugehen, möchte ich noch kurz anmerken, daß auch die Ausrüstung bestimmten Wandlungen unterliegt. Es sei hier z. B. auf den Stabhochsprung oder auf veränderte Bedingungen beim Leichtathletiktraining verwiesen. Ich brauche nicht auf die sogenannten psychologischen Wirkungen einzugehen, die zutage treten, wenn allgemein anerkannte Leistungsgrenzen überschritten werden, wie etwa die „Vier-Minuten-Meile". Obwohl derartige Situationsveränderungen das Verhalten im Sport beeinflussen, sind sie in der Kleingruppenforschung bisher unberücksichtigt geblieben.

An diesem Punkt wird nun deutlich, daß die Kleingruppenforschung, wie ein großer Teil der gegenwärtigen soziologischen Forschung überhaupt, ohne historische Perspektive arbeitet. Damit aber wird ihr Anspruch auf Universalität ernsthaft in Frage gestellt. Unangesehen dessen, ob wir dem Kriterium der Universalität Genüge leisten können oder nicht, sollten wir uns doch auf jeden Fall um die Formulierung universeller Sätze bemühen. In der Kleingruppenforschung kommt es ganz offensichtlich darauf an, daß eine Reihe von Studien den jeweiligen historischen (wie auch kulturellen) Rahmen ernsthaft berücksichtigt. Aber das ist schon ein ziemlich altes Argument! Wichtiger ist hier die Feststellung, daß die meisten Kleingruppenstudien den weiteren Rahmen oder Zusammenhang nicht in Rechnung stellen, innerhalb dessen sie sich abspielen.

Neben dem Wandel der Epochen und der Spieltechnik ist die *subgesellschaftliche Situation* hervorzuheben. Hier taucht vor allem die Frage auf, in welcher Welt die Versuchsperson zum Zeitpunkt des Versuchs *wirklich* lebt. Sicherlich ist das Laboratorium *niemals* diese Welt. In dem früher erwähnten Experiment waren die Versuchspersonen im Grunde keine Versuchspersonen (obgleich sie es vorübergehend waren), sondern Universitätsstudenten, die gerade in ihrem Leben als Studenten eine besonders kritische Zeit durchmachten. Und so verhielten sie sich auch! Dieser einfache Sachverhalt führt uns zurück zu unseren Überlegungen über Bindung und Hingabe. Die bloße Anwesenheit einer Versuchsperson im Kleingruppenexperiment erlaubt überhaupt keinen Rückschluß auf ihre Bindung und Hingabe während des Versuchs. Ich weiß zwar, daß man oft zu Belohnungen greift, um Bindung und Hingabe der Versuchsperson zu sichern (manchmal werden recht ansehnliche Beträge geboten). Mir erscheinen jedoch die Annahmen zweifelhaft, die derartigen Belohnungen zugrunde liegen. Es ist durchaus fraglich, ob die Versuchsperson die Belohnung dazu verwendet, sich selbst der experimentellen Aufgabe zu verschreiben und sich dem Experiment hinzugeben, oder ob sie damit Verpflichtungen außerhalb der Versuchssituation nachkommt. Ich vermute eher das letztere. In den Vereinigten Staaten gibt es die Redensart: „Man kann zwar ein Pferd zum Wasser führen, aber man kann es nicht zum Trinken zwingen." Ähnlich ist es mit den Belohnungen: Man kann zwar auf diese Weise den Teilnehmer in den Versuchsraum locken, doch sagt die Belohnung nichts aus über seine Bindung oder Hingabe an die experimentelle Aufgabe. Seine Identität außerhalb der Kleingruppe mag sehr wohl bessere Voraussagen über sein Verhalten in der Gruppe erlauben als seine Gegenwart in der Versuchsszene. Wir haben ja bereits gezeigt, wie unterschiedliche Bindungen und Hingaben das Verhalten in der Sportmannschaft beeinflussen können.

Als letzter Punkt sei die *konkrete Situation* hervorgehoben, die Situation, der Ort oder Rahmen, in dem sich die Interaktion abspielt. Solche Situationen sind durch Aktivität, durch In-Szene-Setzen definiert. Das In-Szene-Setzen umfaßt Aufbau, Anordnung und Kontrolle sichtbarer Symbole, z. B. Dinge wie den Raum selbst, die Ausstattung, Kleider und Körper[29]. Ferner schließt sie Aufbau, Anordnung und Kontrolle von Licht, Ton, Geruch, Temperatur und Farbe ein, die alle das Rollenverhalten in einem solchen Rahmen stark beeinflussen. Beispiele hierzu aus dem Sport liegen auf der Hand. Der Trainer einer Baseballmannschaft, die im wesentlichen aus langsamen Läufern besteht, wird z. B. das innere Feld so einrichten, daß die Erde locker ist und die schnell laufende gegnerische Mannschaft nicht leicht Male „stehlen" kann. Umgekehrt wird der Trainer einer schnell laufenden Mannschaft die Malwege zum Mittelpunkt des Spielfeldes hin abschrägen, um das Mallaufen zu erleichtern. Der Vorteil, auf dem eigenen Platz zu spielen, bietet bei den meisten sportlichen Wettkämpfen ein weiteres Beispiel dafür, wie entscheidend ein Mannschaftsspiel durch die allgemeine Szenerie beeinflußt wird. *Wo* der Kampf ausgetragen wird und wie der *Platz* vorbereitet ist, kann den Verlauf des Spiels ganz wesentlich bestimmen. Das gleiche gilt für die Kleingruppe. Wir möchten z. B. im Hinblick auf Interaktionsanalysen in der Familie die Hypothese aufstellen, daß Ort und Rahmen des Experiments erheblichen Einfluß auf das Ergebnis des „Experiments" haben. Sehr wenig Kleingruppenstudien haben diesen Faktor in Rechnung gestellt. Neuerdings wird sogar in einigen Arbeiten behauptet, das Inszenieren von Versuchssituationen in der Kleingruppenforschung sei derart vollendet worden, daß die Voraussagen des Forschers — wie es von vorneherein feststand — eintreten würden. Eins ist sicher: Die aktive Definition der konkreten Situation, in der sich das Kleingruppenexperiment ereignet, oder — anders gesagt — das Phänomen des „In-Szene-Setzens" sollte sorgfältig beachtet werden, bevor man die Kleingruppenforschung als ein nützliches methodologisches Instrument zum Studium von Verhaltensweisen im Sport, ja in kollektiven Gebilden überhaupt betrachtet.

Zusammenfassung

Die Kleingruppenforschung leidet heute darunter, daß Begriffe wie „Gruppe", „Person", „Rollenverhalten" und „Situation" als einheitliche Phänomene gefaßt wurden. Nach den Erkenntnissen der Soziologie ist die *Analyse* und analytische Anwendung von Variationen eines jeden dieser sogenannten Phänomene notwendig. Vor allem Soziologen des Sports sollten äußerst skeptisch und vorsichtig sein, bevor sie Techniken der Kleingruppenforschung auf das Studium von Sportarten, von Mannschaften und athletischen Leistungen anwenden.

Anmerkungen

[1] Der umfassendste neuere Überblick über die Kleingruppenforschung findet sich bei *A. Paul Hare,* Interpersonal Relations in the Small Group, in: *Robert E. L. Faris,* Hrsg., Handbook of Modern Sociology, Chicago 1964, S. 217—271. Um europäischen Lesern den Rückgriff auf Verweise zu erleichtern, werde ich mich vor allem auf diese eine Quelle stützen. Der Umfang der Literatur wird anschaulich durch den Überblick von *Hare* dokumentiert. Von den 55 Seiten des Artikels sind 14$^{1}/_{2}$ der Bibliographie gewidmet, und diese wiederum enthält 800 Titel.

[2] Zum Beispiel wird häufig der Gegenstand der Untersuchung bei der Beschäftigung mit angeblich ähnlichen Problemen abgewandelt. Kleingruppen werden mal als Aggregate von Individuen, zwischen denen keine Kommunikation besteht, mal als Ansammlung von Fremden, mal als Gruppen, die durch den Forscher für eine kurze Zeit ins Leben gerufen werden, und mal als sogenannte „natürliche" Gruppen aufgefaßt. In aller Fairneß möchte ich jedoch meine Anerkennung darüber nicht verhehlen, daß sich ein beachtlicher Teil der Kleingruppenforschung kumulativ entwickelt hat, was nur dadurch möglich war, daß einige Forscher mit großer Zähigkeit die verschiedenen Nuancen eines Problems eine beträchtliche Zeitlang verfolgten. Allzuoft enden soziologische Studien mit dem Hinweis auf Probleme, deren sich die zukünftige Forschung annehmen sollte, doch nur selten wird ein solcher Hinweis befolgt. Dieser Vorwurf hilft der Kleingruppenforschung jedoch nicht.

[3] *Hare* gibt dafür folgendes Beispiel: „Im allgemeinen gilt, daß die Stärke der affektiven Bindungen mit einer Verminderung der Gruppengröße anwächst, wobei die Dyade den höchsten Grad der Intimität ermöglicht", ebda., S. 252. Vier Seiten später schreibt er: „Dyaden tendieren zu einem hohen Maß an Spannung ... es besteht ein empfindliches Gleichgewicht der Kräfte ... jeder der beiden Partner kann die Bewältigung einer Aufgabe durch Verweigerung oder Rückzug verhindern ... Zwei asymmetrische Rollen ... bilden sich heraus ... die eine übt Macht aus durch Initiative ... die andere durch ihr Veto", ebda., S. 256.

[4] „... Mädchen in einem College, die als großzügig, begeistert und herzlich eingestuft worden waren, wurden häufiger gewählt als jene, die als geizig, teilnahmslos und kühl eingeordnet worden waren." Ebda., S. 240.

[5] Aus verständlichen Gründen möchte ich den Titel der Untersuchung nicht preisgeben.

[6] Mit diesen Begriffen ist nichts anderes gemeint, als daß der Vertreter eines bestimmten Berufes die Welt anders wahrnimmt als jemand, der einen anderen Beruf ausübt. So sieht ein Arzt den Körper einer jungen Patientin mit ganz anderen Augen als etwa ihr Liebhaber. In unserem Beispiel im Text richten die Versuchsleiter wie gebannt ihre Aufmerksamkeit allein auf den Stimulus und seine Stärke bzw. Unzulänglichkeit. Ihnen entgeht dabei völlig, daß die Versuchsteilnehmer *die Rolle des Versuchsteilnehmers spielten* und daß das Experiment mit der Examenszeit zusammenfiel, in einer *Situation,* die für die Teilnehmer entscheidender war (sie mag auch mehr Angst erregt haben) als jenes Experiment, für das sie sich freiwillig zur Verfügung stellten.

[7] Vgl. *George C. Homans,* The Human Group, New York 1950. Die Wahl des Begriffs „Gruppe" verwischt die Unterscheidung, um die es mir geht. Während alle Gruppen zweifellos soziale Beziehungen einschließen, umfassen nicht alle sozialen Beziehungen eine Gruppe. So wie Kleingruppenforscher die Person als eine Ganzheit und Einheit betrachten, sehen sie auch soziale Beziehungen in der gleichen Weise. Wie auch immer der Begriff „Gruppe" definiert sein mag, er *enthält* stets das Moment des „face-to-face"-Kontakts. Das gilt jedoch nicht für den Begriff soziale Beziehung. So können z. B. zwischenmenschliche Beziehungen auf brieflichem Wege — ohne jegliche persönliche Begegnung — aufgebaut und erhalten werden, und ebenso ist es denkbar, daß strukturelle Beziehungen Menschen an den verschiedensten Stellen der Welt miteinander verbinden, ohne daß sie sich je begegnen oder auch nur voneinander hören. Das internationale Kartell ist ein Beispiel dafür.

[8] Ich habe den Unterschied zwischen „Aktivität" und „Interaktion" nie verstehen können. „Aktivitäten" sind für den Soziologen bedeutungslos, wenn sie nicht von den Mitgliedern der Gruppe beachtet werden. Dann aber werden sie Teil der Interaktion. So gesehen, ist jede „Interaktion" eine Aktivität, aber nicht umgekehrt. Es wird sich z. B. kein Soziologe über ein Augenzwinkern Gedanken machen, es sei denn, es wäre Bestandteil einer sozialen Interaktion gewesen. Um mit *George H. Mead* zu sprechen: die Bedeutung einer Geste oder eines

Symbols liegt in der Reaktion, die sie hervorruft. Ruft die Geste (Aktivität) keine Reaktion hervor, ist sie bedeutungslos und geht nicht in die Interaktion ein.

[9] *George C. Homans*, a. a. O., S. 90.

[10] Es scheint beinahe überflüssig, auf die Bemerkung von *Homans* einzugehen, daß die Umwelt irgendwie die Lösung von Problemen bedinge. Menschen reagieren nämlich typischerweise auf eine symbolisch vermittelte Umwelt. Es gibt *keine* unvermittelte Beziehung zwischen der Umwelt und bedeutungsvoller Interaktion.

[11] *George C. Homans*, a. a. O., S. 109—110.

[12] Ich habe mich auf den Rat meines Kollegen *Günther Lüschen* hin bei dieser Unterscheidung etwas länger aufgehalten, weil europäische Soziologen, die mit der Arbeit von *Homans*, nicht aber der von *George H. Mead* und anderen „symbolic interactionists" in den Vereinigten Staaten vertraut sind, leicht den hier verwandten Begriff der Struktur mit Homans' Begriff des äußeren Systems verwechseln könnten.

[13] *Reuel Denney*, The Astonished Muse, Chicago 1957, S. 133.

[14] *Albert E. Myers*, ein Kollege von der Yale-University, hat festgestellt, daß Erscheinungen wie die Auszeit im Basketball und die Verzögerungstaktik bei Baseball-Trainern in erster Linie der Mannschaft ermöglichen sollen, in der Zukunft klügere Entscheidungen zu fällen. Solche zeitlichen Spielverzögerungen können auch in der Weise gedeutet werden, daß die strukturelle Organisation der Mannschaft wiederhergestellt werden soll. An dieser Stelle möchte ich folgende Hypothese formulieren: Im sportlichen Wettkampf wächst mit stärkerer Betonung des Faktors Zeit die Wahrscheinlichkeit, daß die strukturelle Organisation unter weitestgehender Ausschaltung zwischenmenschlicher Einflüsse errichtet wird.

[15] Einige dieser Fragen sind in der Kleingruppenforschung berücksichtigt worden. Z. B. hat man experimentell zu klären versucht, wieweit unterschiedliche räumliche Anordnungen, etwa in der Form eines „Rades", eines „Schlitzes" oder eines „Kreises" die Kommunikation beeinflussen. Vgl. *A. Paul Hare*, a. a. O., S. 247—252. Jedoch ist selten nachgewiesen worden, wieweit derartige konstruierte Anordnungen für tatsächliche soziale Strukturen aussagefähig sind. Ich möchte hier einen weiteren Punkt vorwegnehmen: Es macht einen Unterschied, ob räumliche Anordnungen willkürlich getroffen worden sind oder sich normativ entwickelt haben.

[16] Vgl. die aufschlußreichen Bemerkungen von *Riesman* zu der Frage, wie sich der amerikanische Fußball aus dem britischen Rugby entwickelt hat, in: *David Riesman*, Individualism Reconsidered, Glencoe, Ill., 1954. Leider wurde dieser Artikel in die spätere Taschenbuchausgabe dieser Artikel- und Essaysammlung nicht aufgenommen.

[17] Zum Fußball vgl. *Norbert Elias* und *Eric Dunning*, Zur Dynamik von Sportgruppen, in diesem Sonderheft.

[18] Ich möchte hier keine begrifflichen Haarspaltereien betreiben — ob „Organisation" oder „Struktur —, die beiden Phänomene decken sich nicht. Auf keinen Fall sollte das Entstehen struktureller Normen, seien sie geschrieben oder ungeschrieben, mit dem Entstehen ungeschriebener zwischenmenschlicher Normen verwechselt werden, vor allem nicht mit jenen zwischenmenschlichen Normen, die auf längere Sicht das Verhalten der an ihrer Entstehung beteiligten Personen nur wenig binden.

[19] *Nelson Foote*, Identification as the Basis for a Theory of Motivation, in: American Sociological Review, Bd. 16, 1951, S. 15—16.

[20] *Nelson Foote*, a. a. O., S. 16.

[21] Ich möchte hier *versuchsweise* folgende Unterscheidung vorbringen: *Arbeit* soll definiert werden als der Inbegriff einer Aktivität, die auf seiten des Handelnden in einen Anspruch einmündet, und zwar in dem Anspruch nach einem erhöhten Anteil an den allgemein in der betreffenden Gesellschaft geschätzten Symbolen. (Ich denke hier vor allem an hoch bewertete Symbole wie Status — Prestige, Geld oder legitime Autorität.) Andererseits soll *Spiel* definiert werden als der Inbegriff einer Aktivität, die nicht in einem solchen Anspruch einmündet. Um ein anschauliches Beispiel zu bringen, möchte ich hier die Teilnahme an einem „Berufssport" dem „Seilspringen" gegenüberstellen, das jemand schlicht für sich selbst betreibt (selbst wenn er vielleicht Protokoll über die Zahl der aufeinander folgenden Sprünge führt). Der entscheidende Punkt ist hier, daß ein und dieselbe *soziale Struktur* in diesen entgegengesetzten Bezügen begründet werden kann. So kann z. B. Baseball an einem Sonntagnachmittag von ein paar Bekannten aus der Nachbarschaft (im Gegensatz zu *Footes* Fremden) gespielt werden, aber diese Aktivität hebt sich scharf vom professionellen Baseball und seiner Ausrichtung auf einen erhöhten Anteil an geschätzten Symbolen ab. (Man beachte, daß sich meiner Meinung nach in *zwischenmenschlichen Beziehungen* gewonnenes *persönliches* Prestige

— und das läßt sich mit großer Wahrscheinlichkeit im Baseballspiel am Sonntagnachmittag erwerben — von dem Status-Prestige innerhalb der weiteren Gesellschaft unterscheidet.)

[22] Man kann z. B. dort spielen, wo es sich angeblich um Arbeit handelt, oder man kann dort arbeiten, wo es sich angeblich um ein Spiel handelt. Man kann sogar *beim* Spiel spielen, wie es *Thomas Szasz* in seiner glänzenden Studie der Meta-Spiele herausgearbeitet hat; vgl. *Thomas S. Szasz*, The Myth of Mental Illness, New York 1961, S. 233—237. Er benützt Tennis als Beispiel.

[23] *Roger Callois*, Man, Play, and Games, aus dem Französischen übersetzt von *Meyer Barash*, New York 1961, S. 27—36 ff.

[24] Diese Transformation habe ich in meinem Artikel „American Sports: Play and Disciplin" dargestellt, in: *Eric Larrabee* und *Rolf Meyersohn*, Hrsg., Mass Leisure, Glencoe, Ill., 1958, S. 253—264. Um die Analyse nicht komplizierter zu machen, übergehe ich hier absichtlich einen dritten Bereich, den des *Dramas*. Zu einer historischen Analyse der Umwandlung eines Sports aus Arbeit in Spiel, aus Spiel in Arbeit, aus Arbeit in Drama vgl. *Gregory P. Stone* und *Ramon Oldenburg*, Wrestling — the Great American Passion Play, erscheint demnächst.

[25] Meiner Meinung nach werden Identitäten in einer sozialen Beziehung von dem eigenen Selbst angezeigt; die Placierung erfolgt durch andere. Die Schaffung einer Identität erfordert einen Konsensus oder eine Übereinstimmung der Placierungen durch andere und der Ankündigungen durch das Selbst; vgl. *Gregory P. Stone*, Appearance and the Self, in: *Arnold M. Rose*, Hrsg., Human Behavior and Social Process, Boston 1962, S. 86—118.

[26] Dies Problem ist ausführlich in *Edward Gross* und *Gregory P. Stone*, Embarrassment and the Analysis of Role Requirements, in: American Journal of Sociology, LXX, 1964, S. 1—15, erörtert worden.

[27] Einen großen Teil dieses Bezugsrahmens verdanke ich der Arbeit von *Erving Goffman*. Ich möchte den Leser vor allem auf *Goffmans* Essay über „Rollendistanz" in: *Erving Goffman*, Encounters, Indianapolis 1961, S. 85—152, verweisen. Soweit die Rollendistanz dazu verwendet wird, Kompetenz im Rollenverhalten herzustellen, kann die Distanz erwartet werden. Auf den ersten Blick scheint dieser Satz unsere Definition der Rolle in Frage zu stellen. Das ist jedoch nicht notwendig der Fall: Der Rollenträger kann die Distanz in sein Verhalten entsprechend der persönlichen Rolle einbeziehen — die persönliche Rolle wird ja fast immer gleichzeitig mit der strukturellen Rolle gespielt — oder die Distanz kann einen Wandel in der strukturellen Rolle zum Ausdruck bringen, so daß schließlich das, was zunächst als Distanz erschien, Teil der Rolle selbst wird und nicht länger eine Abweichung darstellt.

[28] Die klassische Formulierung findet sich natürlich bei *Erving Goffman*, The Presentation of Self in Everyday Life, New York 1959.

[29] Vgl. *Edward Gross* und *Gregory P. Stone*, a. a. O.

Aus dem Englischen übersetzt von Dr. *Christa Riemann*.

DER GRUPPENFERTIGUNGSVERSUCH

*Ein Beitrag zur experimentellen Interaktionsanalyse
leistungsorientierter Kleingruppen*

Von Theodor Scharmann

Einführung

Die Methode der sogenannten „Gruppenfertigung" stellt einen Beitrag zur experimentellen Gruppenforschung mit Hilfe sozial- und arbeitspsychologischer Verfahren der Verhaltensforschung dar. Das Ziel des Verfahrens ist es, Bedingungen für die Entstehung von Gruppenprozessen und -strukturen durch die soziometrische und kommunikationspsychologische Registrierung und Analyse von Interaktions- und Funktionalisierungsvorgängen in kleinen, leistungsorientierten Gruppen zu erforschen (18)*. „Bei ... der Methode der ‚Gruppenfertigung' nach *Scharmann*" — schreibt *Hanhart* — „handelt es sich um ein Forschungsprojekt auf experimenteller Basis, wobei unter möglichst weitgehender Anpassung an eine Realsituation sowohl mit faktischen wie mit ad-hoc-Gruppen gearbeitet wird." Die Versuchsanordnung sei so gewählt, daß nicht nur das dynamische Geschehen des „Gruppenprozesses" festgehalten werden könne, sondern auch die Gruppenleistung in ihrer Abhängigkeit vom Gruppengeschehen. Die untersuchten Gruppen werden also sowohl einer Verlaufs- als auch Leistungsanalyse unterworfen (7). Da es sich in unserem Falle um leistungsorientierte Gruppen handelt und der „Gruppenfertigungsversuch" vor allem auch der Überprüfung des Theorems von der Leistungsüberlegenheit der Gruppenarbeit und des „Leistungsvorteils der Gruppe" (*Hofstätter*) dienen soll, steht die „Dynamik des Arbeitsverhaltens und ihre Wirkung auf die Gruppenleistung" (15) zwar im Vordergrund unserer Bemühungen, doch lassen sich, wie noch zu zeigen ist, auch andere Verhaltens- und Strukturformen des Gruppengeschehens mit Hilfe des Verfahrens beobachten.

Die Methode sucht die Vorzüge zweier Forschungsrichtungen der Gruppenpsychologie und -soziologie zu vereinigen: Die eine dieser Richtungen analysiert und beschreibt bekanntlich in erster Linie die Variablen und Verlaufsformen der Gruppenprozesse als solcher, ohne sich primär um die Leistungseffizienz dieser Prozesse als eines Indikators ihrer Strukturierungsabläufe und ihrer Strukturtypen zu kümmern (z. B. *Bales, Gottschaldt, Jennings, Moreno, Whyte*).

---

* Zahlen in Klammern verweisen auf das Literaturverzeichnis.

„Ihre Bemühungen dienen vielmehr der ‚interaction process analysis', wobei sie die Nachteile des Laboratoriumscharakters und der geringeren Ernstmotivation ihrer Versuche zugunsten der kontrollierten Beobachtung von Gruppenprozessen in statu nascendi et procedendi in Kauf nehmen" (18), um, wie es vor allem *Pagès* gefordert hat, den strengen Bedingungen des klassischen Experiments auch in der sozialpsychologischen Forschung zu genügen (17). Demgegenüber legt die andere Forschungsrichtung (*Roethlisberger, Likert, Fiedler* u. a.) bei ihren Versuchsanordnungen besonderen Wert auf die Erfassung des meß- und vergleichbaren Leistungseffektes, auf den „output", als Indikator der Gruppeninteraktion und -integration sowie ferner auf den Ernstcharakter der Situation (Militärübungen, Wettkämpfe, Produktionsaufträge usw.) und auf die Homogenität der Gruppen, während den Interaktionsprozessen nur insoweit Beachtung geschenkt wird, als sie von unmittelbarem Einfluß auf die Leistung der Gruppe erscheinen (18). Der „Gruppenfertigungsversuch" stellt insofern eine Kombination von Laboratoriumsversuch und Feldexperiment dar, als er einerseits — wie noch zu zeigen sein wird — durch den Wettbewerbscharakter seiner Bedingungen (es konkurrieren immer mindestens zwei Gruppen um die jeweilige Bestleistung) den Ernstcharakter der Motivation und die Leistungsorientierung der Versuchspersonen herbeizuführen, gleichzeitig aber unter Laboratoriumsbedingungen mit Hilfe bestimmter sozialpsychologischer und arbeitswissenschaftlicher Kategoriensysteme die Vielgestaltigkeit der Interaktionsprozesse auf bestimmte Grundformen zu reduzieren versucht, um diese ebenso wie die faktischen Leistungsergebnisse meß- und vergleichbar zu machen. Systematisch betrachtet, steht der „Gruppenfertigungsversuch" als *sozialwissenschaftliches Verfahren* zwischen einer Felduntersuchung mit Ernstcharakter und einem Laboratoriumsversuch, wenn man letzteren nicht, wie dies zum Beispiel *Pagès* im Gegensatz zu den Auffassungen von *Meili, Metzger* und *R. König* tut, in einem streng naturwissenschaftlichen Sinne interpretiert wissen will. Auf die grundsätzliche Problematik derartiger Verfahren hat bereits mein Mitarbeiter *Heinz A. Müller* hingewiesen, denn kombinierte Versuchsanordnungen bieten verständlicherweise nicht nur die Vorteile, sondern schließen auch die Risiken der Modellverfahren ein (16).

Das Ziel des „Gruppenfertigungsversuches" ist es ferner, Bedingungen zu schaffen, die es ermöglichen, daß im Verlauf mehr oder minder spontan sich entwickelnder Prozesse der Anziehung und Abstoßung, der Kooperation, der Funktionalisierung, der Rollenspezifizierung, der Normierung usw. gemeinsame Verhaltensorientierungen bzw. Einstellungen und Verhaltensweisen der Versuchspersonen entstehen, so daß diese sich schließlich im Rahmen eines mehr oder minder integrierten Handlungs- und Erlebensgefüges ohne Preisgabe ihrer Individualität als zusammengehörig erfahren, gemeinsamen Zielen dienen, sich gemeinsamen Verhaltensregelungen und Leistungsnormen unterwerfen sowie gleichartige Auto- und Heterostereotype in bezug auf die eigene Gruppe und deren Umwelt hegen. Sind die integrativen Tendenzen der sozialen Prozesse, wie sie zwischen den Versuchspersonen ablaufen, intensiv genug, so entstehen Leistungs- und Erlebnisgemeinschaften, die wir gemeinhin mit dem heuristischen Begriff der „Kleinen Gruppe" umschreiben (19). Es entstehen „face-to-face groups" im Sinne *Cooleys, G. W. Allports, Hellpachs, Lewins* u. a., deren Verhaltens- und Leistungsschemata auf der Interdependenz unmittelbarer Kommunikation, normgerechter Kooperation und gefühlsmäßiger Kolligation beruhen und die sich so von den sogenannten „co-acting groups" unterscheiden, die, wie die einschlägigen Versuche und Beobachtungen von *F. H. Allport, Hofstätter, E. Lorenz, Moede, Tripplet* u. a. zeigen, lediglich ein Nebeneinanderarbeiten Einzelner in einem Kollektiv darstellen, so daß es zwar zu einer Summation der Einzelleistungen im Sinne von *Hofstätters* „synthetischen Gruppen" bzw. zum „Pseudogruppeneffekt" (*Secord* und *Backmann*) (22) kommt, nicht aber zu einer Produktivitätssteigerung auf Grund integrativer Stilisierungstendenzen des Leistungs- und Sozialverhaltens (19). *H. A. Müller* bemerkt in diesem Zusammenhang zu Recht: Bewegt man sich nur im Rahmen der „co-acting groups", so ist die Ausgrenzung von Massenphänomenen sehr schwierig; insofern gewinnt der Titel von *Moedes* Publikation wieder eine gewisse Berechtigung; erst die Analyse der Interaktionen in „face-to-face"-Gruppen korrespondiert mit dem spezifischen Gruppenbegriff, wie ihn *Lewin* und — neuerdings in Anknüpfung an *von Wiese — Scharmann* verstanden haben wollen (16). Wir halten diese Unterscheidung deshalb für wichtig, weil das Theorem von der Leistungsüberlegenheit der Gruppe als *Korrelat und Konsequenz ihres Integrationsgrades* nur für diejenigen „Gruppen" gilt, deren soziale Struktur und Wirkung nicht nur auf der objektiven Summation ihrer Einzelkräfte, sondern auf der sachlichen und emotionalen Kohärenz ihres Interaktionsgefüges beruht (6). Ob zum Beispiel in einer Arbeitsgruppe „Gruppenarbeit" im Sinne des spezifischen Gruppenbegriffes oder nur durch die Arbeitsorganisation äußerlich verbundene Einzelarbeit im Kollektiv geleistet wird, hängt, abgesehen von der Aufgabenstellung, der Personenzahl und den Kommunikationsmöglichkeiten, vom Vorhandensein und der Wirkung bestimmter sozialintegrativer Prozesse ab.

Schließlich sei noch ein letzter Hinweis auf die Definition von Gruppe und Leistung im Hinblick auf die Aufgabenstellung oder auf sonstige Bedingungen der Gruppenbildung gestattet: Unter Gruppenleistung oder allgemeiner Gruppeneffizienz kann einmal die Produktivität der Gruppe verstanden werden, gemessen am „output", an der Fertigung einer Leistungseinheit pro Zeiteinheit. Dazu zählen auch Ergebnisse intellektueller Arbeit, wie z. B. die Anzahl der gelösten logischen Probleme oder sonstigen Aufgaben, die eine schöpferische Aktivität der Beteiligten erfordern. Zum anderen kann sich die integrative Wirkung der Gruppenprozesse im Grad der Zufriedenheit ihrer Mitglieder ausdrücken oder, negativ ausgedrückt, im Zurücktreten desintegrierender und aggressiver Tendenzen in der gegenseitigen Einstellung der Gruppenglieder. Die Variationsmöglichkeiten der Gruppenleistung finden ihre Grenzen in der Verschiedenheit der Gruppen und in den Wünschen der Einzelnen (11). Mit anderen Worten, „Gruppenarbeit" nennt man eine Arbeitsform, in der spontan oder durch geeignete Maßnahmen die individuellen Fähigkeiten und die gegenseitige Einstellung der Gruppenangehörigen nach Möglichkeit so koordiniert und abgestimmt sind, daß sich aus ihrem Zusammenwirken eine Steigerung der Gesamtleistung erwarten läßt, welche die Summe der Einzelleistungen übertrifft (20). Diese Definition trifft in erster Linie für Fertigungsgruppen („work groups"), intellektuelle Arbeitsgruppen („creative groups"), in gewissem Sinne auch noch für Sportgruppen zu, hingegen unterliegen Spielgruppen („gratification groups") und Freizeitgruppen („social action groups" und „leisure groups") teilweise anderen Leistungs- und Verhaltensbedingungen. Diese Einteilung weise zwar, wie *Krech*, *Crutchfield* und *Ballachey* betonen, eine gewisse Willkürlichkeit auf, die nicht allen Gruppenarten gerecht werde, doch werde die Beobachtung der komplexen Wechselwirkungen verschiedener Einflußgrößen durch eine derartige Klassifizierung erleichtert (11).

Bei der Entwicklung und beim Aufbau der Methode, über deren Entstehung und Vorbereitung ich im methodischen Teil kurz berichte, ließen wir uns von dem Bestreben leiten, ein Verfahren zu entwickeln, das

1. durch Einführung von Wettbewerbsbedingungen in den Versuchsplan eine möglichst intensive Leistungsmotivation der Versuchsteilnehmer durch Annäherung an eine Ernstsituation zu setzen suchte und
2. durch die Art der Aufgabenstellung unabhängig von der verbalen oder schriftlichen Ausdrucksfähigkeit, von der beruflichen Erfahrung und Vorbildung sowie dem Alter der Versuchspersonen war und
3. in seinem prozessualen Ablauf ebenso wie in seinen Ergebnissen durch die Verwendung von bestimmten Kategorien für die Interaktions- und Arbeitsvorgänge weitgehend soziometrisch und arbeitsanalytisch erfaßbar, meßbar und vergleichbar gemacht werden konnte,

um eine möglichst objektive und zuverlässige Überprüfung der folgenden Fragestellungen und Hypothesen zu ermöglichen. Als Gegenstand dieses Forschungsprogramms formulierten wir: Bleibt die Organisation der Bewältigung eines vorgegebenen Arbeitsauftrages der Spontaneität und Aktivität einer leistungsbezogenen Gruppe überlassen, so ist es — die Bedingungen des „Gruppenfertigungsversuches" vorausgesetzt — für die Leistungseffizienz und die

soziale Befriedigung ihrer Mitglieder förderlich, wenn es zu einer möglichst weitgehenden Integration der Interaktionsprozesse in kooperativer und emotionaler Hinsicht kommt. Es kann angenommen werden, daß die Integration der Gruppenprozesse am größten ist, wenn
1. in den *Interaktionsprozessen* (interactions) der Versuchspersonen ein Maximum von Äußerungen der Zustimmung und des Einverständnisses einem Minimum von ablehnenden und aggressiven Äußerungen gegenübersteht und
2. im *Arbeitsverhalten* und im Führungsstil der Versuchspersonen bzw. der Gruppenmitglieder bei der Ausführung des Arbeitsauftrages sich Verhaltensweisen (activities) entwickeln, die eine mehr oder minder ausgeprägte Rollendifferenzierung und Arbeitsteilung hinsichtlich der Planung, Vorbereitung, Durchführung und Kontrolle des Fertigungsvorganges ermöglichen.

Für die Annahme 1 hat *Hanhart* in seinem einschlägigen Bericht folgende Hypothese formuliert: „Um eine gute bis überdurchschnittliche Leistung zu vollbringen, darf der Bereich der sozialen Gefühle anteilsmäßig den Bereich der Sachbezogenheit nicht übersteigen. Andererseits ist ein in seinem Umfang erst zu bestimmendes Minimum an Interaktionen im Bereich der sozialen Gefühle zur Erreichung einer guten Gruppenleistung notwendig. Dabei dürfen aber die negativen sozialen Gefühlsäußerungen die positiven nicht überwiegen" (7).

Für die Annahme 2 hat *H. A. Müller* folgende spezielle Hypothese formuliert: Die Zahl der Grundarbeitsgänge im „Gruppenfertigungsversuch" entspricht nicht der Zahl der Gruppenmitglieder. Einige Teilnehmer müssen daher unbedingt ihre Tätigkeit wechseln, hingegen können andere während der ganzen Versuchszeit an der gleichen Tätigkeit festhalten. Will die Gruppe als Arbeitsgruppe mit nicht zwingend festgelegter Folge und Verteilung der Arbeitsverrichtungen — so daß also für die Spontaneität des Arbeitsverhaltens ein gewisser Spielraum bleibt — durchschnittliche oder überdurchschnittliche Leistungen erzielen, so müssen sich die Vertreter der beiden Untergruppen die Waage halten (15).

Allgemeiner ausgedrückt besagen unsere Hypothesen insgesamt: Das unterschiedliche Ausmaß der Integrationsprozesse in verschiedenen Gruppen, die im Rahmen des „Gruppenfertigungsversuches" im Leistungswettbewerb stehen, wirkt sich in ihrer unterschiedlichen Produktivität und in der unterschiedlichen Befriedigung der sozialen Bedürfnisse ihrer Mitglieder aus. Je höher die Integration der Gruppe, desto höher ist ihr „output" und desto größer ist die soziale Befriedigung ihrer Mitglieder.

Als Zusatzhypothese formulierten wir im Sinne des konventionellen Theorems von der Leistungsüberlegenheit der Gruppenarbeit und dem „Leistungsvorteil der Gruppe" im Vergleich zur Einzelleistung: „In dem Maße, wie es gelingt, Einzelne zu einer Gruppe zu vereinigen bzw. zu integrieren und diese Gruppe in den Dienst einer Arbeitsaufgabe zu stellen, lassen sich in der Regel die Einzelleistungen und damit die Gesamtleistung der Gruppe in einem Maße steigern, wie dies den isolierten Einzelnen nie oder nur auf kurze Zeit gelungen wäre." Aus dem Zusammenwirken Einzelner im Rahmen der „Gruppenarbeit" läßt sich im allgemeinen eine Steigerung der Gesamtleistung erwarten, welche die Summe der Einzelleistungen übertrifft (20).

Die Methode der Gruppenfertigung

1. Die Versuchsanordnung

Über die Methode der „Gruppenfertigung" wurde von mir erstmals 1951 auf dem Psychologenkongreß in Marburg und dann erneut in demselben Kreise 1959 in Heidelberg berichtet. Sie und ihre zahlreichen Vorversuche bilden die Grundlage der experimentellen Interaktions- und Leistungsanalyse kleiner Gruppen, die im Nürnberger Institut für Wirtschafts- und Sozialpsychologie der Universität Erlangen-Nürnberg angestellt werden und die nun in ihrer ersten Phase zu Ende gehen, nachdem bereits nahezu 150 Gruppen mit insgesamt 1050 Versuchspersonen untersucht worden sind, die sich aus Schülern, Studenten, Sozialarbeitern, Arbeitern, betrieblichen Führungskräften, Unternehmern u. a. zusammensetzten.

Die Versuchsanordnung, die in Anlehnung an die sogenannte „Übungsfertigung" des Refa entwickelt worden ist, besteht darin, daß einer bestimmten Anzahl von Versuchspersonen (meist 7), die entweder ad hoc zusammengestellt oder einer homogenen Population entnommen werden, der Auftrag erteilt wird, innerhalb von 2 Stunden die Anfertigung bestimmter Gegenstände (z. B. Spielmarken, Pappkästchen, elektrische Kontakte) gemeinsam zu planen, zu organisieren und praktisch durchzuführen. Den Versuchspersonen wird in einer schriftlichen Anweisung die Aufgabe gestellt, in der vorgegebenen Zeit möglichst viele und qualitativ einwandfreie Werkstücke unter sparsamster Verwendung des Materials und Vermeidung von Ausschuß herzustellen und auf die rationellste Weise zu verpacken sowie abzuliefern. (Gewertet wird also nur die „Nettoleistung", während als „Bruttoleistung" die Zahl der abgelieferten Rollen zählt, die noch keiner Qualitätskontrolle unterworfen wurden.) Die Bewältigung dieser Aufträge erfordert keine Fachkenntnisse oder besondere Geschicklichkeit.

Es konkurrieren gleichzeitig mehrere, mindestens aber 2 Fertigungsgruppen. Diejenige Gruppe, welche unter Beachtung der obigen Bedingungen die höchste „Nettoleistung" erzielt, d. h. also die meisten Werkstücke in relativ bester Qualität unter sparsamster Verwendung des Materials in der vorgegebenen Zeit hergestellt hat, gilt als Sieger. Diese Wettbewerbssituation ist eine integrierende Bedingung des Verfahrens, durch die das sozialpsychologisch höchst relevante Motiv der „Konkurrenz" wirksam und eine Ernstsituation geschaffen wird, die der Wirklichkeit nahekommt.

Während des zweistündigen Versuches läßt sich der Gruppenprozeß ständig in seinen verschiedenen Phasen des Suchens und Planens, des Beschließens und Fertigens sowie der Selbstkontrolle der Gruppe, vor allem aber die allen diesen Vorgängen zugrunde liegenden Prozesse der Kontaktnahme und spontaner Interaktion sowie der arbeitsteiligen Kooperation und der Arbeitsaktivität, der gegenseitigen Einstellung, der Funktionalisierung und Rollenspezifizierung, der Entstehung eines Gruppenrichtmaßes und eines „Betriebsklimas" beobachten und zum Schluß das Ergebnis quantitativ bestimmen. „Die Methode der ‚interaction process analysis' wird hier mit derjenigen der ‚output groups' kombiniert; sie übernimmt von der letzteren die weitgehende Annäherung an eine Ernstmotivation und die objektive Vergleichbarkeit der Gruppenleistung als eines Maßstabes für die verschiedene Integration der verschiedenen Gruppen; von der ersteren aber übernimmt sie diejenigen Bedingungen, welche die kategoriale und soziometrische Beschreibung und Vergleichung der Gruppenprozesse ermöglichen" (21).

2. Beobachtung und Auswertung

Es war uns klar, daß wir zu einer tieferen Einsicht in das Geschehen der Gruppenbildung und des Gruppenzerfalls nur gelangen würden, wenn wir zu möglichst voraussetzungslosen, d. h. elementaren und formalen Kategorien der Gruppenbildung vordringen könnten. Für unseren speziellen Fall schien uns dieses einmal abhängig von den trieb- und gefühlsabhängigen Interaktionsvorgängen (interactions) zwischen den einzelnen Mitgliedern der Gruppe und zum anderen von ihrem einsichtig-intelligenten und kooperativen Verhalten (activities oder actions) angesichts der gestellten Aufgabe. Es kam also darauf an, im Rahmen unserer Untersuchungen Beobachtungsverfahren zu entwickeln, die es ermöglichten, einerseits diese Interaktionsvorgänge im Wechsel von Aktivitäts- und Erfolgserlebnissen, andererseits die rationalen Voraussetzungen der Gruppenstrukturierung, nämlich die Arbeitsorganisation und die sachliche Leistungsbereitschaft der Gruppenglieder, objektiv und zuverlässig zu registrieren. Die Registrierungen werden unmittelbar von einem dreiköpfigen Beobachterteam, das eine sehr eingehende Schulung im Umgang mit den Beobachtungsverfahren durchgemacht hat, vorgenommen.

a) Die Interaktionsanalyse

Die *Interaktionsvorgänge*, für deren spontane Entfaltung die Versuchsbedingungen einen breiten Raum boten, schienen uns erfaßbar auf Grund der Häufigkeit, der Richtung und der Qualität bzw. Distanz der Kontakte, in denen sich die Interaktionen manifestieren. Der Amerikaner *Bales* hat zur systematischen Beobachtung dieser Faktoren des Interaktionsgeschehens ein kategorial fundiertes Beschreibungsschema entwickelt, das er im Rahmen seiner „interaction process analysis" anwandte und das wir für unser Verfahren übernahmen. *Bales'* Beobachtungsschema ermöglicht es, Häufigkeit, Richtung und Qualität der zwischen den Gruppengliedern verlaufenden Interaktionsvorgänge zuverlässig zu registrieren. Es werden nach Möglichkeit von einem Beobachter sämtliche verbalen oder motiognomischen (physiognomischen) Äußerungen aller Versuchspersonen, deren Richtung und Qualität, die jeweils ein positives oder negatives Distanzverhältnis ausdrücken, in einem entsprechend eingerichteten Schema festgehalten. *Bales* hat die praktisch unübersehbare Vielzahl möglicher Interaktionen in 12 Kategorien eingeteilt, die von den gefühlsbetont positiven Äußerungen der Solidarität und Zustimmung über die sachbezogenen Formen der objektiven Frage und Antwort bis zu den negativ gefühlsbetonten Verhaltensweisen der Opposition und der Aggression reichen. Im einzelnen sieht das Schema folgende Kategorien des mitmenschlichen Verhaltens vor:

Gefühlsbetont, positiv:	1. Solidarität
	2. Entspannung
	3. Zustimmung
Sachlich, auf die Aufgabe bezogen:	4. Vorschlag
	5. Meinung
	6. Information
	7. Bitte um Information
	8. Bitte um Meinung
	9. Bitte um Vorschlag
Gefühlsbetont, negativ:	10. Ablehnung
	11. Spannung
	12. Antagonismus

Es handelt sich bei der hier vorliegenden Schilderung dieses Schemas selbstverständlich um eine vergröberte Abbreviatur des *Bales*schen Systems, das in Wirklichkeit außerordentlich differenziert, treffsicher, zuverlässig und objektiv ist. *H. A. Müller* und *D. Hanhart* haben eingehend über unsere Erfahrungen bei der Anwendung der Interaktionskategorien von *Bales* beim „Gruppenfertigungsversuch" berichtet (14, 7).

b) Die Arbeitsanalyse

Etwas einfacher gestaltete sich die Lösung des zweiten Beobachtungsverfahrens, nämlich die Registrierung des *Arbeitsverhaltens* und die Beobachtung der *Arbeitsorganisation* während des Versuches. Hier bietet der jeweilige Arbeitsauftrag bereits ein gewisses Gerüst für den Ablauf des „Produktionsvorganges" und bestimmte Anhaltspunkte für vorkommende bzw. unerläßliche Arbeitsvorgänge, die mit Hilfe der üblichen Arbeitsanalysen, wie sie im Rahmen von Arbeitsstudien vorgenommen werden, vorher analysiert worden waren.

Für den Gruppenfertigungsversuch „Herstellung von Spielmarken", den wir im wesentlichen unseren Versuchen zugrunde legten, ergeben sich als wichtigste Arbeitsvorgänge:

1. Grundscheiben aus Papier auf Holzringe kleben,
2. „Augen" für Spielmarken aus verschiedenem Farbpapier ausstanzen,
3. 1—5 „Augen" pro „Satz" auf Grundscheiben in einer bestimmten Farbe aufkleben, wobei jede Gruppe 2 Farben verwenden mußte,
4. Zuschneiden des Packpapiers in optimalen Ausmaßen,
5. Verpacken und Abliefern der „Sätze" in „Rollen".

Jeder Übergang einer Versuchsperson von einem dieser Arbeitsvorgänge zu einem anderen Arbeitsvorgang wird als „Tätigkeitswechsel" bezeichnet.

Neben der *Brutto- und Nettozahl* der von jeder Gruppe abgelieferten Rollen, dem „output" oder *Leistungseffekt*, dürfte die Häufigkeit der sogenannten *Tätigkeitswechsel* der Versuchspersonen wichtig sein, die sich aus der Notwendigkeit ergeben, im Verlaufe der voranschreitenden „Produktion" an den jeweiligen arbeitsorganisatorischen Schwerpunkten die erforderliche Zahl von Versuchspersonen in einem gemeinsamen Arbeitsvorgang zu vereinigen. Oft werden in der Planung die zeitliche Beanspruchung durch die verschiedenen Arbeitsvorgänge nicht richtig eingeschätzt, so daß sogenannte „Engpässe" und „Stauungen" in der „Fertigung" entstehen, die dann entweder durch die aktiveren und einsichtigeren Gruppenglieder erkannt und ausgeglichen oder aber im gegenteiligen Falle zu fehlerhafter Organisation und Minderleistung führen.

Die wichtigste Vorbedingung für die Stichhaltigkeit der aus der Beobachtung der Arbeitsvorgänge gezogenen statistischen Daten ist natürlich die genügende Streuung der Endleistungen der verschiedenen Gruppen. Die Durchschnitts*nettoleistung* z. B. bei der Spielmarkenherstellung beträgt pro Gruppe 95 abgelieferte Rollen mit je 5 Spielmarken; die Höchstleistung liegt bisher bei 231 Rollen, die Mindestleistung bei 0 Rollen, weil es gelegentlich vorkommt, daß eine Gruppe nur „Ausschuß" produziert. Schlechte, mittlere und gute Leistungen unterschieden sich also deutlich; mit anderen Worten: das Verfahren streut.

Die Kriterien der Arbeitsorganisation, insbesondere der Arbeitszeitverteilung, des Tätigkeitswechsels und des Leistungseffektes, mit deren Hilfe die Arbeitsvorgänge festgehalten werden können, werden von einem 2. Beobachter nach einem vorgegebenen Beobachtungsschema registriert. In seinem Bericht „Die Dynamik des Arbeitsverhaltens und ihre Wirkung auf die Gruppenleistung" hat *H. A. Müller* die Aufgaben des 2. Beobachters sowie die Erfahrungen, die wir mit der Beobachtung und der Analyse des Arbeitsverhaltens der verschiedenen Gruppen gemacht haben, ausführlich beschrieben (15).

c) Die freie Beobachtung

Es hat sich bereits in der Phase der Vorversuche gezeigt, daß es wünschenswert ist, noch einen 3. Beobachter einzusetzen, der die Interaktions- und Arbeitsvorgänge ohne Bindung an ein vorgegebenes Schema gewissermaßen „impressionistisch" nach Art der freien teilnehmenden Beobachtung beschreibt, eigentümliche Verhaltensstile der einzelnen Gruppen aufzeichnet und vor allem auf das jeweilige „Gruppenklima" und seine spezifischen Äußerungen achtet. Seine Schilderungen bilden eine anschauliche Ergänzung der Aufzeichnungen der beiden anderen Beobachter, die lediglich aus primär quantifizierbaren Daten bestehen. Abgesehen davon, daß sich die zum Teil sehr prägnanten Schilderungen des 3. Beobachters für die kasuistisch-soziographische Darstellung bestimmter Strukturierungsprozesse verwenden lassen, sollen sie auch, wie vergleichende Untersuchungen erwarten lassen, der Kontrolle der Befunde der übrigen Beobachter dienen. Es ist nämlich möglich, durch ein rating-Verfahren mit inhaltsanalytisch gewonnenen Dimensionen die freien Beobachtungen nach bestimmten Kriterien zu quantifizieren und einer vergleichenden statistischen Analyse zugänglich zu machen (3).

Die Ergebnisse

Die Ergebnisse unserer Untersuchungen mit dem „Gruppenfertigungsversuch" befinden sich noch im Stadium der Auswertung, die in mehreren Einzelarbeiten vorgenommen wird. Anstelle einer Gesamtauswertung, welche erst die Überprüfung unserer Hypothesen und ihre Interpretation ermöglichen wird, werden hier — allerdings unter dem Vorbehalt späterer Richtigstellung — eine Reihe von Einzelergebnissen bekanntgegeben, die bisherigen Teilauswertungen des „Gruppenfertigungsversuchs" entnommen sind. Immerhin erlauben diese durch Einzelstudien gesicherten Erkenntnisse über bestimmte Bedingungen und Variable des Gruppengeschehens die Feststellung, daß das Verfahren trotz einiger Mängel, über die noch zu diskutieren sein wird, zu brauchbaren Ergebnissen auf dem Gebiete der experimentell-empirischen Gruppenforschung führen kann. Angesichts der Vorläufigkeit dieses Berichts können wir noch nicht die Verifizierung oder Falsifizierung unserer Hypothesen als solcher vornehmen, vielmehr sollen im folgenden lediglich einige signifikante Ergebnisse im Zusammenhang mit den oben beschriebenen Beobachtungs- und Auswertungsverfahren berichtet werden, die zeigen, daß die Anwendung dieser Verfahren im Rahmen des „Gruppenfertigungsversuches" bereits zu einigen eindrucksvollen Feststellungen über einzelne Bedingungen der Leistungseffizienz der Gruppenarbeit geführt hat.

An anderer Stelle habe ich ausgeführt, daß der Leistungseffekt oder Leistungsvorteil einer Gruppe proportional mit dem Grad ihrer Integration wachse. Diese integrative Verfassung der Gruppe sei aber eine dynamische und labile, die ebenso den Zustand relativer Harmonie und Effektivität einschließe wie auch die Möglichkeit der Entartung und des Leistungsrückganges (20). Dabei habe ich mit *G. W. Allport, H. Fischer, Hare, Homans, Hofstätter, Lewin, Stirn* u. a. gruppenartige Strukturen von mehr aggregathaft-synthetischem Charakter mit relativ differenzierten und vielfach nur indirekten Kommunikations- und Leistungsformen von den kleinen, leistungsorientierten, unmittelbar kommunizierenden und kooperierenden Gruppenstrukturen unbeschadet ihres formalen oder informalen Charakters unterschieden und die letzteren als den speziellen Gegenstand unserer Forschung gekennzeichnet. Für die Eigenart der Leistungsbedingungen dieser Gruppen ist mit *Lersch* zu sagen, daß ihre Gruppenleistung „nicht die Summation von Einzelleistungen der Mitglieder, sondern deren Koordination und Integration ist". Natürlich gehe vom Individuum her in die Gruppenleistung auch jene mögliche Steigerung der Aktivität und Produktivität mit ein, die sich in der Regel zeige, sobald der einzelne nicht allein, sondern in Anwesenheit anderer tätig sei (12).

Bei der *Interaktionsanalyse*, wie sie beim „Gruppenfertigungsversuch" zur Anwendung kam, wurden ihr nicht wie bei *Leavitt* und *H. Fischer* verschiedene Kommunikationsnetze zugrunde gelegt, sondern die Interaktionen wurden mit dem Beschreibungssystem von *Bales* erfaßt. Dabei konnten wir bis jetzt feststellen, daß die Gruppen bei der Lösung einer Aufgabe (vorwiegend bei der „Herstellung von Spielmarken") um so erfolgreicher sind, „je mehr im Interaktionsgefüge des Gruppenprozesses

 1. (emotionale) Äußerungen der Zustimmung und des Einverständnisses gegenüber Äußerungen der Ablehnung und der Mißbilligung überwiegen,
 2. die die Arbeit lenkenden und begleitenden Kommunikationen als Äußerungen vorwiegend informativen Charakters einen breiten Raum gegenüber unverbindlichen Meinungsäußerungen einnehmen,

3. diese informative Kommunikation nicht durch Konfliktsituationen gestört wird, die aus Führungsrivalitäten hervorgehen" (21).

Hanhart hat 1962 diesen Sachverhalt in der bereits wiedergegebenen Hypothese formuliert und mit Hilfe korrelationsstatistischer Berechnungen bei 62 Gruppen von je 7 Personen Vergleiche zwischen den Gruppenleistungen und Gruppenwerten der Interaktionsanalyse nach *Bales* durchgeführt. Auf Grund der vorliegenden Daten konnte er lediglich feststellen, daß zwischen dem Anteil an Interaktionen im Sachbereich und im emotionalen Bereich bezüglich der Leistung kein Zusammenhang bestehe ($r = 0,01$). Damit sei freilich noch nichts darüber ausgesagt, wie sich die positiven und negativen Gefühlsäußerungen im Verhältnis zur Leistung im einzelnen auswirken. Betrachte man die beiden Bereiche zunächst unabhängig, so ergebe sich, daß mit dem Ansteigen der positiven sozialen Gefühlsäußerungen die Leistung zunächst ansteige, jedoch nur bis zu einem gewissen Punkt (ungefähr bis zu 200 $^0/_{00}$ der Gesamtinteraktionszahl), anschließend verlaufe die Regressionslinie nahezu waagerecht ($r = 0,31$). Nachdem zwischen Leistung und zustimmenden sozialen Gefühlen eine — wenn auch geringe — positive Korrelation gefunden worden sei, könnte man erwarten, daß für die ablehnenden sozialen Gefühle eine negative soziale Korrelation resultiere. Dies sei auch tatsächlich der Fall ($r = -0,29$). Diese nur schwache Korrelation besage, daß mit steigendem Anteil der negativen Gefühle die Leistung nur mäßig sinke. Es sei auch die Erwartung nicht gerechtfertigt, daß in diesem Falle ein stärkerer Leistungsabfall anfiele, da vermutet werden könne, daß ein gewisses Maß an Opposition der Leistung förderlich sei. Offenbar stünden aber zustimmende und ablehnende Äußerungen des emotionalen Bereichs in einer bestimmten Abhängigkeit zueinander, so daß erst unter Berücksichtigung dieser Abhängigkeit adäquate Aussagen gemacht werden könnten. Trage man diesem Verhältnis durch Bildung der Differenz Rechnung, so zeige sich, daß die Leistung wesentlich ansteige, je stärker Zustimmung (Kategorie 3) und Solidarität (Kategorie 1) gegenüber Ablehnung (Kategorie 10) und Antagonismus (Kategorie 12) überwiegen ($r = 0,50$). Ganz ähnlich liege das Resultat ($r = 0,43$), wenn der Berechnung des Korrelationskoeffizienten das Verhältnis der positiven zu den negativen sozialen Gefühlen zugrunde gelegt werde.

Nach den hier vorliegenden Ergebnissen scheint das Verhältnis zwischen sachbezogenen und gefühlsbezogenen Interaktionen (Sachbereich allgemein: Emotionalbereich allgemein) unter den vorliegenden Versuchsbedingungen keinen Einfluß auf die Gruppenleistung zu haben. Hingegen ist für diese von Bedeutung, in welchem Verhältnis positive und negative Interaktionen des emotionalen Bereichs zueinander stehen. Mit dem zunehmenden Überwiegen der positiven sozialen Gefühlsäußerungen steigt auch die Leistung (7).

Mit anderen Worten: Die Leistung von Gruppen unter den Bedingungen des

„Gruppenfertigungsversuchs" ist direkt proportional dem Quotienten zwischen der Zahl positiv-emotionaler und der Zahl negativ-emotionaler Interaktionen; sie ist also um so höher, je mehr in einer Gruppe die positiven sozialen Gefühlsäußerungen *in ihrem Verhältnis* zu den negativen sozialen Emotionen überwiegen. Es sind also nicht nur solche Gruppen leistungsuntüchtiger, bei denen im Emotionalbereich die negativen Gefühlsäußerungen gegenüber den positiven überwiegen, sondern auch solche Gruppen, bei denen die Relation zwischen positiven und negativen Emotionen einen niedrigen Quotienten ergibt. Weitere Auswertungen des Interaktionsmaterials geben in zunehmendem Maße der Annahme Raum, daß es ein Optimum und nicht ein Maximum an positiv-emotionalen Interaktionen der Versuchspersonen gibt, das sich leistungsfördernd auswirkt (2).

Hinsichtlich der *Arbeitsorganisation* fordern die „Gruppenfertigungsexperimente", da die Arbeitsorganisation nicht vorgegeben ist, daß diese, insbesondere im Wege der Arbeitsteilung, von den Versuchspersonen gestaltet werden muß und vor den eigentlichen Fertigungsvorgang die Phasen des Planens und Suchens und die Phasen des Bestimmens und Übereinstimmens geschaltet werden müssen, wenn es überhaupt zu einer kooperativen Gruppendynamik kommen soll.

Erforderlich ist zur Erreichung dieses Zieles der „Tätigkeitswechsel" (s. o.) einiger, mindestens aber zweier Versuchspersonen. Hierzu schreibt *H. A. Müller* in seinem einschlägigen Bericht: „Da die Arbeitsteilung aber nicht vorgegeben ist, ihr Optimum vielmehr von der Gruppe selbst ermittelt werden muß, wenn sie sich überhaupt darum bemüht, tritt dieser günstigste Fall kaum ein. Es gibt vielmehr durchaus Gruppen, bei denen *alle* Teilnehmer häufig die Tätigkeit wechseln. Im ganzen wird in Gruppen niedriger Leistung häufiger, in Gruppen hoher Leistung weniger häufig die Tätigkeit gewechselt. Sehr häufiger Wechsel verrät also eine leistungshemmende Diskontinuität der Arbeitsorganisation..." (15).

Entscheidender als die Gesamtzahl der Tätigkeitswechsel in einer Gruppe sei die Häufigkeit der Tätigkeitswechsel einzelner Teilnehmer. Häufiger Wechsel könne natürlich einfach Ausdruck nervöser Unbeständigkeit sein und bleibe dann als solcher unproduktiv, aber im allgemeinen bildeten sich — cum grano salis natürlich — während des „Gruppenfertigungsversuches" spontan zwei Typen des Arbeitsverhaltens heraus. Der Vertreter des einen Typus, der sogenannte „Springer", sei sehr beweglich und wechsle häufig die Tätigkeit; der Vertreter des anderen Arbeitstyps halte nach Möglichkeit während der ganzen Versuchszeit an der gleichen Tätigkeit fest. (Bei spontaner Arbeitsteilung und Rollendifferenzierung sind es vor allem die sogenannten „Schweiger" im Interaktionsprozeß, von denen also eine geringere Zahl verbaler Interaktionen ausgeht, die im allgemeinen dazu neigen, einfachere und undifferenziertere Arbeitsverrichtungen — bei der „Spielmarkenherstellung" die Tätigkeiten des „Stanzens" und des „Aufklebens der Grundscheiben" — zu übernehmen und an ihnen nach Möglichkeit während des Fertigungsprozesses festzuhalten [15, 7].)

Die Leistung der Gruppe ist umso höher, je deutlicher sich eine Untergruppe der „Springer" mit häufigerem Tätigkeitswechsel von einer etwa gleich großen Untergruppe der „beharrlichen Arbeiter", die keinen oder seltenen Tätigkeitswechsel zeigen, abhebt, so daß von der ersteren Impulse der Steuerung und Koordination auf den jeweiligen Arbeitsfluß ausgehen, während die letzteren mit wachsender Übung zur Beschleunigung des Produktivitätsprozesses und zur Stabilisierung der Produktion beitragen. Der Leistungserfolg einer Gruppe dürfte, falls die organisatorische Bewältigung einer gestellten Arbeitsaufgabe ihrer Spontaneität überlassen wird, in dem Maße steigen, „als sich ‚Springer' und ‚beharrliche Arbeiter' als ausgeprägte Typen des Arbeitsverhaltens voneinander absetzen und in einem optimalen Verhältnis in der Gruppe vertreten sind, so daß sowohl anpassungsfähige Beweglichkeit als auch kontinuierlicher Übungseffekt wirksam werden" (16).

Die Leistung einer Gruppe im Rahmen des „Gruppenfertigungsversuches" ist um so höher, je höher der schulische bzw. berufliche *Ausbildungsstand* und ihre *Ansprechbarkeit* auf die *leistungsmotivierenden* Bedingungen des Versuches sind: Oberschüler leisten mehr als gleichaltrige Berufsschüler, Studenten mehr als gleichaltrige Arbeiter, Facharbeiter mehr als gleichaltrige Ungelernte. Durch entsprechende Berufsausbildung und Berufstätigkeit gewährleistete manuelle Geschicklichkeit (auch Studenten der Philosophie und Pädagogik sind unter unseren Versuchspersonen vertreten) hat gegenüber dem Bildungsstand und der Leistungsorientiertheit geringe leistungsfördernde Bedeutung, obwohl es sich bei dem Versuch um eine freilich organisatorische Anforderungen stellende manuelle Fertigungsaufgabe handelt.

Die Besonderheiten der im „Gruppenfertigungsversuch" gestellten Arbeitsaufgaben legten den Gedanken nahe, Versuchsteilnehmer, die in ihrer Berufsarbeit in der unmittelbaren manuellen Fertigung im Rahmen gewerblicher Betriebe tätig sind, seien von vornherein im Vorteil. Demgegenüber lautete unsere Hypothese: Die Handgeschicklichkeit spielt bei der Erstellung der Gruppenleistungen eine geringere Rolle als das Ausbildungsniveau (im allgemeinen schulischen Sinne) der Gruppenmitglieder.

Zur Verifizierung dieser Hypothese wurden jeweils Vergleichsgruppen der gleichen Altersstufen einander gegenübergestellt. Für den Vergleich muß hier neben der sonst als Leistungsmaß verwendeten Nettoproduktion auch die Bruttoproduktion, der reine, noch unkontrollierte „Ausstoß" der Gruppe, berücksichtigt werden, wenn man dem Faktor der Handgeschicklichkeit voll gerecht werden will. Bei der (nach Qualitätskriterien kontrollierten) Nettoproduktion tritt die Divergenz dann noch deutlicher zugunsten des Ausbildungsniveaus hervor.

Vergleich Berufsschüler/Oberschüler (Durchschnittsalter: 16 Jahre)

	$\varnothing$-Bruttoleistung	$\varnothing$-Nettoleistung
Berufsschüler	112	80
Oberschüler	129	121

Vergleich Arbeiter/Studenten (Durchschnittsalter: 23 Jahre)

	$\varnothing$-Bruttoleistung	$\varnothing$-Nettoleistung
Arbeiter	93	53
Studenten	133	114

Zwar war es bisher noch nicht möglich, die statistische Auswertung des Materials zu Ende zu führen, doch zeichnet sich an diesen Produktionsziffern bereits die Verifikation unserer Hypothese deutlich ab.

Es läßt sich also sagen, daß im Rahmen der gewählten Versuchsanordnung das Ausbildungsniveau viel entscheidender am Zustandekommen einer hohen Gruppenleistung beteiligt ist als die manuelle Geschicklichkeit.

Dies beruht mindestens auf folgenden drei Komponenten:

1. Gruppen mit überdurchschnittlichem Ausbildungsniveau erfassen die gestellte Aufgabe leichter und besser („Bildungskomponente").

2. Die Angehörigen dieser Gruppen sind in höherem Maße bereit, sich bei der Lösung einer gestellten Aufgabe aufeinander einzustellen, d. h. bestimmte Funktionen zu übernehmen und damit ein bestimmtes Rollenverhalten auszubilden. Von entscheidender Bedeutung ist dabei die Führerrolle („kognitive und kooperative Komponente").

3. Gruppen mit hohem Ausbildungsniveau sprechen in höherem Maße auf die in der Versuchsanordnung eingeschlossene Wettbewerbssituation an („Komponente der Konkurrenz").

Nach der endgültigen Verifizierung dieser Hypothesen werden die Erkenntnisse, die bisher in der experimentellen Gruppenforschung noch nicht bekannt waren, Gegenstand weiterer Forschungen sein.

Untersuchungen über die Bedeutung weiterer intervenierender Variablen, wie z. B. des *Führungsstils* oder der *Rollendifferenzierung* im Rahmen des „Gruppenfertigungsversuchs", etwa über die Position des „Führers", des „second man", der „Gruppenprominenz" sind noch nicht über das Stadium der beschreibend-kasuistischen Analyse hinaus gediehen, so daß wir in dieser Hinsicht noch keine Angaben machen können. Hingegen ergab eine experimentelle und statistische Überprüfung des Vergleichs von *Gruppen-* und *Einzelleistungen* unter den Bedingungen des „Gruppenfertigungsversuches" (Siebenergruppen und Einzelpersonen fertigen „Spielmarken") eine Bestätigung des Theorems von der Leistungsüberlegenheit der Gruppenarbeit gegenüber der Effizienz der Einzelarbeit: Vergleicht man ein Siebentel der Nettoleistung einer Siebenergruppe mit der Nettoleistung von vergleichbaren Einzelpersonen, die den „Gruppenfertigungsversuch" unter sonst gleichen Bedingungen durchführten, so erweist sich die Leistungsüberlegenheit der Gruppe in einer auf dem 1-%-Niveau gesicherten höheren Produktivität. Über Bedingungen dieses Leistungsvorteils der Gruppe kann auf Grund dieser Arbeit nichts ausgesagt werden, doch wird behauptet, daß er insofern echt ist, als er nicht auf Kosten der Qualität oder anderer erfolgsmindernder Faktoren zustande gekommen ist, wenngleich die Einzelpersonen im Gegensatz zu den Gruppen mehr Wert auf ausgesprochene Qualitätsarbeit legten, während diese mehr auf die schnellere Produktion eingestellt waren, wie es die Aufgabe ebenfalls vorschrieb.

„Eine bessere Leistung durch die Zusammenarbeit in der Gruppe machte sich nur bei den Ungelernten nicht bemerkbar... Nur dort kann eine erhöhte Leistung erbracht werden, wo durch die Zusammenarbeit Einzelner in einer Gruppe bei diesen Reserven lockergemacht werden können, die zu einer Steigerung der geistigen und physischen Leistungsfähigkeit führen können. — Als Beispiel seien hier die Volksschülerinnen besonders herausgestellt, die alleine arbeitend meist an der Aufgabe scheiterten, sie als Gruppe aber meisterten" (13). Man wird im Sinne unserer Haupt-Hypothese annehmen dürfen, daß das Nivellement der unterschiedlichen Leistungspotenzen und Leistungsmotive diesen Effekt bei gleichzeitiger größerer sozialer Befriedigung aller Gruppenmitglieder bewirkte.

Ausblick

Die Ergebnisse, die wir bisher mit dem „Gruppenfertigungsversuch" erzielt haben, berechtigen zu der Hoffnung, daß es im Zuge der weiteren Auswertung des vorhandenen Materials möglich sein wird, unsere Hypothesen beweiskräftig zu verifizieren bzw. zu modifizieren. Freilich haben sich bei der Durchführung der Untersuchungen mit dem „Gruppenfertigungsversuch" einige methodische Schwierigkeiten gezeigt, deren Beseitigung neben der Auswertung des bisher erstellten Materials in Zukunft unser hauptsächlichstes Anliegen sein wird.

Ein erstes Problem stellt die Frage der *Homogenität* der Zusammensetzung der Versuchsgruppen dar, die als „Kontrastgruppen" besonders aufschlußreiche Einblicke in die Bedingungen gruppendynamischer Kooperations- und Interaktionsvorgänge geben. Da die industriellen Führungskräfte (6 Gruppen) und die Sozialarbeiter (4 Gruppen) hinsichtlich ihres Alters und ihrer Vorbildung inhomogene, die Volksschüler(innen) der 7. und 8. Klassen (12 Gruppen) aus entwicklungspsychologischen Gründen weniger homogene Personenkreise darstellten, wurden die Beobachtungsergebnisse bei Berufs- und Oberschülern (37 und 30 Gruppen) und bei Studenten und jugendlichen Industriearbeitern beiderlei Geschlechts (1 und 30 Gruppen) vor allem als Kontrastgruppen der Verifizierung unserer Hypothesen zugrunde gelegt. Es wird daher trotz erheblicher äußerer Schwierigkeiten auch in Zukunft unser Bestreben sein müssen, weitere Versuche vorwiegend mit den letztgenannten Personenkreisen durchzuführen, die vor allem noch stärker nach Geschlecht und Vor- bzw. Ausbildungsstand differenziert werden sollen.

Ein weiteres Problem stellt die *Schulung der Beobachter* dar, die sehr langwierig ist, da die Einführung in die *Bales*sche Interaktionsanalyse und in die Arbeitsanalyse im allgemeinen eine intensive halbjährige theoretische und praktische Schulung erfordert und die Probe-Beobachtungen in den Versuchsgruppen an der Seite erfahrener Beobachter so lange fortgesetzt werden müssen, bis die Varianzanalyse zu einer befriedigenden Übereinstimmung führt.

In der Registrierung der Interaktionen nach dem *Bales*schen System während des Versuches und ihrer nachträglichen Kontrolle liegt vorläufig noch die Schwäche nicht das Verfahren an sich, wohl aber der Beobachtungssystematik. Es hat sich nämlich bei den kovarianzanalytischen Kontrollen immer wieder gezeigt, daß die Gefahr nicht auszuschließen ist, daß Unterschiede im Verhalten der Gruppen nicht nur auf diese selbst, sondern auf systematische Fehler der Beobachter zurückgehen können. Gewiß zeigen die Gruppen gleicher vorbildungsmäßiger bzw. beruflicher und altersmäßiger Zusammensetzung ein hohes Maß der Übereinstimmung untereinander und setzen sich dadurch in ihrem Verhalten deutlich gegen ihre „Kontrast"-Gruppen ab, aber dies schließt systematische Fehler nicht aus. Auch die Brutto- und Nettoleistungen sind gewichtige und zuverlässige Kriterien für die Leistungskontrollen der verschiedenen Gruppen, die nahezu unabhängig von der Zuverlässigkeit der Beobachter sind; trotzdem wird die Erhöhung der Zuverlässigkeit der Beobachter und der Beobachtungsverfahren auch weiterhin Gegenstand weiterer Versuche und Überlegungen sein müssen.

In diesem Zusammenhang bieten sich folgende Möglichkeiten an:

1. Modifikation des Kategoriensystems der Interaktionsanalyse von *Bales* im Hinblick auf die besonderen Bedürfnisse des Fertigungsversuches.

2. Verringerung der Teilnehmerzahl auf 5 Versuchspersonen.

3. Wiederaufnahme von Parallelversuchen mit anderen gruppenpsychologischen Versuchsanordnungen (z. B. dem Makette-Test) und Vergleich der Ergebnisse dieser Versuche mit solchen der parallel laufenden Fertigungsversuche.

Abschließend sei noch bemerkt, daß neben der statistischen Aufbereitung des Materials auch Arbeiten zur synoptisch-verbalen Charakterisierung der einzelnen Gruppen laufen, welche die Grundlage zu einer Systematisierung typischer Gruppenprozesse in einer sogenannten „Gruppenkartei" bilden sollen.

Literaturverzeichnis

[1] *Bales, R. F.*, Interaction Process Analysis, Cambridge, Mass., 1950.
[2] *Dietrich, G.*, Die Erfassung der Leistungs- und Sozialpersönlichkeit von Volksschulkindern mit Hilfe des Schätzverfahrens, in: Psychologische Beiträge 4, 1964, 582—602.
[3] *Eisermann, K.*, Untersuchungen zur Beobachterverläßlichkeit bei Fertigungsversuchen mit Kleingruppen. Dipl.-Arbeit Erlangen-Nürnberg 1966.
[4] *Fiedler, F. E.*, The Leader's Psychological Distance and Group Effectivness, in: *D. Cartwright* und *A. Zander*, Hrg., Group Dynamics, 2. Aufl., Evanston, Ill., 1960.
[5] *Fischer, H.*, Gruppenstruktur und Gruppenleistung, Bern-Stuttgart 1962.
[6] *Hare, A. P.*, Handbook of Small Group Research, New York 1962.
[7] *Hanhart, D.*, Der Gruppenfertigungsversuch — Ein Beitrag zur experimentellen Gruppenfertigung, in: Schweizerische Zeitschrift für Psychologie 1963, 29—42.
[8] *Hofstätter, P. R.*, Gruppendynamik, Hamburg 1957.
[9] *Hofstätter, P. R.*, Sozialpsychologie, 2. Aufl., Berlin 1964.
[10] *König, R.*, Die Beobachtung, in: René König, Hrsg., Handbuch der empirischen Sozialforschung I, Stuttgart 1962.
[11] *Krech, D., Crutchfield, R. S.*, und *Ballachey, E. G.*, Individual in Society, New York, San Francisco, Toronto, London 1962.
[12] *Lersch, Ph.*, Der Mensch als soziales Wesen, München 1964.
[13] *Martini, K.*, Der Leistungsvorteil der Gruppe. Experimentelle Überprüfung einer sozialpsychologischen Hypothese, Dipl.-Arbeit Erlangen-Nürnberg 1965.
[14] *Müller, H. A.*, Die Verwendung von Interaktionskategorien von Bales beim Gruppenfertigungsversuch, in: Psychologische Rundschau 1961, 251—263.
[15] *Müller, H. A.*, Die Dynamik des Arbeitsverhaltens und ihre Wirkung auf die Gruppenleistung, in: Psychologie und Praxis 1, 1962, 21—28.
[16] *Müller, H. A.*, Die experimentelle Gruppenforschung und ihre Stellung in der Sozialpsychologie, in: Psychologische Rundschau 1966, 26—33.
[17] *Pagès, R.*, Das Experiment in der Soziologie, in *R. König*, Hrg., Handbuch der empirischen Sozialforschung I, Stuttgart 1962.
[18] *Scharmann, Th.*, Zur Methodik der experimentellen Gruppenforschung. Bericht auf dem 22. Kongreß der Deutschen Gesellschaft für Psychologie, Heidelberg 1959, Göttingen 1960.
[19] *Scharmann, Th.*, Zur Systematik des „Gruppen"begriffes in der neueren deutschen Psychologie und Soziologie, in: Psychologische Rundschau 1959, 16—48.
[20] *Scharmann, Th.*, Psychologische Aspekte der Team-Arbeit im Unternehmen, in: Industrielle Organisation 1960, 266 ff.
[21] *Scharmann Th.*, Experimentelle Interaktionsanalyse kleiner Gruppen, in: Kölner Zeitschrift für Soziologie und Sozialpsychologie 14, 1962, 139—154.
[22] *Secord, P. F.*, und *Backmann, C. W.*, Social Psychology, New York, San Francisco, Toronto, London 1964.

DIE ZUSAMMENSETZUNG VON GRUPPEN UND IHRE RISIKOBEREITSCHAFT*

Von Eugene Burnstein

Vor einigen Jahren (1961) beobachtete *J. A. F. Stoner* eine interessante Eigenschaft kollektiver Entscheidungsprozesse. In seinem Experiment konfrontierte er Gruppen mit alternativen Handlungsmöglichkeiten, welche sich in ihren Erfolgsaussichten unterschieden, wobei die riskanteren Alternativen mit attraktiveren Ergebnissen verbunden waren. Er stellte fest, daß die Alternative, die eine Gruppe wählte, eine geringere Erfolgswahrscheinlichkeit hatte als jene, welche von dem einzelnen durchschnittlichen Mitglied alleine einige Zeit vor der Gruppenentscheidung gewählt wurde. Dieses Phänomen, als Tendenz zur höheren Risikobereitschaft (risky shift) bezeichnet, ist in verschiedenen späteren Replikationsstudien bestätigt worden (z. B. *D. G. Marquis* 1962; *M. A. Wallach, N. Kogan* und *D. J. Bem* 1962; *Wallach, Kogan* und *Bem* 1964; *Wallach* und *Kogan* 1965).

Da viele kritische Entscheidungen in unserer Zeit von Gruppen getroffen werden, sind die praktischen Implikationen dieses Ergebnisses offensichtlich und wichtig. Erfreulicherweise ist es ausreichend, hier ein relativ harmloses Beispiel zu betrachten. Im Mannschaftssport wäre auf Grund dieser Untersuchung zu vermuten, daß bei möglichen alternativen Taktiken oder Spielen das Team in bezug auf Erfolgswahrscheinlichkeit dazu neigen wird, eine riskantere Taktik zu wählen als es der durchschnittliche Spieler frei von Gruppeneinflüssen tun würde. Vielleicht ist diese Tendenz bereits erkannt worden, da bei vielen Gelegenheiten die Entscheidung durch den Trainer gefällt und von außen für die Mannschaft festgelegt wird.

Stoner deutete an, daß die erhöhte Risikobereitschaft auf Grund der stärkeren Artikulierung bestimmter Rollenerwartungen in der Gruppensituation erklärt werden könnte. Seine Versuchspersonen waren männliche graduierte Studenten, die sich für die Managerkarriere vorbereiteten. Rollenerwartungen in bezug auf das Management könnten durchaus in Gruppendiskussionen besonders betont werden. In der Annahme, daß die Rolle des Managers die Übernahme von Risiken fördert, vermutet *Stoner*, daß die Versuchspersonen in der

---

* Die hier berichtete Untersuchung wurde von einem Stipendium (GS—570) der National Science Foundation unterstützt. Dieser Bericht wurde geschrieben, als der Autor als Fulbright Lecturer den Lehrstuhl für Interdisciplinary Thought, Faculteit der Letteren en Wijsbegeerte, Rijksuniversiteit Gent, innehatte.

Gruppe eher zu riskanten Entscheidungen bereit sind als alleine, wo derartige Rollenerwartungen weniger hervorstechend sind. Diese Erklärung ist einleuchtend. Angesichts späterer Experimente sowohl mit männlichen als auch weiblichen Versuchspersonen mit verschiedenen beruflichen Rollenerwartungen, welche ähnliche Ergebnisse wie die von *Stoner* erbrachten, scheint diese Erklärung jedoch nicht länger überzeugend.

Eine andere Erklärung der größeren Risikobereitschaft wurde von *Wallach, Kogan* und *Bem* (1962) vorgeschlagen. Sie behaupteten, daß die Gruppensituation im Gegensatz zur isolierten Situation Gefühle persönlicher Verantwortung für das Ergebnis der Entscheidung reduziert. In der Gruppe gibt es eine Diffusion der Verantwortlichkeit, insofern diese von allen getragen wird. Das ermöglicht dem Mitglied, sich bei Mißerfolg weniger tadelnswert zu finden, als wenn es die Wahl alleine getroffen hätte und die alleinige Verantwortung für die Konsequenzen übernehmen müßte. Nach *Wallach, Kogan* und *Bem* sind deshalb Individuen in einer Gruppe besser geeignet als Isolierte, eine Handlungsmöglichkeit mit geringer Erfolgswahrscheinlichkeit zu wählen.

Donald Marquis (1962) testete die Hypothese der Diffusion der Verantwortlichkeit, indem er Entscheidungen in Gruppen verglich. Einmal verlangte er von Gruppen, jede Alternative zu diskutieren und eine übereinstimmende Entscheidung zu treffen. Zum zweiten war ein einziges Mitglied bestimmt, für die Gruppe am Ende einer Diskussion zu entscheiden. Obwohl sich die Verantwortung in der ersten Versuchsanordnung auf die Gruppe verteilte und in der zweiten auf ein Individuum konzentriert war, wurden ähnliche Risikotendenzen bei beiden festgestellt. In einer explorativen Studie in unserem eigenen Institut, die von *Kent Marquis* und *John Forward* durchgeführt wurde, nahm man an, daß Diffusion der Verantwortlichkeit direkt mit der Größe der Gruppe variiere. Je größer die Gruppe, desto geringer die Verantwortung jedes einzelnen Mitgliedes für das Ergebnis. Gemäß der Hypothese über die Diffusion der Verantwortlichkeit müßte die Risikobereitschaft mit der Größe der Gruppe wachsen. Es wurde jedoch beobachtet, daß Entscheidungen, die von größeren Gruppen getroffen wurden, nicht riskanter waren als jene, die von kleineren Gruppen getroffen wurden.

Somit liefern die bisherigen Arbeiten wenig Unterstützung für den Gedanken der Diffusion der Verantwortung als einer Erklärung für Risikobereitschaft. Nichtsdestoweniger gibt diese Untersuchung einige wichtige Hinweise, wo die Erklärung liegt.

Bei der Diskussion seines mißlungenen Versuches, die Hypothese von *Wallach, Kogan* und *Bem* zu bestätigen, argumentierte *Donald Marquis* (1962), daß „falls ... die Risikobereitschaft eine Reaktion auf den Einfluß von ... (gewissen) anderen Mitgliedern darstellt ...., dieser Einfluß notwendigerweise größer sein muß, wenn er von risikobereiteren Personen kommt". In seinem Experiment wurden die Versuchspersonen aufgefordert, das „einflußreichste Mitglied" ihrer Gruppe zu nennen. Eine von acht Gruppen war nicht in der Lage, sich auf das einflußreichste Mitglied zu einigen. Sechs von den verbleibenden sieben Gruppen, welche eine Einigung erzielten, nannten als am einflußreichsten ein Mitglied, dessen anfängliche, isolierte Entscheidung risikoreicher war als der Mittelwert der isolierten Entscheidungen der anderen Mitglieder. Das ist mit dem Ergebnis von *Wallach, Kogan* und *Bem* (1962) vereinbar, daß Mitglieder bei anfänglicher großer Risikobereitschaft als für Gruppenentscheidungen einflußreicher eingestuft werden. Wir scheinen also auf Grund von experimentellen Versuchen, die Hypothese der Diffusion der Verantwortlichkeit zu testen, Belege dafür zu haben, daß die Gruppenentscheidung sich in eine risikoreiche Richtung bewegt, weil die anfänglich risikobereiten Mitglieder auf die Entscheidung mehr Einfluß ausüben. Diese Post-hoc-Beobachtungen sind noch zu bestätigen, und der größere Einfluß des risikobereiteren Mitgliedes bedarf noch der Erklärung.

Bei der Erforschung der Überlegenheit von Gruppen über Individuen bei der Lösung von Problemen berichtete *H. A. Gurnee* (1937), daß „unsichere" Versuchspersonen in der Gruppensituation ihre Stimme so lange zurückhielten, bis sie die Reaktionen der anderen überblicken konnten, um dann entsprechend zu wählen. Darüber hinaus reagierten jene Mitglieder, die von Anfang an die richtige Antwort hatten, schneller und nachdrücklicher. Akklamation, als der von *Gurnee* verwandte Entscheidungsprozeß, bot den einen Mitgliedern eine ausgezeichnete Gelegenheit, durch ihre schnelle nachdrückliche Antwort Einfluß auszuüben, und den anderen die Möglichkeit, beeinflußt zu werden, indem sie ihre Stimme so lange zurückhielten, bis sie diese einflußreichen Antworten wahrnehmen konnten. *R. L. Thorndike* (1938), der an *Gurnees* Interpretation interessiert war, prüfte die Wirkungen der Diskussion als eines Entscheidungsprozesses auf die Richtigkeit von Gruppenentscheidungen. Er stellte fest, daß Individuen, die anfangs die richtigen Antworten gewählt hatten, ihrer Wahl sicherer waren und mehr Einfluß auf die Gruppenentscheidung ausübten. *Thorndike* schloß daraus, daß die Tendenz von Gruppenentscheidungen in die Richtung der korrekten Wahl zum Teil eine Funktion des größeren Selbstvertrauens derjenigen Mitglieder war, die anfänglich die richtige Antwort hatten. In der Folge gab ihnen dann ihr „zuversichtliches" Verhalten größeren Einfluß auf die Gruppensituation. Falls es in der Situation der größeren Risikobereitschaft der Fall sein sollte, daß die risikobereiten Mitglieder auch die zuversichtlicheren Mitglieder sind und diese Zuversicht den anderen zeigen, dann könnten wir einen sozialen Prozeß vorliegen haben, der dem von *Gurnee* und *Thorndike* untersuchten analog ist.

Wir wollen kurz die Implikationen der Annahme betrachten, daß die Prozesse, die für die Tendenz zur richtigen Problemlösung in Gruppen verantwortlich sind, denen ähnlich sind, welche eine Risikotendenz bei Gruppenentscheidungsprozessen hervorrufen. Erstens läßt dies vermuten, daß der risikoreiche oder konservative Charakter von Gruppenentscheidungen von der Beziehung abhängen wird, die zwischen der Riskantheit der anfänglichen Wahl der Mitglieder und ihrer Zuversichtlichkeit, vernünftig gewählt zu haben, besteht. Wenn die Riskantheit eine positive Beziehung zur Zuversicht hat, wird sich die Gruppenentscheidung in eine risikobereite Richtung bewegen, wobei die von der Gruppe gewählte Handlungsrichtung eine geringere Erfolgswahrscheinlichkeit hat als die durchschnittliche Erfolgswahrscheinlichkeit, wenn die gleichen Individuen frei von Gruppeneinflüssen entscheiden würden. Wenn eine negative Beziehung zwischen anfänglicher Risikotendenz und Zuversicht besteht, wird sich die Gruppenentscheidung in eine konservative Richtung bewegen, wobei die Mitglieder die Handlungsrichtung wählen, deren Erfolgswahrscheinlichkeit größer ist als die durchschnittliche der isoliert getroffenen Wahlen. Die zweite Implikation bezieht sich auf die Frage, warum in vergangenen Forschungsarbeiten eher eine Risikotendenz als eine konservative herausgefunden wurde. Das erklärt sich daraus, daß in der Population, aus der das Sample gezogen wurde, eine positive Beziehung zwischen dem Risikograd der anfänglichen Wahl und dem Vertrauen in die Richtigkeit dieser Wahl existierte. Die Konsequenzen dieser ziemlich einfachen Analyse wurden kürzlich von *Geraldine Clausen* in einer Dissertation in unserem Institut an der Universität von Michigan (1965) überprüft. Ich möchte einige ihrer Ergebnisse bezüglich der ersten Implikation vorlegen.

Clausens Studie enthielt eine Versuchsanordnung mit Variation des Faktors „alleine — gemeinsam". Im ersten Teil, in dem die Versuchspersonen als einzelne oder isolierte Einheiten untersucht wurden, wurden neben anderen Daten Informationen über die isolierten Risikopräferenzen einer Person sowie über ihre Zuversicht, die „beste" Risikoposition gewählt zu haben, gesammelt. Als Risikoindikatoren wurde von *Wallach, Kogan* und *Bem* (1964) realistische College-Aufnahmeprüfungsfragen verwendet. Hierbei gab es fünf Arten von Punkten, und innerhalb einer jeden Art waren die Punkte gemäß dem Prozentsatz der Studenten klassifiziert, die ähnlich der Versuchsperson nicht richtig geantwortet hatten. Versuchspersonen wurde die Möglichkeit gegeben, Erfahrungen zu sammeln, indem sie ein Problem aus jeder Schwierigkeitsstufe bearbeiteten. Sie wählten dann innerhalb jedes Problemkreises einen Schwierigkeitsgrad aus. Zu einem späteren Zeitpunkt sollten sie dann diese Probleme auf diesem besonderen Schwierigkeitsniveau gegen Geld bearbeiten. Der zu erzielende Gewinn für den jeweiligen Schwierigkeitsgrad wurde ebenfalls angegeben, wobei der Erwartungswert für alle Stufen konstant war. Nach jeder Wahl eines Schwierigkeitsgrades wurde eine Schätzung der Zuversicht vorgenommen. Wenige Wochen später wurden Gruppen von je drei männlichen Versuchspersonen gebeten, sich im Institut zu melden. Diese Gruppen hatten eine bestimmte Zusammensetzung.

Der Teil von *Clausens* Experiment, den ich diskutieren möchte, enthält vier Variationen der Kompositions-Variablen „Risikofreudigkeit" und „Zuversichtlichkeit". Jede Gruppe umfaßte ein sehr risikobereites Mitglied und zwei wenig risikobereite Mitglieder. In der einen Hälfte der Gruppen war das risikobereite Mitglied außerdem sehr zuversichtlich, in der anderen Hälfte hatte es wenig Zuversicht. Entsprechend waren in der Hälfte der Gruppen die Mitglieder mit geringer Risikobereitschaft beide sehr zuversichtlich und in der anderen Hälfte wenig zuversichtlich. Dadurch wurden sowohl Risikobereitschaft als auch Zuversicht variiert, um den relativen Einfluß eines jeden Faktors für die Tendenz zu einem erhöhten Risiko festzustellen. Die Aufgabe dieser Gruppen war es, zu diskutieren und sich auf einen Schwierigkeitsgrad zu einigen, mit dem jedes Mitglied zu arbeiten hatte. Dann sollten sie sich weiter an Problemen des gleichen Niveaus und auch an solchen versuchen, die früher in der isolierten Situation gewählt worden waren. Ein Assistent stellte alle Gruppen von Versuchspersonen zusammen. Die Experimentatorin erhielt keinerlei Information über die Eigenschaften der Gruppenzusammensetzung, bis die Gruppe den Versuch beendet hatte.

Der zu ermittelnde entscheidende Vergleich bei konstant gewähltem Schwierigkeitsgrad war der zwischen der Erfolgswahrscheinlichkeit für die Gruppe und der durchschnittlichen Erfolgswahrscheinlichkeit für die isolierten Individuen. Die Gruppenentscheidung konnte also riskanter oder konservativer als die durchschnittliche isolierte Entscheidung sein, oder sie konnte mit ihr übereinstimmen.

Unter der experimentellen Bedingung, wo sehr risikobereite Mitglieder auch sehr zuversichtlich und wenig risikobereite Mitglieder wenig zuversichtlich waren, wählte nur eine von sieben Gruppen ein Niveau, das mit dem durchschnittlichen Niveau in der isolierten Situation identisch war, während die anderen sechs eine Risikobereitschaft unterhalb dem Niveau der Erfolgswahrscheinlichkeit zeigten, das dem Durchschnitt der Situationen bei isolierten Versuchspersonen entsprach.

Wenn sowohl das risikobereitere Mitglied als auch die wenig risikobereiten Mitglieder zuversichtlich waren, waren die Ergebnisse ganz ähnlich. Hier bewegte sich eine von sieben Gruppen in eine konservative Richtung und wählte ein Niveau, dessen Erfolgswahrscheinlichkeit größer war als der Durchschnitt in der isolierten Situation, und sechs zeigten eine risikoreichere Tendenz. Das

Bild änderte sich, wenn das risikobereite Mitglied wenig Zuversicht hatte. Während die Risikotendenz verschwand, wurde sie nicht durch eine konservative Tendenz ersetzt; selbst dann nicht, wenn die beiden wenig risikobereiten Mitglieder sehr zuversichtlich waren. Die Zuversicht der beiden wenig risikobereiten Mitglieder erschien irrelevant. Unter Bedingungen, in welchen ein risikobereites Mitglied mit wenig Zuversicht und zwei wenig risikobereite Mitglieder mit wenig Zuversicht zusammengebracht wurden, bewegten sich zwei von sieben Gruppen in eine risikoreiche Richtung, drei in eine konservative Richtung und zwei entschieden sich für ein Niveau, das mit dem der isolierten Situation identisch war. Wo das risikobereite Mitglied mit wenig Zuversicht mit zwei wenig risikobereiten Mitgliedern, die in bezug auf ihre isolierte Wahl sehr zuversichtlich waren, interagierte, bewegten sich vier von sieben Gruppen in eine risikoreiche und drei in eine konservative Richtung. Der Mittelwert der Erfolgswahrscheinlichkeit in der isolierten Situation und diejenigen, die sich bei den Gruppen in den vier verschiedenen Zusammensetzungen ergaben, sind in der folgenden Tabelle dargestellt. Die Varianzanalyse dieser Daten zeigt, daß die Relation zwischen der Zuversicht der risikobereiten Mitglieder und der isolierten gegenüber der Gruppenentscheidung signifikant war F = 9,48, df = 1,24, P < 0,01).

Die mittlere Erfolgswahrscheinlichkeit der isolierten Wahl und die Erfolgswahrscheinlichkeit des von der Gruppe gewählten Schwierigkeitsgrades als Funktion der Risikobereitschaft und Zuversicht der Mitglieder

		Zuversicht der sehr risikobereiten Mitglieder			
		groß		klein	
		isoliert	Gruppen-entscheidung	isoliert	Gruppen-entscheidung
Zuversicht der wenig risikobereiten Mitglieder	groß	0,34	0,24	0,36	0,34
	klein	0,33	0,21	0,32	0,31

Nach der Entscheidung wurde jedes Mitglied aufgefordert, die einflußreichste Person seiner Gruppe zu nennen. Von den achtzehn Gruppen, die sich in eine risikobereite Richtung bewegten, benannten 14 das risikobereiteste Mitglied als am einflußreichsten. Das am meisten risikobereite Mitglied, das sehr zuversichtlich war, wurde in dieser Weise in elf von den zwölf Gruppen genannt, in denen es vorhanden war und welche eine erhöhte Risikotendenz zeigten. Von den zehn Gruppen, die nicht in eine risikoreiche Richtung tendierten, nannte nur eine ein risikobereites Mitglied als das einflußreichste. Darüber hinaus gibt es eine Bestätigung dafür, daß das Verhalten dieses Mitgliedes ein gewisses Maß an Zuversicht aufwies. Die Experimentatorin hatte auf dem Tisch an einer Stelle, die von den drei Mitgliedern gleich weit entfernt war, einen Zettel und einen Bleistift hinterlegt, damit die Gruppenentscheidung aufgezeichnet werden konnte. Als die Mitglieder zur Diskussion bereit waren, sagte sie nur: „Wenn Sie sich über das Schwierigkeitsniveau klargeworden sind, vermerken Sie dies auf diesem Blatte und geben Sie es dann mir." In siebenundzwanzig von achtundzwanzig Gruppen griffen die Mitglieder mit hoher Risikobereitschaft nach Papier und Bleistift und behielten diese für die ganze Zeit des Entscheidungsprozesses. (Man erinnere sich daran, daß die Experimentatorin zu der Zeit, als diese Beobachtungen gemacht wurden, keine Kenntnis von der Zusammensetzung der Gruppe hatte.) Während sowohl selbstsichere als auch unsichere risikobereite Mitglieder die Materialien für die Aufzeichnung der Wahlen unter Kontrolle hatten, gab es in ihrem Verhalten dennoch Unterschiede. Das Mitglied mit hoher Risikobereitschaft und hoher Zuversicht initiierte gewöhnlich das Gespräch, indem es erklärte, warum die Gruppe ein risikoreiches Niveau wählen sollte. Selten fragte es die anderen Mitglieder nach ihren Präferenzen. Da es die Materialien für die Aufzeichnung der Entscheidung kontrollierte, war es in der Lage, sich zu weigern, eine Entscheidung zu notieren, bevor nicht der Rest der Gruppe seiner risikoreichen Wahl zustimmte. Das geschah einige Male. Die Majorität der risikobereiten Mitglieder mit niedriger Zuversicht verhielt sich, wie es bei einer konzilianten Diskussionsleitung üblich ist. Gewöhnlich erbaten sie zunächst Informationen darüber, für welche Schwierigkeitsgrade sich die anderen vorher entschieden hatten und welche Grade sie jetzt für die Wahl der Gruppe erwarteten.

Es ergibt sich, daß die Beziehung zwischen der ursprünglich gewählten Erfolgswahrscheinlichkeit und der in die Wahl gesetzten Zuversicht nicht in dem Maße für das Phänomen entscheidend ist, wie es zunächst angenommen worden war. Die Prozesse, die sich in einer riskanten Gruppenentscheidung abspielen, scheinen nur teilweise denen analog zu sein, die in den klassischen Gruppenproblemlösungsstudien von *Gurnee* und *Thorndike* beobachtet wurden. Wir bleiben ziemlich im ungewissen über Gruppenentscheidungen, die sich in eine konservative Richtung bewegen. Sie überhaupt zu erzeugen, erscheint schon schwierig. Eine verläßliche Tendenz zu konservativen Entscheidungen konnte selbst dann nicht erreicht werden, wenn die Anzahl der in hohem Maße zuversichtlichen Mitglieder mit geringer Risikobereitschaft die Anzahl der sehr risikobereiten Mitglieder mit geringem Selbstvertrauen im Verhältnis 2:1 übertraf. Es muß ziemlich mächtige Kräfte in dieser Situation geben, die einer Möglichkeit, daß eine Gruppe „auf Nummer sicher" geht, entgegenarbeiten.

Im Augenblick arbeiten wir an der Hypothese, daß es normative Zwänge für Risikopräferenzen gibt. Diese Zwänge veranlassen die Person, den Wert des

Ergebnisses selbst höher einzuschätzen als die Erfolgswahrscheinlichkeit. Die durchschnittlichen isolierten Entscheidungen sind durchgehend verhältnismäßig risikoreich. Sofern Daten über isolierte Entscheidungen vorhanden sind, kann man dies auch für die Forschung aus der Vergangenheit feststellen. Da darüber hinaus diese unterschiedliche Gewichtung die Person zu einem ziemlich gefährlichen Spiel treiben wird, dürften die subjektive Wahrscheinlichkeit und die Zuversicht verfälscht werden, um die Wahl als weniger gefährlich erscheinen zu lassen. Es gibt Anhaltspunkte in *Clausens* Arbeit dafür, daß die subjektiven Wahrscheinlichkeiten dahin tendieren, die Sicherheit einer riskanten Entscheidung zu überschätzen und daß sie in hohem Maße mit der Zuversicht in die Richtigkeit einer solchen Entscheidung korrelieren. Schließlich glauben wir, daß diese Zwänge den Mitgliedern schlagkräftigere Argumente in der Gruppensituation zur Verfügung stellen, um eine risikoreiche Entscheidung zu befürworten (indem z. B. der Wert des Ergebnisses besonders betont wird), als um Tendenzen in eine konservative Richtung zu unterstützen. Eine konservative Wendung würde somit etwas wie einen Wandel in dem normativen Kontext, der die Risikoübernahme seitens einer Gruppe regelt, erfordern.

Dies sind kurz die Hypothesen, die wir in unserer zukünftigen Forschung berücksichtigen wollen. Es wäre töricht, die Daten zu ignorieren und unser Selbstvertrauen bei dieser Wahl nicht in Frage zu stellen. Wir meinen jedoch, daß dies eine risikoreiche Situation ist, in der sowohl die Erfolgswahrscheinlichkeit als auch der Wert des Ergebnisses gleichermaßen groß sind.

Literaturhinweise

(1) *Clausen, Geraldine S. T.*, Risk Taking in Small Groups. Unpublished Doctoral Dissertation. University of Michigan 1965.
(2) *Gurnee, H. A.*, Comparison of Collective and Individual Judgements of Fact, in: Journal of Experimental Psychology, Bd. 21, 1937, S, 106—112.
(3) *Marquis, D. G.*, Individual Responsibility and Group Decisions Involving Risk, in: Industrial Management Review, Bd. 3, 1962, S. 8—23.
(4) *Stoner, J. A. F.*, A Comparison of Individual and Group Decisions Involving Risk. Unpublished Master's Thesis, Massachusetts Institute of Technology, School of Industrial Management 1961.
(5) *Thorndike, R. L.*, On what Type of Task Will a Group Do Well?, in: Journal of Abnormal and Social Psychology, Bd. 33, 1962, S. 409—413.
(6) *Wallach, M. A.*, und *N. Kogan*, The Roles of Information, Discussion and Consensus in Group Risk Taking, in: Journal of Experimental Social Psychology, Bd. 1, 1965, S. 1—19.
(7) *Wallach, M. A., N. Kogan* und *D. J. Bem*, Group Influence on Individual Risk Taking, in: Journal of Abnormal and Social Psychology, Bd. 65, 1962, S. 75—86.
(8) *Wallach, M. A., N. Kogan* und *D. J. Bem*, Diffusion of Responsibility and Level of Risk Taking in Groups, in: Journal of Abnormal and Social Psychology, Bd. 68, 1964, S. 263—274.

Aus dem Amerikanischen übersetzt von *Brigitte Hummell*

THEORIE UND PROBLEME DER FÜHRUNG*
Unter spezieller Berücksichtigung des Mannschaftssports

Von Albert E. Myers und Fred E. Fiedler

I

Führung war in der Sozialpsychologie bisher eins der am wenigsten befriedigenden Gebiete. Es ist offensichtlich, daß es gute und schlechte Führer gibt. Jeder hat oft genug Gelegenheit gehabt, Leuten zu begegnen, die tüchtige, erfolgreiche Führer waren; und natürlich auch solchen, die die Führerrolle nur unter Schwierigkeiten auszufüllen vermochten. Eine Zeitlang glaubte man, es sei verhältnismäßig einfach, systematisch zu beschreiben, wie sich gute Führer verhalten und was es für Menschen sind. Nach dem Kriege war die Forschung um das Problem der Führung lange Zeit hindurch eins der populärsten Gebiete in der Sozialpsychologie.

Aber Forschung und Theorie entwickelten sich nicht allzu verheißungsvoll. Forscher, die am Problem des Führungserfolges interessiert waren, sahen sich den gleichen Problemen gegenüber, die die pädagogischen Psychologen in ihren Untersuchungen über die Effizienz des Lehrers hatten. Obwohl jeder zustimmen wird, daß es gute und schlechte Lehrer gibt, hat es jahrzehntelang keinen wesentlichen Fortschritt in der Frage gegeben, welche Personen sich als gute Lehrer herausstellen werden oder welche Merkmale für eine gute Lehrerausbildung entscheidend sind. Eine zweite Schwierigkeit, die für beide Forschungsgebiete zutraf, war das stets vorhandene Problem des Kriteriums. Was ist es überhaupt, das ein Lehrer lehren möchte? Welches Ziel hat sich eine Gruppe zur Verwirklichung gesteckt? In vielen Fällen ist die Antwort ziemlich klar. Aber in allzu vielen Fällen besteht nur geringe Übereinstimmung darüber, wie das endgültige Ergebnis sein soll.

Es gab verschiedene Wege, das Problem der Führung anzugehen. Einige bemühten sich darum, Merkmale zu identifizieren, die für Führer charakteristisch sind. Sie argumentierten, daß ein Führer eine Person mit bestimmten sozialen Eigenschaften sei und daß sich diese Eigenschaften in Aufgaben-Situationen offenbaren würden, entweder zu ihrem Vorteil oder Nachteil. Viele Untersuchungen wurden zur Klärung der Beziehung zwischen Eigenschaften, wie Intelligenz, persönlicher Anpassung oder Dominanz, und einem gewissen Maß-

---

* Dieses Projekt ist teilweise unterstützt worden von der Advanced Research Projects Agency unter ARPA-Auftrag Nr. 454, Vertrag Nr. 177—472, Monr 1834 (36) „Communication, Cooperation and Negotiation in Culturally Homogeneous Groups", *Fred E. Fiedler, Lawrence M. Stoluraw, Harry C. Triandis* (Projektleiter).

stab der Führereffizienz durchgeführt. Obwohl in diesen Studien fast übereinstimmend geringe positive Korrelationen ermittelt wurden, waren die Korrelationen doch so gering, daß sie im Grunde den individual-psychologischen Ansatz widerlegten. Nach wenigen Jahren beschlossen die meisten Vertreter dieser Richtung stillschweigend, daß nur wenig Hoffnung bestünde, eine Reihe von Persönlichkeitsmerkmalen zu finden, um gute von schlechten Führern zu unterscheiden.

Zur gleichen Zeit bemühten sich andere Leute um einige andere Ansätze. Anstatt Persönlichkeitsmerkmale von Führern zu identifizieren, versuchten einige Forscher, Handlungen zu spezifizieren, die gute Führer im Gegensatz zu schlechten vollführen. Ihr Ansatz folgte mehr der soziologischen Tradition. Sie stellten den Führer als bürokratische Einheit, als Teil eines Systems in den Mittelpunkt, anstatt ihn als Menschen mit bestimmten menschlichen Zügen zu betrachten.

Mit diesem Ansatz geriet man ebenfalls in erhebliche Schwierigkeiten. Es gab praktisch unzählige Handlungen, die als Führungsverhalten klassifiziert werden konnten. In vielen Fällen war es höchst fraglich, ob eine bestimmte Handlung als Führungshandeln definiert werden sollte oder nicht. Das letztlich entscheidende Kriterium war dann schließlich, eine einzelne Aktion als einen Fall von Führungsverhalten zu definieren, falls diese durch Personen in Führungspositionen unternommen wurde. Dieser Typ von Zirkelschluß rief fast unüberwindbare Schwierigkeiten in bezug auf informelle und formelle Führung hervor. (Deshalb tendierte man bei diesem Ansatz dazu, sich nur auf feststrukturierte bürokratische Gruppen zu beschränken.)

Vielleicht besteht die überzeugendste Kritik an diesem Ansatz darin, daß man damit nicht mehr Erfolg hatte, gute von schlechten Führern zu unterscheiden, als mit dem personalen Ansatz. Es gab keine typischen Verhaltensmuster eines Führers, die zu größerer Gruppenleistung führten. Zu diesem Zeitpunkt etwa begann sich die allgemeine Überzeugung durchzusetzen, daß man mehr über die Natur der Sache wissen müsse, bevor irgendein sichtbarer Fortschritt in der Analyse und Vorhersage erfolgreicher Führung erreicht werden könnte.

Die Psychologen vertraten die Ansicht, daß erfolgreiche Führung das Ergebnis einer Bedingung war, bei der die Anforderungen der Aufgabe mit den Fähigkeiten des Führers harmonisch übereinstimmten. Leider weisen Psychologen auf Grund ihrer Ausbildung eine Abneigung auf, sich mit spezifischen Verhaltenssituationen auseinanderzusetzen. Falls ein Psychologe vor die Wahl gestellt ist, entweder ein Verhalten zu untersuchen, das sich in allen Situationen als konstant erweist, oder ein anderes, das von Situation zu Situation wechselt, wird er sich fast immer für das erste entscheiden. Diese Abneigung, bestimmte Situationen zu untersuchen, leitete zusammen mit der Erkenntnis, daß die Anforderungen der Aufgabe im Mittelpunkt jeder Diskussion über Führung zu stehen hätten, das Ende einer Epoche intensiver Forschung auf dem Gebiet der Führung ein. Die Mode war vorbei. Obwohl sie übertrieben sein mögen, sind die Bemerkungen eines Psychologen sehr symptomatisch für den Pessimismus, den einige Leute über die Führungsforschung hatten. Dieser Mann, sehr bekannt für seine Forschungen über Führung, bot die kühne Erklärung an, daß der Aufstieg in eine Führungsposition durch einen Zufalls-Auswahl-Prozeß kontrolliert würde. An mehreren Punkten in der Karriere eines Menschen, so gab er zu verstehen, habe irgendein übermenschliches Wesen einen Satz Würfel geworfen. Ob der Mann nun vorankam oder nicht, hinge davon ab, wie die Würfel fielen.

Einige der interessantesten Arbeiten auf dem Gebiet der Führung befaßten sich mit Unterschieden im Führungsstil. Dazu gehören die experimentellen Studien über die Unterschiede zwischen autokratischer und demokratischer Führung. Die ersten Arbeiten befaßten sich mit dem Verhaltenstypus, der sich ergab, falls einer dieser beiden Führungsstile praktiziert wurde. Es wurde natürlich erkannt, daß es einige Leute vorzogen, autokratische Führer zu sein, während andere einen demokratischen Führungsstil bevorzugten. Diese Forschungen legten die Annahme eines Kontinuums nahe, das von sehr autokratischer Kontrolle durch den Führer bis zu sehr freiheitlicher demokratischer Kontrolle reichte; die interne Dynamik der Gruppe würde determinieren, an welcher Stelle des Kontinuums sie zu lokalisieren sei. Folglich konnte eine Gruppe einen Führer haben, der zwar lieber autokratisch gewesen wäre, durch den Druck seiner Gruppenmitglieder jedoch gezwungen war, sich mehr demokratisch zu verhalten.

Auf der Grundlage weiterer Forschungen begann sich ein neues Kontinuum herauszubilden, das zeitweise als Äquivalent zur Dimension autokratisch-demokratisch angesehen wurde, zeitweise als eine andere Dimension. Man erkannte vor allem auf Grund interaktionsanalytischer Forschungen, daß autokratische Führer dazu tendieren, aufgabenorientiert zu sein, und demokratische personenorientiert. Bei vielen sich neu bildenden Gruppen fand man, daß sich zwei Führungsrollen entwickelten. Der eine Rolleninhaber drängte die Gruppe dahin, eine Aufgabe erfolgreich abzuschließen, während ein anderer sich um Gruppenharmonie bemühte. Der aufgabenorientierte Führer erwies sich fast unvermeidlich als autokratischer als der personenorientierte Führer.

II

Während der letzten Jahre führten verschiedene Forscher Untersuchungen durch, die nachwiesen, daß sich die Orientierung des Führers an einer Aufgabe in seinen Wahrnehmungen von Personen niederschlägt. Ein Faktor, durch den seine Orientierung bestimmt werden mag, ist seine Vorstellung vom *wenigst geschätzten Mitarbeiter* (WGM) — least preferred co-worker (LPC). In diesem von *Fiedler* entwickelten und viele Jahre benutzten Test wird der Führer gebeten, an alle die Leute zu denken, mit denen er jemals zusammengearbeitet hat, und dann die Person zu beschreiben, mit der er die größten Schwierigkeiten bei der Arbeit hatte. Er wird also aufgefordert, seinen wenigst geschätzten Mitarbeiter zu beschreiben. Die Beschreibung dieser Person geschieht mit einer ganzen Reihe von Merkmalen, wie freundlich oder unfreundlich, zuverlässig oder unzuverlässig etc. Jedes Merkmal wird von 1—8 skaliert, wobei der höhere Wert dem positiven Teil der Skala entspricht. Der WGM-Wert wird durch die Addition der Punkte für die verschiedenen Tatbestände ermittelt. Ein Führer mit einem hohen WGM-Wert ist jemand, der seinen wenigst geschätzten Mitarbeiter mit verhältnismäßig wohlwollenden und verständnisvollen Begriffen beschrieben hat. Er ist bereit, positive Dinge über jene Leute zu sagen, mit denen er die größten Schwierigkeiten hatte. Auf der anderen Seite sind Führer mit niedrigem WGM-Wert sehr viel strenger. Sie beschreiben ihren wenigst geschätzten Mitarbeiter mit wenig schmeichelhaften und abweisenden Begriffen*.

Die über Jahre sich hinziehende Forschung hat die seinerzeitige Vermutung bestätigt, daß Aufgaben-Orientierung, autokratische Führung und niedriger WGM-Wert ebenso zusammen auftreten wie Person-Orientierung, demokratische Führung und hohes WGM. Der Führer mit niedrigem WGM-Wert ist vor allem leistungsorientiert. Er eignet sich planvoll Methoden an, um seine Gruppenmitglieder in ihrer Arbeit zu lenken. Er ist immer bereit, seine Autorität einzusetzen. Die hauptsächliche Quelle seiner Zufriedenheit ist der Erfolg. Er scheint sein Augenmerk nicht darauf zu richten, gute inter-personale Beziehungen zwischen den Gruppenmitgliedern aufrechtzuerhalten. Er scheint auch nicht zu bemerken, daß die Qualität dieser Beziehungen besonders wichtig dafür ist, seine eigene Befriedigung zu bestimmen.

Der Führer mit hohem WGM-Wert ist wesentlich um die persönlichen Beziehungen der Gruppenmitglieder besorgt. Obwohl er natürlich im Hinblick auf die Aufgabe erfolgreich sein möchte, ist er nicht gewillt, diesen Erfolg auf Kosten der schwindenden Harmonie oder Kohäsion seiner Gruppe zu erreichen. Es gibt eine Untersuchung, die eindringlich diese Differenz zwischen den hohen

---

* In früheren Jahren wurde von *Fiedler* ein mit ASo bezeichnetes Maß benutzt (assumed similarity between opposites). Dieses Maß ermittelte die Übereinstimmung zwischen der Führervorstellung über das am meisten und am wenigsten geschätzte Gruppenmitglied. Da die Führer mit hohem WGM wohlwollende Dinge über die wenigst bevorzugten Mitarbeiter sagen, ergibt sich bei ihnen als Ergebnis, daß die Werte für die meist und wenigst bevorzugten Mitarbeiter sehr ähnlich sind, im Gegensatz zum Führer mit niedrigem WGM-Wert. Da ASo und LPC (übersetzt als WGM) zwischen .80 und .90 miteinander korrelieren, ist in den letzten Untersuchungen nur noch der WGM-Wert benutzt worden. Er ist in seiner Konzeption leichter zu handhaben und außerdem statistisch verläßlicher.

und niedrigen WGM-Fällen nachweist. *Doyle Bishop* (1)*, ein Schüler *Fiedlers*, reanalysierte 1964 eine Reihe früherer Untersuchungen, die in *Fiedlers* Labor durchgeführt worden waren. In einer Studie über Gruppenproduktivität fand er, daß die hohen WGM-Fälle eine bessere Anpassung an ihre Gruppe zeigten, wenn sie im Glauben waren, daß sie in ihren inter-personalen Beziehungen erfolgreich waren; und zwar ganz unabhängig von der Vorstellung, ob sie Erfolg in der Aufgabe gehabt hatten oder nicht. Die niedrigen WGM-Fälle wiesen dagegen eine verbesserte Anpassung nur dann auf, wenn sie in ihrer Aufgabe erfolgreich waren. Die Einschätzung der Qualität ihrer eigenen persönlichen Beziehungen war unwichtig. Jeder Persönlichkeitstyp hatte also seine eigene grundlegende Quelle der Befriedigung. Für die hohen WGM-Fälle waren es gute persönliche Beziehungen; für die niedrigen war es die Arbeit selbst oder der Erfolg in der Aufgabe.

Die zweite Untersuchung, die *Bishop* reanalysierte, befaßte sich mit Schützenmannschaften in wettbewerblichen und wettbewerbsfreien Situationen, ursprünglich durchgeführt von *Myers* (8). *Bishop* fand, daß sich die niedrigen WGM-Fälle mehr anerkannt fühlten und eine höhere Selbstbewertung hatten, wenn sie sich unter Wettbewerbs-Bedingungen anstatt unter wettbewerbsfreien Bedingungen befanden. Umgekehrt war es bei hohen WGM-Fällen. In gewisser Hinsicht schien es, als ob sich der Führer mit niedrigem WGM-Wert unter Bedingungen heimischer fühlte, wo es um Gewinnen oder Verlieren ging. Andererseits fühlte sich der Führer mit hohem WGM-Wert in einer Situation geborgener, wo es Gewinnen oder Verlieren nicht gab; wo er den Konflikt vermeiden konnte, seinen Wunsch nach Erfolg bei Lösung der Aufgabe gegen den auszuspielen, harmonische Beziehungen in der Gruppe zu haben. Wir leiten aus diesen Daten die Annahme ab, daß der niedrige WGM-Fall durch eine Wettbewerbs-Einstellung charakterisiert ist, während der Führer mit hohem WGM eine starke Motivation gegen den Wettbewerb hat.

Diese Folgerung würde auffällig mit Überlegungen übereinstimmen, die wir und andere über das Wesen des Wettbewerbs angestellt haben. Wettbewerb ist grundsätzlich ein Bewertungsprozeß. Menschen führen eine Aufgabe aus und entscheiden sich mit Hilfe eines vorher abgesprochenen Bewertungssystems, wer der bessere ist. Die beiden wesentlichen Bestandteile eines Wettbewerbs scheinen zu sein, daß er interpersonal und einer Bewertung zugänglich ist. Von diesem Gedankengang aus ist eine wettbewerbsorientierte Person auf interpersonale Bewertung ausgerichtet, während die wettbewerbsfeindliche die interpersonale Bewertung vermeidet. Wenn wir die für die Feststellung des WGM-Wertes einer Person benutzten Skalen betrachten, werden diese Zusam-

---

* Die Ziffern in Klammern beziehen sich auf das Literaturverzeichnis am Ende des Artikels.

menhänge höchst relevant. Alle benutzten Kriterien sind Bewertungskriterien. Sie wurden durch faktorenanalytische Verfahrensweisen ausgewählt. Nur Kriterien mit hoher Ladung eines Bewertungsfaktors wurden benutzt. Um einen niedrigen WGM-Wert zu erhalten, ist die Abgabe definitiver Werturteile erforderlich und umgekehrt. Auf Grund dieser Tatbestände ist es möglich, daß der WGM unter anderem ein Maß für Wettbewerbsorientierung ist. Falls das zutrifft, würde es bedeuten, daß die wettbewerbsorientierte Person aufgabenorientiert und autokratisch, die wettbewerbsfeindliche Person personenorientiert und demokratisch sein müßte. Dieses Ergebnis erscheint plausibel. Es wird durch Daten gestützt.

Diese Polarität beschreibt nicht nur Unterschiede zwischen Führern. Sie beschreibt ebenfalls einen grundlegenden Konflikt, der in den meisten Sportgruppen zu finden ist. Wir gehen davon aus, daß alle Sportgruppen gewinnen möchten. Darum ergibt sich eine natürliche Aufgabenorientierung bei den Spielern. Grundsätzlich ist die Orientierung der Mannschaft auf Wettbewerb ausgerichtet. Wenn eine Mannschaft jedoch Ersatzspieler hat, existiert ein anderes Motiv. Es ist ganz einfach das Teilnahmemotiv. Es macht mehr Spaß zu spielen als zuzuschauen. Bei Berufssportlern und solchen Sportlern, die für ihre Vereine und Schulen spielen, wird dieses Teilnahmemotiv unterdrückt, obwohl es klar zu erkennen ist. Bei Mannschaften, die zur eigenen Erholung und Freude spielen, ergibt sich jedoch wenig öffentliche Anerkennung und keinerlei finanzielle Vergütung; das Teilnahmemotiv wird hier stark genug, um fast zwangsläufig zu einem beobachtbaren Konflikt zu führen.

Der Konflikt entbrennt zwischen der Orientierung an Aufgaben oder an Personen. Es geht darum, ob ein wettbewerbsorientierter oder wettbewerbsfeindlicher Mannschaftsgeist vorherrschen soll. So erhebt sich die Frage, ob eine Mannschaft auch eine Niederlage riskieren sollte, um allen Spielern das Mitspielen zu ermöglichen. Die Aufgabenorientierten glauben, daß schlechtere Spieler bereit sein sollten, am Spielfeldrand zu sitzen, damit ihre Mannschaft gewinnen kann. Personenorientierte Spieler verweisen darauf, daß es keinen Sinn hat, einer Mannschaft anzugehören, ob sie nun gewinnt oder nicht, falls man nicht zum Spielen kommt. Aus naheliegenden Gründen entsteht der Konflikt ebenfalls zwischen den besseren und schlechteren Spielern. Die besseren Spieler sind typischerweise aufgabenorientiert, die schlechteren personenorientiert. Tatsächlich machen sich die meisten Spieler das Motiv zu eigen, das ihnen die meiste Zeit zu spielen erlaubt. Das ist ein Hinweis darauf, daß Teilnahme das grundlegende Motiv für jeden ist. Die Lösung dieses Konfliktes hängt von der Orientierung des Führers und von seinem Einfluß auf die Gruppe ab. Außerdem wird die Art der Lösung unmittelbar den Gruppenerfolg und die Befriedigung der Mitglieder beeinflussen. Nach unserer Erfahrung begünstigt die

Lösung des Konfliktes fast immer die besseren Spieler. Wir meinen, daß sie gewinnen, weil sie den höheren Status wegen ihrer besseren Kenntnisse und Fähigkeiten haben und weil sie in der Lage sind, ein ruhmvolleres Ziel zu fordern — den Sieg.

In den ersten Untersuchungen von *Fiedler* ergab sich jeweils eine negative Korrelation zwischen dem WGM-Wert des Führers und der Leistung seiner Gruppe. Und zwar hatten Führer mit niedrigerem WGM-Wert die erfolgreicheren Gruppen (2). Die ersten Untersuchungen ließen vermuten, daß der autokratische, aufgabenorientierte Führer erfolgreicher war. Man nahm an, daß er deshalb erfolgreicher war, weil er sich nicht mit unnötigen interpersonalen Angelegenheiten abgab.

Die folgenden Untersuchungen ergaben jedoch, daß einige Modifikationen erforderlich waren. So gab es Perioden, in denen personenorientierte Führer mit hohem WGM-Wert erfolgreicher zu sein schienen. Wie man vielleicht erwarten konnte, schienen diese Unterschiede mit der Art der Aufgabe und der Struktur der Gruppe in Zusammenhang zu stehen.

III

Fiedler und Mitarbeiter führten 1962 eine Reihe von Untersuchungen durch, die sich mit der Beziehung zwischen Gruppenproduktivität und dem WGM-Wert des Führers befaßten (3). Bei jeder Untersuchung wurden Gruppen auf einer ad-hoc-Basis gebildet und aufgefordert, eine bestimmte sprachliche Aufgabe zu bewältigen. Die geforderte Aufgabe war jeweils eine Geschichte, die verbale Lösung eines Problems oder eine schriftliche Stellungnahme irgendwelcher Art. Diese Gruppenleistungen wurden dann nach ihrer Durchführung eingestuft. Aus diesen Untersuchungen ging ein Muster hervor, nach dem die WGM-Werte der Führer dann positiv mit Gruppenproduktivität korrelierten, wenn unter den Gruppenmitgliedern angenehme Beziehungen herrschten. Sie korrelierten negativ, wenn die Beziehungen unter den Mitgliedern zu einem bestimmten Grad gestört waren. An diesem Punkt, das muß offen gesagt werden, bestand eine große Diskrepanz zwischen Theorie und Daten, die aus diesen Untersuchungen hervorgingen, und jenen, die sich aus den voraufgegangenen Arbeiten ergeben hatten. Es war offensichtlich, daß Klima oder Atmosphäre eine wichtige Variable für die Beziehung von WGM-Wert des Führers zu dem Gruppenprodukt war. Hieraus ergab sich jedoch auch eine grundlegende Schwierigkeit. Frühere Untersuchungen hatten gezeigt, daß aufgabenorientierte Führer mit niedrigem WGM-Wert in vielen Situationen erfolgreicher waren. Bei vielen Situationen konnte nicht davon ausgegangen werden, daß die interpersonalen Beziehungen in den Gruppen (die leider nicht gemessen wurden) üblicherweise gestört waren. Dazu kann beispielsweise die Forschungsarbeit über Basketballmannschaften an höheren Schulen von *Fiedler* und Mitarbeitern aus dem Jahre 1952 herangezogen werden (4). Es kann kaum behauptet werden, daß das typische Klima in diesen Mannschaften vollkommen negativ war. Ganz im Gegenteil sind Basketballmannschaften sehr kohäsiv. Trotzdem ergab sich, daß die Mannschaften von Führern mit niedrigem WGM-Wert erfolgreicher als andere waren. Falls man diese Ergebnisse für bare Münze nahm, war es klar, daß für die Analyse noch mehr erforderlich war.

Eine erneute Überprüfung der voraufgegangenen Forschungen verlangte nach einer Verfeinerung der Beschreibung des Wesens der Aufgabe und der Struktur der Gruppe. Deshalb wurden dem Modell zwei zusätzliche Variablen hinzugefügt, um ein 3-Variablen-System zu bilden (2). Diese drei Variablen waren die Art der Beziehung zwischen dem Führer und den Gruppenmitgliedern, die wir Gruppenatmosphäre genannt haben, die Art der Aufgabe und die Macht der Führerposition.

Die Art der Führer-Mitglied-Beziehung ist ganz einfach ein Indiz für den Grad, in dem Führer und Gruppenmitglieder miteinander auskommen. Ein Führer, der bei seinen Mitgliedern unbeliebt und ohne Vertrauen ist, hat nicht nur eine schwierigere Arbeit zu leisten. Er muß sich auch ganz anders verhalten, als wenn er völlig akzeptiert würde. Es ist charakteristisch, daß informelle Gruppen Führer haben, die von der Mehrheit der Gruppe akzeptiert werden. Das heißt natürlich nicht, daß es innerhalb dieser Gruppe keine Parteien gibt, die im Gegensatz zum Führer stehen. Formelle Gruppen variieren dagegen viel stärker in dieser Dimension. Es ist für ein Individuum durchaus möglich, daß es von den Gruppenmitgliedern geringgeschätzt wird und daß dieses Individuum dennoch der Führer einer solchen formellen Gruppe ist.

Die zweite Variable betrifft den Grad der Strukturiertheit einer Aufgabe. Bei strukturierten Aufgaben können die Anforderungen, die an jedes Gruppenmitglied gestellt werden, eindeutig definiert werden. Dadurch wird es für den Führer leichter, Kontrolle über die Gruppenmitglieder auszuüben, weil er erkennen kann, wann und in welcher Weise die Leistung eines Gruppenmitgliedes nachläßt. Er weiß besser, wann er Lenkung, Instruktion oder Zwang anwenden muß. Außerdem ist es jedem Mitglied ebenso wie dem Führer unter diesen Bedingungen klarer, welche Art von Abhilfe in einer gegebenen Situation nötig und welche Art des Verhaltens die beste ist.

Der Zweck der Einführung dieser Variable ist nicht herauszufinden, ob Führer in strukturierten oder unstrukturierten Situationen erfolgreicher sind. Sie wird eingeführt, weil die Durchsetzung direkter Führungskontrolle in einer strukturierten Situation leichter ist. Sie zeigt zudem einen weiteren Aspekt über den Umfang des Druckes, der auf die Führerrolle ausgeübt wird. Als solche sollte sie den Führungsstil beeinflussen, der in den verschiedensten Situationen erfolgreicher ist.

Die dritte Variable im Modell befaßt sich mit dem Umfang der anerkannten und legitimen Macht, die ein Führer hat. Auch dabei ist es leichter, direkte Kontrolle über die Gruppenmitglieder durchzusetzen, falls der Führer die legitime Autorität hat, wichtige und einseitige Entscheidungen zu treffen.

Jede dieser drei Variablen ist selbstverständlich ein Kontinuum. Für experimentelle Zwecke ist es allerdings gewöhnlich leichter, sie in dichotomischer Form zu benutzen. Deshalb wird eine Gruppe dahingehend klassifiziert, ob sie in die obere oder untere Hälfte jedes dieser Kontinua fällt. Dieses Paradigma kann graphisch als ein 2×2×2-Würfel dargestellt werden. In einem solchen Würfel ergeben sich acht Zellen. Jede einzelne repräsentiert eine unterschiedliche Kombination dieser drei Variablen (Abbildung 1).

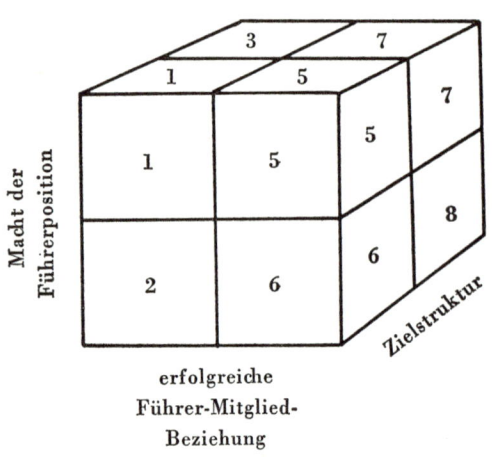

Abb. 1: **Paradigma des Kontingenz-Modells**

Jede dieser Dimensionen bezieht sich darauf, wie funktional die Gruppensituation für eine direkte Kontrollausübung durch den Führer ist. Falls jede Variable einen unabhängigen Beitrag zu einer einzigen Dimension leistet, müßte es möglich sein, diese Dimension selbst darzustellen. Abbildung 2 zeigt, wie diese Variablen zu einer einzigen Dimension kombiniert worden sind. Diese Dimension repräsentiert den Grad, in dem es dem Führer möglich ist, direkte Kontrolle über die Gruppenmitglieder auszuüben. Sie ist als Abszisse in Abbildung 2 dargestellt und wird der Einfachheit halber mit „günstig für Führer — ungünstig für Führer" bezeichnet. Die Ordinate gibt die Korrelation zwischen dem WGM-Wert des Führers und der Gruppenleistung wieder.

Eine genaue Analyse der Abbildung 2 ermöglicht die Ableitung aller Haupthypothesen im Kontingenz-Modell.

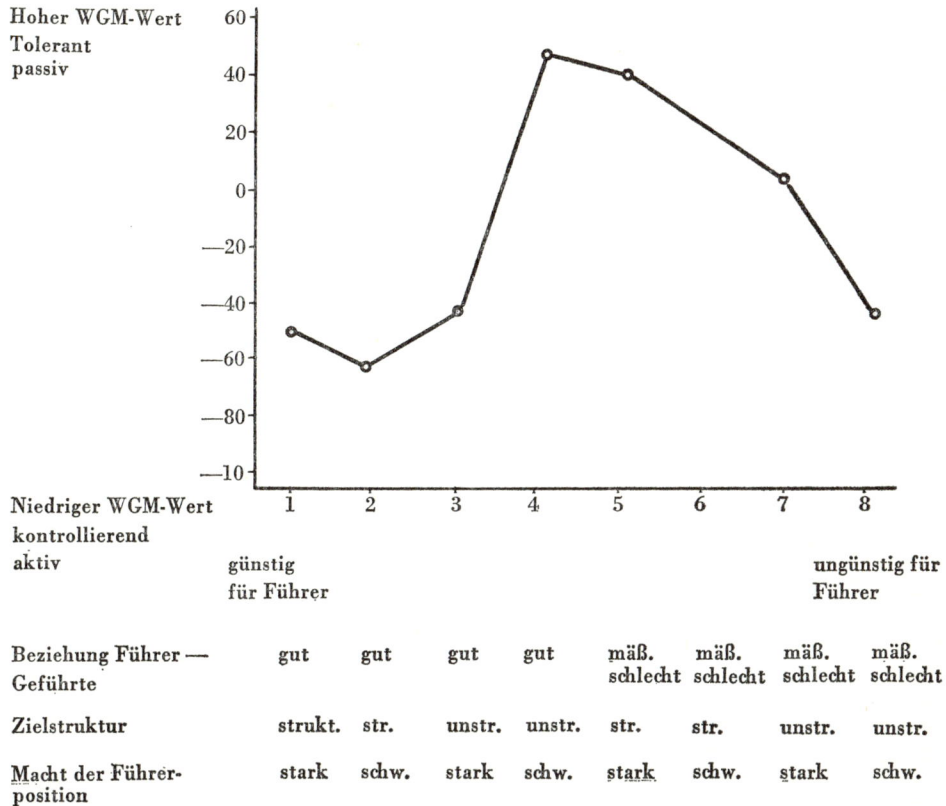

Abb. 2: WGM-Wert des Führers und Gruppenleistung (Mediankorrelation)

1. Es besteht eine kurvilineare Beziehung zwischen Gruppenleistung und dem WGM-Wert des Führers. Führer mit niedrigem WGM-Wert, die aufgabenorientiert sind und Kontrolle ausüben, sind erfolgreicher in Situationen, die entweder sehr günstig oder sehr ungünstig für einen Führer sind. Die personenorientierten Führer mit hohem WGM-Wert sind dagegen im mittleren Bereich erfolgreicher. Die Kurve in Abbildung 2 ist nicht bloß theoretisch, sondern entspricht empirischen Daten. Sie repräsentiert die Analyse von mehreren Gruppentypen, die verschiedene Aufgaben zu lösen hatten.

2. Das Modell gibt ziemlich genauen Aufschluß über die relative Bedeutung jeder der drei Aufgaben- und Gruppenvariablen in bezug auf die Dimension, die auf der Abszisse dargestellt ist. Die wichtigste Variable ist die Führer-Mit-

glieder-Beziehung, gefolgt von der Aufgabenstruktur und schließlich der Positionsmacht des Führers. Es ist im Augenblick noch schwierig festzustellen, wie generell diese Rangordnung der Variablen tatsächlich ist. Für den Bereich der Gruppen, die bisher untersucht worden sind, erscheint sie sowohl für ad-hoc-Deskriptionen wie für theoretische Aussagen geeignet. Das heißt jedoch nicht, daß diese Variablen unter neu entstehenden Umständen und Bedingungen nicht eine neue Gewichtung erfahren können. Wir sollten auch zu bedenken geben, daß der tatsächliche Verlauf der Kurve mit der relativen Stärke der Variablen variieren wird.

Es besteht kein Zweifel, daß es noch eine Menge zur Entwicklung des Modells hinsichtlich der Messung der Variablen zu tun gibt. Obwohl Modifikationen in der Skalierung Veränderungen der Voraussagen in spezifischen Situationen verursachen werden, sollte daran erinnert werden, daß der Grundpfeiler des Modells jener Tatbestand ist, daß die kurvilineare Beziehung eine Funktion des Vorteils einer Situation für den Führer ist.

IV

Wir wollen uns jetzt der Frage zuwenden, welche Beziehung dieses Modell zur Gruppenleistung im Sport hat. Ein Beispiel, das sich aufdrängt, stammt aus dem amerikanischen Baseball. Es gibt einen bestens bekannten Manager (Trainer), der den Ruf hatte, ein sehr autokratischer Führer zu sein. Er ist der Urheber eines der berühmtesten Zitate im amerikanischen Sport. Er sagte: „Nette Kerle kommen als letzte an" („nice guys finish last"). Seine Vorstellung war klar. Man kann kein erfolgreicher Manager sein, falls man es für nötig hält, daß jeder in der Mannschaft den Manager mag. Die Hauptaufgabe ist gewinnen, nicht gemocht zu werden. Offensichtlich ist das die klassische aufgabenorientierte Einstellung. Man darf wohl erwarten, daß dieser Mann einen sehr niedrigen WGM-Wert hat.

In welchem Umfang mag die markige Führungstheorie dieses Mannes wohl mit dem Kontingenz-Modell übereinstimmen? Es besteht kein Zweifel darüber, daß die Position des Managers im professionellen Baseball sehr stark ist. Er vollzieht in jedem Spiel unzählige taktische Entscheidungen. Er ist die entscheidende Autorität. Es ist jedoch weniger klar, ob Baseball als strukturierte oder unstrukturierte Aufgabe angesehen werden muß. Ohne hier auf Einzelheiten einzugehen, glauben wir, daß das überzeugendere Argument dahin geht, professionellen Baseball als zu starker Strukturierung neigend zu bezeichnen. Amateur-Baseball würde als viel weniger strukturiert zu bezeichnen sein.

Es gibt zwei Kategorien, die eine starke Führerposition und eine strukturierte Aufgabe miteinander verbinden. Das sind die Kategorien 1 und 5. Man beachte, daß Kategorie 1 einen Führer mit niedrigem WGM-Wert begünstigt, während das in Kategorie 5 für einen Führer mit hohem WGM-Wert der Fall ist. Der kritische Unterschied, ob es angemessener ist, ein Führer mit hohem oder niedrigem WGM-Wert zu sein, hängt von der Beziehung des Führers zu seiner Gruppe ab. Dem Kontingenz-Modell entsprechend könnte man es sich leisten, eine „nice-guys-finish-last-Einstellung" zu haben, vorausgesetzt, daß die Spieler der Mannschaft dem Führer schon vertrauten und ihn respektierten. Unter solchen Umständen wird der Führer mit niedrigem WGM erfolgreicher sein. Falls der Führer allerdings nicht den Respekt der Spieler hat, wäre die Vernachlässigung der sozialen Beziehungen unter den Spielern destruktiv. Kurzum, die einzigen Führer, die sich nicht darum kümmern müssen, respektiert zu werden, sind jene, die bereits respektiert werden.

Eine der wichtigsten Folgerungen aus diesem Modell ist die, daß Situationsgegebenheiten für die Bestimmung, wer ein guter Führer sein wird, ebenso wichtig sind wie Merkmale der Führer selbst. Üblicherweise versuchen wir, den Menschen so hinzubiegen, daß er in die Situation hineinpaßt. Da es aber leichter ist, Situationen zu manipulieren als Menschen, so ist die eindeutige Folgerung aus diesem Modell, daß wir die Situationen so einrichten sollten, daß sie sich dem Menschen anpassen. Falls ein Mensch sich sein Leben lang dadurch auszeichnet, daß er ernst, autokratisch und kontrollierend ist, scheint es wirklich vergeudete Zeit zu sein, diesen Menschen für andere Dinge heranbilden zu wollen. Falls er unter Umständen in eine Position eingewiesen wird, in der sein Stil schwer erträglich ist, dann sollte man daran denken, die Situation zu ändern.

Nehmen wir beispielsweise einen Führer mit hohem WGM-Wert, der sich in Kategorie 8 wiederfindet, die die ungünstigste für direkte Handlung ist. Das ist eine Lage, wo dieser Führer zu seinem eigenen Nachteil arbeitet. Das Modell legt den Versuch nahe, mehr Struktur in die Gruppenaufgabe zu bringen und dem Führer mehr Führungsautorität zu geben. Falls diese beiden Vorschläge ausgeführt werden könnten, würde damit eine Situation ermöglicht, die für den Führer günstig ist. Falls dann eine bessere Gruppenatmosphäre entstünde, könnte es vielleicht wieder von Vorteil sein, zu der anderen Struktur und Machtkonstellation zurückzukehren.

V

Bisher haben wir ständig über Unterschiede in der Gruppenleistung diskutiert. Wir haben nicht gezeigt, wie der individuell Leistende sich wandelt, falls die Bedingungen verbessert werden. Läuft er tatsächlich schneller oder springt er höher, nur weil der Mannschaftsführer den besseren Führungsstil für die betreffende Situation hat? Das erscheint sehr unwahrscheinlich. Ist der einzelne besser, wie viele Leute vermuten, weil er sich mehr bemüht? Hat er mehr Ausdauer? In vielen Fällen trifft das sicherlich zu. Wir sind jedoch durch die Zahl jener Fälle beeindruckt, wo gerade die Feststellung falsch war, daß eine Mannschaft mit großem Können verlor, weil sie sich nicht genug anstrengte. Der Wunsch zu gewinnen, ist zwar eine wichtige Variable, aber es gibt noch mehr zu beachten.

Wir möchten behaupten, daß der Entscheidungsprozeß, der sich in einem sportlichen Wettkampf abspielt, ein wichtigerer Bestandteil ist, als man bisher angenommen hat. Die Sozialwissenschaften sind so sehr auf einen individuellen Merkmalsansatz für Intelligenz eingeschworen (genauso wie sich einstmals die Führungstheorie mit diesem Ansatz beschäftigte), daß wir die Möglichkeit eines situationsbedingten Konzeptes der Intelligenz nicht sehen. Genauer und ausführlicher gesagt: Intelligenz wird als eine Eigenschaft aufgefaßt, die zur Ausstattung des Menschen gehört. Einige Leute sind intelligent. Sie vollbringen intelligente Dinge. (In diesem Zusammenhang wird Intelligenz mit der Fähigkeit zu guten Entscheidungen gleichgesetzt.) Aber es gibt Situationen, in denen intelligente Leute sehr dumme Sachen tun, d. h. sehr schlechte Entscheidungen treffen.

Ein Situationskonzept der Intelligenz mag etwas bizarr anmuten; doch lassen sich in den Arbeiten von *Myers* einige Rechtfertigungen hierfür finden. In einer experimentellen Studie (7) spielte die Versuchsperson ein Tischspiel gegen einen Experimentator-Spieler. Die Versuchsperson suchte nach einem Weg, die durch den Experimentator-Spieler gesetzten Hindernisse zu überwinden. Es handelte sich nicht um einen sportlichen Wettbewerb. In diesem Spiel gab es eine Kategorie von Zügen, die in jeder möglichen Beziehung falsch waren. Es handelte sich um irreparable Fehler. Der Experimentator-Spieler verfolgte jeweils eine von zwei möglichen Strategien, die Hindernisse aufzurichten. Es ergab sich, daß die Versuchspersonen gegen die eine Strategie mehr Fehler machten als gegen die andere. In beiden Situationen waren die Fehler jedoch gleichermaßen gravierend. Die Versuchspersonen spielten intelligenter gegen die eine Strategie als gegen die andere. Die „Intelligenz" der getesteten Versuchspersonen war also teilweise durch die Situation bestimmt.

Die beiden anderen Studien betrafen psychologische Vorteile im Wettbewerb und wurden 1964 (6) bzw. im laufenden Jahr abgeschlossen (5). Ein psychologischer Vorteil ist, grob definiert, „eine Bedingung, in der ein Individuum die Wahrscheinlichkeit, einen Wettkampf zu gewinnen, dadurch erhöht, daß es selbst oder sein Gegner eine gewisse Einstellung, einen Bezugsrahmen, eine Strategie etc. erwirbt oder einnimmt". In diesen Untersuchungen ergab sich, daß Situationen so manipuliert werden konnten, daß spezifische Spieler in einem Wettspiel dazu gebracht wurden, schlechtere Entscheidungen zu treffen. Spielsituationen konnten so manipuliert werden, daß sie einen psychologischen Vorteil für bestimmte Spieler ergaben. Der von uns ermittelte auffällige Vorteil war der, daß der Gegner selbst Entscheidungen traf, die dümmer oder einfältiger waren. Auch hier wurde die Qualität der Entscheidungen teilweise durch die Umstände bestimmt.

In diesen Fällen schlagen die Spieler sich tatsächlich selbst. Der Sieg ging schließlich an jene, die einen klaren Kopf behielten. Diese Daten scheinen eine Gruppenanpassungstheorie der Gruppenleistung zu bestätigen. Eines der Dinge, die ein Führer machen kann, ist die Veränderung der Situation derart, daß er seinen Mannschaftskameraden starke psychologische Unterstützung gibt, damit sie in der Hitze des Gefechts zu besseren und selbstbewußteren Entscheidungen gelangen.

Wir möchten hier nicht behaupten, daß Intelligenz oder Merkmale, die für einen guten Führer erforderlich sein mögen, illusorisch, irrelevant und nicht existent wären. Das Leitmotiv dieses Beitrages ist vielmehr, daß es leichter ist, Situationen als Menschen zu ändern. Jeder Trainer in der Welt möchte starke, schnelle, intelligente Athleten in seiner Mannschaft haben. Man braucht kein Sozialwissenschaftler zu sein, um zu wissen, daß eine Mannschaft erfolgreicher sein kann, wenn die Mitglieder mehr Talent haben. Die Frage ist, welches sind die Bedingungen für den Einfluß auf den Erfolg einer Mannschaft mit einem bestimmten Qualifikationsniveau? Wir haben die Hypothese aufgestellt, daß es durch Manipulation der Situation möglich ist, den Führer erfolgreicher zu machen und die Spieler zu intelligenterem Spiel zu veranlassen. Wir müssen bekennen, daß das wie der Traum eines Trainers aussieht: bessere Führer und klügere Spieler ohne zusätzliche Kosten.

Literaturhinweise

(1) *Bishop, Doyle*, The Effects of Intergroup Competition in Quasi — T Leaders on the Adjustment of Small Relations Between Task and Interpersonal Success Group Member Adjustment. Tech. Report 18, Cont DA 49—193—MD—2060, Group Effectiveness Research Laboratory, Urbana, Illinois, 1964.

(2) *Fiedler, F. E.*, A Contingency Model of Leadership Effectiveness, in: *L. Berkowitz*, Hrsg., Advances in Experimental Social Psychology, New York 1964.

(3) *Fiedler, F. E.*, Leader Attitudes, Group Climate and Group Creativity, in: Journal of Abnormal and Social Psychology, 1962, Bd. 65, S. 308—318.

(4) *Fiedler F. E., Hartmann, W.,* und *Rudin, S. A.*, The Relationship of Interpersonal Perception to Effectiveness in Basketball Teams, in: *F. E. Fiedler*, Hrsg., Leaders and Group Effectiveness, Urbana, Illinois, 1958.

(5) *Myers, A. E.*, Performance Factors Contributing to the Acquisition of a Psychological Advantage in Competition, in: Human Relations, 1966, im Druck.

(6) *Myers, A. E.*, Psychological Advantages in Gambling, Educational Testing Service Research Bulletin, 1964, S. 54—63.

(7) *Myers, A. E.*, An Experimental Analysis of a Tactical Blunder, in: Journal of Abnormal and Social Psychology, 1964, Bd. 69, S. 493—498.

(8) *Myers, A. E.*, Team Competition, Success and the Adjustment of Group Members, in: Journal of Abnormal and Social Psychology, 1962, Bd. 65, S. 325—332.

Aus dem Amerikanischen übersetzt von *Günther Lüschen*

II. Teil: Zu Theorie und Forschung kleiner Gruppen im Sport

DIE SOZIALE STRUKTUR VON SPORTGRUPPEN

Von Walter E. Schafer [1]

I. Einleitung

Für die Soziologie und Sozialpsychologie bleibt Sport ein relativ unerforschtes und nicht erfaßtes Gebiet. Im Hinblick auf den großen Aufwand an Zeit, Energie und anderen Mitteln, der dem Sport und den weit verbreiteten Freizeit- und Sportgruppen in den meisten modernen Gesellschaften gewidmet wird, ist das eine bemerkenswerte Lücke in unserem Wissen von sozialer Ordnung. Ferner bedeutet es ein Versäumnis der Sozialwissenschaftler, die Gelegenheit zu vertun, leicht verfügbare „natürliche" Gruppen für die Erforschung von umfassenderen theoretischen Problemen zu nutzen. Vielleicht kommt diese Vernachlässigung daher, daß viele Wissenschaftler Sport für trivial und unwichtig halten.

Verschiedene Ansätze könnten bei der Analyse des Sports verfolgt werden. Erstens könnte Sport von einer interkulturellen oder gesamtgesellschaftlichen Perspektive aus untersucht werden: Welches sind einige der Funktionen von Berufs- und Amateursportlern in verschiedenen Gesellschaftstypen? Wie stehen Veränderungen der Bevölkerung im Hinblick auf passive und aktive Teilnahme am Sport in Zusammenhang mit Veränderungen auf den Gebieten von Arbeit und Freizeit?

Zweitens könnten viele Sportgruppen als ein Typ komplexer oder formaler Organisationen untersucht werden: Welche internen Anpassungen ergaben sich z. B. in der „United Track and Field Federation" und der „American Amateur Athletic Union" aus dem Konflikt zwischen diesen Sportorganisationen? Welches sind die vergleichbaren Verwaltungsstrukturen des Berufsbaseball und Berufshockey in den Vereinigten Staaten?

Drittens könnten Sportgruppen als Untergruppen größerer Organisationen untersucht werden: Welche Wirkungen haben verschiedene Arten von Sportgruppen auf die Integration oder Solidarität eines Bezirks, einer Gemeinde oder einer Schule? Welche Wirkungen hat die Teilnahme an interschulischen Sportveranstaltungen auf die übrigen Rollen, die ein Schüler noch in der Schule zu spielen hat.

Viertens könnte ein sozialpsychologischer Ansatz verfolgt werden: Rekrutieren verschiedene Sportarten verschiedene Typen von Individuen? Welchen Einfluß haben verschiedene Kombinationen individueller Merkmale auf die Gruppenleistung?

Fünftens könnte man der Sportgruppe als Kleingruppe Beachtung schenken. Der vorliegende Aufsatz diskutiert ausgewählte Aspekte dieses letzten Ansatzes.

Dieser Beitrag hat vier Ziele: 1. die Aufmerksamkeit der Soziologen und Sozialpsychologen auf einige der Vorteile zu lenken, die sich bei der Heranziehung von Sportgruppen in der Kleingruppenforschung ergeben; 2. diese Gruppen in einen soziologischen Bezugsrahmen zu stellen, das heißt, ihre bedeutsamen strukturellen Merkmale zu identifizieren; 3. bestimmte strukturelle Abweichungen zwischen Typen von Sportgruppen herauszuarbeiten; 4. Aufgaben für die Forschung anzuregen. In dem zur Verfügung stehenden Raum ist es nicht möglich, Fragen oder Probleme so intensiv zu behandeln, wie wir es gerne möchten; im Hinblick aber auf die geringe Beachtung, die den Sportgruppen in der Vergangenheit geschenkt wurde, glaube ich, daß jetzt ein erster Überblick gegeben werden muß.

II. Eine Definition der Sportgruppen

Es ist zweckmäßig, am Anfang die Einheiten zu bestimmen, auf die wir uns beziehen, wenn wir von Sportgruppen sprechen. Auf der allgemeinsten Ebene besteht eine Sportgruppe aus zwei oder mehr Personen, die einer der Erholung oder dem Spiel dienenden Aktivität nachgehen; es stellt sich aber die Frage, was Erholung ist und was nicht. Strukturell haben alle Baseballmannschaften etwa bestimmte wesentliche Ähnlichkeiten. Man fragt sich aber, ob Baseball für eine Gruppe von Berufssportlern genauso erholsam ist wie für eine Gruppe zehnjähriger Jungen. Da uns vom soziologischen Standpunkt aus Mannschaften beider Arten interessieren, können wir sagen, daß Aktivitäten insoweit erholsam sind, als sie von den Mitgliedern der Gesellschaft, in der sie ausgeführt werden, allgemein in dieser Weise definiert werden.

Ganz offensichtlich fallen unter diese allgemeine Definition sehr verschiedenartige Sportgruppen, da Gruppen, die sich mit so unterschiedlichen, der Erholung dienenden Aktivitäten wie Bergsteigen, Singen von Volksliedern, Schach und Rugby beschäftigen, hierin eingeschlossen wären. Eine engere und für unsere Zwecke brauchbarere Definition grenzt Sport auf die erholsamen Tätigkeiten ein, die Regeln haben und physische Anstrengungen verlangen.

Meine weiteren Bemerkungen möchte ich auf die Gruppen konzentrieren, die in diese engere Definition des Sports fallen. Wenn ich im folgenden von „Sportgruppen" spreche, dann beziehe ich mich nur auf diesen Typ von Sportgruppen.

Obwohl es oft schwierig sein mag festzustellen, wann Regeln vorhanden sind und wann Aktivitäten physischer Natur sind, gibt es doch viele Gruppen, die eindeutig in den Definitionsbereich fallen, z. B. solche im „football", Fußball, Rugby, Baseball, Volleyball, Leichtathletik, Wasserball, Eishockey, Golf, Fechten, „squash", Handball, Kricket, Basketball, Gymnastik, Rudern und Ringen. Kartenspielklubs und Musikvereine sind z. B. Gruppen, die im allgemeinen entweder keine physischen Anstrengungen erfordern oder keine Regeln haben. Wenn wir Gruppen, die der umfassenden, aber nicht der engen Definition genügen, von der weiteren Erörterung ausschließen, so heißt das natürlich nicht, daß diese Gruppen nicht in theoretisch sinnvoller Weise erforscht werden könnten oder sollten. Tatsächlich könnte für bestimmte Zwecke eine sehr wichtige unabhängige Variable sein, ob Regeln bestehen oder nicht.

Eine einleitende Bemerkung sollte auch noch dem Konzept „Gruppe" gelten. Unter Gruppe verstehe ich zwei oder mehr Individuen, die miteinander interagieren und die etwas gemeinsam haben, wie z. B. einen Mannschaftsnamen[2]. Dies schließt gegnerische Mannschaften bei einem Sportwettkampf aus, es sei denn, sie sind beide Untereinheiten, die einer größeren gemeinsamen Sportgruppe angehören. Natürlich kann eine Sportgruppe ohne „formelle" Interaktion oder Interaktion, die von der Aktivität selbst erfordert wird, bestehen, wie z. B. eine Skimannschaft, deren Mitglieder unabhängig am Wettkampf teilnehmen. In diesem Falle muß es informelle Interaktionen geben, damit von einer Sportgruppe gesprochen werden kann.

III. Die soziale Struktur von Sportgruppen

Es gibt eine ganze Anzahl von Komponenten oder Elementen der Sozialstruktur von Sportgruppen. Im folgenden Abschnitt werden die wichtigsten aufgezählt und erläutert. Es werden Unterschiede zwischen den Sportgruppen angedeutet und mehrere spezifische Forschungsprobleme aufgezeigt.

1. Sozial Handelnde. Auf den ersten Blick besteht eine Sportgruppe aus Individuen. Doch das ist nur teilweise richtig. Die Sportgruppe besteht wie andere Gruppen aus Individuen in ihrer Eigenschaft als Gruppenmitglieder, das heißt, sie besteht aus sozial Handelnden[3]. Mehrere Persönlichkeitsmerkmale sind im Hinblick auf die Gruppenmitgliedschaft bedeutsam, z. B. Orientierungen, Fertigkeiten und Verhalten. Die *Orientierungen* des Mitglieds determinieren sein Verhalten und beeinflussen dadurch Gruppenstruktur und -leistungen. In diesem Zusammenhang sind die Motivation in bezug auf das Gruppenziel, die Einstellungen anderen Mitgliedern gegenüber und die Akzeptierung von Gruppennormen besonders wichtig. Die *Fertigkeiten* des Mitglieds bei der

Ausführung der technischen Aspekte der Aktivität haben Einfluß auf seine Stellung in der Gruppe wie auch auf die Gruppenleistung. Das *Verhalten* in der Gruppe ist in bezug auf die Gruppe der wichtigste Teilaspekt des Gesamtverhaltens der Personen — entweder in ihrer Beziehung zu anderen Gruppenmitgliedern oder im Hinblick auf zielgerichtete Aufgaben.

Natürlich gehören Sportgruppenmitglieder ebensogut anderen Gruppen an und haben von daher andere Orientierungen und Loyalitäten, die mit den Forderungen der Sportgruppen übereinstimmen können oder auch nicht[4]. Positionen und Leistungen der Mitglieder wie auch Gruppenleistung und -struktur können auf verschiedene Weise durch diese Mitgliedschaft in Fremdgruppen beeinflußt werden.

2. *Soziale Rollen.* Sportgruppen bestehen aus sozialen Rollen. Ich gebrauche Rollen in einem eher verhaltensrelevanten als kulturellen Sinn, das heißt, ich verstehe darunter den Komplex von Handlungen, der wiederholt von einzelnen sozial Handelnden oder deren Vertretern ausgeführt wird, die sich in einzelnen Positionen in einem Netz von Beziehungen und Handlungen befinden[5]. Beispielsweise gibt es beim Basketball eine besondere Position (Rolle) — den sogenannten „guard" —, die aus einem Bündel von Handlungen besteht, nämlich den Ball nach vorne zu bringen, das Spiel anzukurbeln, schnelle Durchbrüche der gegnerischen Mannschaft abzufangen und den „guard" der Gegenpartei zu stören[6].

Den sozialen Positionen entsprechen im Verhalten die sozialen Rollen. Sie sind Erwartungskomplexe, die rollengemäßes Verhalten für die sozial Handelnden definieren[7]. Rollen können mehr oder weniger mit den Erwartungen übereinstimmen. Sie basieren, wie ich zeigen werde, auf den Spielregeln, dem Spielplan und den informellen Normen. Rollen können Beziehungen mit anderen Handelnden in derselben Gruppe einschließen, wie zum Beispiel einen Paß geben oder annehmen und unabhängige Handlungen, wie den Ball oder Puck führen oder schießen.

Es läßt sich eine Unterscheidung zwischen formellen und informellen Rollen machen[8]. Formelle Rollen werden durch die Spielregeln festgelegt, wie zum Beispiel die neun Rollen beim Baseball oder Volleyball. Informelle Rollen entstehen entweder spontan oder werden vom Spielplan vorgeschrieben. Beispiele dafür sind im Basketball Führer im sozialemotionalen und im Aufgabenbereich, Spielmacher, Hauptverteidiger, Punktemacher, der Spieler, der das Tempo angibt, und der „sechste Mann". Eine interessante Frage ist der Einfluß der formellen auf die informellen Rollen eines Spielers in den verschiedensten Situationen.

3. *Arbeitsteilung.* Sportgruppen haben unterschiedliche Formen der Arbeitsteilung. Die Gesamtheit der auszuführenden Aktivität wird aufgegliedert und

einzelnen sozialen Rollen zugewiesen [9]. Die Arbeitsteilung kann je nach Sportart mehr oder weniger komplex sein. Eine Boxmannschaft etwa hat eine relativ einfache Arbeitsteilung. Alle Mitglieder führen die gleiche Aktivität aus; sie unterscheiden sich nur nach Gewichtsklassen. Eine Fußball- oder Baseballmannschaft dagegen hat eine sehr komplexe Arbeitsteilung, bei der viele Rollen durch ihre Aktivität deutlich unterschieden werden. In der Leichtathletik und beim Schwimmsport ist die Arbeitsteilung abhängig von der jeweiligen Situation. Diese Sportarten differieren von vielen anderen darin, daß der gleiche Handelnde verschiedene Rollen einnehmen kann (ein Sportler kann als Hochspringer, Weitspringer und Sprinter antreten) oder verschiedene Handelnde können dieselbe Rolle einnehmen (es können zwei oder mehrere Langstreckenläufer starten).

4. *Vertikale Differenzierung.* Sportgruppen enthalten vertikale Rangordnungen der Handelnden. Es ließe sich jede beliebige Anzahl von Hierarchien aufstellen. Mitglieder könnten beispielsweise nach Fertigkeiten, Bindung an die Gruppe, individueller Leistung, Beitrag zur Gruppenleistung, Einfluß oder Macht über andere Mitglieder, Dauer der Mitgliedschaft, Popularität oder Prestige in den Augen von Mannschaftsmitgliedern oder Außenstehenden in eine Rangordnung gebracht werden.

Man könnte eine Reihe interessanter Fragen zur vertikalen Differenzierung in der Sportgruppe stellen [10]. Was bestimmt den Rang eines Mitglieds in diesen Hierarchien? Was sind die Konsequenzen einzelner vertikaler Standorte? In welcher Beziehung stehen diese Hierarchien zueinander? Welche Konsequenzen haben verschiedene Rangordnungen für die Gruppenleistung?

5. *Gruppenbeziehungen.* In Sportgruppen besteht ein Netz von Beziehungen unter den Mitgliedern [11]. Die Sportgruppe bietet ein ideales Feld für die Erforschung von Beziehungsstrukturen. Wer steht mit wem mehr oder weniger regelmäßig in Beziehung? Wie sind Beziehungen durch Verhaltensmuster festgelegt? Oder wie wiederholen sie sich? Wodurch werden Kommunikationsnetze festgelegt? Welche Auswirkungen haben unterschiedliche Beziehungsnetze auf die Gruppenleistung? Beispielsweise führen im Basketball verschiedene Angriffsmuster wahrscheinlich zu verschiedenen Gruppenergebnissen.

Man kann zwei Beziehungsnetze deutlich unterscheiden. Ein Interaktionsnetz besteht während der sportlichen Aktivität selbst, so wenn eine Basketballmannschaft trainiert oder gegen eine andere Mannschaft spielt. Diesen Komplex von Beziehungen könnte man „formell" nennen. Ein anderes Netz wird sichtbar, wenn Sportler miteinander interagieren, ohne im Augenblick Sport zu treiben, so wenn eine Basketballmannschaft unterwegs zu einem Spiel ist. Dieses System ließe sich als „informell" bezeichnen. In einigen Sportarten, wie zum Beispiel Fechten, Boxen und Ringen sind alle Beziehungen informell, da die Aktivitäten von den Mitgliedern unabhängig ausgeführt werden. Ein interessantes Forschungsproblem ist beispielsweise der Einfluß von „informellen" auf „formelle" Beziehungen und auf die Gruppenleistung. Wenn beispielsweise Untergruppen oder Individuen auf dem Spielfeld oder auf dem Sportplatz miteinander uneins sind, wird es wahrscheinlich zu Cliquenbildungen kommen, die die Mannschaft hindern, als integrierte und koordinierte Einheit zu wirken [12].

Formelle Beziehungen können begrifflich nach dem Ausmaß der Konkurrenz und Kooperation analysiert werden. In einem Gruppentyp gibt es Beziehungen sowohl in bezug auf Konkurrenz als auch auf Kooperation. In der Leichtathletik beispielsweise sind Staffeln eine Form der Kooperation. Wenn Mittel- oder Langstreckenläufer in einem Rennen abwechselnd die Führung übernehmen, kooperieren auch sie. Diese Art der Kooperation ist aber auch Wettkampf, da die Läufer sowohl gegeneinander als auch gegen Mitglieder anderer Mannschaften um den Sieg kämpfen. Beides, Kooperation und Konkurrenz, kann es in anderen Sportarten ebensogut geben wie beim Boxen, Ringen und Fechten.

In einem zweiten Gruppentyp gibt es Konkurrenz aber keine Kooperation. Hier kämpfen die Mitglieder nur gegeneinander und nicht gegen Mitglieder anderer Gruppen. Beispiele dafür sind Tennis und Golf, bei denen der ganze Wettkampf zwischen einzelnen ausgetragen wird.

In einem dritten Gruppentyp finden sich Beziehungen mit Kooperation, aber ohne Wettkampfcharakter. Viele Sportarten verlangen von der Grundstruktur des Spiels her funktionale Interdependenz unter Mitgliedern, da der Sieg über den Gegner von koordinierten, gemeinsamen Anstrengungen abhängt. Als Beispiele seien Fußball, Baseball und Wasserball angeführt. Die Gruppenleistung in dieser Gruppenart verringert sich wahrscheinlich in dem Maße, wie der Konkurrenzcharakter in den internen Beziehungen zunimmt. Wenn beispielsweise zwei Spieler einer Basketballmannschaft bewußt gegeneinander um die Ehre kämpfen, die meisten Punkte zu erzielen, leiden darunter wahrscheinlich die Bemühungen, den Erfolg des Gegners zu verhindern. Das Merkmal eines guten Trainers einer solchen Sportart ist die Fähigkeit, Wettbewerb innerhalb der Gruppe möglichst gering zu halten und andererseits Kooperation und funktionale Koordination zu fördern.

Gleichzeitig jedoch kann Konkurrenz zwischen der „ersten Mannschaft" und der „Reserve" dahingehend wirken, daß beide versuchen, die begrenzte Zahl von Positionen einzunehmen. In der Tat kann sich die Konkurrenz um die aktive Teilnahme als günstig für die Gruppenleistung erweisen. Die Spieler müssen sich laufend bewähren, oder sie werden ersetzt.

In einem vierten Gruppentyp fehlen sowohl Kooperation als auch Konkurrenz, beispielsweise in einem Golfklub, in dem einzelne nur aus solch persönlichen Motiven wie sportlicher Bewegung oder der Möglichkeit, mit Freunden zusammenzukommen, spielen. Die Tätigkeit selbst verlangt weder internationale Orientierung noch zieht sie Konkurrenz unter Mitgliedern nach sich.

6. *Beziehungen nach außen.* Einige Sportarten, wenn auch nicht alle, haben einen Komplex von Beziehungen nach außen mit einzelnen und mit Gruppen in ihrer sozialen Umgebung[13]. Diese Umgebung können eine gegnerische Mannschaft, ein Schiedsrichter oder Ringrichter, Zuschauer und möglicherweise ein Trainer oder Manager sein. Das hängt jeweils davon ab, wie weit man den Rahmen der Sportgruppe ansetzt.

In Sportarten, die keine Konkurrenz kennen oder in denen sie auf die Mitglieder selbst beschränkt ist, gibt es keinen Austausch mit einer Gegenpartei. In anderen Sportarten kann Inter-Gruppen-Konkurrenz zwischen ganzen Gruppen oder einzelnen herrschen; weiterhin kann sie direkt oder indirekt sein. Beim Basketball, Fußball, Wasserball und Volleyball zum Beispiel kombinieren und koordinieren individuelle Sportler ihre Bemühungen, um die Gegenpartei zu besiegen. Mannschaften in Sportarten wie Ringen, Boxen, Fechten oder Kunstspringen treten einzeln den Vertretern der anderen Mannschaft gegenüber. Es gibt weitere Beispiele, in denen beide Arten von Beziehungen vorkommen: Leichtathletik und Schwimmen (mit Einzelstarts und Staffelläufen) und (amer.) Handball, Tennis, „squash" und Eiskunstlauf (mit einzelnen und Paaren).

Einen Unterschied macht es auch, wie persönlich man der anderen Mannschaft gegenübertritt. Einerseits kann ein einzelner oder eine ganze Gruppe versuchen, einen Gegner in persönlichem Wettkampf zu besiegen, wie im Laufen, Schwimmen, Fußball oder Basketball. Andererseits kann eine Mannschaft den Gegnern indirekt entgegentreten, indem irgendein unpersönliches Element im Spiel ist, wie die Länge der Rennstrecke, Zeit, Höhe, Gewicht oder Punktzahl. Erfolg im Kampf mit diesem unpersönlichen Element entscheidet über Sieg oder Niederlage. Auch hier kann es ebensogut Mischtypen geben wie in der Leichtathletik.

Beziehungen nach außen können auch Gruppen- oder Einzelbeziehungen mit einem Schieds- oder Ringrichter umfassen, deren Hauptaufgabe es ist, für die Einhaltung der Spielregeln zu sorgen. Manchmal fehlt jedoch ein „Kontrolleur" wie bei informellen, der Erholung dienenden Wettkämpfen; in diesem Fall müssen die Teilnehmer selbst für die Regelbeachtung sorgen.

In einigen, wenn auch nicht in allen Sportarten, gibt es regelmäßige Zuschauer. Im Zuschauersport herrscht wahrscheinlich ein reziproker Einfluß zwischen Mannschaft und Zuschauer: die guten oder schlechten Leistungen einer Mannschaft wirken auf das Verhalten der zuschauenden Menge, während der Grad an Unterstützung seitens der Zuschauer für den Erfolg einer Mannschaft von Bedeutung sein kann. Ob eine Mannschaft „zu Hause" oder

„auswärts" spielt, ist ein entscheidender Faktor für die Zuschauerunterstützung und für den Erfolg einer Mannschaft, worauf eine große amerikanische Sportzeitung hinwies, während dieser Aufsatz geschrieben wurde. Tabellen zeigten, daß es ein entschiedener Vorteil ist, vor heimischem Publikum zu spielen [14].

Eine interessante Frage ist, ob der Trainer (ebenso wie andere inaktive, aber zur Gruppe gehörende Personen) Teil der Sportgruppe ist oder nicht. Man könnte argumentieren, daß tatsächlich der Trainer die Hauptfigur ist, da er als einziger bleibt, während andere Gruppenmitglieder kommen und gehen. Andererseits ließe sich behaupten, daß Sportgruppen sich nur aus Aktiven zusammensetzen. Es handelt sich hier offensichtlich um eine willkürliche Abgrenzung, obwohl wir bisher den Trainer als außerhalb der Gruppe stehend angesehen haben. Verfolgen wir diesen Gedanken, dann stellen Beziehungen mit dem Trainer einen wichtigen Typ der Beziehungen nach außen dar und wirken auf andere Aspekte der Gruppenstruktur und Leistung.

7. *Gruppenkultur.* Eine Analyse der Struktur von Sportgruppen wäre ohne Bezugnahme auf die den Mitgliedern gemeinsame Kultur wohl kaum vollständig. Diese Kultur umfaßt Normen, gemeinsame Erwartungen, Gruppenziele und gemeinsame Symbole. *a) Normen.* Aktivitäten und Interaktionen in Sportgruppen sind teilweise Ergebnis normativen Zwangs, der auf die Mitglieder ausgeübt wird [15]. In den bisher behandelten Sportgruppen schreibt ein Komplex formeller Normen — Spielregeln, die gewöhnlich schriftlich niedergelegt sind — die Umrisse oder den Rahmen für die Grundstruktur und die grundlegenden Aktivitäten der Gruppe vor. Spielregeln beziehen sich normalerweise auf die räumliche Abgrenzung des Spielfelds und den zeitlichen Ablauf der Disziplinen; die Zahl und allgemeinen Funktionen der Positionen in der Gruppe; erforderliche, von der Regel erlaubte und regelwidrige Beziehungen unter den Mitgliedern, zumindest in Sportarten, die koordinierte Bemühungen verlangen; Beziehungen zwischen gegnerischen Einzelkämpfern oder Mannschaften; die Ausführung der technischen Aspekte der Aktivität, wie Dribbeln beim Basketball oder den richtigen Absprung beim Hochsprung.

Unterschiede in der Gruppenstruktur einzelner Sportarten lassen sich zum großen Teil auf unterschiedliche Spielregeln zurückführen. Strukturelle Unterschiede bei Mannschaften der gleichen Sportart können aus unterschiedlichen Spielplänen und/oder informellen Normen resultieren. Gruppen, die gegen eine andere Gruppe antreten, haben im allgemeinen schon vor dem Kampf einen, wenn auch flexiblen „Angriffsplan", der festlegt, wie Mannschaft und Spielzüge organisiert und aufeinander abgestimmt werden sollen. Der typische Basketballspielplan bestimmt die Taktik der Offensive, besonders offensive Spielzüge und die Art der Defensive. Individuell strukturierte Sportarten haben im allgemeinen auch Spielpläne, z. B. hat eine Leichtathletikmannschaft gewöhnlich vor der Begegnung einen Plan, der die Sportler den Disziplinen zuweist und der Strategien für die einzelnen Läufer enthält.

Schließlich entstehen wahrscheinlich spontan informelle Normen und ergänzen Spielregeln und Spielplan und wirken so auf Umstände und Interaktionen ein. Einige Normen schreiben das Verhalten für alle Gruppenmitglieder vor, während andere nur das Verhalten einzelner Mitglieder festlegen. So kann man eine Unterscheidung zwischen allgemeinen und rollenspezifischen Normen machen. Vorher bezogen wir uns auf komplexe und rollenspezifische Normen bezüglich sozialer Positionen.

Jedem Normenkomplex entspricht ein erster „Kontrolleur". Der Ringrichter oder Schiedsrichter ist der Hauptverantwortliche für die Regeleinhaltung. Der Trainer oder Manager ist der Hauptverantwortliche für den Spielplan, und andere Gruppenmitglieder sind die Hauptträger der informellen Normen.

b) Gemeinsame Erwartungen. Im folgenden werde ich nur kurz auf die restlichen drei Komponenten der Gruppenkultur hinweisen, deren erste die gemeinsamen Erwartungen sind. Hiermit meine ich nicht Normen, die vorschreiben, wie sich Individuen verhalten sollten, sondern gemeinsame Erwartungen darüber, wie sie sich tatsächlich verhalten werden. Koordinierung von Einzelleistungen hängt teilweise von der Entwicklung solch gemeinsamer Erwartungen ab. Die Entwicklung derartiger Erwartungen steht wahrscheinlich in Zusammenhang mit der Dauer der Zugehörigkeit zur Gruppe und dem Umfang früherer Interaktionen. Einer der Hauptgründe für die Steigerung einer Mannschaft in einer Saison ist die Entwicklung dieser gegenseitigen Kenntnis des Verhaltens der anderen, oder mit anderen Worten der genauen Übernahme der Rollen.

c) Gruppenziele. Aktivitäten in Sportgruppen erhalten ihre Richtung aus gemeinsamen Zielen [16]. Diese Ziele können von der Freude, in physisch guter Verfassung zu sein, bis zur Erholung von Arbeitsanspannungen und bis zum Besiegen des Gegners reichen. Eine wichtige Spannungsquelle in diesen Gruppen ist der Konflikt zwischen den Zielen, einerseits zu gewinnen und andererseits nur zu trainieren oder mit anderen Sportlern zusammen zu sein. Eine interessante Frage für die Forschung ist es herauszufinden, welche Bedingungen die größte Motivation für den Sieg schaffen oder mit anderen Worten, was individuelle Motivation und Gruppenziele am besten vereinigt.

d) Gemeinsame Symbole. Die Leistungsfähigkeit von Gruppen hängt von einer Anzahl gemeinsamer Symbole ab, von denen einige von der Gesamtgesellschaft bereitgestellt werden, andere eine Besonderheit des Sports und wieder andere nur für die Einzelgruppe spezifisch sind [17]. Ein wichtiger Teil der Sozialisierung neuer Mitglieder besteht im Lernen dieser Symbole. Zugleich hängt der Mannschaftserfolg zum Teil davon ab, bestimmte Symbole vor der Gegenpartei geheimzuhalten.

IV. Die Sportgruppe als Mittel der Kleingruppenforschung

Ich möchte mit dem Hinweis auf vier besondere Vorteile schließen, die Sportgruppen als Mittel der Kleingruppenforschung bieten.

Erstens ist die Sportgruppe eher eine „natürliche" als künstliche oder Laboratoriumsgruppe. Sportgruppen bieten durch die Forschung in natürlicher Umgebung eine wertvolle Möglichkeit zu überprüfen, wie weit vorhandene Ergebnisse nicht nur künstliche Ergebnisse des Kleingruppenlaboratoriums sind. Als „natürliche" Gruppe hat die Sportgruppe auch eine Entwicklungsgeschichte. Ausgedehnte Forschung über die Entstehungsprozesse einer Sportgruppe wie Rollendifferenzierung, der phasenweise Aufbau der Gruppe, Entwicklung von Kohäsion und Koordination und Änderungen in der normativen Struktur, ist nur schwer oder ganz unmöglich im Laboratorium, in dieser Umwelt aber sehr gut durchführbar. Nebenbei bemerkt ist eine wichtige Variable in der Geschichte der Sportgruppe der Zeitaspekt: Einige gibt es nur während eines einzigen Wettkampfes, während andere von Dauer sind. Als „natürliche" Gruppen haben die meisten Sportgruppen auch eine soziale Umgebung nach außen hin, deren Wirkungen beobachtbar sind. Dies gilt gewöhnlich nicht für künstliche Gruppen.

Zweitens wird eine Anzahl störender Variablen automatisch konstant gehalten, wenn man Forschung innerhalb einer einzelnen Sportart betreibt. Dazu gehören Größe, Grundregeln und Rollenstruktur.

Drittens gibt es wahrscheinlich keine bessere Möglichkeit, Natur und Wirkungen einer bestimmten Art von Konflikt zwischen Gruppen zu beobachten, nämlich eines „Zu-null-Spiels". In aller Kürze kann ich nur einige der vielen Probleme, die untersucht werden könnten, erwähnen: Welches sind die entscheidenden Faktoren für unterschiedliche Intensitätsgrade in einem Konflikt zwischen Gruppen? Wie wirken sich verschiedene Arten und Grade der Heftigkeit eines Konflikts auf Gruppenkohäsion, funktionale Koordination und Führung aus? In wieweit gleicht der Konflikt zwischen Sportgruppen dem Konflikt zwischen anderen Gruppen?

Viertens sind Siege im Sport ein klarer und meßbarer Indikator für Leistung. Sie sind daher ein günstiges Mittel, um die Wirkungen von Variablen wie Mitgliedschaftszusammensetzung, Kohäsion, informelle Normen, Führung und soziale Umgebung auf die Erreichung der Gruppenziele zu erforschen.

Anmerkungen

[1] Ich möchte verschiedenen Personen danken, die direkt oder indirekt zu diesem Aufsatz beigetragen haben. Mein früherer Lehrer, *Albert J. Reiss jun.*, trug viel zu meinem Interesse an der Soziologie des Sports bei. Diskussionen mit meinen Kollegen *J. Michael Armer, Jay M. Jackson, John MacGregor* und *Richard Rehberg* halfen mir bei der Ausarbeitung von Ideen, die in diesem Aufsatz enthalten sind. Mein besonderer Dank gilt Herrn Professor *Jackson* für eine gedankenreiche Kritik an einem früheren Entwurf dieses Aufsatzes.
[2] Dieselbe Definition wird von *James W. Vander Zanden* in seinem Buch: Sociology. A Systematic Approach, New York 1965, S. 219, vorgeschlagen.
[3] Für die Erörterung des amerikanischen Fußballspielers als eines sozial Handelnden siehe *Harry M. Johnson*, Sociology. A. Systematic Introduction, New York 1960, S. 5.
[4] Ebda., S. 5.
[5] *Vander Zanden*, a. a. O., S. 195.
[6] Eine kurze Analyse der Rollen im Basketball bieten *Robert W. O'Brien, Clarence C. Schrag* und *Walter T. Martin*, Hrsg., Readings in General Sociology, 3. Aufl., Boston 1964, S. 1.
[7] *Vander Zanden*, a. a. O., S. 86.
[8] Diese Definitionen entsprechen den gebräuchlicheren Konzepten formelle und informelle Struktur. Siehe *Leonard Broom* und *Philip Selznick*, Sociology, New York 1963, S. 220—229.
[9] *Theodore M. Newcomb, Ralph H. Turner* und *Philip E. Converse*, Social Psychology. The Study of Human Interaction, New York 1965, S. 364.
[10] Für eine Erörterung von Rangordnungen in Gruppen siehe *Dorwin Cartwright* und *Alvin Zander*, Group Dynamics, 2. Aufl., Evanston, Illinois, 1960, S. 651.
[11] *Newcomb, Turner* und *Converse*, a. a. O., Kapitel 10.
[12] Für eine allgemeine Erörterung dieses Punktes siehe *Lewis A. Coser*, The Functions of Social Conflict, Glencoe, Illinois, 1956, S. 87—104.
[13] Für eine Diskussion des „äußeren Systems" von Gruppen siehe *George C. Homans*, The Human Group, New York 1950, Kapitel 4 und 5.
[14] *Frank Deford*, Misery on the Road, in: Sports Illustrated, 28. Februar 1966, S. 18—21.
[15] Unter Normen verstehe ich gemeinsame formelle oder informelle Regeln, die angemessenes oder nichtangemessenes Verhalten festlegen. Siehe *Vander Zanden*, a. a. O., S. 39.
[16] Für eine neuere Erörterung von Gruppenzielen siehe *Newcomb, Turner* und *Converse*, a. a. O., Kapitel 15.
[17] *Vander Zanden*, a. a. O., S. 75.

Aus dem Amerikanischen übersetzt von *Walter Dörken*

ZUR DYNAMIK VON SPORTGRUPPEN
Unter besonderer Berücksichtigung von Fußballgruppen

Von Norbert Elias und Eric Dunning

In der Entwicklung einer Wissenschaft oder eines ihrer Teilgebiete kommt es häufig vor, daß die Begrenztheit eines Theorietyps, der die Richtung der Forschung eine Zeitlang bestimmt hat, offenbar wird. Es zeigt sich, daß eine Reihe bedeutsamer Probleme mit Hilfe dieses Theorietyps weder klar formuliert noch gelöst werden kann. Die Wissenschaftler, die auf diesem Gebiet arbeiten, suchen dann nach einem weiteren theoretischen Bezugsrahmen oder vielleicht nach einem ganz anderen Theorietyp, mit dem sie Probleme in den Griff bekommen können, die mit dem vorhandenen Theorietyp nicht erfaßt werden können.

Die sogenannte Kleingruppentheorie[1] in der gegenwärtigen Soziologie scheint sich auf dieser Entwicklungsstufe zu befinden. Es ist ziemlich offensichtlich, daß eine ganze Reihe von Problemen kleiner Gruppen mit der Kleingruppentheorie in ihrer augenblicklichen Form nicht erfaßt werden kann, ganz zu schweigen von ihren Grenzen als Modell-Theorie zur Erforschung größerer sozialer Einheiten. Auf jeden Fall erwies sie sich als nicht sehr brauchbar, als wir versuchten, Probleme kleiner Gruppen zu untersuchen, die Sport, wie zum Beispiel Fußball, betreiben. Die Kleingruppentheorie ließ uns im Stich, als wir Sportgruppen *in vivo* untersuchten.

Wir begannen deshalb — in Verbindung mit einer größeren Forschung über die langfristige Entwicklung des Fußballs — einige der theoretischen Aspekte der Dynamik von Gruppen, die sich mit Spielen dieser Art befaßten, zu untersuchen.

Wir glaubten, daß Sportspiele im allgemeinen und Fußball im besonderen ein nützlicher Ausgangspunkt sein könnte, um Modelle der Kleingruppendynamik zu konstruieren, die sich etwas von den Modellen der heutigen Kleingruppentheorie unterscheiden. Einige Aspekte eines solchen Modells werden im folgenden dargestellt. Obwohl das Modell vorwiegend auf Grund der Analyse von Fußballgruppen konstruiert ist, sind doch die Begriffe, die sich aus unserer Analyse ergeben, auch darüber hinaus brauchbar. Wir sind fast sicher, daß sie nicht nur auf den Fußball, sondern auch auf andere Gruppenspiele anwendbar sind.

Bei der Untersuchung von Fußball und anderen Sportspielen begegnet man von Anfang an bestimmten semantischen Schwierigkeiten. Man spricht oft von einem Fußballspiel, als ob es etwas sei, das außerhalb und getrennt von der

Gruppe der Spieler existiere. Es ist nicht ganz unrichtig, wenn man sagt, daß dasselbe Spiel — etwa ein Fußballspiel — von vielen verschiedenen Gruppen gespielt werden kann. Gleichzeitig ist jedes individuelle Spiel eine Gruppenkonstellation. Um ein Spiel spielen zu können, gruppieren sich die Spieler in bestimmter Weise. Beim Fortgang des Spiels gruppieren sie sich fortlaufend neu, ähnlich wie Tänzer sich während eines Tanzes fortlaufend neu formieren. Die Konfiguration der Spieler bei Beginn des Spiels wechselt zu anderen Konfigurationen von Spielern in einer fortlaufenden Bewegung. Auf diese fortlaufende Bewegung der Spielerkonfiguration beziehen wir uns, wenn wir den Begriff „Spielmuster" verwenden. Dieser Begriff kann irreführend sein, wenn man darüber vergißt, was man bei der Beobachtung eines Spiels tatsächlich sieht: Man beobachtet kleine Gruppen von Individuen, die ihre Beziehungen zueinander bei fortlaufender gegenseitiger Abhängigkeit voneinander ändern.

Die Dynamik dieser fortlaufenden Umgruppierungen von Spielern im Verlaufe eines Spiels ist in gewisser Hinsicht fixiert und in anderer Hinsicht elastisch und variabel. Sie ist fixiert, weil ohne Konsens der Spieler über die Anerkennung eines einheitlichen Satzes von Regeln das Spiel kein Spiel wäre, sondern jeder würde isolierte Tätigkeiten ausführen. Sie ist elastisch und variabel, da sonst ein Spiel genau dem anderen gleichen würde. In diesem Falle würde ebenfalls sein spezifischer Charakter als Spiel verlorengehen. Damit nun Gruppenbeziehungen den Charakter eines Spiels haben können, muß ein ganz bestimmtes Gleichgewicht der Fixiertheit und Elastizität von Regeln vorliegen. Von diesem Gleichgewicht hängt die Dynamik des Spiels ab. Wenn die Beziehungen zwischen den Spielern zu straff oder zu lose an Regeln gebunden sind, wird das Spiel darunter leiden.

Betrachten wir die Konfiguration der Spieler bei Beginn eines Fußballspiels. Es wird reguliert durch bestimmte Regeln. So lautet eine der 1897er Regeln, nämlich die über die Anstoßkonfiguration, die im wesentlichen noch gültig ist, so: „Das Spiel soll mit einem Anstoß von der *Mitte des Spielfeldes* in Richtung auf das Tor des Gegners begonnen werden; die Gegner sollen sich dem Ball nicht mehr als 10 Yards nähern, bevor der Anstoß erfolgt ist, und kein Spieler einer Partei soll die Mitte des Spielfeldes in Richtung des Tors seines Gegners überschreiten, bevor der Anstoß erfolgt ist [2]." Man kann leicht sehen, wieviel Bewegungsfreiheit diese Regel den beiden Parteien läßt, wie elastisch sie ist. Im Rahmen der Anstoßregeln können sich Spieler in einer „W-Form" (2-3-5) oder in Form eines „horizontalen H" (4-2-4) gruppieren. Die angegriffene Partei kann sich sogar, wenn sie will, vor ihrem eigenen Tor sammeln, obwohl das praktisch selten geschieht. Wie sich die Spieler tatsächlich beim Anstoß aufstellen, wird bedingt durch formelle Regeln wie auch durch Konvention, durch ihre Erfahrung bei vorangegangenen Spielen und oft durch ihre eigenen strategischen Pläne, die mit ihren Erwartungen bezüglich der beabsichtigten Strategie ihrer Gegner zusammenhängen. Inwieweit dieses eigentümliche Merkmal, diese Mischung von Festigkeit und Elastizität bei der Regulierung menschlicher Beziehungen in anderen sozialen Bereichen vorliegt, ist eine Frage, der mehr Aufmerksamkeit zugewendet werden sollte, als dies bisher geschah.

Von der ersten Position aus entwickelt sich eine bewegliche Konfiguration, die durch beide Parteien gebildet wird. Innerhalb dieser Konfiguration sind und bleiben alle Individuen fortlaufend mehr oder weniger voneinander abhängig; sie bewegen sich und gruppieren sich neu in steter Reaktion aufeinander. Dies mag erklären helfen, warum wir diesen Typ des Spiels als eine spezifische Form der Gruppendynamik bezeichnen. Denn dieses Bewegen und Neugruppieren gegenseitig voneinander abhängiger Spieler in steter Reaktion aufeinander *ist* das Spiel.

Es mag nicht sofort klar sein, daß wir uns bei der Verwendung des Wortes „Gruppendynamik" in diesem Zusammenhang nicht auf die wechselnden Konfigurationen jeder der beiden Spielergruppen beziehen, als ob sie getrennt voneinander betrachtet werden könnten, als ob jede ihre eigene Dynamik hätte. Das ist nicht der Fall. In einem Fußballspiel ist die Konfiguration der Spieler der einen Partei und die der anderen voneinander abhängig und nicht voneinander zu trennen. Sie bilden in der Tat eine einzige Konfiguration. Wenn man von einem Sportspiel als einer spezifischen Form von Gruppendynamik spricht, bezieht man sich auf den Wandel in der Konfiguration der Spieler beider Parteien insgesamt. Wenige Aspekte der Gruppendynamik von Fußballgruppen zeigen so klar wie diese die Bedeutung von Sportspielen als Modelle für die Dynamik von Gruppen in vielen anderen Bereichen.

Ein fundamentales Merkmal nicht nur von Fußball, sondern von praktisch allen Sportspielen ist, daß sie ein Typ von Gruppendynamik sind, der durch kontrollierte Spannungen zwischen wenigstens zwei Subgruppen entsteht. Aus diesem Grunde allein ist die traditionelle soziologische Kleingruppentheorie nicht sehr hilfreich bei der Erforschung der Probleme, mit denen wir uns hier befassen. Diese Probleme erfordern spezifische Begriffe, die sich von denen, die bisher bei der soziologischen Untersuchung kleiner Gruppen benutzt werden, unterscheiden und vielleicht ein wenig komplexer als diejenigen sind, die im allgemeinen bei Diskussionen über Sportspiele benutzt werden. Nach dem augenblicklichen Sprachgebrauch könnte man sich damit zufriedengeben zu sagen, daß ein Fußballspiel von zwei verschiedenen Gruppen gespielt wird. Dies ist eine dieser sprachlichen Konventionen, die Leute dazu verleiten, so zu denken und zu sprechen, als ob das Spiel etwas wäre, das getrennt von den Individuen besteht, die am Spiel beteiligt sind. Wenn man betont, daß das Spiel nichts ist als die wechselnde Konfiguration der Spieler selbst um einen sich bewegenden Ball, hebt man gleichzeitig hervor, daß es nicht die wechselnde Konfiguration jedes der beiden Teams getrennt ist, sondern der Spieler *beider* Teams in ihrem Kampf miteinander. Viele Leute, die ein Fußballspiel beobachten, mögen wissen, daß es genau das ist, dem sie zu folgen versuchen — nicht nur dem einen Team oder dem anderen, sondern der sich fortlaufend verändernden Konfiguration, die durch beide gebildet wird. Dies *ist* die Konfiguration des Spiels — die Dynamik einer Gruppe in Spannung.

Dieses Modell der Gruppendynamik als solches hat theoretische Implikationen, die über die Untersuchung von Kleingruppen hinausgehen. Es mag hilfreich sein für die Untersuchung solcher verschiedenen Probleme, wie zum Beispiel Spannungen in der Ehe oder Spannungen zwischen Gewerkschaft und Management. Dort sind genauso wie bei Sportgruppen Spannungen nicht etwas Fremdes, sondern gehören wesentlich zur Konfiguration selbst; auch dort werden sie in gewissem Grade kontrolliert. Wie und in welchem Ausmaß sie kontrolliert werden und wie es dazu kam, daß sie kontrolliert wurden, ist ein Problem, das noch untersucht werden muß. Zwischenstaatliche Beziehungen sind ein anderes Beispiel für eine Konfiguration mit inhärenten Spannungen. Aber in diesem Falle wurde wirksame und dauernde Spannungskontrolle noch nicht erreicht und kann, wie es scheint, beim gegenwärtigen Stand der sozialen Entwicklung und des soziologischen Verständnisses von Gruppen in Spannung noch nicht erreicht werden. Zu den Faktoren, die es verhindern, daß eine bessere Kontrolle erreicht wird, gehört sicherlich die weitverbreitete Unfähigkeit, zwei Staaten in Spannung oder ein mehrpoliges Staatensystem als eine einzige Konfiguration wahrzunehmen und zu erforschen. Man befaßt sich gewöhnlich mit einem solchen System als engagierter Akteur einer Partei und kann sich deshalb die grundlegende Dynamik der Konfiguration nicht ganz vorstellen, die die verschiedenen Parteien miteinander bilden und die die Bewegungen jeder Partei bestimmt. Die Untersuchung von Sportspielen wie Fußball kann so als eine relativ einfache Einführung in einen konfigurationssoziologischen Ansatz zur Untersuchung von Spannungen und Konflikten betrachtet werden — in einen Ansatz, in dem die Aufmerksamkeit nicht auf die Dynamik der einen oder der anderen Partei, sondern auf die Dynamik beider gleichzeitig als einer einzigen Konfiguration, die sich im Spannungszustand befindet, gerichtet ist.

Heute scheint das soziologische Denken über Probleme dieser Art häufig um zwei Alternativen zu kreisen: Probleme der Gruppenspannung stehen auf der einen Seite, Probleme der Gruppenkooperation und -harmonie auf der anderen. Gruppenspannungen scheinen ein Phänomen zu sein, Gruppenkooperation und -harmonie ein anderes. Weil man verschiedene Wörter hat, scheint es fast, als ob die Phänomene selbst verschieden und unabhängig voneinander wären. Eine Analyse von Sportspielen zeigt, daß dieser Ansatz inadäquat ist. Die Gruppendynamik eines Spiels setzt Spannung und Kooperation auf verschiedenen Ebenen zur gleichen Zeit voraus. Keine würde ohne die andere sein, was sie ist.

Die traditionelle Kleingruppentheorie neigt dazu, die Aufmerksamkeit von Problemen dieser Art abzulenken. Ihre Repräsentanten wählen häufig bei der Untersuchung kleiner Gruppen Probleme aus, bei denen Spannungen überhaupt keine Rolle spielen. Wenn sie bei der Untersuchung Probleme der Spannung auswählen, beschränken sie sich auf die Untersuchung spezifischer Arten individueller Spannung, wie zum Beispiel auf individuellen Wettbewerb. Wenn man ihre Ausführungen liest, hat man oft das Gefühl, daß ihre Diskussionen über Gruppenspannungen und Konflikte Diskussionen über Fragen politischer Philosophie und politischer Ideale sind und nicht über Schlußfolgerungen, die aus streng wissenschaftlichen Untersuchungen abgeleitet wurden. In diesem Falle wie auch in anderen scheint die gegenwärtige Soziologie zeitweise bedroht zu sein von einer Polarisierung solcher, die blind sind für die Rolle von Spannungen in sozialen Gruppen — oder die wenigstens diese Rolle stark vernachlässigen —, und solcher, die die Rolle von Spannungen und Konflikten überbetonen und andere ebenso relevante Aspekte der Gruppendynamik vernachlässigen. *George C. Homans* hat zum Beispiel eine Kleingruppentheorie entwickelt, in der Konflikt und Spannung höchstens eine marginale Rolle spielen. Es ist wahrscheinlich nicht unrichtig zu behaupten, daß diese harmonistische Tendenz verbunden ist mit einem vorgefaßten Wertesystem, einer Art Weltanschauung, die für theoretische Argumente und empirische Beobachtung gleichermaßen bestimmend ist. Es scheint fast, als ob *Homans* eine emotionale Allergie gegen die Diskussion von Spannungen und Konflikten entwickelt hat. So schreibt er: „... wenn wir nur Verhalten behandeln ... (das den Austausch belohnender Aktivitäten betrifft), lenken wir sicherlich den Zorn der Sozialwissenschaftler auf uns, die sich gern sehr robust geben. ‚Vernachlässige nie Konflikt‘, würden sie sagen. ‚Konflikt ist nicht nur ein Tatbestand sozialen Lebens, sondern Konflikt hat positive Eigenschaften und bringt einiges vom besten des Menschen zutage.‘ Es zeigt sich, daß diese Wissenschaftler nicht mehr als der Rest der Menschheit wünschen, Konflikt innerhalb jeder Gruppe von Menschen, für die sie verantwortlich sind, zu ermutigen. Konflikt ist gut für die Untergebenen anderer Leute, nicht für die eigenen. Aber wir müssen wieder auf unser Thema zurückkommen. Es ist allzuleicht zu fordern, daß Menschen tun sollen, was sie sagen. Es macht keinen Spaß, eine Falle aufzustellen, der niemand entkommen kann [3]."

Dies ist, wie man sieht, ein emotional geladenes Argument. Es zeigt, wie sehr *Homans* den Charakter der soziologischen Analyse mißversteht. Einige Autoren, die ihre Aufmerksamkeit auf Probleme des Konflikts richten, mögen das wohl tun, weil sie Konflikt ermutigen wollen, und zwar aus Gründen, die mit der

Untersuchung solcher Probleme nichts zu tun haben. Aber zu behaupten, wie *Homans* das zu tun scheint, daß die Ermutigung von Konflikt der einzige Grund ist, aus dem Soziologen versuchen, das Wesen von Spannungen und Konflikten im sozialen Leben des Menschen zu ermitteln, zeigt ein fundamentales Mißverständnis der Aufgabe soziologischer Analyse. Obwohl *Homans* schreibt: „... niemand kann ableugnen ..., daß Konflikt ein Tatbestand sozialen Lebens ist", findet er es offenbar schwierig, sich einfach mit diesem Tatbestand als solchem zu befassen, nämlich als einem Tatbestand sozialen Lebens unter anderen.

In dieser Beziehung kann die Untersuchung von Sportspielen äußerst hilfreich sein. Ein spezifischer Typ von Spannung spielt eine große Rolle in solchen Spielen. Wenn wir diese untersuchen, kann man Spannungen nicht übersehen, ob man sie mag oder nicht. Es erschien nützlich, den Charakter von Sportspielen wie Fußball als Konfigurationen mit Spannungen eines bestimmten Typs zu definieren, und wir meinen, daß der Ausdruck „Gruppen in kontrollierter Spannung" adäquat ist, um dies auszudrücken.

Beim gegenwärtigen Stand der theoretischen Entwicklung steht man bei diesen Fragen einem Dilemma gegenüber, das in einem etwas anderen Zusammenhang am klarsten von *Ralf Dahrendorf* formuliert wurde. Wir sprachen bereits von der Tendenz, Konflikt und Kooperation als unabhängige Phänomene zu behandeln und verschiedene und getrennte Theorien zu formulieren, eine für Konflikt und eine für Kooperation. *Dahrendorf* begegnete einem ähnlichen Problem bezüglich Integration und Zwang und stellte in diesem Zusammenhang eine bedeutsame Frage: „Gibt es oder kann es einen generellen Standpunkt geben, der zwischen der ungelösten Dialektik von Integration und Zwang eine Synthese herstellt? Soweit ich sehen kann, gibt es kein derartig generelles Modell; bezüglich seiner Möglichkeit möchte ich mich nicht äußern. Es scheint wenigstens denkbar zu sein, daß die Vereinheitlichung der Theorie nicht möglich ist bei einem Problem, das Denkern seit dem Beginn der westlichen Philosophie Rätsel aufgegeben hat[4]."

Dasselbe könnte man sagen im Hinblick auf Spannung und Kooperation. Einige soziologische Theorien beziehen sich auf Probleme von Konflikt und Spannung, ohne denen von Kooperation und Integration große Beachtung zu schenken; andere schenken vor allem Problemen der Kooperation und Integration Beachtung und behandeln Konflikt und Spannung mehr oder weniger als marginale Probleme. Bei näherem Hinsehen entdeckt man leicht den Grund. Beide Vorgehensweisen basieren auf einer Reifikation von Werten: Weil man Konflikt und Kooperation unterschiedlich bewertet, möchte man diese Phänomene behandeln, als ob sie eine getrennte und unabhängige Existenz hätten.

Eine Untersuchung von Sportspielen ist somit ein nützlicher Ausgangspunkt, um diese Probleme anzugehen, der die erhitzten Gemüter beruhigen könnte.

Auf diesem Gebiet ist es leichter, sich dem Streit um Werte, die nicht zur Sache gehören, zu entziehen und sich eng an testbare faktische Evidenz zu halten, wenn man theoretische Hypothesen bildet. Es ist deshalb weniger schwierig, auf einen einheitlichen theoretischen Bezugsrahmen hinzuarbeiten, in dem sowohl Spannung als auch Kooperation ihren Platz als gegenseitig voneinander abhängige Phänomene finden können. Im Fußball setzt Kooperation Spannung voraus und Spannung Kooperation.

Man kann jedoch ihren komplementären Charakter nur dann klar erkennen, wenn man untersucht, wie sich das Spiel zu seiner gegenwärtigen Form entwickelt hat, in der Spannungen und Kooperation durch feste Typen von Kontrolle aufeinander bezogen sind. Die Untersuchung der langfristigen Entwicklung von Fußballgruppen ließ uns in der Tat auf einem begrenzten Gebiet einen Aspekt der Wechselwirkung von Spannung und Spannungskontrolle erkennen, ohne den die Relevanz von Sportspielen als ein theoretisches Modell nicht voll verstanden werden kann. Die Untersuchung zeigte, wie Spannungen, die an einem bestimmten Zeitpunkt unkontrolliert und wahrscheinlich unkontrollierbar waren, allmählich unter Kontrolle gebracht wurden.

Eines der zentralen Merkmale der gegenwärtigen Form des Fußballspiels und vieler anderer Sportspiele ist sicherlich die Art, in der die oft ziemlich starken Gruppenspannungen, die während des Spiels entstehen, unter Kontrolle gehalten werden. Aber dies ist eine ziemlich neue Entwicklung. Früher wurden Spannungen zwischen Spielern, die schon immer charakteristisch für Spiele waren und es noch sind, häufig weit weniger kontrolliert. Diese Wandlung, die Entwicklung einer stark regulierten, relativ gewaltlosen Form der Gruppenspannung von einer früheren Stufe, in der sich die entsprechenden Spannungen viel eher in der einen oder anderen Form von Gewalt äußerten, ist der grundlegende Aspekt der langfristigen Dynamik des Fußballspiels. Diese Wandlung ist repräsentativ — man könnte fast sagen symbolisch — für bestimmte Aspekte der langfristigen Entwicklung europäischer Gesellschaften. Denn in vielen dieser Gesellschaften ist offene Gewalttätigkeit im Laufe der Jahrhunderte zurückgegangen. Man findet dort wie bei der Entwicklung des Fußballs einen — verglichen mit der Vergangenheit — höheren Grad der Organisation und einen höheren Grad der Selbstbeherrschung und der Sicherheit. Wie und warum diese langfristige Entwicklung zu „zivilisierten" Normen menschlichen Zusammenlebens in der Gesamtgesellschaft auftrat, braucht uns hier nicht zu beschäftigen[5]. Aber wir konnten herausfinden und wir werden in unserem Buch über dieses Gebiet[6], das demnächst erscheinen wird, einige der Gründe darlegen, warum sich ein Spiel wie Fußball in Verbindung mit ähnlichen Trends in der Gesamtgesellschaft entwickelte, und zwar von einer relativ gewalttätigen und unkontrollierten zu einer weniger gewalttätigen und relativ stark kontrollierten Form und dementsprechend zu einer unterschiedlichen Form einer Spielkonstellation der Gruppendynamik. Dieses Verständnis der langfristigen Dynamik des Fußballs ist sehr hilfreich für das Verständnis der kurzfristigen Dynamik des Spiels, wie es heute gespielt wird. Es mag nützlich sein, die allgemeine Richtung der genannten langfristigen Dynamik durch zwei Beispiele zu illustrieren.

Fußball, wie er in früheren Jahrhunderten gespielt wurde, und zwar nicht nur in England, sondern auch in vielen anderen Ländern, war wie die meisten Ballspiele in der Tat ein sehr wildes Spiel. *Richard Carew* hat im Jahre 1602 eine der sehr alten Versionen — eine Mischung von Handball und Fußball, die damals „hurling" genannt wurde — wie folgt beschrieben: „The hurlers take their way over hilles, dales, hedges, yea and thorow briars, mires, plashes and rivers whatsoever, so as you shall sometimes see thirty lie tugging together in the water scrambling and scratching for the ball...The ball in this play may be compared to an infernal spirit, for whosoever catcheth it fareth straightways like a madman, struggling and fighting those who go about to hold him... (The game) is accompanied by many dangers...for the proof whereof, when the hurling is ended you shall see them returning home as from a pitched battle with bloody pates, bones broken and out of joint, and such bruises as serve to shorten their days, yet all is good play and never attorney or coroner troubled for the matter[7]."

Jahrhunderte später, zwischen 1845 und 1862, als wenigstens in einigen der führenden englischen Public Schools das Fußballspiel sehr viel stärker reguliert wurde, war der Grad der erlaubten Gewaltanwendung noch weitaus höher als heute, und die Dynamik von Gruppenspannungen war deshalb ziemlich verschieden. So befanden sich unter den Spielregeln, die in Rugby im Jahre 1845 aufgestellt wurden, die folgenden drei Passagen: 1. Kein Spieler darf vorstehende Nägel oder Eisenplatten an den Sohlen oder Fersen seiner Schuhe oder Stiefel tragen. 2. Treten mit der Ferse oder Treten oberhalb des Knies ist nicht fair. 3. Ein Spieler, der einem andern entgegentritt, darf nur einen Arm halten, aber er darf ihn treten oder den Ball aus seinen Händen schlagen, wenn er versucht, den Ball zu treten oder über die Berührungslinie hinauszugehen[8].

Erst 1863 spaltete sich der neugegründete Fußballbund, weil die Majorität vorschlug, das Treten mit dem Fuß ganz zu verbieten, während eine Minorität der Gründungsmitglieder auf dem Standpunkt stand, daß das Verbot des Tretens mit dem Fuß das Spiel „unmännlich" machen würde, und sie wandte sich dagegen. Dies war zwar nicht der einzige, aber sicherlich einer der wesentlichen Gründe, die zur Entwicklung zweier Arten von Fußball in England führten, nämlich auf der einen Seite zum eigentlichen Fußballspiel (Association Football oder „soccer") und auf der anderen Seite zum Rugby (Rugby Football oder „rugger"). Es ist interessant zu sehen, daß sogar beim Rugby, obwohl dort der Grad der Gewalttätigkeit etwas höher blieb als beim eigentlichen Fußballspiel, das Treten mit dem Fuß ebenfalls bald nach der Spaltung verboten wurde.

Das Problem, dem wir hier begegneten — ein Problem, das nicht ganz ohne theoretische Bedeutung ist —, war, aus welchen Gründen einer der beiden Typen des Fußballspiels, nämlich das eigentliche Fußballspiel („soccer"), weitaus größere Anerkennung und größeren Erfolg erzielte als der andere Typ („rugger"), und zwar nicht nur in England, sondern fast auf der ganzen Welt. War der Grund, daß der Grad der Gewalttätigkeit beim eigentlichen Fußballspiel niedriger war als beim Rugby? Um Fragen dieser Art beantworten zu können, benötigt man eine sehr klare Vorstellung von wenigstens einem der zentralen Probleme, das für seine Gruppendynamik entstand, weil die Gewalttätigkeit bei der gesamten Konstellation des Spiels, so wie es tatsächlich gespielt wurde, zurückging. Die Gefahr dieses Rückgangs erlaubter Gewalttätigkeit war ganz offenbar, daß das Spiel in seiner gewandelten Form uninteressant und langweilig wurde. Der Fortbestand des Spiels hing offensichtlich von einer besonderen Art des Gleichgewichts ab, die erreicht werden mußte zwischen einer starken Kontrolle der Gewalttätigkeit einerseits, weil ohne diese das Spiel für die meisten Spieler und die meisten Zuschauer, gemäß den jetzt vorherrschenden Normen „zivilisierten" Verhaltens, nicht mehr akzeptabel war, und andererseits zwischen einem hinreichend hohen Grad nicht gewalttätigen Kämpfens, ohne den das Interesse der Spieler und der Öffentlichkeit gleichermaßen nachgelassen hätte. Die Entwicklung der meisten Sportspiele, und sicherlich die des Fußballspiels, beruhte in einem sehr großen Ausmaß auf der Lösung des folgenden Problems: Wie war es möglich, innerhalb der gegebenen Spielkonstellation eine hohe Gruppenspannung und die daraus resultierende Gruppendynamik aufrechtzuerhalten und zur gleichen Zeit fortlaufende physische Verletzungen der Spieler auf dem niedrigstmöglichen Stand zu halten? Die Frage lautete und lautet mit anderen Worten, wie man das Schiff zwischen der Skylla der Unordnung und der Charybdis der Langeweile hindurchsteuern kann. Wenn man als Trainer oder Manager beim Fußball gearbeitet hat, wird man wissen, daß dies ein Problem von großer praktischer Bedeutung ist. Menschen in dieser Position sind gewohnt, in Konfigurationen zu denken, wenn sie in die Zukunft planen; denn dies ist der realistischste Weg, ein Spiel zu betrachten, und am angemessensten für die Ausarbeitung von Strategien. So mag ein Manager, der seine Mannschaft für ein Spiel vorbereitet, sagen, daß die Gegner wahrscheinlich nach einem „4-2-4-System" spielen, daß ihre eigene Aufgabe darin besteht zu verhindern, daß die Gegner das Spiel im Mittelfeld beherrschen. Um das zu erreichen, mag er zweien seiner Spieler die Aufgabe zuteilen, die „Torjäger" der Gegner auszuschalten, so daß sich der Rest auf den Angriff konzentrieren kann. Obwohl er nun durch seine unmittelbare Erfahrung daran gewöhnt ist, das Spiel als eine fließende Konfiguration von Spielern beider Teams zu betrachten, ist es weder sein Ziel noch seine Aufgabe, sich zurückzuziehen und über die Merkmale und Regelmäßigkeiten dieser Konfiguration als solcher nachzudenken. Das Komitee des Fußballbundes, das 1925 die Änderung der Abseitsregel beschloß, wußte wahrscheinlich, daß unter der alten Regel der „Tonus" des Spiels zu niedrig geworden war, da die Leute bei anderen Gelegenheiten bemerkten, daß das Spiel von dem Mittelweg zwischen Unordnung und Langeweile abzuirren begann. Aber die Begriffe, die für die Beschäftigung mit solchen Problemen verfügbar sind, sind nicht sehr klar. Um ihre weitere Bedeutung feststellen zu können — ihre Bedeutung für eine Kleingruppentheorie oder für eine soziologische Theorie des Spiels im allgemeinen —, ist es erforderlich, vergleichsweise neue Begriffe als einen Bezugsrahmen für die Beobachtungen zu erarbeiten und die Bedeutung einiger bereits bestehender Begriffe zu ändern.

Beginnen wir mit dem Begriff der Konfiguration. Wir sagten bereits, daß ein Spiel die wechselnde Konfiguration der Spieler auf dem Spielfeld ist. Das bedeutet, daß die Konfiguration nicht nur ein Aspekt der Spieler ist. Sie ist nicht etwas — wie man manchmal zu glauben scheint, wenn man verwandte Ausdrücke, wie „soziale Konstellation", „soziale Gruppe" oder „Gesellschaft" gebraucht —, das von individuellen Personen abstrahiert ist. Konfigurationen bestehen aus Individuen von Fleisch und Blut. Wenn man die Spieler beobachtet, wie sie auf dem Feld stehen und sich dort in fortlaufender gegenseitiger Abhängigkeit bewegen, kann man tatsächlich sehen, wie sie eine ständig sich ändernde Konfiguration bilden. Wenn Gruppen oder Gesellschaften groß sind, kann man gewöhnlich nicht die Konfigurationen sehen, die ihre einzelnen Mitglieder miteinander bilden. Nichtsdestoweniger bilden auch in diesen Fällen Personen Konfigurationen miteinander — eine Stadt, eine Kirche, eine politische Partei, einen Staat —, die nicht weniger real sind als die Konfiguration, die Spieler auf einem Fußballfeld bilden, wenn man sie auch nicht auf einen Blick erfassen kann. Gruppierungen von Personen als Konfigurationen in diesem Sinne mit ihrer Dynamik, ihren Problemen der Spannung, der Spannungskontrolle und vielen anderen zu betrachten, wenn man sie auch nicht hier und jetzt sehen kann, erfordert ein spezifisches Training der Vorstellungskraft. Dies ist eine der Aufgaben der Konfigurationssoziologie (configurational sociology), zu der dieser Aufsatz ein Beitrag ist. Gegenwärtig besteht noch ziemliche Unsicherheit darüber, was das Wesen dessen ist, das man als „Gesellschaft" bezeichnet. Soziologische Theorien scheinen oft von der Voraussetzung auszugehen, daß „Gruppen" oder „Gesellschaften" oder „soziale Phänomene" im allgemeinen etwas von den individuellen Personen Abstrahiertes darstellen, oder wenigstens, daß sie nicht ganz so „real" wie Individuen sind, was immer das bedeuten mag. Das Fußballspiel — als ein Kleinmodell — kann dazu beitragen, diese Ansicht zu korrigieren. Es zeigt, daß Konfigurationen von Individuen weder mehr noch weniger real sind als die Individuen, die diese Konfigurationen bilden. Die Soziologie der Konfigurationen basiert auf Beobachtungen wie dieser. Im Gegensatz zu soziologischen Theorien, die Gesellschaften behandeln, als ob sie bloß Namen wären — ein „flatum vocis", ein „Idealtyp", die Konstruktion eines Soziologen — und die in diesem Sinne typisch für den soziologischen Nominalismus sind, repräsentiert die Soziologie der Konfigurationen den soziologischen Realismus [9]. Individuen bewegen sich immer in Konfigurationen, und Konfigurationen bestehen immer aus Individuen. Wenn man ein Fußballspiel beobachtet, versteht man, daß es die fließenden Konfigurationen der Spieler selbst sind, von denen zu einem gegebenen Zeitpunkt die Entscheidungen und Bewegungen der einzelnen Spieler abhängen. In dieser Hinsicht können Begriffe wie „Interaktion" und verwandte Begriffe irreführen. Sie scheinen zu bedeuten, daß Individuen ohne Konfigurationen miteinander a posteriori Konfigurationen bilden. Sie erschweren es, den Typ von Spannungen zu verstehen, dem man bei einer Untersuchung des Fußballspiels begegnet. Diese Spannungen unterscheiden sich im Wesen von denen, die entstehen können, wenn zwei früher unabhängige Individuen, Ego und Alter, miteinander zu interagieren beginnen. Wie schon gesagt wurde, verkörpert die Konfiguration der Spieler selbst eine Spannung eines bestimmten Typs — eine kontrollierte Spannung. Man kann ihr Wesen von der Interaktion der einzelnen Spieler her, von der Ebene der einzelnen Spieler, weder verstehen noch erklären.

In Gesellschaften wie in unseren gehört es zu den Merkmalen eines Spiels, daß die Spannung, die der Konfiguration der Spieler innewohnt, weder zu hoch noch zu niedrig ist: Das Spiel muß eine Zeitlang dauern, aber es soll schließlich beendet werden durch den Sieg der einen oder der anderen Partei. Es kann unentschiedene Spiele geben, aber wenn das zu oft vorkommt, wird der Verdacht entstehen, daß irgend etwas in der Konstruktion des Spieles fehlerhaft war.

In den heutigen industriellen Gesellschaften ist aber ein Spiel eine Gruppenkonfiguration eines sehr spezifischen Typs. Ihr Kernstück ist die kontrollierte Spannung zwischen zwei Gruppen, die sich die Balance halten. Dieses Phänomen kann man auch in vielen anderen Gebieten beobachten. Uns scheint, daß es einen besonderen Namen verdient. Wir haben es „Spannungsbalance" genannt. Genauso wie die Beweglichkeit eines menschlichen Gliedes von der verhaltenen Spannung zwischen zwei antagonistischen Muskelgruppen, die sich die Balance halten, abhängig ist, so hängt der Spielprozeß von der Spannung zwischen zwei gleichzeitig und gegenseitig voneinander abhängigen Gruppen von Spielern ab, die sich gegenseitig in einem fließenden Gleichgewicht halten [10].

Die Dynamik von Konfigurationen mit einem Spannungsgleichgewicht im Kern ist alles andere als einfach. Zwei Beispiele mögen genügen, das zu illustrieren. Das flexible Spannungsgleichgewicht in einem Spielprozeß kann nicht auf genau das richtige Niveau gebracht und auf diesem Niveau gehalten werden, wenn eine Partei sehr viel stärker ist als die andere. Wenn das der Fall ist, wird die stärkere Partei wahrscheinlich mehr Punkte erhalten. Die Spannung des Spiels — der „Tonus" des Spiels — wird relativ niedrig sein und das Spiel selbst langsam und ohne Leben. Es wäre aber ein Fehler zu glauben, daß man bei der Untersuchung der Gruppendynamik eines Spiels hauptsächlich mit Fragen befaßt ist, die auf Grund der Eigenschaften individueller Teams oder einzelner Spieler entstehen. Was wir vorwiegend untersucht haben, ist die Entwicklung und die Struktur der Spielkonfiguration als solche. Diese Konfiguration hat zu einem gegebenen Zeitpunkt eine spezifische Form, die durch Kontrollen auf verschiedenen Ebenen erhalten wird. Sie wird von Fußballorganisationen, vom Staat und von lokalen Behörden, von den Zuschauern, von den Teams gegenseitig und von den Spielern einzeln kontrolliert. Man braucht sie nicht alle aufzuzählen oder ihre gegenseitige Beeinflussung in diesem Zusammenhang zu analysieren. Bei der theoretischen Diskussion ist man geneigt anzunehmen, daß die Kontrollen, die eine besondere Form und vor allem das Spannungsgleichgewicht einer Konfiguration aufrechterhalten, durch Regeln oder Normen allein aufrechterhalten werden. Aber, wie in anderen Fällen, sind Regeln und insbesondere formale Regeln nur eines der „Instrumente" der Kontrolle, die für die relative Stabilität von Gruppen, die sich in einem kontrollierten Spannungszustand befinden, relevant sind. Worum es sich auch immer handelt, Gruppenregeln oder Gruppennormen sind in diesem Zusammenhang und auch sonst nichts Absolutes. Regeln oder Normen als Mittel für die Spannungskontrolle befinden sich nicht außerhalb und über sozialen Prozessen, wie in Diskussionen manchmal behauptet wird. Die Gruppendynamik, zu deren Erhaltung Regeln beitragen, kann ihrerseits wieder Einfluß darauf haben, ob Regeln bestehenbleiben oder sich wandeln. Die Entwicklung von Fußballregeln zeigt sehr deutlich, wie Änderungen von Regeln von der Gesamtentwicklung dessen, was diese Regeln regulieren, abhängen können. Die Dynamik solcher Konfigurationen hat, wie man sagen könnte, eine eigene „Logik". So mag beim Fußball die Spannung nachlassen, und zwar nicht nur wegen der verschiedenen Merkmale der einzelnen Spielgruppen oder ihrer einzelnen Mitglieder, sondern wegen gegebener Merkmale der Konfiguration selbst, die sie miteinander bilden. Dies ist ein Phänomen, dem man immer wieder begegnet, wenn man die Entwicklung eines Spiels verfolgt. Im Jahre 1925 wurde zum Beispiel die Abseitsregel beim Fußballspiel geändert. Bis dahin bestand folgende Regel: Ein Spieler konnte nur dann einen Ball, der ihm von einem anderen Spieler seiner Partei zugespielt wurde, legitim annehmen, wenn wenigstens drei Spieler der Gegenpartei zwischen ihm und ihrem Tor standen. Wenn weniger als drei Spieler so standen, befand er sich im Abseits, und die Gegenseite durfte einen Freistoß ausführen. Im Jahre 1925 wurde die Zahl der Spieler auf zwei reduziert. Die Elastizität der älteren Regel hatte, wenn sie geschickt ausgenutzt wurde, dazu geführt, daß unentschiedene Spiele immer häufiger wurden. Das Gleichgewicht hatte sich zu sehr zugunsten der Verteidigung verschoben. Spiele schleppten sich hin ohne Entscheidung oder erreichten nur niedrige Torquoten. Der Grund war nicht irgendeine besondere Eigenschaft einzelner Spieler: Die Konfiguration der Spieler, die durch eine Vielfalt von Kontrollen stabilisiert war, unter denen die formellen Regeln eine Schlüsselposition einnahmen, hatte sich selbst als unzulänglich erwiesen. Deshalb versuchte man, durch eine Veränderung von Regeln eine flüssige Konfiguration der Spieler zu schaffen, die das Gleichgewicht zwischen Angriff und Verteidigung wiederherstellen konnte.

Dies ist ein Beispiel für eine Reihe von Polaritäten, die im Fußballspiel — und wahrscheinlich auch in allen anderen Sportspielen — in die vorhandene Konfiguration des Spielprozesses eingebaut ist. Solche Polaritäten funktionieren in enger Verbindung miteinander. In der Tat bildet ein Komplex gegenseitig voneinander abhängiger Polaritäten, die in die Konfiguration des Spiels eingebaut sind, den Hauptmotor der Gruppendynamik eines Fußballspiels. In der einen oder anderen Weise tragen sie alle dazu bei, den „Tonus", das Spannungsgleichgewicht des Spiels, zu erhalten. Hier seien einige der Polaritäten aufgezählt: 1. Die umgreifende Polarität zwischen den beiden gegnerischen Mannschaften; 2. die Polarität von Angriff und Verteidigung; 3. die Polarität zwischen Kooperation und Spannung zwischen den beiden Mannschaften; 4. die Polarität zwischen Kooperation und Spannung innerhalb jeder Partei.

Die Polarität zwischen Kooperation und Spannung innerhalb jedes Teams (4) kann sich in verschiedener Weise ausdrücken. Eine Art ist die zwischen den einzelnen Mannschaftsmitgliedern und der Mannschaft als ganzer, wie das folgende Beispiel zeigt.

a) In den Jahren 1860 bis 1870 war das individuelle Dribbeln das Kernstück des Fußballspiels. Das fluktuierende Spannungsgleichgewicht zwischen Mannschaftsinteresse und individuellem Interesse bewegte sich zugunsten des letzteren. Dies entsprach den sozialen Merkmalen des Spiels während dieser Periode. Das Spiel wurde damals vorwiegend von „Old Boys" der Public Schools und von anderen Personen der Mittel- und Oberschicht zu ihrem eigenen Vergnügen gespielt. In den beiden letzten Jahrzehnten des 19. Jahrhunderts wurde diese Technik abgelöst von einer anderen Spielweise. Kooperation innerhalb der Mannschaft verstärkte sich auf Kosten der Möglichkeiten für den einzelnen Spieler, sich innerhalb des Teams konkurrierend auszuzeichnen. So änderte sich das

Gleichgewicht zwischen den individuellen Interessen und dem Interesse der Mannschaft. Individuelles Dribbeln ging zurück, und das Zuspielen des Balls von einem Mannschaftsmitglied zu einem anderen trat in den Vordergrund. Man kann die Gründe für diesen Wandel mit beträchtlicher Genauigkeit analysieren. Zu ihnen gehören eine Vermehrung der Mannschaften, die Einrichtung formaler Wettbewerbe, zunehmende Rivalität unter den Mannschaften und die Tatsache, daß man begann, für ein zahlendes Publikum zu spielen.

b) Auch nachdem das Gleichgewicht zwischen der Berücksichtigung des Mannschaftsinteresses durch die Mitglieder und der ihrer individuellen Interessen sich stark zugunsten der ersteren verschoben hatte, spielte die Polarität weiter eine Rolle. Jede Spielkonstellation ließ für einige Spieler einen beträchtlichen Entscheidungsspielraum offen. In der Tat kann ein Individuum ohne die Fähigkeit, schnell Entscheidungen zu treffen, kein guter Spieler sein. Aber immer wieder muß der einzelne Spieler, wenn er Entscheidungen trifft, entscheiden zwischen dem Bedürfnis nach Kooperation mit anderen Spielern zugunsten der Mannschaft und dem Bedürfnis, zu seinem persönlichen Ruf und zu seinem Vorwärtskommen beizutragen. Augenblicklich werden solche Fälle vorwiegend beschrieben durch absolute Alternativen wie „Egoismus" und „Altruismus". Als Instrumente für eine realistische soziologische Analyse sind diese Begriffe kaum empfehlenswert. Wie man sieht, kann man leichter in den Griff bekommen, was man tatsächlich beobachtet, wenn man in Begriffen des Spannungsgleichgewichts und der Polaritäten denkt.

Andere Polaritäten sind von etwas anderer Art. Hier einige Beispiele: 1. Die Polarität zwischen den externen Kontrollen der Spieler auf verschiedenen Ebenen (durch Manager, Mannschaftskapitäne, Mannschaftsmitglieder, Schiedsrichter, Zuschauer usw.) und die flexible Kontrolle, die der einzelne Spieler über sich selbst ausübt; 2. die Polarität zwischen emotional geladener Identifikation und feindlicher Rivalität mit den Gegnern; 3. die Polarität zwischen der Freude an der Aggression beim einzelnen Spieler und den Zügeln, die die Spielkonstellation solcher Freude auferlegt; 4. die Polarität zwischen der Elastizität und der Fixiertheit der Regeln.

Dies sind einige Aspekte des theoretischen Modells und einige Beispiele des Typs von Begriffen, die sich aus der Untersuchung von Spielkonfigurationen ergeben. Sie mögen dazu beitragen, die Aufmerksamkeit auf einige wenige kennzeichnende Merkmale dieses Typs von Gruppe zu lenken. Solche Gruppen unterscheiden sich von den Typen von Gruppen, die gewöhnlich als empirische Evidenz für Hypothesen über kleine Gruppen verwendet werden, nicht nur darin, daß sie sich in einem kontrollierten Spannungszustand befinden, sondern auch darin, daß sie strukturierter und organisierter sind. Theorien, die aus Untersuchungen relativ lose strukturierter ad-hoc-Gruppen, speziell zum

Zwecke der Untersuchung von Gruppen gebildet, abgeleitet wurden, sind häufig fehlerhaft wegen einer Verwechslung von Eigenschaften von Gruppen, die vorwiegend auf Eigenschaften ihrer individuellen Mitglieder zurückzuführen sind, und Eigenschaften, die der Konfiguration der Personen selbst inhärent sind. Bei stärker strukturierten und organisierten Gruppen ist es einfacher, die Dynamik zu bestimmen, die der Konfiguration als solcher innewohnt, und sie von Variationen zu unterscheiden, die auf Unterschiede der Individuen zurückzuführen sind. Es ist zum Beispiel beim Fußballspiel leichter, die Dynamik, die der Spielkonfiguration als solcher innewohnt, von Variationen zu unterscheiden, die auf Merkmale verschiedener Nationen, verschiedener Mannschaften oder verschiedener Spieler zurückzuführen sind.

Ad-hoc-Gruppen haben wenig Autonomie gegenüber der Gesellschaft, in der sie sich bilden, und dieser Mangel an Autonomie kann die Gültigkeit der Resultate aus Untersuchungen solcher Gruppen beeinträchtigen. So können kleine Gruppen, die in den Vereinigten Staaten mit dem Ziel gebildet wurden, Probleme der Führung im allgemeinen zu untersuchen, tatsächlich nur Informationen über Aspekte der Führung in den Vereinigten Staaten geben. Es ist eine offene Frage, ob ähnliche Experimente, die etwa in Rußland oder in Ghana unternommen werden, ähnliche Resultate ergeben würden.

Fußball und verwandte Gruppenspiele werden überall in der gleichen Weise gespielt, und die grundlegende konfigurative Dynamik ist überall die gleiche. Man kann sie als solche untersuchen, und man kann zur gleichen Zeit die Variationen untersuchen, die entstehen, weil verschiedene Nationalitäten, verschiedene Mannschaften und verschiedene Individuen spielen.

Wie ad-hoc-Gruppen, so haben auch Sportgruppen als Evidenz für die Untersuchung von Problemen kleiner Gruppen oder von Problemen der Gruppendynamik ihre Grenzen. Dies ist u. a. deshalb der Fall, weil Spiele weitgehend um ihrer selbst willen gespielt werden. Ihr Zweck — falls sie einen Zweck haben — ist, Leuten Freude zu machen. In dieser Hinsicht unterscheiden sie sich erheblich von solchen Menschengruppen, die gewöhnlich als Kernstück des sozialen Lebens betrachtet werden, und die eine entsprechend zentrale Position in der Soziologie einnehmen — angefangen von Gruppierungen wie Fabriken mit dem Zweck, Güter zu produzieren, Bürokratien mit dem Zweck, Staaten und andere Unternehmen zu verwalten, bis zu anderen, ebenso nutzbringenden Konfigurationen von Menschen, die normalerweise nicht als Selbstzweck betrachtet werden und denen man nicht unterstellt, daß sie Leuten Vergnügen machen. Dieses Wertschema wird dadurch bestätigt, daß Soziologen häufig Organisationen und soziale Einheiten im allgemeinen in erster Linie durch ihren Zweck zu definieren versuchen.

Aber wenn es der Bedeutung einer Untersuchung von Sportspielen — verglichen mit der Untersuchung sozialer Einheiten, die dem ernsthaften Geschäft des Lebens gewidmet sind — eine Grenze setzt, daß sie vielleicht nur den Zweck haben, Freude zu bereiten, und oft nur um ihrer selbst willen gespielt werden, so ist dies andererseits auch ein Vorteil. Es kann dazu dienen, den teleologischen Fehlschluß, der noch immer im soziologischen Denken weit verbreitet ist, zu korrigieren. Vereinfacht kann man diesen beschreiben als eine Verwechslung der individuellen und der Gruppenebene. Im Hinblick auf Fußballspiele ist diese Unterscheidung ziemlich klar. Einzelne Spieler und Mannschaften haben Ziele; Tore schießen ist eins von ihnen. Die Freude am Spiel, die Erregung der Zuschauer, die Hoffnung auf Belohnungen mögen andere sein. Aber die Verflechtung individueller Zweckhandlungen ergibt beim Spiel eine konfigurative Dynamik, die ohne Zweck ist. Man kann sie als solche bestimmen, und das ist es, was hier — innerhalb bestimmter Grenzen — getan wurde. Aber dies hätte nicht geschehen können, wenn man die Zwecke einzelner Spieler der wechselnden Konfiguration von Spielern zugeschrieben hätte. Inwieweit dies für andere Konfigurationen von Menschen zutrifft, braucht hier nicht diskutiert zu werden. Aber man kann sagen, daß sogar staatliche Organisationen, Kirchen, Fabriken und andere Konfigurationen mehr ernsthafter Art, was auch immer die Ziele der Personen, aus denen sie gebildet sind, sein mögen, zur gleichen Zeit Ziele in sich selbst sind mit einer eigenen Dynamik. Was sind denn schon die Zwecke von Nationen? Es ist nicht ganz frivol, wenn man sagt, daß sogar sie einem Spiel ähnlich sind, das von Personen miteinander um seiner selbst willen gespielt wird. Wenn man diesen Aspekt vernachlässigt, indem man die Aufmerksamkeit zuerst auf ihre Zwecke richtet, übersieht man, daß es, wie beim Fußball, die wandelnde Konfiguration der Personen selbst ist, von der zu jedem gegebenen Zeitpunkt die Entscheidungen, die Zwecke, die Bewegungen der Individuen abhängen. Dies ist im besonderen der Fall bei Spannungen und Konflikten. Sie werden oft nur erklärt durch die Absichten und Ziele der einen oder der anderen Partei. Soziologen würden vielleicht mehr zu einem Verständnis dieser Spannungen und Konflikte, die sich bisher als unkontrollierbar erwiesen haben, beitragen können, wenn sie diese als Aspekte der unbezweckten Dynamik von Gruppen erforschen würden.

Anmerkungen

[1] Wir beziehen uns hier auf den Begriff „Kleingruppentheorie", wie er in der Soziologie augenblicklich verwendet wird. Wir beziehen uns nicht auf andere Theorien kleiner Gruppen, wie etwa auf solche, die sich mit Problemen der Gruppentherapie befassen, obwohl auch dort der Ansatz, Konfigurationen zu untersuchen, hilfreich sein mag.

[2] *G. Green*, The History of the Football Association, London 1953.

[3] *George C. Homans*, Social Behaviour: Its Elementary Forms, New York 1961, S. 130.

[4] *Ralf Dahrendorf*, Class and Class Conflict in Industrial Society, Stanford 1959, S. 164.

[5] Dies wurde ausführlich diskutiert in *Norbert Elias*, Über den Prozeß der Zivilisation, Basel 1939, 2 Bände.

[6] *Norbert Elias* und *Eric Dunning*, The Making of Football: A Sociological Study, erscheint in New Sociology Library, London 1967.

[7] *Richard Carew*, A Survey of Cornwall, 1602, S. 73—75.

[8] Rules of Football as Played at Rugby School, Rugby 1845.

[9] Um Mißverständnisse zu vermeiden, muß man hinzufügen, daß der Ausdruck „soziologischer Realismus", wie er hier verwendet wird, nicht dasselbe meint, wie wenn er auf *Durkheims* Theorie angewendet würde. *Durkheim* konnte nicht einer Position entgehen, bei der soziale Phänomene als etwas erschienen, das abstrahiert und getrennt von Individuen besteht. Diese Abstraktionen reifizierte er manchmal: er kam niemals über eine Stufe hinaus, in der „Gesellschaft" und „Individuen" als getrennte Entitäten erschienen, die er am Ende wiederum durch eine fast mystische Hypothese zusammenzubringen versuchte. Diese Kritik ist vollkommen vereinbar mit der Anerkennung des intellektuellen Niveaus seines Werks und der wissenschaftlichen Fortschritte, die ihm zu verdanken sind.

[10] Es gibt einen charakteristischen Unterschied zwischen dem Spannungsgleichgewicht antagonistischer Muskeln und antagonistischer Spieler in einem Spiel. Bei den Muskeln erschlafft eine Seite, wenn sich die andere in Spannung befindet. Bei den Spielern ist das Spannungsgleichgewicht darauf zurückzuführen, daß beide Seiten sich in Spannung befinden.

Aus dem Englischen übersetzt von *Karl-Dieter Opp*

III. Teil: Forschungsberichte

MOUNT EVEREST: EINE FALLSTUDIE ÜBER KOMMUNIKATIONSRÜCKFLUSS UND ERHALTUNG DES ZIELSTREBENS VON GRUPPEN

Von Richard M. Emerson

Mit der Mount-Everest-Expedition im Frühjahr 1963 wurde von amerikanischer Seite erstmalig ernsthaft der Versuch unternommen, den höchsten Gipfel der Welt zu besteigen. Bereits seit langem nimmt wissenschaftliche Arbeit im Rahmen derartiger Expeditionen einen festen Platz ein, denn sie schaffen einen Zugang zu extremen Umweltsituationen und bieten Forschungsmöglichkeiten auf den mannigfaltigsten Gebieten. Die meisten wissenschaftlichen Arbeiten konzentrierten sich in der Vergangenheit direkt auf die Erforschung der örtlichen Besonderheiten — betrafen also die Gebiete Geologie, Gletscherkunde, Meteorologie, Botanik etc. — sowie der physiologischen Anpassung an große Höhen, während die Möglichkeit zur Verhaltensforschung relativ wenig beachtet blieb. Aus diesem Grunde setzte sich diese Expedition zum Ziel, das Schwergewicht ihrer wissenschaftlichen Arbeit auf die Gebiete Psychologie und Soziologie in Verbindung mit Physiologie zu verlegen, die zusammen einen integrierten Ansatz zum Studium menschlichen Verhaltens bilden. Neben der Durchführung einer Untersuchung über die Produktion roter Blutkörperchen sowie der Nebennierenrindenfunktionen unter großer physischer Anstrengung übernahm Dr. *William Siri* als stellvertretender Expeditionsleiter die Aufgabe, die verschiedenen Forschungsarbeiten zu koordinieren[1]. Dr. *James T. Lester* untersuchte Persönlichkeitsmerkmale, die mit der Auswahl eines Teams, mit Gruppenbildung und Gruppenfunktion sowie mit den Verhaltensweisen unter anhaltender großer Anstrengung in Zusammenhang stehen[2].

Die Zielsetzung

Die vorliegende Untersuchung fußt auf soziologischen und psychologischen Grundsätzen, die — über den Einzelfall einer Himalaya-Expedition hinaus — klassifizierende Merkmale für eine Reihe anderer Gruppenuntersuchungen darstellen. Allen diesen Unternehmungen ist gemeinsam: a) Eine angemessen kleine Gruppe von Menschen, die im Rahmen eines Teams zusammenarbeiten; b) die

Verfolgung eines oder mehrerer Gruppenziele, die ihrer Art gemäß einen empirischen Nachweis über Erfolg oder Nichterfolg gestatten, wobei c) der eventuelle Erfolg oder Mißerfolg zweifelhaft ist. Kurz gesagt beziehen wir uns auf Gruppen, die mit schwierigen Umweltsituationen konfrontiert werden. Zwei für derartige Gruppenanstrengungen charakteristische Aspekte wurden als Gegenstand der im Rahmen der Mount-Everest-Besteigung durchzuführenden Untersuchung ausgewählt: 1. Die Bewertung und Einschätzung der Umweltbedingungen durch die Gruppe, vornehmlich aus der Sicht der Kommunikation; und 2. motivationsfördernde Faktoren zu anhaltender Gruppenanstrengung in Richtung auf die Bewältigung dieser widrigen Umwelteinflüsse.

Der Mount Everest als Ort der Untersuchung wurde ausgewählt in der Hoffnung, angesichts einer so problematischen und feindlichen Umwelt an einem Beispiel anhaltender, im wesentlichen isolierter Gruppensituation zu in besonderer Deutlichkeit hervortretenden Grundsätzen bzw. Gesetzmäßigkeiten zu gelangen. Die Besonderheiten der Bergbesteigung und ihre sehr spezielle Motivation gaben für diese Untersuchung den Rahmen ab, waren andererseits jedoch in dem betrachteten Zusammenhang irrelevant [3].

Der theoretische Ansatz

Die ersten Anregungen für die theoretische Basis der Untersuchung wurden Arbeiten über das „Aspirationsniveau" entnommen. Allgemein hat es sich erwiesen, daß ein zum Zeitpunkt 1 erzielter *Erfolg* mit erhöhtem Aspirationsniveau zum Zeitpunkt 2 einhergeht, während ein gerade erfahrener Mißerfolg auf der anderen Seite eine Herabsetzung des Aspirationsniveaus nach sich zieht [4]. Bei Nichtvorhandensein direkter persönlicher Erfahrung gegenüber einer Aufgabenstellung in Form von Erfolg bzw. Nichterfolg wird, wie *Dwight W. Chapman* und *John Volkman* [5] unter Berufung auf die Bezugsgruppentheorie postulieren, das Wissen um die Leistung Dritter ähnliche Wirkung hervorrufen. In noch jüngerer Zeit wird bei *Alvin Zander* [6] auf grundsätzliche Zusammenhänge zwischen Aspirationsniveau und gruppenbezogener Zielvorstellung und Zielstreben hingewiesen.

Die meisten über das Aspirationsniveau gewonnenen Erkenntnisse können unter einem einzigen Grundsatz zusammengefaßt werden: *Zielvorstellungen bzw. Zielsetzungen entstehen vornehmlich in Bereichen ungewissen Ausgangs.* (Oder, wie *Robert W. White* [7] schreibt: zielorientiertes Verhalten entsteht in den Grenzbereichen unmittelbaren *Leistungs*bewußtseins einer Person bzw. einer Gruppe.) Änderungen des Aspirationsniveaus unter gleichzeitiger Entstehung *neuer* Zielvorstellungen sind als Sonderfälle dieses Phänomens zu verstehen. Erfolg vermindert die Ungewißheit und bewirkt so eine Erweiterung der Zielvorstellung auf ein höheres Niveau in den Bereich ungewisser Ergebnisse. Mißerfolg vermindert die Ungewißheit gleichermaßen und bewirkt eine Herabsetzung der Zielvorstellung auf ein niedrigeres Niveau wiederum in den Bereich ungewisser Ergebnisse. Ähnliche auf die Ergründung von Ungewißheit gerichtete Motivationsaspekte treten bei Neugier, Erkundungstrieb und jeder anderen positiven Reaktion auf Herausforderungen aller Art in Erscheinung.

Die hier beschriebenen Motivationszusammenhänge scheinen ziemlich alltäglich. Dennoch stehen sie in Widerspruch zu den gleichermaßen alltäglichen psychologischen Maximen von Homöostase und Antriebsreduktion. Sie weisen wohl eher antriebserhaltende als -reduzierende Vorgänge nach; sie deuten darauf hin, daß „Lohn" in der *Zielverfolgung* begründet liegt, nicht aber in der Endphase der Zielerreichung oder Antriebsreduktion, wo häufig Nachlässigkeit und Leistungsabfall eintritt[8].

Es besteht hier nicht die Absicht, tiefer in die Problematik einer Motivationspsychologie vorzudringen. Zwei mit dieser Problematik in Zusammenhang stehende Tatbestände seien jedoch erwähnt: Zum ersten kennzeichnet unsere Interpretation der dem Aspirationsniveau gewidmeten Arbeiten *Ungewißheit über das Resultat einer Zielsetzung* als wesentliches Merkmal für die *Erhaltung zielbezogenen Gruppenstrebens*. Wenn dem so ist, stellt *Ungewißheit* zwischen den beiden hier untersuchten Aspekten von Gruppenfunktionen einen Zusammenhang her. Zum zweiten deuten die vorstehenden Ausführungen darauf hin, daß wir uns hier mit einer besonderen Art der Motivation befassen. Es soll daher ausdrücklich festgestellt werden, daß die nachfolgenden auf zielorientierter Motivation beruhenden Theorien nicht anzuwenden sind bei Antriebsreduktion oder „gefahrorientiertem"[9] Handeln.

Zu Beginn unserer theoretischen Ausführungen seien drei psychologische Merkmale herausgestellt, nach denen Gruppenmitglieder zu charakterisieren sind.

Zielorientierte Motivation (M). Es wird vorausgesetzt, daß sich jedes Gruppenmitglied in jedem beliebigen Augenblick durch einen gewissen Motivationsgrad in Richtung auf das Gruppenziel auszeichnet. Es wird ferner angenommen, daß diese Motivation eigenem Entscheidungsvermögen unterliegt und sich innerhalb relativ großer Zeitabschnitte verändert.

Energiemobilisierung (E). Es wird angenommen, daß jedes Gruppenmitglied in jedem beliebigen Augenblick einen gewissen Teil seiner verfügbaren Energie zu unmittelbar zielgerichtetem Verhalten mobilisiert, sei es Handeln, Denken, Träumen. E unterliegt nicht eigenem Entscheidungsvermögen und wird als innerhalb relativ kurzer Zeitabstände veränderlich angenommen.

Ungewißheit über die Zielerreichung (U). Es wird angenommen, daß jedes

Gruppenmitglied zu jedem beliebigen Augenblick zu einer subjektiven Wahrscheinlichkeitseinschätzung über möglichen Erfolg oder Mißerfolg in der Lage ist. Diese Ungewißheit (U) kann sich in Richtung einer Gewißheit auf Erfolg (Optimismus) bzw. Gewißheit auf Mißerfolg (Pessimismus) verändern. U wird angenommen als kognitives Merkmal, in dem sich Einschätzung der Umwelt sowie der Mittel und Möglichkeiten der Gruppe widerspiegeln. Demnach ist U definiert als Funktion zielbezogener *Information*, gewonnen durch persönliche Erkenntnis und Kommunikation.

Unter Bezugnahme auf unsere Erörterungen über Studien zum Aspirationsniveau und verwandtem psychologischen Schrifttum lassen sich diese drei Merkmale zum System einer Minimaltheorie von Zielstreben und Umwelteinschätzung zusammenfügen:

1. Hypothese: M als notwendige, jedoch nicht hinreichende Bedingung für E, bestimmt die obere Grenze von E.

2. Hypothese: M ist über lange Zeitperioden direkt veränderlich mit U. (Anhaltende Gewißheit auf Erfolg wie Mißerfolg verringert zielorientierte Motivation. Anhaltende Ungewißheit wirkt motivationsverstärkend bzw. -erhaltend.)

3. Hypothese: E ist über kurze Zeitperioden direkt mit U veränderlich, wobei M konstant und größer als 0 angenommen wird. (Energiemobilisierung ist groß bei Ungewißheit über die Zielerreichung. Sie ist gering bei Gewißheit auf Erfolg wie Mißerfolg.)

Dieses System einer Aufgabenmotivation setzt die Ungewißheit über den Ausgang einer Bemühung an eine strategisch hervorragende Position. Da diese Ungewißheit sich auf die Einschätzung und Bewertung der Umwelt bezieht, macht sie das Motivationssystem Umwelteinflüssen zugänglich und schafft so einen Zusammenhang zwischen Informations-input und Motivations- und Energie-output. Darüber hinaus öffnet sie das Motivationssystem dem Einfluß von Gruppenprozessen, da der größte Teil des Informations-input durch Kommunikationskanäle infiltriert werden dürfte. Des weiteren kann Information über das mögliche Ergebnis einer Zielsetzung durch die Struktur des Kommunikationsrückflusses selektiv erweitert oder gedämpft werden, mit entsprechenden Konsequenzen für U und demzufolge auch für M und E.

Unsere Untersuchung entfernt sich daher aus dem rein psychologischen Bereich mit Betonung auf der Motivation der Mitglieder in den sozialen Bereich mit Betonung auf Problemlösung durch Gruppen, unter besonderer Hervorhebung der an der Einschätzung und Bewertung einer problematischen Umwelt beteiligten Kommunikationsprozesse. Die vorstehend genannten Hypothesen beziehen sich auf die Kommunikation zielbezogener Information. Jede auf möglichen Erfolg hindeutende Information ist als „optimistisch" zu bezeichnen. Als „pessimistisch" ist sie zu bezeichnen, wenn sie auf einen möglichen Mißerfolg hindeutet. Ruft eine optimistische Feststellung optimistische Reaktionen bzw. eine pessimistische Feststellung pessimistische Reaktionen hervor, so ist diese Reaktion als *positiver* Kommunikationsrückfluß zu betrachten. Zieht optimistische Information pessimistische bzw. pessimistische Information optimistische Reaktionen nach sich, so sprechen wir von *negativem* Rückfluß.

4. Hypothese: Liefert die Umwelt vorwiegend optimistische Information (relative Gewißheit auf Erfolg), so wird die Kommunikation vorwiegend pessimistische Information erbringen *und umgekehrt*. (Wobei M konstant und größer als 0 angenommen wird).

5. Hypothese: Unter den Bedingungen der Ungewißheit wird die Kommunikation pessimistische und optimistische Information zu gleichen Teilen enthalten.

6. Hypothese: Liefert die Umwelt vorwiegend optimistische Information (relative Gewißheit auf Erfolg), so wird der Kommunikationsrückfluß für optimistische Feststellungen vorwiegend negativ, für pessimistische Feststellungen vorwiegend positiv sein. (Wobei M konstant und größer als 0 angenommen wird.)

7. Hypothese: Liefert die Umwelt vorwiegend pessimistische Information (relative Gewißheit auf Mißerfolg), so wird der Kommunikationsrückfluß für optimistische Feststellungen vorwiegend positiv, der Rückfluß für pessimistische Feststellungen vorwiegend negativ sein. (Wobei M konstant und größer als 0 angenommen wird.)

8. Hypothese: Unter den Bedingungen der Ungewißheit wird der Kommunikationsrückfluß vorwiegend negativ sein für optimistische wie pessimistische Feststellungen. (Wobei M konstant und größer als 0 angenommen wird.)

9. Hypothese: Die Stärke der oben genannten Beziehungen ist direkt veränderlich mit M.

Die Hypothesen 2 bis 9, soweit gültig, umschreiben Zielstreben von Gruppen als sich selbst aufrechterhaltendes System in dem Kommunikationsprozessen hervorragende Bedeutung zukommt. Die oben erläuterten Kommunikationsstrukturen sind darauf gerichtet, durch selektive Beachtung von Information Ungewißheit über das Ergebnis einer Zielsetzung zu schaffen und zu erhalten. Diese Ungewißheit wiederum ist geeignet, Motivation- und Energieoutput zu maximalisieren und zu erhalten (Hypothese 2 und 3). Andererseits wird solche Motivation als notwendige Voraussetzung für die beschriebenen Kommunikationsprozesse betrachtet. Folglich kommt mit einmal geweckter *gruppenziel*bezogener Motivation ein sich selbst erhaltendes System zur Wirkung, das sich gegenüber Umweltgeschehnissen, Rückschlägen, Widerständen oder Problemüberwindungen teilweise unabhängig zeigt. Die Rolle der Kommunikation im Rahmen dieses Systems wird fixiert durch den Abhängigkeitsgrad, zu dem die einzelnen Gruppenmitglieder im Hinblick auf zielbezogene Information gelangt sind.

Unsere Theorie setzt eine gewisse anfängliche Motivation voraus, die dann im Rahmen der beschriebenen Prozesse erweitert und erhalten wird. In diesem Sinne unternimmt sie — abgesehen von der allgemein gefaßten Deutung, nach der Zielsetzungen in „problematischen" Bereichen mit ungewissem Ergebnis entstehen, — keinen Versuch, Herkunft und Entstehung zielorientierter Motivation auf seiten der Gruppenmitglieder zu erläutern. Die Darlegung von Faktoren, die für die Wahl einer Zielsetzung unter alternativen Problemkreisen bestimmend sind, würde den Rahmen dieser Theorie sprengen.

Schließlich zeigt sich also das in den genannten Hypothesen beschriebene System zwei wichtigen Gesichtspunkten zugänglich: a) konkurrierender Motivation in Richtung auf andere Zielsetzungen und b) direkt der Umwelt, nicht der Kommunikation entnommener zielbezogener Information. Für letztere gilt die Annahme, daß die von Kommunikation getragene Information der direkt der Umwelt entnommenen *entgegenwirkt*. Eben dieses Merkmal macht das System, indem es Ungewißheit und Motivation aufrechterhält, teilweise unabhängig gegenüber Umweltgeschehnissen. Ebenso hat dieser Tatbestand jedoch zur Folge, daß sich Umfang und *Vielfalt* der in den Bewertungsprozeß einbezogenen Information innerhalb einer kommunizierenden Gruppe vermehren. Diese Tatsache, verbunden mit anhaltender Unsicherheit in bezug auf Einschätzung und Entscheidung, sollte zwangsläufig dazu führen, „objektiver Wirklichkeit" bei der Gestaltung eventueller Gruppenentscheidung oder kollektiver Umwelteinschätzung größtmöglichen Raum zu geben. Folglich besteht, wenn diese Hypothesen zutreffen, begründeter Anlaß zu der Vermutung, daß Problemlösungen durch *Gruppen* unter gewissen Bedingungen ein qualitatives Unterscheidungsmerkmal zugunsten vertikaler Lösungen bedingen [10].

Der hier zum Ausdruck kommende Vergleich von individueller und Problemlösung durch Gruppen muß sich in jedem Falle um eine wichtige Frage drehen: Schenkt der einzelne Betrachter Informationen selektiv in anderer Weise Beachtung, als durch die in Hypothesen 4 bis 9 beschriebene Kommunikationsstruktur aufgezeigt? Oder sind die hier beschriebenen Kommunikationsstrukturen als direkte Erweiterung der psychologischen Aspekte selektiver Betrachtungsweise in einem kommunikativen Zusammenhang darzustellen?

Diese Frage führt zu dem den dargelegten Hypothesen vorangestellten Grundgedanken. Es kann zunächst ein rein psychologischer Grundgedanke vorgebracht werden; und wenn allein dieser als adäquat und gültig anzuerkennen ist, werden Kommunikationsprozesse wohl die Menge, nicht aber die Vielfalt der Information vermehren. *Wenn* es zutreffend ist, daß sich die Wahrnehmung vor allem neuartigen, ungewöhnlichen oder widersprüchlichen Reizobjekten zuwendet, und wenn einer solchermaßen Anreiz schaffenden Information allgemein mehr Wert im Hinblick auf die Kommunikation beigemessen wird, so können die Hypothesen 4, 5, 6 und 7 auf die Ebene der Wahrnehmungspsychologie reduziert werden. Hypothese 8 dagegen läßt sich nicht auf dieses Prinzip selektiver Beachtung reduzieren. Soweit dem Verfasser bekannt ist, liegt bis heute keinerlei Theorie über Wahrnehmung und Erkennen vor, durch die Hypothese 8 aufgehoben würde [11].

Dagegen läßt sich ein rein soziologischer Grundgedanke anführen. Kommunikation im Zusammenhang gruppenbezogener Problemlösung kann — ebenso wie andere Aspekte des Gruppenverhaltens — unter dem Gesichtspunkt der Arbeitsteilung betrachtet werden. Daraus folgt die mögliche Anwendbarkeit der Rollentheorie, da Kommunikation als eine Rollenbeziehung zwischen Kommunikations-Sender und Kommunikations-Empfänger zu analysieren ist. Allgemein ist das in Rollen institutionalisierte Verhalten der Art, daß ein einmal von einem Mitglied vollzogenes Verhalten keinen Nachvollzug von seiten der übrigen erfordert, um die Gruppe in Richtung ihrer Zielsetzung voranzutreiben. Rollensysteme entstehen durch Beseitigung „überflüssiger Verhaltensformen". Jede zielbezogene Information gehört in diese Verhaltensklasse. Kommunikation sollte daher auf Vermeidung eines Informationsüberflusses gerichtet sein; der Kommunikations-Sender kann zugunsten der Formulierung einer nützlichen Feststellung bzw. Antwort ausdrücklich dazu aufgerufen sein, nach *gegenteiliger* Information zu suchen. Negativer Rückfluß dürfte hier die regelmäßige Folge einer solchen ausdrücklichen Rollenverteilung bei problemerkundender Kommunikation sein.

Verwandte Untersuchungen

Soweit dem Verfasser bekannt, existieren zu den Hypothesen 4 bis 9 nur wenige relevante Daten. *Robert F. Bales* [12] veröffentlichte eine Arbeit über Übergangswahrscheinlichkeiten von „aktiver" und „reaktiver" Kommunikation innerhalb kleiner Problemlösungsgruppen, wobei Interaktionskategorien als Merkmale in den Kommunikationsprozeß eingeführt wurden. Da diese Kategorien gewisse Tendenzen aufweisen, das hier beleuchtete Phänomen zu verschleiern, sind die Ergebnisse zweideutig. Wenn Akteur A einer Meinung Ausdruck gibt, ist die wahrscheinliche Folge eine Reaktion des Akteurs B in Form von Einverständnis, passivem Akzeptieren, Zustimmung und schließlich direktem Übergang zu eigener Meinungsäußerung. Stimmt die von B geäußerte Meinung mit der eingangs von A vorgebrachten überein, so hat die Kommunikation von B Ähnlichkeit mit dem von uns dargestellten positiven Rückfluß und ist in gewisser Hinsicht überflüssig. Unterscheidet sich die von B geäußerte Meinung von der des A, so ähnelt dieses Beispiel negativem Rückfluß. Die in der Veröffentlichung von *Bales* angeführten Daten lassen eine derartige Unterscheidung vermissen. Die in diesem Zusammenhang mit größter Wahrscheinlichkeit auftretende Konsequenz ist jedoch eine unmittelbare Meinungsäußerung von B im Rahmen einer Reaktion ohne vorherige Zustimmung bzw. Bestätigung. Sie wird durch weitere aktive Meinungsäußerung fortgeführt. Dieses Beispiel enthält mit ziemlicher Wahrscheinlichkeit einige einem negativen Rückfluß verwandte Elemente.

Ein zweiter interessanter Gesichtspunkt ist im Beitrag *Fred L. Strodtbecks*[13] über Schwurgerichtsberatungen zu sehen. Das Verhältnis von Verurteilung bzw. Freispruch bewirkender kommunizierter Information hält sich im Laufe der Beratung gleichbleibend bei etwa 50 % und wendet sich erst in den Schlußminuten unversehens dem einen oder dem anderen Ergebnis zu. Ein solcher Trend, in dem sich Information aus beiden Richtungen eines Problemkreises niederschlägt, und zwar teilweise und in jedem Augenblick unabhängig von der persönlichen Bewertung des Falles durch den Geschworenen, deutet stark auf das Vorhandensein negativen Rückflusses hin. Andererseits sollte das genannte Verhältnis sich im Laufe des Beratungsprozesses schrittweise einem Schuldspruch bzw. einem Freispruch nähern. Angewandt auf Schwurgerichtsberatungen müßte unsere Theorie Kommunikationsprozesse mit sich bringen, die sich ausdehnend und verlängernd auf Unentschiedenheit und Dauer der Beratung auswirken, während sie durch Maximierung von Menge und Vielfalt der in die endgültige Urteilsfindung einbezogenen Betrachtungen auf seiten der „Gerechtigkeit" tätig wird. Ein Schwurgericht jedoch mit der ihm eigenen Verpflichtung, sämtliche für die Beweisfindung relevanten Tatbestände in die Betrachtung einzubeziehen, liefert ein nur wenig geeignetes Testbeispiel.

Als letzter mit unseren Hypothesen gegebenenfalls in Zusammenhang stehender Gesichtspunkt seien die Feststellungen *Marjorie E. Shaws*[14] über den Gegensatz individueller zu Problemlösung durch Gruppen genannt. Zu ihren Schlußfolgerungen zählen u. a.:

„1. Gruppen scheinen einer richtigen Lösung in weitaus größerem Maße gewiß zu sein, als es für Einzelpersonen zutrifft.

2. Dieser Sachverhalt scheint am ehesten auf die Verwerfung unrichtiger Vorschläge und die Elimierung von Irrtümern durch die Gruppe zurückzuführen sein.

3. In Gruppen der hier untersuchten Größe dürften ungeeignete bzw. unrichtige Vorschläge eher von einem anderen Gruppenmitglied als von der als Urheber des Vorschlages auftretenden Einzelperson zurückgewiesen werden."

Allgemein ist zu bemerken, daß die sich als relevant anbietenden Daten erst durch eine lange Kette von Schlußfolgerungen für diese Arbeit tatsächlich relevant zu nennen sind. Nur sehr selten wird in wissenschaftlichen Untersuchungen über soziale Interaktion dem wesentlichen Gehalt der Kommunikation die Beachtung geschenkt, die nach den hier entwickelten Hypothesen erforderlich ist.

Der Rahmen der Untersuchung

Von Problemlösungsgruppen, wie sie durch ein für die Dauer einiger Stunden beratendes Schwurgericht repräsentiert werden, bis zu einer den Versuch einer Mount-Everest-Bezwingung unternehmenden Gruppe ist ein weiter Weg. Aus einer Vielzahl von Gründen gibt eine Bergbesteigungsexpedition für die hier vorliegende Untersuchung einen vorzüglichen Rahmen ab. Als wichtigster Tatbestand ist ein zu Beginn sehr hoher Motivationsgrad hervorzuheben, während über lange Zeitperioden eine Tendenz zu nachlassender Bemühung auftreten kann, in denen daher Erhaltungsprozesse untersucht werden können. Des weiteren sind die vorliegenden Umweltbedingungen über die Aspekte problematischer Zielerreichung hinaus äußerst strapaziös, so daß der Wille zur Fortsetzung immer wieder auf eine harte Probe gestellt wird. Allein die Höhenlage stellt außerordentliche Anforderungen an Energie und Kraftreserven jedes einzelnen, und zwar sowohl physisch als auch psychisch. Daher liegen zielorientierte Motivation und die ihrer Erhaltung dienenden Prozesse in ständigem harten Kampf mit starken Widerständen, die aus dem für diese Untersuchung gewählten Rahmen resultieren.

Ehe wir mit der Darlegung der Methoden und Ergebnisse beginnen, ist auf verschiedene mit der Bergbesteigung direkt in Verbindung stehende Ereignisse und Ergebnisse hinzuweisen, die als relevant für diese Untersuchung anzusehen sind[15].

Nach einem Fußmarsch von fast 290 km unter schwerer Last durch die Berge Nepals begann die Besteigung des Mount Everest am Fuß des Berges in einer Höhe von knapp unter 5500 m. Die für die Ebene angeworbenen Träger, die Vorräte bis zu diesem Ausgangs-Camp zu transportieren hatten, wurden entlassen, während sich das zurückgebliebene Bergsteiger-Team für seine zweimonatige Arbeit am Berg zu rüsten begann. Das Team setzte sich aus westlichen Bergsteigern und nepalesisch-tibetanischen Sherpas[16] zusammen. Die den Sherpas im Rahmen dieses Teams zugewiesene Rolle sah keinerlei taktische, strategische oder sonstige Entscheidungsbefugnisse von irgendwelchem Gewicht vor, obwohl ihre Kenntnis und Erfahrung in dieser Richtung wertvolle Hinweise lieferten. Alle westlichen Bergsteiger hatten an diesen Befugnissen in verschiedenem Maße Anteil, wobei die Hauptverantwortung in den Händen eines ernannten Leiters sowie von Untergruppenleitern vereinigt wurde.

Der Aufstieg begann mit einer ebenso schwierigen wie gefährlichen Operation, bei der Vorräte über eine etwa 610 m steil abfallende Gletscherwand aufwärts transportiert wurden. Diese Gletscherwand fällt von einem 6558 m hoch gelegenen Gletscherbecken ab, das von drei hohen Gipfeln eng eingeschlossen wird (Mount Everest, 8848 m; Lhotse, 8501 m; Nuptse, 7879 m). In diesem Becken wurde ein mit großen Vorratsmengen ausgestattetes vorgeschobenes Ausgangslager (Camp 2) errichtet, das zu den verschiedenen potentiellen Expeditionszielen Zugang verschaffte.

Der Gipfel des Mount Everest konnte zunächst über das *Südjoch* erreicht werden, den Weg, auf dem bereits eine britische und eine schweizerische Expedition zum Erfolg gelangten. Dieser bekannte und erprobte Weg bot die größte Aussicht auf einen erfolgreichen Verlauf der Besteigung. Darüber hinaus konnte Camp 2 *möglicherweise* Zugang zu dem wenig bekannten, mit Sicherheit jedoch schwierigen *Westgrat* des Mount Everest eröffnen, von dem aus *möglicherweise* eine Besteigung des Gipfels von Westen aus unternommen werden konnte. Schließlich waren sowohl Lhotse als auch Nuptse von diesem Camp aus erreichbar. Bei jeder beliebigen Kombination dieser vier potentiellen Ziele konnte die Expedition somit ihre Reserven (Menschen, Material, Zeit) von Camp 2 aus verteilen oder konzentrieren.

Die *Festsetzung der Ziele* war eines der Hauptanliegen dieser Expedition, das vor der Besetzung von Camp 2 nicht völlig gelöst war. Ehe die Gruppe die Vereinigten Staaten verließ, wurde den Bergsteigern ein Fragebogen zugeschickt. Dieser Fragebogen sah für jedes der vier vorgenannten Ziele eine *subjektive Wahrscheinlichkeitseinschätzung möglichen Erfolges* sowie eine Feststellung über das Ausmaß „logistischer Unvereinbarkeit" bei jeder möglichen Kombination zweier dieser Ziele vor. Dreizehn der fünfzehn im Rahmen dieser Studie untersuchten Bergsteiger erhielten diesen Fragebogen. Ihre Antworten sind in den Tabellen 1 und 2 zusammengefaßt. Wie sollte sich auf Grund dieser vor der Abreise ermittelten Daten entsprechend der hier untersuchten Grundsätze die Zielbildung der Gruppe vollziehen?

Als die Einladungen zur Teilnahme an der Expedition an die einzelnen Bergsteiger ergingen, wurden Lhotse, Nuptse und Südjoch des Mount Everest als mögliche Projekte benannt. Der Westgrat des Mount Everest stand hier nicht zur Diskussion. Zum Zeitpunkt des genannten Fragebogens hatten sich einige Mitglieder privat mit dem Gedanken an die Besteigung des Westgrates beschäftigt, und diese Tatsache wurde anläßlich der Zusammenkunft der Gruppe vor ihrer Abreise nach Nepal kurz erwähnt. Nachdem das Team jedoch einmal zusammengefunden und seine gemeinsame Reise angetreten hatte, wurde dem Westgrat in den Diskussionen der Gruppenmitglieder ein ständig wachsender Raum und zunehmendes Interesse gewidmet. Nach 20tägigem Marsch in

Richtung auf den Berg nahm der Grat in der Vorstellung der Bergsteiger bereits einen festen Platz ein. Lhotse und Nuptse waren an den Rand des Interesses gerückt, und die Gruppe hatte sich in zwei verschiedene Teams für Westgrat und Südjoch gespalten.

Tabelle 1: Wahrscheinlichkeitseinschätzungen möglichen Erfolges für vier potentielle Expeditionsziele vor der Abreise

Skalenwerte		Ziele			
		Südjoch	Westgrat	Lhotse	Nuptse
Erfolg	5	1		1	
	4	7		6	
	3	3	2	3	1
	2	1	2	2	1
	1	1	1		4
Ungewißheit	0		3	1	5
	—1		2		
	—2		1		1
	—3		1		1
	—4		1		
Mißerfolg	—5				
Mittelwert:		3,46	0,00	3,23	0,31

Tabelle 2: Einschätzungen „logistischer Unvereinbarkeit" paarweise kombinierter potentieller Ziele vor der Abreise s. u.*

	Ziele		
	Südjoch	Lhotse	Nuptse
Westgrat	2,39	3,15	3,61
Südjoch		0,61	1,46
Lhotse			1,55

* Durchschnittswerte für 13 Befragte. Eine Einschätzung mit 0 bedeutet, daß „Erfolg bei einem Ziel auch den *Erfolg* bei dem anderen Ziel sicher erscheinen läßt". 5 bedeutet, daß „die Erreichung des einen Zieles die Erreichung des anderen ausschließt".

Während dieses Zeitabschnittes fand ein lebhafter Meinungs- und Informationsaustausch über den Westgrat statt, jedoch konnte der bereits vorhandenen keine neue Information hinzugefügt werden. In diesem Falle manifestierte sich die aus der den Westgrat umhüllenden Ungewißheit abgeleitete Motivation in der Suche nach neuer Information. Über Funk wurde eine spezielle Anfrage an die zivilisierte Welt gerichtet, der Gruppe ein besonderes Buch (in dem möglicherweise Photos des Westgrates enthalten sein konnten) durch Kurier nachzusenden. Ein besonderer Erkundungsgang zum Westgrat wurde geplant und an die erste Stelle des Besteigungsprogramms gesetzt. Für den teilnehmenden Beobachter kann kaum der geringste Zweifel darüber bestehen, daß Gruppeninteraktion bei der Mobilisierung einer auf den Westgrat gerichteten Motivation unter den Mitgliedern eine außerordentlich große Rolle spielte. Ob die in den Hypothesen 4 bis 9 aufgezeigten Strukturen des Informationsflusses hier zutreffend sind, bleibt zu untersuchen.

Warum sollte nach den in Tabelle 1 enthaltenen Daten gerade der Westgrat (und nicht der Nuptse) die größte Verlockung aufzuweisen haben? Wie bereits angedeutet, geht diese Frage über den Rahmen unserer Untersuchung hinaus — für den Bergsteiger liegt die Antwort jedoch auf der Hand: es konnten nicht *beide* Unternehmungen durchgeführt werden (s. Tabelle 2), und der Westgrat führt zum Gipfel des *Mount Everest*, einem echten Symbol der großen Schwierigkeiten.

Tabelle 1 deckt daneben eine Quelle großen Konfliktes für einige Bergsteiger auf, die von einem der Bergsteiger in Worte gefaßt wurde: „Würdest Du persönlich es vorziehen, den Mount-Everest-Gipfel über das Südjoch zu erreichen, oder mit der Versuchung des Westgrates zu spielen und sehr wahrscheinlich zu unterliegen?" Viele der Bergsteiger gaben der letztgenannten Möglichkeit klar den Vorzug, „*falls*", wie zwei von ihnen ausdrücklich feststellten, „eine Niederlage nur *wahrscheinlich*, nicht aber *sicher* ist". Bei Fortsetzung des Marsches führten die Auflösung dieses persönlichen Konfliktes sowie Selbsteinschätzungen der speziellen persönlichen Geschicklichkeit auf felsigem bzw. vereistem Terrain zur Selbst-Selektion von Westgrat- und Südjoch-Team. Jedoch erwies sich der persönliche Konflikt als noch nicht völlig gelöst, da ein Gruppenmitglied, das sich zunächst dem Westgrat-Team angeschlossen hatte, bald danach einen Teamwechsel vornahm, nachdem der innere Konflikt endgültig in entgegengesetzter Richtung entschieden war.

Einer ähnlichen Konfliktsituation begegnete man auf organisatorischer Ebene. Eine stark geförderte bzw. subventionierte Expedition zum Zwecke einer Mount-Everest-Besteigung war gezwungen, diesen Berg, wenn überhaupt möglich, gleich auf welchem Wege, zu besteigen. Infolgedessen mußte dem Südjoch im Rahmen der Expeditionspolitik notwendigerweise die Vorrangstellung eingeräumt werden. Des weiteren konnte unter keinen Umständen zugelassen werden, daß die Bemühungen um den Westgrat, durch die sich die Reserven der Gruppe zersplittern würden (wie später tatsächlich der Fall), die Anstrengungen um das Südjoch in Gefahr brachten. Das Westgratobjekt rief jedoch zuviel Enthusiasmus hervor, um ignoriert zu werden, und so entwickelten sich Gruppenkonflikte zu einem charakteristischen Merkmal dieser Expedition. Die Expeditionsleiter werden meiner Meinung nach den hier aufgetretenen Problemen mit dem Versuch begegnet sein, der „krankhaften Motivation" des Westgrat-Teams Herr zu werden, dessen Unternehmungen als potentielles Gefahrenmoment für alle übrigen Expeditionsverpflichtungen angesehen wurden. Gemäß den Hypothesen 2 und 3 war die Intensität dieser Motivation teilweise zweifellos eine Funktion des ungewissen Ausgangs der Bemühungen um den Westgrat.

Wegen eben dieser Ungewißheit machte die Expeditionspolitik eine Erkundung des Westgrates erforderlich, ehe Verpflichtungen bzw. Zugeständnisse in bezug auf Reserven einzugehen waren. *Wie aber würde das Ergebnis einer solchen Erkundung unter dem Blickwinkel der hier dargelegten Prinzipien mit großer Wahrscheinlichkeit ausfallen?* Das Ergebnis würde infolge ungewißheiterhaltender Prozesse ohne Beweiskraft sein (Hypothese 4 bis 8), insbesondere wenn die Erkundung von Bergsteigern mit hohem Motivationsgrad durchgeführt wurde (siehe Hypothese 9). Ich nehme an, daß die Expeditionsteilnehmer die Anwendbarkeit dieser Argumentation auf die tatsächlich eingetretenen Ereignisse erkannten. Eine Erkundung des Westgrates führte bis zu einer Höhe von 7650 m. Der über dieses Unternehmen gelieferte Bericht sagte aus, daß die Bewältigung des Westgrates „sehr schwierig, jedoch unter Umständen möglich" sein würde. Infolgedessen *mußte* ein Versuch in dieser Richtung unternommen werden.

Auf diese Weise konnte die durch Tabelle 1 in bezug auf das mögliche Ergebnis einer Besteigung des Westgrates nachgewiesene Ungewißheit durch lange, ständig wiederholte Diskussionen, durch Erkundung sowie durch den Verlauf aller folgenden Besteigungen aufrechterhalten werden. Sie blieb ungelöst bis zu dem Zeitpunkt, in dem zwei Beteiligte nach 92 Tagen Kampf den Gipfel des Mount Everest 40 m über sich erblickten. Die gleichzeitig damit auftretende Motivation sowie Energiemobilisierung zeigten während der gesamten Zeitperiode ein außerordentlich hohes Niveau.

An dieser Stelle führt uns unsere Theorie zu Fragen von zentraler Bedeutung: 1. War die solchermaßen anhaltende Ungewißheit gegenüber dem Ergebnis ein Produkt von Kommunikationsprozessen — über den Tatbestand direkt der Umgebung entnommener Information hinaus? 2. War das hier erzielte und aufrechterhaltene Motivationsniveau (angesichts einer außerordentlich feindlichen Umwelt) ein Produkt ungewisser Zielerreichung — über den motivationsfördernden Tatbestand eines in der „Erreichung des Mount-Everest-Gipfels" selbst begründet liegenden Lohnes hinaus?

Der untersuchte Personenkreis

Die hier untersuchte Gruppe bestand aus 19 westlichen Bergsteigern, die im Rahmen eines Teams zusammenarbeiteten (davon 18 Versuchspersonen und ein teilnehmender Beobachter). Die Mitglieder wurden von den Expeditionsleitern zunächst unter dem Gesichtspunkt bergsteigerischer Fähigkeit und Eignung als dem letztlich ausschlaggebenden Kriterium ausgewählt. Vom Augenblick der Annahme einer Einladung zur Teilnahme erforschten sich die Mitglieder untereinander, insbesondere bezüglich der Motivation, den Mount Everest zu besteigen.

Diese Gruppe wurde in zwei Subgruppen unterteilt, die hier als Westgrat-Team und Südjoch-Team unterschieden werden, wobei sich die Unterteilung durch persönliche Wahl selbst bildete. Das Westgrat-Team begann seine Arbeit mit 7 Bergsteigern, einschließlich dem Beobachter. Eines der Mitglieder wurde durch eine Lawine getötet, zwei weitere wandten sich bereits ziemlich zu Anfang der Besteigung dem Südjoch-Team zu, während gleichzeitig ein bis dahin unentschlossener Bergsteiger Anschluß an das Westgrat-Team fand. Folglich hatte das Westgrat-Team eine tatsächliche Mitgliederzahl von 5 Personen aufzuweisen, von denen 4 zu dem beobachteten Personenkreis gehörten. Das Südjoch-Team, wie es hier beschrieben werden soll, bestand aus einem Kern von 5 amerikanischen Bergsteigern und ist nach Besetzung und Engagement dem Westgrat-Team vergleichbar. Die übrigen 8 Teilnehmer gaben dem Joch-Team weitgehend Unterstützung durch Übernahme verschiedenster, mehr am Rande des Besteigungsprozesses liegender Rollen. Im Rahmen dieser Untersuchung seien sie als „periphere Gruppe" klassifiziert. Die von einem Mitglied dieses Personenkreises, dem einzigen Nicht-Amerikaner, gesammelten Daten weisen nicht-adäquate Merkmale auf. Außerdem konnte Dr. *Lester* in Anbetracht seiner psychologischen Forschungsaufgaben nicht in den untersuchten Personenkreis einbezogen werden. Demnach ist die Untersuchung mit 15 Personen besetzt: Joch-Team: 5; Westgrat-Team: 4; periphere Gruppe: 6.

Verfahrensweise

Die Untersuchung wurde nach dem Muster einer longitudinalen Fallstudie angelegt. Die Datenerfassung erstreckte sich auf die Zeit vom 20. Februar bis 22. Mai 1963 — dem Tag, an dem das Westgrat-Team den Gipfel erreichte —, eine Zeitperiode von insgesamt 92 Tagen also, von denen 30 Tage auf den Anmarsch und 62 Tage auf den Gipfelsturm entfielen. Eine entscheidende Phase endete mit dem 70. Tag, an dem das Joch-Team den Gipel erreichte.

Die hohen Anforderungen, denen in der Phase des Gipfelansturmes zu begegnen war, machten eine ebenso direkte wie organische Einfügung des Untersuchungsverfahrens in alltägliche Expeditions-Arbeitsvorgänge unabdingbar notwendig. Darüber hinaus mußte die Konzeption des Verfahrens darauf hinauslaufen, den Anteil der von der Untersuchung resorbierten Energie und Überlegung auf ein Minimum zu beschränken. Das Untersuchungsverfahren wurde daher in ein System von vier verschiedenen *datenerfassenden Arbeitsvorgängen* geordnet, die sich weitgehend in Gewohnheit überführen ließen.

1. Der Arbeitsvorgang „Tagebuch". Jede Versuchsperson erhielt ein besonders vorbereitetes Tagebuch, das sowohl persönliche als auch untersuchungsrelevante Eintragungen aufnehmen sollte. Jeweils zwei gegenüberliegende Seiten waren für die Eintragungen eines Tages bestimmt. Das obere Drittel beider Seiten war den im Verlauf der Untersuchung gestellten Fragen vorbehalten, die nach zahlenmäßigen Aussagen oder knappen, offengelassenen Antworten verlangten. Einige dieser Fragen kehrten jeden Tag wieder. So z. B.: „Morgen (soll ich, werde ich, würde ich gerne): ...." (Als charakteristische Antworten können hier genannt werden: „*Soll ich:* eine Last nach Camp 3 transportieren" oder „*würde ich gerne:* einen Tag ausschlafen".) Diese Angabe wurde als ein die Energiemobilisierung E erschließender Tatbestand definiert. Einige Angaben kehrten jeden zweiten Tag wieder, wie z. B. subjektive Wahrscheinlichkeitseinschätzung möglichen Erfolges bzw. Mißerfolges für jedes Objekt sowie die Bezifferung des eigenen „Enthusiasmus" innerhalb einer Wertskala von — 5 bis + 5. Wieder andere Angaben traten in Abständen von vier oder acht Tagen in Erscheinung, ein Zyklus, der sich im Laufe des ganzen Tagebuchs wiederholte.

Der untersuchte Personenkreis hatte seine Tagebucheintragungen *täglich* zu erledigen. Zweck dieser Forderung war nicht nur, zu genauen täglichen Informationen zu gelangen, sondern auch die Absicht, den Gebrauch des Tagebuches zu einer routinemäßigen Handlung werden zu lassen. Verzichtete einer der Bergsteiger an einem Tage auf eine Eintragung (infolge „außerordentlich zwingender und unvermeidlicher Umstände"), so wurde diese Eintragung nicht nachträglich ergänzt.

2. Arbeitsvorgang „anreizschaffende Aussagen". Im Verlaufe seiner Arbeit als teilnehmender Beobachter streute der Forscher „anreizschaffende Aussagen" in eine natürliche Diskussion mit einzelnen Versuchspersonen ein und hielt den unmittelbar daraus empfangenen Rückfluß durch Tonbandaufzeichnungen bzw. Stichworte fest[17]. Je nach der für eine solche Aussage sich bietenden Gelegenheit wurde sie so fixiert, daß entweder *pessimistische* oder *optimistische* Information entweder über das Objekt Westgrat oder das Objekt Südjoch zum Ausdruck kam. Die Anzahl jeden Typus war für jede Versuchsperson ausgewogen und in der Aufeinanderfolge annähernd wechselseitig. Die zugrunde liegende Absicht hätte nach einheitlichen Frequenzen bei Verteilung „anreizschaffender Aussagen" unter den Versuchspersonen verlangt. Infolge eigenen Fortschreitens am Berg war jedoch diese Bedingung nicht zu erfüllen. Die Versuchspersonen durften sich dieser Verfahrensweise unter keinen Umständen bewußt werden, und Diskussionen nach Beendigung der Expedition ebenso wie das Verhalten der Versuchspersonen im Laufe der Untersuchung lassen darauf schließen, daß die Methode nicht erkannt wurde.

3. *Aufzeichnung von Gruppendiskussionen.* Soweit wie möglich wurden Gruppenberatungen über die Planung, Berichte über Erkundungen und andere Auseinandersetzungen von geringerer Bedeutung in Form von Tonbandaufnahmen aufgezeichnet. Technische Schwierigkeiten mit Aufnahmegerät und Batterien infolge niedriger Temperaturen (nahezu ständig unter dem Gefrierpunkt und häufig weit darunter) wirkten sich auf diesen Arbeitsvorgang sehr stark hemmend aus.

4. *Aufzeichnung von Funk-Kommunikationen.* Ein transportables Aufnahme- und Wiedergabegerät mit stimmenverstärkender Sende- und Empfangssteuerung konnte erfolgreich in halbautomatischer Weise zur Aufzeichnung der Kommunikationen zwischen den Camps eingesetzt werden. Unglücklicherweise war das Ausmaß der über dieses Medium vermittelten Kommunikation über die Einschätzung der Umwelt nur sehr gering. Die vorrangige Bedeutung einer vernunftgemäßen Koordination durch Kontaktpflege auf dem Funkwege ließ der für diese Untersuchung in Betracht kommenden Kommunikation nur wenig Raum.

Ergebnisse

Die meisten der in diesem Bericht dargelegten Daten beruhen auf einem Südjoch-Westgrat-Vergleich, da diese Aufspaltung der Expedition in bezug auf unsere wichtigste unabhängige Variable — Ungewißheit über die Zielerreichung — eine signifikante Abweichung nachweist. Die Schaubilder 1 und 2 machen die große Differenzierung der für jedes der Ziele entwickelten Erfolgsaussichten in augenfälliger Weise deutlich. An jedem zweiten Tage wurde jeder Bergsteiger ersucht, im Rahmen seiner Tagebucheintragungen für beide Expeditionsziele sowohl die *obere* Grenze als auch die *untere* Grenze realistischer Einschätzung der Erfolgswahrscheinlichkeit zu fixieren. Dabei ist die Nennung „5" als „absolute Gewißheit auf Erfolg" sowie die Nennung „—5" als „Gewißheit auf Mißerfolg" zu verstehen, während „0" den Mittelpunkt festlegt.

Abbildung 1 gibt diese Einschätzungen für das Südjoch im Verlauf von 7 10-Tage-Perioden an bis zu dem Zeitpunkt, an dem der Erfolg erlangt wurde.

Für die obere Grenze schwanken die Schätzwerte um den Wert 4, für die untere Grenze um den Wert 2. Es bewegen sich demnach beide noch im Bereich der „Gewißheit auf Erfolg", wobei unter dem Einfluß der Zeit ein schwacher Trend zu verstärkter Erfolgsgewißheit festzustellen ist. In Abbildung 2 gruppieren sich diese gleichen Schätzwerte für das Westgrat-Objekt in dem Bereich von 1 bis —2, mit dem deutlichen Trend zu wachsendem Pessimismus unter dem Einfluß der Zeit. Der Westgrat liegt klar im Bereich größter „Ungewißheit".

1. *Quasi-Kommunikation:* Im Rahmen ihres Tagebuches wurden die Beteiligten vor folgende Frage gestellt: „Wenn ich mit .... über die Aussichten auf Mißerfolg oder Erfolg für .... sprechen würde, würde ich darlegen (oder fragen): .... ". Die Versuchsperson wählte also einen Kontrahenten sowie eines der Ziele als Gegenstand ihrer Betrachtung aus und formulierte dann ihre mögliche Mitteilung. Tabelle 3 zeigt die in diesem Zusammenhang gewonnenen Daten, unterschieden nach Sub-Gruppen bzw. Herkunft und Ziel der Mitteilungen. Im allgemeinen verläuft der Kommunikationsfluß aus jeder der drei möglichen Quellen in Richtung der beiden Aktivitätszentren (Südjoch- und Westgrat-Team). Im übrigen ist das Volumen

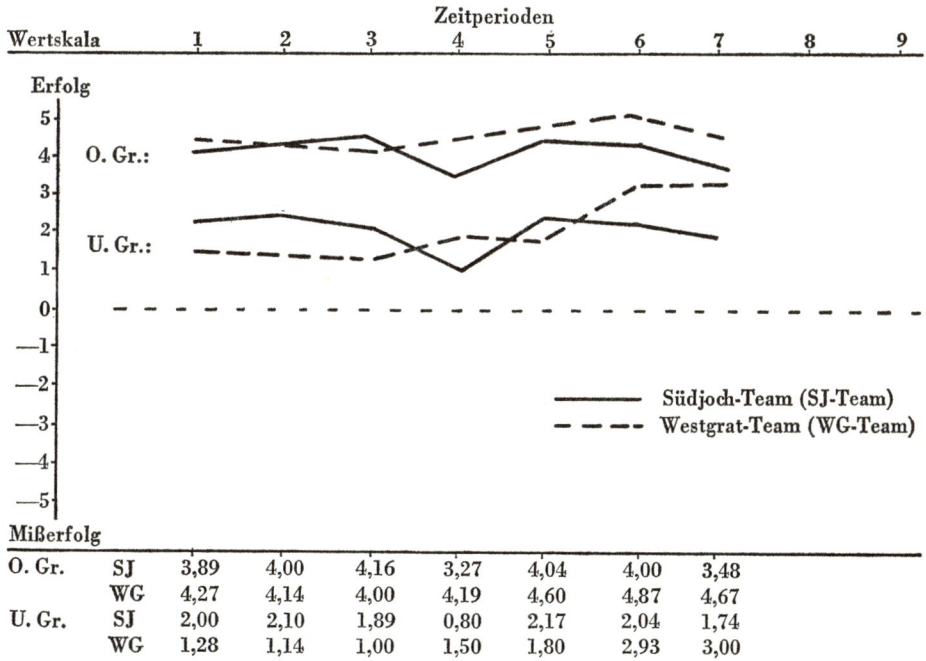

		1	2	3	4	5	6	7
O. Gr.	SJ	3,89	4,00	4,16	3,27	4,04	4,00	3,48
	WG	4,27	4,14	4,00	4,19	4,60	4,87	4,67
U. Gr.	SJ	2,00	2,10	1,89	0,80	2,17	2,04	1,74
	WG	1,28	1,14	1,00	1,50	1,80	2,93	3,00

Abb. 1: Südjoch-Ziel: Obere und untere Grenzen für die Einschätzung der Erfolgswahrscheinlichkeit, nach Team und Zeitperioden (Mittelwerte)

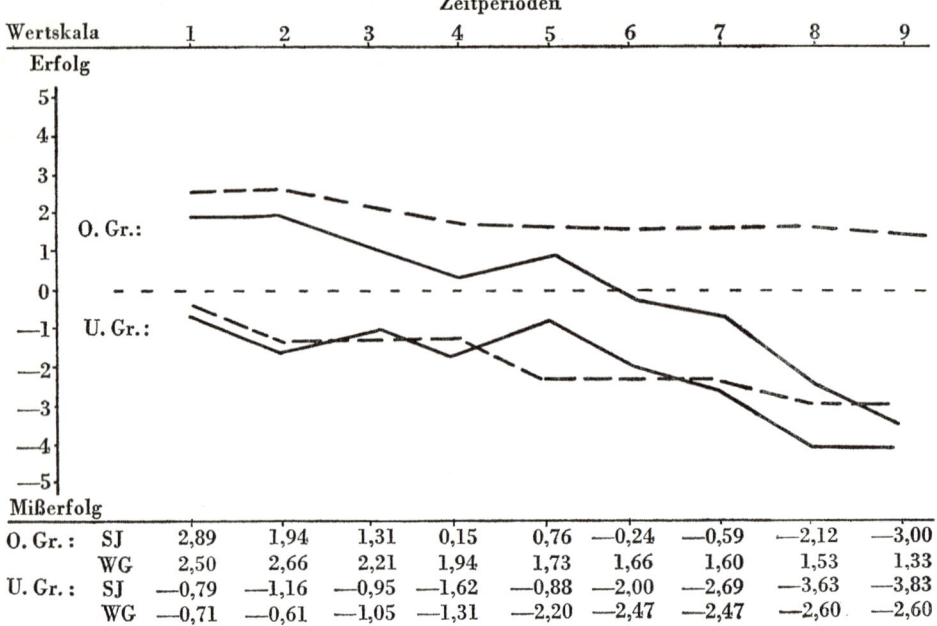

Abb. 2: Westgrat-Ziel: Obere und untere Grenzen für die Einschätzung der Erfolgswahrscheinlichkeit, nach Team und Zeitperioden (Mittelwerte für 10tägige Perioden)

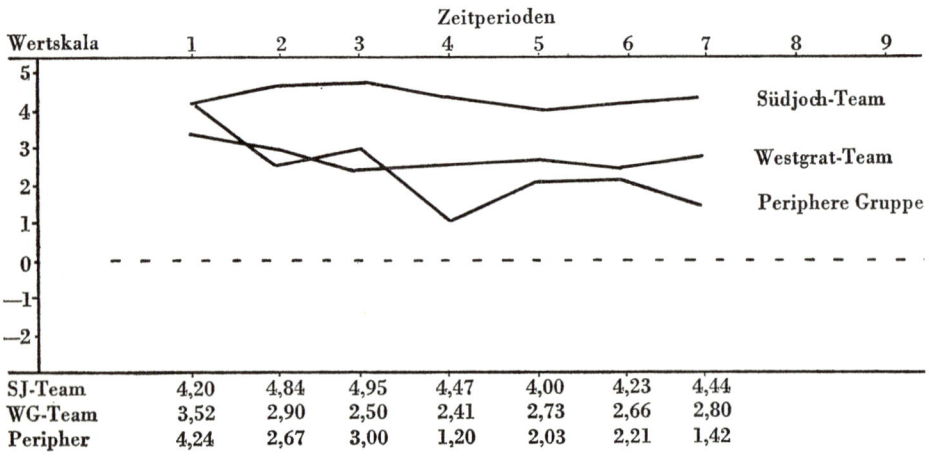

Abb. 3: Südjoch-Ziel: Selbsteinschätzung des Motivationsgrades nach Team und Zeitperioden (Mittelwerte für 10tägige Perioden)

dieses Flusses für beide Richtungen symmetrisch. Wie in unseren Hypothesen dargelegt, nach denen anhaltende Motivation als eine Funktion von Kommunikation zu verstehen ist, läßt sich auch in dem hier betrachteten Zusammenhang deutlich beobachten, daß auf seiten des Südjoch- ebenso wie des Westgrat-Teams ein hoher Motivationsgrad erhalten blieb, während in der peripheren Gruppe ein progressiver Motivations*rückgang* zu verzeichnen war (siehe Abbildungen 3 und 4). Dieser Tatbestand bedarf wohl kaum der Prüfung, da ohnehin von den beiden anderen Gruppen in jedem Falle größere Motivation zu erwarten war. Von weitaus größerer Bedeutung ist der hier aufgezeigte Zusammenhang zwischen Motivation und Kommunikation a) zur Bestätigung der von *Harold J. Leavitt* durchgeführten Arbeitsstudie über zentral-periphere Positionen in Kommunikationsnetzwerken [18] sowie b) zur Bestätigung unserer hier vorgelegten Klassifizierung „peripherzugehöriger" Teilnehmer.

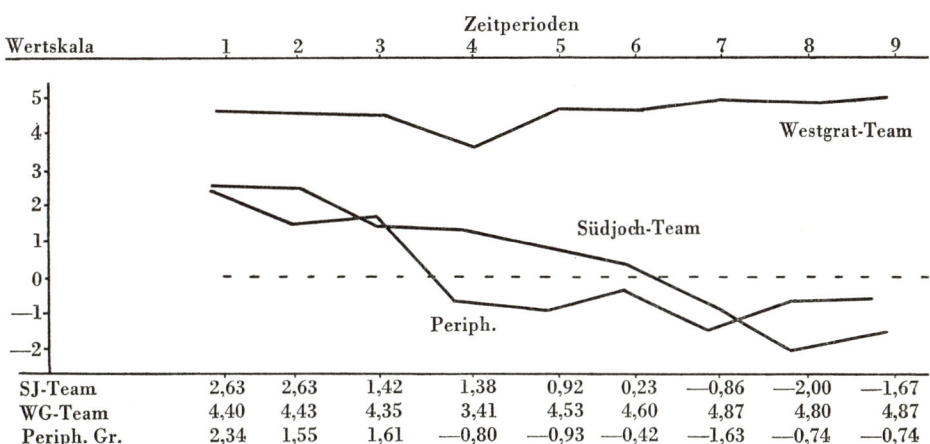

Abb. 4: *Westgrad-Ziel:* Selbsteinschätzung des Motivationsgrades nach Team und Zeitperioden (Mittelwerte für 10tägige Perioden)

Hypothese 3 macht geltend, daß zielgerichtete Energie als Funktion von Ungewißheit im Hinblick auf die Zielerreichung mobilisiert wird. Wenn diese Energie durch Kommunikation zum Ausdruck gebracht wird, sollte in Richtung „Westgrat" ein stärkerer Kommunikationsfluß zu erwarten sein als in Richtung „Südjoch". Gemäß Tabelle 3 kommt eine derartige Tendenz hinsichtlich der Wahl des Mitteilungen empfangenden Kontrahenten nicht zur Auswirkung. Dagegen geht aus Tabelle 4 hervor, daß Mitteilungen *über* den „Westgrat" in weitaus stärkerem Ausmaß vertreten sind — ein Tatbestand, der darauf hindeutet, daß kommunikative Beachtung vornehmlich auf Bereiche der Ungewißheit konzentriert ist.

Tabelle 3: Anzahl quasikommunikativer Mitteilungen nach sendendem und empfangendem Team

Von:	Zu:			
	Südjoch-T.	Westgrat-T.	Peripherer Gr.	Total
Südjoch-Team	32	30	7	69
Westgrat-Team	35	38	8	81
Peripherer Gruppe	49	43	18	110
Total:	116	111	33	260

Tabelle 4: Anzahl quasikommunikativer Mitteilungen nach sendendem Team und Gegenstand der Mitteilung

Von:	Über:			
	Südjoch	Westgrat	Andere	Total
Südjoch-Team	25	25	19	69
Westgrat-Team	15	56	10	81
Peripherer Gruppe	30	40	40	110
Total:	70	121	69	260

Wenn man annimmt, daß Kommunikation in Brennpunkten der Ungewißheit ihren Ursprung hat, so ergibt sich daraus die Frage, ob sie darüber hinaus geeignet ist, durch selektive Informationsübermittlung *eben diese Ungewißheit aufrechtzuerhalten*, wie in den Hypothesen 4 bis 9 angedeutet. Im positiven Falle wäre ein beachtlicher Teil des in unserer Theorie umrissenen sich selbst erhaltenden Systems bereits lokalisiert. Die Hypothesen 4 und 5 implizieren, daß für Fälle, in denen die dem Umweltgeschehen entnommene Information Tendenzen zu relativer Gewißheit auf Erfolg, Mißerfolg bzw. Ungewißheit auslösender Wirkung offenbart, dementsprechende Tendenzen zu vorwiegend *pessimistischer, optimistischer* bzw. *beide Elemente enthaltender* Information im Rahmen der Kommunikation zum Tragen kommen. Demgemäß werden diese quasikommunikativen Daten in Tabelle 5 dargestellt nach sendendem Team, erörtertem Ziel und Art der Information.

Bezüglich der Mitteilungen über das Südjoch, das als relativ sicher erreichbar angesehen wird, läßt sich eine relativ ausgeprägte Tendenz zur Selektion „pessimistischer" Information über das Ziel feststellen. Dieser Tatbestand stimmt mit Hypothese 4 überein und zeigt deutlich auf, daß *in Zusammenhang mit Problemlösung* kommunizierte Information nicht bloße Reflexion der vom Kommunikationsmittler vertretenen Ansichten darstellt. Darüber hinaus ist der Anteil „pessimistischer" Mitteilungen über das Südjoch am stärksten unter den Mitgliedern des Südjoch-Teams, gefolgt von der peripheren Gruppe und schließlich vom Westgrat-Team. Diese Reihenfolge stimmt mit dem Grad partizipierender Involviertheit dieser Sub-Gruppen an den Bemühungen um das Südjoch überein. Somit scheinen diese Daten zur Bestätigung der Hypothese 9 geeignet, gemäß derer *zielorientierte Motivation* als notwendige Vorbedingung für die hier diskutierten Kommunikationsstrukturen vorauszusetzen ist. Dagegen ist das Ergebnis quasikommunikativer Daten den Sub-Gruppen-Vergleichen der vorliegenden Art kaum adäquat.

Tabelle 5: Anzahl quasikommunikativer Mitteilungen über Südjoch und Westgrat nach sendendem Team und Inhalt der Information

Von:	Über:	Information:			
		Optim.	Pessim.	Andere*	Total
Südjoch-Team	Südjoch	2	20	3	25
Südjoch-Team	Westgrat	5	13	7	25
Westgrat-Team	Südjoch	4	6	5	15
Westgrat-Team	Westgrat	20	21	15	56
Peripherer Gr.	Südjoch	6	17	7	30
Peripherer Gr.	Westgrat	5	23	12	40
	Total:	42	100	49	191

* Einige Mitteilungen waren nicht als „optimistische" oder „pessimistische" Information zu klassifizieren. Größtenteils handelte es sich hier um Mitteilungen, in denen Entscheidungen verfochten wurden.

Bei Betrachtung der von seiten des Westgrat-Teams über den Westgrat ausgegebenen Mitteilungen ist ein ausgewogenes Verhältnis pessimistischer und optimistischer Information festzustellen. Angesichts eines so hohen Motivationsgrades (siehe Abbildung 3) und eines derart ungewissen Ergebnisses, wie für dieses Team zutreffend, stimmen die Resultate exakt mit den in den Hypothesen 5 und 9 gegebenen Voraussagen überein. Dagegen sind Mitteilungen des Südjoch-Teams sowie seiner peripheren Mitglieder vorherrschend pessimistischer Natur. Wie ist dieses Phänomen zu erklären, da doch das Westgrat-Team in den Augen des Joch-Teams mit ziemlicher Gewißheit scheitern wird? Wäre nicht der Motivationsfaktor, so müßten unsere Hypothesen das genaue Gegenteil der für das Südjoch beobachteten Resultate vorschreiben. Wiederum *könnte möglicherweise* der Motivationsfaktor hier eine Erklärung liefern. Wir vermuten jedoch mehr dahinter. Es scheint geraten, sich ins Gedächtnis zurückzurufen, daß das Westgrat-Unternehmen als Gefährdung des Südjoch-Projektes begriffen werden konnte. In diesem Falle wird aber für solche Kommunikation ein weitgehend anderer Motivationshintergrund — gefahrorientierte mehr als zielorientierte Problemlösung — maßgebend und bestimmend. Vom Standpunkt der Kommunikation handelt es sich um den Unterschied zwischen Informationsvermittlung in der Absicht zu *überzeugen,* wie sie in Streitgesprächen erfolgt, gegenüber Informationsvermittlung in der Absicht zu *erkunden,* wie sie bei gemeinsamer Problemlösung erfolgt.

Diese Daten sowie die vorangestellte Theorie werfen interessante Fragen über den Gegensatz von *innerhalb* und *zwischen* Gruppen vollzogener Kommunikation bei der Einschätzung und Bewertung der Umwelt auf. Erstere mag, wie durch unsere Hypothese vorausgesagt, auf die Ungewißheit verlängern, während letztere zu polarisierter Meinungsbildung führen kann. Leider kann dieser Gesichtspunkt angesichts der geringen Anzahl von Daten nicht in angemessener Weise verfolgt werden.

2. *Kommunikationsrückfluß.* Die quasikommunikativen Daten betreffen die Selektion von Mitteilungen durch den ursprünglichen Aussender. Hypothesen 6, 7 und 8 befassen sich mit der Struktur der als Antwort des Empfängers retournierten Kommunikation (Rückfluß). Für die Selektion der Information im Rückfluß kann beherrschend sein a) die als Anreiz empfangene Information oder b) die aus dem Umweltgeschehen verfügbare Information. Diese beiden Möglichkeiten entsprechen den beiden eingangs erwähnten Grundprinzipien psychologischer und soziologischer Richtung. In ursprünglicher Kommunikation des hier untersuchten Typus waren diese Prinzipien nicht zu trennen. Dagegen war eine derartige Trennung möglich — und wurde auch durchgeführt — in unseren Hypothesen über Kommunikationsrückfluß.

Hypothesen 6 und 7 legen dar, daß Kommunikationsrückfluß die Tendenz zeigt, der vorherrschenden Information über die Umwelt zuwiderzulaufen. Wie hier festgestellt, vermag die ursprüngliche Mitteilung die zurückgesandte Erwiderung hervorzurufen, nicht aber zu gestalten. Gemäß Hypothese 8 tendiert der Rückfluß dahin, der durch Kommunikation empfangenen Information entgegenzulaufen, während die Umwelt im Zustand gleichmäßig ausgewogener Ungewißheit „konstant gehalten" wird.

Der Arbeitsvorgang „anreizschaffende Aussagen" war eine spezielle zu dem Zweck angewandte Methode, in Zweiersystemen Daten über Kommunikationsrückfluß zu isolieren und zu gewinnen. Nach Aufnahme einer Diskussion mit einer gegebenen Versuchsperson wurde die Unterhaltung, wenn notwendig, auf eventuellen Erfolg bzw. Mißerfolg gelenkt und sodann *in direktem Zusammenhang* damit eine anreizschaffende Aussage fixiert, die entweder optimistische oder pessimistische Information vermittelte. Diese Aussage sowie die *unmittelbare* Antwort wurden entweder durch Tonband oder bei nächster Gelegenheit durch Stichworte aufgezeichnet. Zum Beispiel:

Aussage A: „Wir sind wirklich gut am Berg vorangekommen."
Antwort B: „Na ja, das Wetter war ja auch nicht allzu schlecht. Ich hatte Schlimmeres erwartet" (positiver Rückfluß).
Aussage B: „Wir sind jeder vorherigen Expedition auf diesem Berg um etwa einen Monat voraus."
Antwort B: „Sicher, aber wir haben den härteren Job. Es liegt ganz einfach an unserer Zeiteinteilung" (negativer Rückfluß).
Aussage C: „Soviel hängt von diesen Winden ab und die verdammten Dinger tun's nicht."
Antwort C: „Man kann eben mechanischen Erfindungen hier oben einfach nicht trauen" (positiver Rückfluß).

Tabelle 6 zeigt diese „Rückflußdaten", aufgeschlüsselt nach Art der in der Aussage enthaltenen Information, Team-Zugehörigkeit der Versuchsperson und erörtertem Ziel (Westgrat oder Südjoch). Periphere und Südjoch-Mitglieder wurden innerhalb dieser Daten zusammengefaßt.

Tabelle 6: Kommunikationsrückfluß auf „optimistisch" und „pessimistisch" stimulierende Aussagen — bezogen auf Zielsetzungen unterschiedlichen Ungewißheits- und Motivationsgrades

Vpn.	Ziel	Inform./stim. Auss.	Information/Antwort		Prozent neg. R.-fl.	Vorherrschende Bedingungen	
			Optim.	Pessim.		Zielerr.	Motiv
West-grat	West-grat	Optim. Pessim.	6 31	32 7	84,2 81,6	Unsicher	Sehr hoch
West-grat	Süd-joch	Optim. Pessim.	5 11	15 8	75.0 57,9	Erfolg wahrsch.	Hoch
Süd-joch	Süd-joch	Optim. Pessim.	4 15	20 9	83.3 62,5	Erfolg wahrsch.	Sehr hoch
Süd-joch	West-grat	Optim. Pessim.	2 3	11 8	84,6 27,3	Mißerfolg wahrsch.	Niedrig
(-kombiniert-)		Optim. Pessim.	17 60	78 31	82,1 65,9	(-kombiniert-)	

Betrachtet man zunächst die „kombinierten" Daten, so läßt sich feststellen, a) daß pessimistische Antworten vor optimistischen den Vorrang einnehmen (hinweisend auf eine Tendenz zu besonderer Akzentuierung der „Problematik" im Rahmen der Problemlösung?) und daß b) negativer Rückfluß bei Erwiderung sowohl optimistischer als auch pessimistischer Aussagen vorherrschend ist. Bei Untersuchung des Kommunikationsrückflusses aus Richtung Südjoch-Team über das Projekt Westgrat weisen die hier gewonnenen Daten das genaue Gegenteil des vorausgesagten Ergebnisses nach. Erwiderungen auf beide Arten stimulierender Aussagen sind vorwiegend pessimistisch und führen zu negativem Rückfluß, wo wir positiven voraussagten, sowie positivem, wo wir negativen voraussagten. *Wiederum* wäre es möglich, die Motivationsforschung zu Hilfe zu rufen, jedoch muß unsere Argumentation *wiederum* die Möglichkeit gefahrorientierter Motivation sowie der Kommunikation *zwischen* Gruppen einbeziehen. Der partizipierende Beobachter als Empfänger aller in Tabelle 6 aufgezeichneten Rückflüsse war einwandfrei dem Westgrat-Team zugehörig. Infolgedessen war der Rückfluß aus Richtung Südjoch-Team über das Projekt „Westgrat" als Kommunikation *zwischen* Gruppen aufzufassen, sofern tatsächlich Subgruppengrenzen existierten.

Insbesondere zeigt der Rückfluß aus Richtung Westgrat-Team über das Projekt Westgrat völlige Übereinstimmung mit Hypothese 8. Es ist dies die Hypothese, die nach obiger Darlegung in ihrem Grundprinzip eher auf die Rollentheorie als auf die Psychologie selektiver Beachtung zurückzuführen ist. Die Hypothesen 6 und 7 beruhen auf psychologischen Grundprinzipien; die gewonnenen Daten bieten hier geeignete Unterstützung. Negativer Rückfluß auf optimistische Aussagen wird vorausgesagt unter „optimistischen" Bedingungen, wie sie im Falle Südjoch vorliegen. Die ermittelten Ergebnisse gehen mit dieser Voraussage konform. *Dagegen* wird positiver Rückfluß für pessimistische Aussagen vorausgesagt. Statt dessen stellen wir wiederum negativen Rückfluß fest — wenn auch in schwächerer Ausprägung. In diesem Beispiel scheinen sich Hypothese 8 mit Hypothese 6 gegenseitig zu beeinflussen. Die Ergebnisse deuten darauf hin, daß beide Prozesse, ein psychologischer und ein soziologischer, zur Wirkung gelangen.

3. Kommunikationsrückfluß über das Zweiersystem hinaus. Wenn eben möglich, wurden Tonbandaufzeichnungen von Gruppendiskussionen erstellt. Speziell zu diesem Zweck konzipierte Methoden sollten eine Analyse dieser Daten in folgerichtigem Ablauf durch die verschiedenen „Bereiche" eines Problems im Rahmen der Problemlösung durch Gruppen ermöglichen. Vom Standpunkt des Kommunikationsrückflusses wird das Problem einer Analyse immens vergrößert — zum Teil auf Grund der Tatsache, daß jeder unter mehreren Empfängern die Rolle des Erwidernden übernehmen und seine Erwiderung mit jeder von vielen möglichen auslösenden Aussagen bzw. zusammengesetzten Themen in Zusammenhang bringen kann.

4. Ungewißheit in bezug auf Zielerreichung im Zeitablauf. Die Einschätzungen der Versuchspersonen über die Wahrscheinlichkeit der Zielerreichung wurden als Indikator umweltbezogener Information angenommen und in obiger Erörterung als unabhängige Variable eingesetzt. Indessen sucht unsere Theorie darzulegen, daß Kommunikationsprozesse dahin tendieren, Ungewißheit zu schaffen und zu erhalten. Aus der Kenntnis des Motivationsgrades von Südjoch- und Westgrat-Team dem eigenen sowie dem Ziel der anderen Gruppe gegenüber (siehe Abbildungen 3 und 4) lassen sich einige Voraussagen machen. 1. Ungewißheit über Zielerreichung am Südjoch sollte innerhalb des Südjoch-Teams stärker erhalten bleiben als innerhalb des Westgrat-Teams. 2. Ungewißheit über Zielerreichung auf dem Westgrat-Wege sollte innerhalb des Westgrat-Teams stärker erhalten bleiben als innerhalb des Südjoch-Teams.

Ein Blick auf die Abbildungen 1 und 2 beweist, daß diese Voraussagen bis zu einem gewissen Grad mit den aus den Tagebüchern der Versuchspersonen ermittelten Daten übereinstimmen. Die Trendverläufe zeigen im Vergleich zum anderen Team für beide Teams gewisse Neigungen zur Erhaltung von Ungewißheit über das eigene Ziel. Jedoch können derartig gruppierte und in Durchschnittsangaben zusammengefaßte Antworten nicht ihrem Nennwert nach angenommen werden, da sich um diese Trendverläufe starke Abweichungen verteilen, die ebenfalls zu beschreiben sind. Die zugrunde liegenden Daten enthalten im Laufe der Zeit ständig wiederholte Wertungen der Versuchspersonen. Stark individuell geprägte Antwortreihen sowie wechselnde persönliche Antwortnormen sind bei derartigen Messungen zu erwarten, so daß Vergleiche der Versuchspersonen untereinander ziemlich vermessen erscheinen. Darüber hinaus macht die nur kleine Anzahl von Versuchspersonen Gruppenvergleiche an Hand der absoluten Skalenwerte nahezu wertlos. Daraus ergibt sich die Notwendigkeit, den longitudinalen Charakter der Messungen zu betonen, indem bei einer Untersuchung der im Zeitablauf auftretenden Veränderungen jede einzelne Versuchsperson für sich allein betrachtet bzw. an sich selbst gemessen wird.

Tabelle 7: Varianzanalyse: „Obere" Schätzwerte für die Erfolgswahrscheinlichkeit am Südjoch, über sieben 10-Tage-Perioden, nach Einzelpersonen und Teamzugehörigkeit

Herkunft der Varianz	Summe der Quadrate	Freiheitsgrade	Mittlere Quadrate
Zwischen Zeitperioden	7.819	6	1.303
Zwischen Teams	16.807	1	16.807
Zw. Einzelp. in Teams	232.806	7	33.258
Interaktion:			
Teams × Zeit	2.400	6	.400
Einzelpersonen × Zeit	60.893	42	1.449
Bei Einzelp. in Zeit	38.302	205	.187
Total	359.027	267	

Das Verfahren der Varianzanalyse wird hier angewandt, um Abweichungen zwischen Zeitperioden, zwischen Teams, zwischen Einzelpersonen innerhalb von Teams und bei Einzelpersonen *innerhalb von Zeitperioden* als eine Restwertbzw. „Fehler-Abweichung" darzustellen. Die der *Interaktion zwischen Zeitperioden* und Teams entsprechende Varianz darf als weiter verfeinerter *Index* zur *Messung* der im Zeitablauf zwischen den beiden Teams auftretenden *relativen Veränderungen* angesehen werden[19]. Diese Größen zusammen mit den aus den Abbildungen 1, 2, 3 und 4 ersichtlichen Richtungsänderungen mögen uns zur Erfassung relativen Vorhandenseins von Erhaltungsprozessen bei beiden Teams dienen.

Tabelle 8: Varianzanalyse: „Niedrige" Schätzwerte für die Erfolgswahrscheinlichkeit am Südjoch, über sieben 10-Tage-Perioden, nach Einzelpersonen und Teamzugehörigkeit

Herkunft der Varianz	Summe der Quadrate	Freiheitsgrade	Mittlere Quadrate
Zwischen Zeitperioden	42.017	6	7.003
Zwischen Teams	62.339	1	62.339
Zw. Einzelp. in Teams	710.860	7	101.551
Interaktion:			
Teams × Zeit	143.797	6	23.966
Einzelpersonen × Zeit	70.825	42	1.686
Bei Einzelp. in Zeit	127.219	202	.629
Total	1 157.057	264	

Der erste hier angestellte Vergleich bezieht sich auf die Einschätzung des möglichen Ergebnisses am Südjoch durch Südjoch- und Westgrat-Team. Die Tabellen 7 und 8 erfassen die hier zutreffenden Varianzanalysen für „obere" und „untere" Schätzwerte. Betrachtet man zunächst die jeweilige Varianz für Schwankungsbereiche zwischen den *Teams,* zwischen *Einzelpersonen* innerhalb eines Teams und bei *Einzelpersonen* überhaupt, so wird deutlich, daß a) individuelle „Antworttypen" ausgeprägt vorhanden und daher b) Unterschiede in den absolut angegebenen Skalenwerten verschiedener Teams von geringem Aussagewert sind. (Dasselbe gilt ganz allgemein für diesen Abschnitt der Analyse.) Wichtiger für unsere Untersuchung sind jedoch die beiden *Interaktions*varianzen: 1. Für obere wie untere Schätzwerte möglichen Erfolges am Südjoch gibt es über zeitliche Veränderungen hinaus unter den Einzelpersonen *innerhalb eines Teams* nur wenig Differenzierung; 2. für obere Schätzwerte liegen über zeitliche Veränderungen hinaus nur sehr wenige Unterschiede *zwischen verschiedenen Teams* vor; und 3. für untere Schätzwerte ist innerhalb der zeitlichen Veränderungen ein erheblicher Unterschied zwischen den Teams feststellbar. Zusammen mit Abbildung 1 weisen alle diese Daten darauf hin, daß das Südjoch-Team angesichts des vorherrschenden Optimismus Anzeichen möglichen Mißerfolgs gegenüber aufmerksamer blieb, als es die Mitglieder des Westgrat-Teams waren. Ungewißheit über das *eigene* Ziel wurde unter den Versuchspersonen erhalten.

Die Tabellen 9 und 10 enthalten ähnliche Analysen für obere und untere Erfolgseinschätzungen der Westgratbemühungen. Für obere wie untere Schätzwerte gilt hier: 1. Sehr geringe Interaktion zwischen *Einzelpersonen* und *Zeit* innerhalb der Teams; und 2. weitreichende Interaktion zwischen *Teams* und *Zeit*. Bezogen auf das Westgratbemühen lassen die gewonnenen Daten demzufolge vermuten, daß sich das Westgrat-Team Anzeichen möglichen Erfolges gegenüber aufmerksamer sowie weniger aufmerksam Anzeichen möglichen Mißerfolges gegenüber verhält als das Südjoch-Team. Wiederum wird Ungewißheit in bezug auf das *eigene* Ziel unter den Versuchspersonen aktiviert.

Tabelle 9: Varianzanalyse: „Obere" Schätzwerte für die Erfolgswahrscheinlichkeit am Westgrat, über sieben 10-Tage-Perioden, nach Einzelpersonen und Teamzugehörigkeit

Herkunft der Varianz	Summe der Quadrate	Freiheitsgrade	Mittlere Quadrate
Zwischen Zeitperioden	196.530	8	24.566
Zwischen Teams	180.749	1	180.749
Zw. Einzelp. in Teams	300.521	7	42.931
Interaktion:			
Teams × Zeit	91.378	8	11.422
Einzelpersonen × Zeit	27.542	56	.442
Bei Einzelp. in Zeit	190.267	224	.849
Total	986.987	304	

Tabelle 10: Varianzanalyse: „Niedrige" Schätzwerte für die Erfolgswahrscheinlichkeit am Westgrat, über sieben 10-Tage-Perioden, nach Einzelpersonen und Teamzugehörigkeit

Herkunft der Varianz	Summe der Quadrate	Freiheitsgrade	Mittlere Quadrate
Zwischen Zeitperioden	195.014	8	24.377
Zwischen Teams	.016	1	.016
Zw. Einzelp. in Teams	689.847	7	98.549
Interaktion:			
Team × Zeit	53.162	8	6.645
Einzelp. × Zeit	48.250	56	.862
Bei Einzelp. in Zeit	82.500	222	.371
Total	1.068.789	302	

Dieser Nachweis Ungewißheit erhaltender Tendenzen entspricht in eklatanter Weise den Voraussagen. Wie unsere Theorie argumentiert, zeichnen sich Kommunikationsprozesse durch die Tendenz aus, ein solches Resultat zu bewirken —

über psychologische Prozesse selektiver Aufmerksamkeit hinaus, die ähnliche Effekte hervorzurufen geeignet sein könnten. Jedoch sehen wir uns, da empirische Kontrollergebnisse über Informations-input nicht vorliegen, außerstande, einen Zusammenhang zwischen Kommunikation und Umwelteinschätzung nachzuweisen.

5. *Ungewißheit und Motivation.* Hypothese 2 setzt voraus, daß zielorientierte Motivation ihre Entstehung und Erhaltung anhaltender Ungewißheit gegenüber dem Ergebnis verdankt. Über die Entstehung von Motivation in Richtung des ungewissen Westgrat-Projektes bei der Konzeption der Expeditionsziele wurde im Laufe dieser Untersuchung bereits eingehend berichtet. Nunmehr wenden wir uns der Voraussage zu, daß westgratgerichtete Motivation in stärkerem Maße erhalten werde als südjochgerichtete, wo Erfolg als weitaus wahrscheinlicher angesehen wurde.

Tabelle 11 enthält eine Varianzanalyse der Motivations-Selbsteinschätzungen von Westgrat- und Südjoch-Team, bezogen auf das eigene Gruppenziel während eines Beobachtungszeitraumes von sieben 10-Tage-Perioden[20]. Wiederum ist die Interaktionsvarianz zwischen *Einzelpersonen* und *Zeit* sehr klein, während die Interaktion zwischen *Teams* und *Zeit* verhältnismäßig groß genannt werden kann. Das bedeutet, daß longitudinale Veränderungen innerhalb von Teams als relativ klein, zwischen Teams als relativ groß angenommen werden können. In Verbindung mit den in den Abbildungen 3 und 4 umrissenen Richtungsänderungen mag der Eindruck entstehen, daß die innerhalb des Teams mit „ungewissem" Ziel gemessene Motivation in größerem Maße Erhaltungsprozessen unterworfen war. Die Motivation dieses Teams zeigte stetigen Anstieg, mit Ausnahme der Zeitperiode 5, in der einer der Teamangehörigen tödlich verunglückte.

Tabelle 11: Varianzanalyse: Motivationsselbsteinschätzungen in bezug auf das *eigene* Gruppenziel, über sieben 10-Tage-Perioden, nach Einzelpersonen und Teamzugehörigkeit

Herkunft der Varianz	Summe der Quadrate	Freiheitsgrade	Mittlere Quadrate
Zwischen Zeitperioden	15.734		2.622
Zwischen Teams	.201	6	.201
Zw. Einzelp. in Teams	102.301	1	14.614
Interaktion:		7	
Team × Zeit	19.217	6	3.203
Einzelpersonen × Zeit	24.582	42	.585
Bei Einzelpers. in Zeit	98.808	210	.471
Total	260.843	272	

Diese Daten sind jedoch mehr als unbefriedigend. Der Verfasser setzt sehr viel mehr Vertrauen in teilnehmende Beobachtung als in diese Selbsteinschätzungen der Versuchspersonen. Aus welcher Richtung man sich dem Problem auch immer nähern mag, fest steht, daß die Motivation beider Gruppen ein so hohes Niveau und so starke erhaltende Elemente aufzuweisen hat, daß Vergleiche in diesem Zusammenhang gewagt erscheinen könnten. Eine ganze Reihe von Beispielen bietet sich zur Untermauerung unserer Voraussage an, jedoch ließen alle einen direkten Zusammenhang zu Hypothese 3 und den darin enthaltenen Ausführungen über Ungewißheit und Energiemobilisierung erkennen.

6. *Ungewißheit und Energiemobilisierung.* Die Versuchspersonen erledigten ihre Tagebucheintragungen am Ende jedes Tages. Infolgedessen wurden sie jeden Nachmittag und jeden Abend vor eine Frage über den nächsten Tag gestellt: „Morgen (muß ich, will ich, würde ich gerne) ...." Die offengelassenen Antworten wurden in einer den Extremen „Flucht" und „Annäherung" in bezug auf die Gruppenzielsetzung entsprechenden Skala in Zahlenwerte zwischen — 5 und + 5 verschlüsselt. Bezugnahme auf den persönlichen Gesundheitszustand („würde ich gerne: diese Entzündung loswerden") wurden mit 0 verschlüsselt. Beziehung auf die persönliche Hygiene („werde ich: die abgestorbene Haut von meinen Füßen entfernen") wurden mit — 1 verschlüsselt, während die darunter liegenden Werte anderen noch offensichtlicher auf Flucht hindeutenden Elementen vorbehalten blieben („würde ich gerne: im Schlafsack bleiben" etc.). Niedrige positive Verschlüsselungen wurden auf routinemäßige aufgabenbezogene Handlungen verwandt („werde ich: die Sherpas zum Nachschublager begleiten"), höhere Verschlüsselungen auf nicht-routinemäßige, Initiative erfordernde Handlungen („werde ich: die Sauerstoffmessungen nachrechnen"). In diesen Daten begegnen wir Energiemobilisierung auf der Ebene des Nachdenkens, Planens und Träumens am *Ende* der Tagestätigkeit.

Die Kodierung wurde vom Verfasser unter Einbeziehung aller in diesem Zusammenhang verfügbaren Kenntnisse vorgenommen. Folglich wurde nicht „blind" verschlüsselt. Dr. *Lester*, Psychologe der Expedition, erhielt darüber hinaus die gleichen Antworten zu „blinder" Verschlüsselung aus dem Zusammenhang. Wie sich herausstellte, stimmten die beiden Kodierungen überein (A = 0.83) [21]. Die in Abbildung 5 dargelegten Ergebnisse beruhen auf der ersten Kodierung.

Es erhebt sich die Frage, ob diese Tagebuchbeantwortungen mit den empirisch beobachteten Verhaltensweisen übereinstimmen. Dr. *Lester* verbrachte 5 aufeinanderfolgende Wochen in Camp 2 (in 6558 m Höhe), dem wichtigsten Aktivitätszentrum der Expedition. Später wurde er gebeten, jede Person zu beurteilen, mit der er während dieser Zeit engeren Kontakt unterhalten hatte. Seine Betrachtungen bezogen sich auf Mußezeiten, in denen das Verhalten der Versuchspersonen nicht von Expeditionsroutine beherrscht war und eine gewisse „freie Wahl" für Rollenverteilung und Aufgabenerfüllung gewährleistet war. Unter diesen Bedingungen versuchte er, sie in bezug auf zielorientierte Energiemobilisierung einzuschätzen.

In diesem Zusammenhang konnten Schätzwerte für 13 Testpersonen ermittelt werden, die mit den verschlüsselten Tagebuchantworten für die gleiche Zeitperiode korrelieren, rho = 0.64.

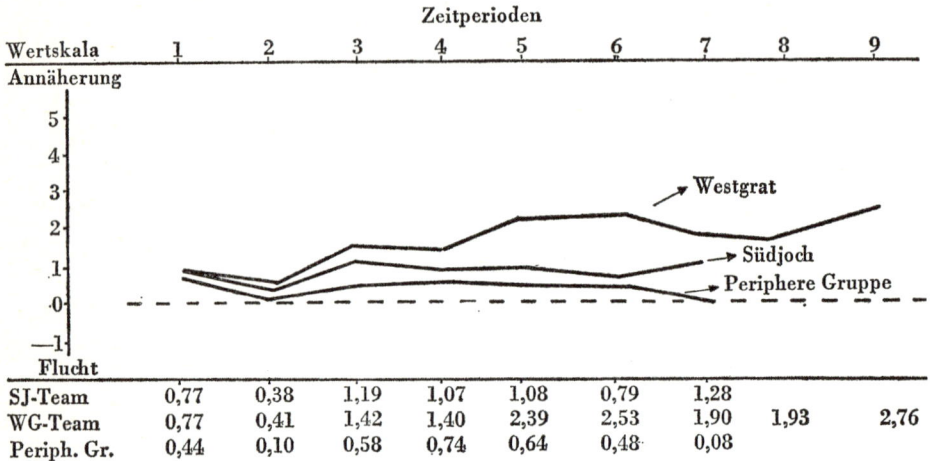

Abb. 5: Zielorientierte Energiemobilisierung: Wie sie in Plänen und Wünschen für die Arbeit des nächsten Tages gesehen wird, nach Team und Zeitperiode

Zusammenfassung

Aus dem theoretischen Ansatz der Untersuchung geht hervor, daß Zielsetzung vornehmlich in „Bereichen der Ungewißheit" entsteht und daß zielorientierte Motivation unter dem Einfluß der Zeit als Funktion anhaltender Ungewißheit maximalisiert und aufrechterhalten wird. In Richtung „Zielstreben" mobilisierte Energie wird zu jedem Augenblick als Funktion von *Ungewißheit* erkannt. Darüber hinaus machen diese theoretischen Ausführungen geltend, daß unter dem Einfluß zielorientierter Motivation besonders strukturierte Informationsflüsse im Rahmen der Kommunikation entstehen. In diese Strukturen sind einbezogen: a) Information, die der im Umweltgeschehen vorherrschenden, vornehmlich aber ursprünglicher Kommunikation entzogenen Information zuwiderläuft; und b) starke Verbreitung *negativen Kommunikationsrückflusses* mit der Tendenz, die im Fluß befindliche herkömmliche Information zu kompensieren.

Es bestehen triftige Gründe für die Annahme, daß diese Strukturen teilweise auf Prozessen selektiver Beachtung bei der Perzeption der Umwelt und teilweise auf Rollenzusammenhängen innerhalb der Kommunikation beruhen. Maximierung und Erhaltung von Ungewißheit über die Zielerreichung wurde als deutlicher Effekt solcher selektiver Kommunikation *angenommen*.

Unter der Vorbedingung gewisser ursprünglich vorhandener zielgerichteter Motivation bei einigen Mitgliedern sagen diese Hypothesen aus, daß a) Kommunikationsprozesse bei der Entstehung von *Gruppen*zielen in Bereichen unsicheren Ausgangs eine entscheidende Rolle spielen und b) teilweise unabhängig von Umweltgeschehnissen und über die dem Zielbereich selbst inhärenten Belohnungen hinaus maßgebend Anteil an der Schaffung und Erhaltung der in Richtung dieses Zieles verlaufenden Motivation haben. In diesem Sinne begreift die Theorie gruppenbezogenes Zielstreben als ein sich selbst erhaltendes System, in dem Kommunikation und kollektive Umwelteinschätzung in dem entscheidenden Vermittlungsprozeß zusammenwirken.

Die im Rahmen dieser Fallstudie gewonnenen Ergebnisse liefern gewisse Unterstützung für jeden der in der Theorie ausgeführten Gesichtspunkte. 1. Die Kommunikation offenbart gewisse Tendenzen, der in der Umwelt vorherrschenden Information zuwiderzulaufen (quasikommunikative Daten); der Rückfluß erwies sich dementsprechend als überwiegend negativ, vornehmlich unter Bedingungen der Ungewißheit und hoher zielorientierter Motivation. 2. Bei Einschätzungen über die Wahrscheinlichkeit der Zielerreichung scheint Ungewißheit unter Bedingungen hohen Motivationsgrades, *möglicherweise* unter dem Einfluß der Kommunikation, aufrechterhalten zu werden. 3. Sowohl Motivation als auch in Richtung „Zielstreben" mobilisierte Energie scheinen unter Bedingungen ungewissen Ausgangs aufrechterhalten zu werden. Jedoch sind die zum Thema „Motivation" gewonnenen Ergebnisse dürftig.

Schließlich aber handelt es sich bei vorliegender Arbeit lediglich um eine Einzelfallstudie. Mag sie auch durch ihren longitudinalen Charakter an Gewicht gewinnen, so bleibt sie dennoch eine völlig unkontrollierte Arbeitsstudie — schwerlich dazu geeignet, unmittelbar richtungsbezogene Zusammenhänge von Kommunikation zu Ungewißheit zu Motivation und wieder zurück zur Kommunikation empirisch nachzuweisen. Infolgedessen ist es erforderlich, vor dem Hintergrund dieser Arbeitsstudie zu empirisch kontrollierten Untersuchungen zu gelangen.

Zusätzlich zu solchen Kausalzusammenhängen empfehlen sich einige Themenkreise dieser Arbeit für besondere Forschungsaufgaben. Zum ersten besteht die Möglichkeit, daß implizit rollenverteilte Beziehungen innerhalb eines Kommunikationssystems die Einführung eines völlig andersartigen Faktors in die Analyse von Aufgaben orientierten *Gruppen* verlangen.

Eine solche Ergänzung mag charakterisiert sein durch Einbeziehung vielfältigerer Information, Überprüfung einer größeren Anzahl von Aspekten des Problems und systematische Ablehnung jeder vorgeschlagenen Lösung, solange nicht jegliche verfügbare Information in diese mögliche Lösung einbezogen ist. Ein solcher Prozeß hat die Eigenschaft „kollektiver Wirklichkeitsprüfung". Das Wissen um die Wirksamkeit eines solchen Prozesses im Rahmen der Kommunikation könnte zu interessanten Fragen über individuelle „Wirklichkeitsprüfung" und den Charakter der darin enthaltenen Erkenntnis- und Motivationsprozesse führen. Schließlich bringt eine derartige Kommunikation in ihrer Eigenschaft als Ungewißheit erhaltender Prozeß deutliche Konsequenzen für die an Führungspositionen mit verantwortlicher Entscheidungsgewalt zu stellenden Anforderungen mit sich.

Ein zweiter in Verbindung mit Problemlösung durch Gruppen stehender Gesichtspunkt betrifft Kommunikation *zwischen* Gruppen. Wie bereits vorstehend angedeutet, könnten gleiche Kommunikationsprozesse zwischen wetteifernden Gruppen gegenteilige Effekte hervorrufen, d. h. Polarisation in „übereilte" Umwelteinschätzung. *Möglicherweise* war ein solches Element in der Zwischen-Team-Kommunikation über den Westgrat enthalten. Wenn diese Vermutung zutrifft, war das Westgrat-Team „allzu optimistisch", selbst unter Berücksichtigung seines „ungewissen Pessimismus". Die Tatsache seines Erfolges liegt außerhalb dieses Gesichtspunktes, da der relative Anteil von Können, Antrieb und *Glück* nicht vorausberechenbar ist.

Alle diese Fragen sind empirischer Erforschung zugänglich, soweit Kontrolle über den Informations-input gegeben ist.

Anmerkungen

[1] Bezüglich weiterer Information über die physiologischen Untersuchungen wende sich der Leser an Dr. *William Siri*, Donner Laboratories, University of California, Berkeley.

[2] Die meisten Leser dieses Berichtes werden die psychologischen Untersuchungen von Interesse finden. Weitere Informationen kann Dr. *James T. Lester*, Berkeley Institute for Psychological Research, 3061, Fillmore St., San Francisco, geben.

[3] Die hier vorgelegte Arbeit wurde ausschließlich finanziert durch einen Zuschuß der National Science Foundation, NSF GS — 14. Darüber hinaus ist dem Verfasser sehr daran gelegen, den immensen persönlichen Beitrag der Mitglieder der *Amerikanischen Mount-Everest-Expedition* dankbar anzuerkennen, die weit über den Rahmen einer Mitarbeit als Versuchspersonen hinaus Energie und Mühe opferten — selbst unter größten Entbehrungen. Mr. *Norman Dyhrenfurth*, Organisator und Leiter der Expedition, wirkte neben seiner Beteiligung als Versuchsperson hart und mit Erfolg darin mit, die Forschungsinteressen mit dem Besteigungsunternehmen in Einklang zu bringen.

[4] Siehe *Leon Festinger*, Wish, Expectation and Standards as Factors Influencing Level of Aspiration, in: Journal of Abnormal and Social Psychology, Bd. 37, 1942, S. 184—200; *Kurt Lewin, Tamara Dembo, Leon Festinger* und *Pauline Sears*, Level of Aspiration, in: *J. McV. Hunt*, Hrsg., Personality and Behavior Disorders, Bd. 1, New York 1944, S. 333—378.

[5] *Dwight W. Chapman* und *John Volkman*, A Social Determinant of the Level of Aspiration, in: *Eleanor E. Maccoby, Theodore M. Newcomb* und *Eugene L. Hartley*, Hrsg., Readings in Social Psychology, 3. Aufl., New York 1958, S. 281—290.

[6] Siehe *Alvin Zander* und *Herman Medow*, Individual and Group Levels of Aspiration, in: Human Relations, Bd. 16, 1963, S. 89—105; ebenso *Alvin Zander* und *Herman Medow*, Strength of Group and Desire for Attainable Group Aspirations (zur Veröffentlichung im Journal of Personality vorgesehen).

[7] „Effectance motivation subsides when a situation has been explored to the point that it no longer presents new possibilities." *Robert W. White*, Motivation Reconsidered: The Concept of Competence, in: *Donald W. Fiske* und *Salvatore R. Maddi*, Functions of Varied Experience, Homewood, Illinois 1961, S. 315.

[8] Erörterungen über das Motivationsausmaß, das wir abhandeln, können bei mehreren Quellen gefunden werden: *D. E. Berlyne*, Conflict, Arousal and Curiosity, New York 1960; die meisten Kapitel bei *Donald W. Fiske* und *Salvatore R. Maddi*, a. a. O.; und besonders *John Atkinson*, Motivation Determinants of Risk-Taking Behavior, in: Psychological Review, Bd. 64, 1957, S. 359—372.

[9] *Theodore Newcomb*, Social Psychology, New York 1950, S. 350—353.

[10] Die Hauptbedingung würde hohe „zielorientierte Motivation" auf seiten der Mitglieder sein.

[11] Falls *Leo Postmans* „Hypothesis-Information-Hypothesis"-Theorie beträchtlich ausgedehnt wird auf den Gedanken der „entertaining alternative hypotheses", könnte sich ein rein psychologisches Grundprinzip für den negativen Kommunikationsrückfluß anbieten.

[12] *Robert F. Bales*, The Equilibrium Problem in Small Groups, in: *A. Paul Hare, Edgar F. Borgatta* und *Robert F. Bales*, Hrsg., Small Groups, New York 1955, S. 424—456.

[13] Dr. *Fred Strodtbeck*, persönliche Korrespondenz.

[14] *Marjorie E. Shaw*, A Comparison of Individuals and Small Groups in the Rational Solution of Complex Problems, in: *Eleanor E. Maccoby, Theodore M. Newcomb* und *Eugene L. Hartley*, a. a. O., S. 574.

[15] Interessierte Leser, denen an genauerer Information gelegen ist, sollten das Buch von *James Ramsey Ullman* lesen: Americans on Everest, New York 1964.

[16] Die Sherpas sind eine ethnische Gruppe tibetanischer Abstammung, die während der letzten 500 Jahre aus Tibet abwanderten.

[17] Es wurde ein Minifon-Taschen-Tonbandgerät benutzt, das nur sehr unzuverlässig funktionierte.

[18] *Harold J. Leavitt*, Some Effects of Certain Communication Patterns on Group Performance, in: *Eleanor E. Maccoby, Theodore M. Newcomb* und *Eugene L. Hartley*, a. a. O., S. 546—563.

[19] F-Verteilungen liegen in den Tabellen 7 bis 11 nicht vor. Um das relative Ausmaß der Team $\times$ Zeit-Interaktion zu umschreiben, ist die Varianz von Einzelperson (innerhalb der Teams) $\times$ Zeit-Interaktion der am besten geeignete „Fehler"-Begriff. Einzelperson $\times$ Zeit-Interaktion kann gegenüber der Varianz „unter Einzelpersonen" berechnet werden.

[20] Nur die ersten sieben der insgesamt neun Zeitperioden sind in dieser Analyse enthalten, da die Besteigung über das Südjoch am 71. Tag abgeschlossen war.

[21] *W. S. Robinson*, The Statistical Measure of Agreement, in: American Sociological Review, Bd. 22, 1957, S. 17—25.

Aus dem Amerikanischen übersetzt von *Hannelore Bröker*

MAXIMALE LEISTUNG TROTZ INNEREN KONFLIKTEN

Eine Gegenthese zu einem funktionalistischen Allsatz

Von Hans Lenk

In diesem Kurzbeitrag soll entsprechend dem Untertitel die strenge Allgemeingültigkeit einer These widerlegt werden, die sich in der funktionalistischen Mikrosoziologie als Selbstverständlichkeit zu empfehlen scheint und die auch von anderen Soziologen in verschiedenen Abwandlungen behauptet wird, nämlich die These: nur konfliktarme oder hochintegrierte Kleingruppen können besonders hohe Leistungen produzieren. Es wurde behauptet, eine kohäsive Gruppe sei produktiver[1]. „Mit allgemein steigenden Leistungen" steige „zwingend auch die Partnerschaftsorientierung ... an". „Für die Gruppenleistung" sei „interner Wettbewerb hemmend". „Je stärker die Gruppenbindung" und Binnenintegration, „desto höher" sei „die Leistung und vice versa"[2]. „Eine Organisation" — also auch die kooperative Organisation einer Kleingruppe — sei „um so erfolgreicher, je stärker der Widerhall der formalen Ordnung in der informellen ist"[3], je stärker sich also der offiziell geplante Zusammenhalt auch in der informellen Beziehungsstruktur ausprägt.

Die hier zu verfechtende Gegenthese ist überraschend und soll zur Diskussion gestellt werden. Sie lautet: Selbst heftige soziale Binnenkonflikte in Höchstleistungsmannschaften bestimmter Art brauchen deren Leistungsstärke keineswegs merklich zu schwächen, falls die Mannschaft trotz der Konflikte fortbesteht. Ja, mit der Entwicklung oder Verstärkung eines Konfliktes kann sogar eine Leistungssteigerung einhergehen.

Die Diskussion über die Gegenthese scheint besonders wichtig. Da in einer vorausgegangenen Veröffentlichung mit anderem Titel die genauen soziometrischen Daten und die Matrix- und Vektorenanalyse bereits dargestellt sind, kann auf die technischen Einzelheiten hier verzichtet werden[4].

Ein unbeschränkter Allsatz, der wie die zu widerlegende These durch „nur" oder „alle", „jede", „stets" „zwingend" gekennzeichnet ist, läßt sich bereits durch ein einziges Gegenbeispiel widerlegen. Seine Negation, einem Existenzsatz logisch äquivalent, ist schon durch ein einziges Beispiel zu beweisen. Die genannte Gegenthese ist leicht aus einem Existenzsatz herzuleiten. Gibt es eine Mannschaft, die trotz schärfster innerer Konflikte die beste ihr mögliche Leistung zeigt oder deren Leistung sich trotz einer Konfliktentwicklung annähernd soweit wie möglich verbessert, so ist die Gegenthese bereits bewiesen und damit die Ausgangsthese klar widerlegt; denn beide sind unverträglich miteinander. Die zuerst soziometrisch untersuchte und teilnehmend beobachtete Mannschaft, der Olympiasiegerachter von 1960, wies scharfe Untergruppen- und Führungskonflikte auf, die sogar in der Presse kommentiert wurden. Es handelte sich um eine Renngemeinschaft, in der je vier Athleten aus zwei Vereinen ruderten.

Die Renngemeinschaft hatte sich jedoch ursprünglich rein kameradschaftlich gebildet, ohne daß offizielle Vereinsvertreter mitgewirkt hätten. Die Ruderer bezeichneten damals die Mannschaft durchweg als kameradschaftliche Sondereinheit zwischen den beiden Vereinen. Konflikte bestanden nicht. Die Vorstände der Vereine x und y trugen in den zwei Jahren, in denen die Mannschaft bestand, zunehmend vereinszentrierte Motive in die Mannschaft hinein. Die Sondereinheit spaltete sich in Vereinscliquen auf, in denen sich die Konflikte ausprägten. Die Fragebogenantworten führten in überwiegender Mehrheit diese Spaltung in zwei gegensätzliche Cliquen auf die vereinszentrierte Beeinflussung zurück und bezeichneten die Mannschaft nun fast einhellig als reinen Zweckverband. — Die Konflikte führten mehrmals fast zum Zerfallen der Mannschaft. Sportlich machte sich in diesem Achter kein Leistungsnachteil auf Grund der Gruppenspannungen bemerkbar. Dann hätte sich gegenüber dem Anfangszustand (kameradschaftliche konfliktlose Sondereinheit zwischen den Vereinen) ein Leistungsschwund zeigen müssen, denn das Trainingspensum und die technische Beherrschung der Bewegung hielten sich auf dem gleichen Niveau. Es hätte sich ohnehin nur ein geringer Leistungsanstieg einstellen können. Die Leistungsstärke nahm in den zwei Jahren, in denen der Achter bestand, tatsächlich parallel mit der Schärfe des Konflikts ein wenig zu. Die Leistungsstärke wurde systematisch an den sehr häufig ausgeführten Trainingsfahrten über 8 mal 560 m im Renntempo gemessen. Die Mannschaft wurde ungeschlagen Olympiasieger. Eine Sportmannschaft kann also trotz starker innerer Konflikte Höchstleistungen vollbringen. Der Konflikt wirkte nicht merklich leistungsmindernd.

Die zweite Beispielmannschaft, der Weltmeisterachter von 1962, war keine Renngemeinschaft, sondern eine Vereinsmannschaft. Es bildete sich aber in ihm eine *vollständige* Clique von vier Ruderern heraus, in der jeder jeden wählte und die sich von den anderen Ruderern absetzte. Diese wählten dennoch in die Clique hinein. Leistungsneid oder Positionsmißgunst bestimmten ihre Wahl nicht. Sie bildeten keine Gegenclique.

Da die *emotionale* Geschlossenheit einer Teilgruppe eines sozialen Gebildes stets große soziale Distanzen von außen, ja: Ablehnungen und Feindseligkeit bei den Ausgeschlossenen verursacht, so läßt sich hier mit Sicherheit schließen: Die überaus starke Cliquenbildung kann nicht nach Charakterwertungen und

Sympathien zustande gekommen sein. Tatsächlich bestand die Clique nach dem Urteil des Trainers und anderer genau aus den leistungsstärksten Ruderern des Achters. Das Image der Leistungsfähigkeit des einzelnen nach dem Urteil der anderen bildete das Vorzugskriterium in dieser Höchstleistungsmannschaft.

Ein bedeutungsvolles Kuriosum zeigt das Soziogramm der Kapitänswahl: Eine völlig symmetrische Struktur in bezug auf die zwei meistgenannten Ruderer. Beide wurden von zwei anderen gewählt und wählten sich selbst. Wegen der gleich starken Führungspole enthielt die Mannschaft einen latenten Führungskonflikt. Uneinigkeiten — auch in sporttechnischen Fragen — müßten entstehen, wenn die Mannschaft sich selbständig entscheiden sollte und die Vorschläge der Leitruderer sich unterscheiden würden. Wie der erste war auch dieser zweite Achter nicht in der Lage, sich selbständig zu entwickeln und zu leiten. Auch hier konnte nur eine äußere Autorität (wie der Trainer) die Mannschaft führen und als Einheit zusammenhalten.

Auf Grund des ausgeprägten Führungsduals und des extrem starken Sichabsetzens der Clique von den Außenstehenden mußte man 1962 prognostizieren[5], daß sich die Mannschaft doch noch in zwei Gegensatzgruppen aufspalten würde. Die Ablehnungen müßten sich emotional verschärfen, besonders zwischen den Führungspolen, und die Mannschaft würde scharfen Führungskämpfen ausgesetzt werden.

Der Achter konnte in derselben Besetzung ein Jahr später (1963) wieder befragt werden. Die Außenstehenden setzten sich jetzt nach den soziometrischen Maßzahlen und im Verhalten merklich gegen die Clique ab — doppelt so stark wie 1962 —, besonders für die Wohnkameradenwahl: Hier war die Außendistanz fünfmal so groß. Die Außenstehenden schlossen sich nun enger zusammen, die Binnendistanzen waren gegenüber 1962 verschwunden. Es fehlte ihnen nur *eine* Stimme zur Bildung einer vollständigen Clique.

Aus strukturtheoretisch-mathematischen Gründen stach jetzt die emotionale Ablehnung strukturell als besonders geschlossen hervor. Das Diagramm der Ablehnungen bildete einen Supremum — Halbverband. Tatsächlich standen sich nun also im Gegensatz zu 1962 zwei Cliquen emotional gegenüber, wie es auf Grund der soziometrischen Struktur und des Führungsdualismus vorausgesagt worden war[5]. Die nun heftig ausgebrochenen Führungskämpfe hatten zur Folge, daß die Leitpersonen beide erheblich deutlicher abgelehnt wurden als 1962. Die Mannschaft hatte das Zutrauen zu den 1962 gewählten Führungspersonen verloren, nachdem die Konflikte offen ausgebrochen waren, wie das Soziogramm der Führungswahl zeigt. Die Mannschaft hatte keine innere Führung mehr. Sie war hierarchisch desorganisiert und konnte nur noch durch die äußere Autorität des Trainers zusammengehalten werden. Dennoch errang der Achter im Befragungsjahr die Europameisterschaft — wiederum gegen den schärfsten Gegner der vorjährigen Weltmeisterschaft. Er war — an den Trainingszeiten gemessen — objektiv sogar etwas leistungsstärker geworden. Die Leistungsstärke litt also nicht unter den Rangkonflikten und Spannungen zwischen den Führungspolen. Da das Trainingspensum und die technische Beherrschung des Bootes gleich geblieben waren und nur ein geringfügiger Kraftzuwachs durch das Wintertraining erzielt worden war, konnte die Leistungsstärke allem Erwarten nach nur geringfügig zunehmen. Und das trat trotz der Konflikte ein.

Im folgenden Jahr (1964) wurde ein Qualifikationsleistungstest im Skiff (Einer) um die Achtermitgliedschaft durchgeführt und eine innere Konkurrenz offen erzeugt. Auf Grund dieser Qualifikation wurden zwei Ruderer durch andere ersetzt. Die Konkurrenz wirkte sich keinesfalls hemmend auf die Leistung aus, sondern die individuelle Leistungsstärke von fünf der verbliebenen Ruderer (an den Einerleistungen gemessen) stieg an, weil sie vor der Qualifikation noch intensiver trainierten. Die Mannschaft erwies sich in diesem Jahr als geringfügig stärker und errang die olympische Silbermedaille. Auch interner Wettbewerb wirkt also in Rudermannschaften keineswegs notwendig leistungshemmend, wie eine Teilaussage der Ausgangsthese besagt.

Im Vergleich zu anderen untersuchten Mannschaften zeigten diese beiden Mannschaften, also die Achter mit den stärksten, den Zusammenhalt beider Mannschaften gefährdenden Spannungen, jeweils in vier Jahren (1960, 1962, 1963, 1964) die überlegen besten Leistungen der Welt.

Dies und der Umstand, daß die Konfliktentwicklung mit einer optimalen als höchste erreichbaren Leistungsverbesserung parallel ging, zeigt, daß die Gegenthese richtig ist: Selbst heftige soziale Binnenkonflikte in Höchstleistungsrudermannschaften brauchen die Leistungsstärke keineswegs merklich zu schwächen, falls die Mannschaft trotz der Konflikte fortbesteht (am Erhalt der Mannschaft und der Leistungsstärke war jedes der ehrgeizigen Mitglieder persönlich interessiert). Mit der Entwicklung oder Verschärfung eines inneren Konfliktes kann sogar eine Leistungssteigerung parallel verlaufen.

Die These, nur konfliktarme Gruppen könnten hohe Leistungen vollbringen, ist nicht allgemeingültig. Ihre strikte Allgemeingültigkeit erweist sich als Vorurteil [6].

Anmerkungen

¹ *P. Hare*, Handbook of Small Group Research, Glencoe, Ill., 1962.
² *Lüschen, G.*, Die gesellschaftliche Funktion des modernen Sports, in: Krankengymnastik, Jg. 1964, S. 2.
³ *R. Lepsius*, in: *R. König*, Hrsg., Soziologie, Frankfurt 1958, S. 219. Dagegen *R. König*, Die informellen Gruppen im Industriebetrieb, in: *E. Schnaufer* und *K. Agthe*, Hrsg., Organisation, Baden-Baden 1961.
⁴ *Lenk, H.*, Konflikt und Leistung in Spitzensportmannschaften — Soziometrische Strukturen von Wettkampfachtern im Rudern, in: Soziale Welt, Jg. 1964—65, S. 307—343; *ders.*, Renngemeinschaft und Gruppendynamik, in: Rudersport, Jg. 1962, Lehrbeilage I, S. 5—7.
⁵ *H. Lenk*, Soziogramm eines Vereinsachters, in: Rudersport, Lehrbeilage 1963, II, S. 5—7.
⁶ Im übrigen führten auch Einstellungsmessungen an 26 amerikanischen Highschool-Basketballmannschaften (die allerdings keine Höchstleistungen vollbringen) überwiegend zu Falsifikationen der Hypothese, „daß enge Beziehungen zwischen den Mannschaftsmitgliedern förderlich dafür wären, viele Spiele zu gewinnen" *(Fiedler, F. E.*, Leader Attitudes and Group Effectiveness, Urbana, Ill., 1958, S. 24).

GENERATIONSWECHSEL IN SPORTMANNSCHAFTEN

Von Miro A. Mihovilović

Diese Arbeit berichtet über die Auswirkungen des Generationswechsels in Sportgruppen. Das Problem der Verjüngung und des Alterns einer Mannschaft wurde hinsichtlich des Anteils der ersetzten Spieler und dessen Einfluß auf den objektiven Mannschaftserfolg untersucht.

Wir analysierten die folgenden vier Punkte:
1. Altern der Mannschaft;
2. Austausch von Standard- und neuen Spielern in Mannschaften;
3. Das Verhältnis von Standard- und neuen Spielern in der Mannschaft und der Ausgang des Spiels;
4. Altern bzw. Verjüngung der Mannschaft in Beziehung zu den Ergebnissen des vorhergehenden Spiels.

Im Verlauf von mikrosoziologischen Untersuchungen, die mit einem Sample von 165 Fußballspielern aus 9 Fußballklubs in Zagreb und Belgrad durchgeführt wurden, zog der Generationswechsel unsere besondere Aufmerksamkeit auf sich.

Die Struktur der Sportvereine und allgemeine Informationen über die Sportler wurden erfaßt.

Die folgenden Kriterien waren ausschlaggebend bei der Problemlösung und beim Sammeln der nötigen Daten: 1. Der objektive Erfolg oder Mißerfolg der Gruppe, 2. die Altersstruktur der Mannschaft. Die benötigten Informationen wurden folgenden Quellen entnommen: Archiv und Protokolle des jugoslawischen Fußballverbandes in Belgrad; Archiv des Fußballverbandes Kroatiens in Zagreb; Vereinsakten; persönliche Aussagen der Spieler; Sportberichte; Berichte von Sportfunktionären; Protokolle der durchgeführten Spiele.

1. Das Altern der Mannschaft

In unseren Untersuchungen gingen wir davon aus, daß eine Fußballmannschaft eine organisierte soziale Gruppe ist, begrenzt in der Zahl ihrer Mitglieder (11 Spieler), eine Arbeitsatmosphäre besitzt und funktional determiniert ist — alles Merkmale einer organisierten sozialen Gruppe. Widerstand gegen Spielerwechsel und das Bestreben der Gruppe, die Homogenität der für das gemeinsame Ziel arbeitenden Gruppe zu wahren, werden als typische Charakteristika der strukturell und temporär stabilen Standardmannschaft angesehen. Aus diesem Grunde ist die wichtigste Aufgabe die Aufstellung der Standardmannschaft, d. h. des Teams, das in jedem Fall spielen würde, wirkten nicht äußere Faktoren störend auf die Mannschaftsaufstellung ein. Das Altern einer solchen Mannschaft über den Verlauf mehrerer Jahre oder einer längeren Zeitspanne sollte sich als ein kontinuierlicher Prozeß erweisen. Zeitweise werden jedoch aus verschiedenen Gründen, wie Krankheit, Untauglichkeit, Verletzungen oder Kritik, einige Spieler nicht aufgestellt, und sie werden durch neue Spieler ersetzt, die die Struktur und das Durchschnittsalter der Mannschaft verändern können.

Im Jahre 1956 wurden alle Spiele zu 76,2 Prozent von Standardspielern und zu 23,8 Prozent von neuen Spielern ausgeführt. Die Aufnahme neuer Spieler in die Standardmannschaft ändert die Alterskurve der Mannschaft, die im Gegensatz zum Standardteam als Tagesteam bezeichnet wird. Da unter den Standardspielern die Neigung besteht, sich gegen neue Spieler abzuschließen, würde ohne deren Eintritt die Alterskurve der Standardmannschaft kontinuierlich steigen.

Die Abweichungen der Alterskurve des Tagesteams von der Standardmannschaft zeigt nicht nur das Altern ein und desselben Teams während verschiedener, von der Anzahl neuer Spieler abhängiger Strukturformen, sondern diese Schwankung weist auch auf die internen und externen Faktoren, die neue divergierende Elemente von Heterogenität in ein Standardteam hineinbringen, die indessen als konvergierende Wirkungen einer etablierten Gruppe auch deren Homogenität erhalten können.

Das Altern einer Mannschaft sollte nicht nur unter dem Gesichtspunkt des physischen Alterns und der Strukturveränderungen gesehen werden, sondern auch als Folge innerer Kämpfe, die zwischen den Spielern oder Cliquen einer Mannschaft auftreten, oder als Folge gewisser äußerer Einflüsse — des Trainers, der Vereinsleitung oder der Öffentlichkeit, die alle einen Druck auf die Mannschaftsaufstellung ausüben.

Demgemäß wird ein Wechsel in der Mannschaft, Einsatz junger oder alter Spieler, durch verschiedene Umstände bewirkt. Der Verjüngungsprozeß des Teams kann in der Tabelle verfolgt werden. Sie zeigt die Verjüngung eines Teams, das nicht als Standardteam spielte, vom 4. 3. bis 26. 8. 1956, das heißt, in 18 von 26 Spielen. Für das nächste Jahr ist in fast allen Spielen eine Tendenz zum Altern des Teams sichtbar.

Verjüngung und Altern des Teams vollziehen sich unter dem Einfluß der schon erwähnten Faktoren. Unseren Ergebnissen ist zu entnehmen, daß ein älteres Team eine stärkere Tendenz zur Verjüngung zeigt, während ein weiteres Team im Gegensatz dazu eine entgegengesetzte Tendenz aufweist, indem junge Spieler durch ältere ersetzt werden. Es zeigt sich also, daß keine Regel besteht, nach der sich ein linearer Prozeß des Alterns oder der Verjüngung innerhalb einer Sportgruppe vollzieht.

Die Daten dieser Erhebung zeigen, daß die sozialen Strukturmerkmale auch von solchen Vereinen, die zum Teil hinsichtlich des Grades der Übereinstimmung von struktureller Organisation, Funktion und Ziel auf höchster Stufe stehen, Wandel und Veränderungen unterworfen sind. Strukturveränderungen sind eng verknüpft mit den Problemen des Alterns der Mannschaftsmitglieder. Zu welchem Grad diese Veränderungen von konvergierenden oder divergierenden Faktoren das Team beeinflußten, versuchen wir im folgenden Abschnitt zu analysieren.

Tabelle I: Das Durchschnittsalter des Standard- und des Tagesteams von Dynamo Zagreb 1956

Ort	Tag	Durchschnittsalter	
		Standardteam	Tagesteam
Beograd	4. 3.	25,7 J.	25,3 J.
Zagreb	11. 3.	25,7 J.	24,75 J.
Osijek	18. 3.	25,7 J.	24,8 J.
Zagreb	25. 3.	25,75 J.	25,3 J.
Zagreb	8. 4.	25,75 J.	24,8 J.
Zagreb	15. 4.	25,75 J.	24,3 J.
Beograd	6. 5.	25,8 J.	25,6 J.
Zagreb	9. 5.	25,8 J.	24,8 J.
Subotica	12. 5.	25,8 J.	26,6 J.
Zagreb	20. 5.	25,8 J.	25,25 J.
Beograd	27. 5.	25,9 J.	23,75 J.
Beograd	3. 6.	25,9 J.	24,4 J.
Zagreb	9. 6.	25,9 J.	23,25 J.
Zagreb	4. 8.	26,1 J.	25,8 J.
Zagreb	11. 8.	26,1 J.	25,7 J.
Beograd	19. 8.	26,1 J.	25,7 J.
Split	22. 8.	26,1 J.	25,4 J.
Mostar	26. 8.	26,15 J.	25,1 J.
Zagreb	2. 9.	26,15 J.	25,7 J.
Titograd	23. 9.	26,25 J.	26,0 J.
Sarajevo	7. 10.	26,25 J.	26,1 J.
Zagreb	10. 10.	26,25 J.	26,1 J.
Beograd	13. 10.	26,25 J.	26,25 J.
Zagreb	17. 10.	26,25 J.	25,3 J.
Beograd	21. 10.	26,25 J.	26,25 J.
Zagreb	28. 10.	26,3 J.	25,5 J.

2. Austausch von Standard- und neuen Spielern in einer Mannschaft

Für den Generationswechsel hat sich die Frage als bedeutsam erwiesen: welche Anzahl von neuen Spielern kann in die fest etablierte Gruppe einer Standardmannschaft eingefügt werden. Die Gruppenstruktur ist eine wesentliche Voraussetzung für die Existenz und Funktion der Gruppe. Der Eintritt neuer Spieler in eine Standardmannschaft wird zu einem Anstoß für bestimmte Veränderungen in der Gruppenstruktur. Von diesem Gesichtspunkt aus weist dieser Wandel auf einen kritischen Prozentsatz neuer Spieler, den eine bestimmte, durch ihre Größe definierte Gruppe aufnehmen kann, ohne merkliche Störungen in ihrer Struktur zu erleiden. Wir haben schon darauf hingewiesen, daß neu in die Mannschaft eintretende Spieler das Durchschnittsalter des Teams verändern können, was schließlich zum Verjüngen oder Altern der Gruppe führt.

Danach ordneten wir die Teams in der Reihenfolge der veranstalteten Spiele. Die Anzahl der Standard- und neuen Spieler, die nur in einigen Wettkämpfen spielten, wurde erfaßt und gesondert für jedes Jahr analysiert.

Ohne genaue Kenntnis objektiver Faktoren kann schwerlich von einer gesicherten Regelmäßigkeit gesprochen werden, mit der sich der Austausch von Spielern vollzieht; jegliches Vorgehen in dieser Richtung wäre reine Spekulation.

1956 waren 253 Stammspieler (oder 82,4 % aller Spieler) aktiv in 26 Spielen, und 54 neue Spieler (oder 17,6 % aller Spieler) traten in eine Standardmannschaft ein.

1957 waren 247 Stammspieler (oder 86,7 % aller Spieler) aktiv in 26 Spielen, und 38 neue Spieler (oder 13,3 % aller Spieler) traten in eine Standardmannschaft ein.

1958 waren 239 Stammspieler (oder 90,5 % aller Spieler) aktiv in 24 Spielen, und 25 neue Spieler (9,5 % aller Spieler) traten in die Standardmannschaft ein.

Die Zahl neueintretender Spieler in die Standardmannschaften während der untersuchten drei Jahre zeigt eine allmähliche Verringerung der neuen Spieler bei jedem Spiel und ebenso eine Verringerung der Gesamtanzahl neuer Spieler in dieser Zeit. Eine Erklärung für diese Beobachtungen läßt sich in dem allgemeinen Altern der Standardteams aufzeigen, insbesondere der Mannschaften, gegen die „Dynamo" während dieser drei Jahre (1956 bis 1958) spielte. Die Daten zeigen, daß das Durchschnittsalter der Stammannschaft beim ersten Spiel 1956 bei 25,8 Jahren lag und beim letzten Spiel desselben Jahres bei 26,4 Jahren; die gleichen Werte für 1957 betrugen 24,5 bzw. 25,6 Jahre. Für 1958 wurde für das erste Spiel ein Durchschnittsalter des Stammteams von 25,9 Jahren ermittelt und für das letzte Spiel ein solches von 26,6 Jahren.

3. Verhältnis von Stamm- zu neuen Spielern und Spielausgang

Das Hauptinteresse unserer Forschung konzentrierte sich auf den Einfluß des Auswechselns von Standard- durch neue Spieler, d. h. des Wandels in der Altersstruktur, auf den Ausgang des Spiels.

Die relativ meisten Stammspieler (90 %) nahmen an Spielen teil, deren Ausgang unentschieden war. Danach folgen mit 85,6 % Stammspielern die gewonnenen Spiele; der geringste Anteil von Stammspielern (83,4 %) zeigte sich schließlich in verlorenen Spielen.

Das Verhältnis von Stamm- zu neuen Spielern in den untersuchten Mannschaften liegt zwischen 1 bis 4 neuen Spielern zu 7 bis 10 Stammspielern. Wir analysierten mittels des Chi^2-Tests in zwei Kombinationen das Verhältnis von Stamm- zu neuen Spielern in Beziehung zum Spielergebnis: a) Das Verhältnis Stamm- zu neuen Spielern im Hinblick auf drei Variable: gewonnene, verlorene und unentschiedene Spiele von 1956 bis 1958; b) Stamm- und neue Spieler in bezug auf zwei Variable: gewonnene und unentschiedene Spiele einerseits und verlorene Spiele andererseits von 1956 bis 1958. Der Test zeigt, daß zwischen den in Frage stehenden Variablen keine signifikanten Unterschiede bestehen.

Tabelle 2: Verhältnis von Standard- und neuen Spielern in Beziehung zum Spielausgang bei Dynamo Zagreb 1956—58

Spielausgang	Anzahl der Spiele	Standardspieler	neue Spieler
Sieg	38	358	60
Niederlage	23	211	42
Unentschieden	15	149	16
Total	76	718	118

Wir können daraus den Schluß ziehen, daß das theoretisch mögliche Verhältnis von Stamm- zu neuen Spielern in einer Mannschaft, das in unserem Fall zwischen 1 bis 4 neue Spieler aufwies, bei statistischer Analyse keine deutliche Beziehung zum Spielerfolg ergibt.

Bei einem Vergleich des Durchschnittsalters der Stammannschaft mit den Daten über den Wechsel von Standard- und neuen Spielern ist es nicht möglich, einen Schluß zu ziehen, der das Durchschnittsalter der Standardmannschaft zur Abnahme bzw. Zunahme von neuen Spielern in Beziehung setzt, die in die Mannschaft von „Dynamo" während der drei untersuchten Jahre eintraten.

Es bestätigte sich nicht, daß der Erfolg durch eine größere Teilnahme von

Stammspielern und die Niederlage durch die größere Teilnahme von neuen Spielern determiniert waren.

4. Altern und Verjüngen der Mannschaft und Ergebnis des vorausgegangenen Spiels

Im vorhergehenden untersuchten wir die Frage des Generationswechsels von Standard- und neuen Spielern und ihre Beziehung zum Spielausgang.

In Anbetracht der allgemeinen, mit dem Generationswechsel verknüpften Probleme kommt dem Einfluß des Erfolges auf die Mannschaftsstruktur eine besondere Bedeutung zu. Die Veränderungen der Gruppe und ihrer Struktur werden allgemein als eine Folge von Erfolg oder Nichterfolg in der Arbeit angesehen. Das Problem des Alterns oder der Verjüngung, das mit dem Gruppenerfolg zusammenhängt, kann besonders in Sportmannschaften untersucht werden.

Für die „Dynamo"-Mannschaft wurden die folgenden Daten über eine Periode von drei Jahren (1956 bis 1958) analysiert: Das Durchschnittsalter der Mannschaft bei jedem Spiel, das Ergebnis jedes Spiels, das Alter der Mannschaft im Spiel, das einem verlorenen, unentschiedenen und gewonnenen Spiel folgte. Das Alter der Mannschaft wurde in drei Kategorien eingestuft. Die Ergebnisse sind in Tabelle 3 dargestellt.

Tabelle 3: Altern bzw. Verjüngung der Mannschaft in Beziehung zu den Ergebnissen des vorausgegangenen Spiels bei Dynamo Zagreb 1956—58

Spielausgang	Veränderung in der Altersstruktur		
	jünger	älter	keine Veränderung
Sieg	15	16	7
Niederlage	14	8	1
Unentschieden	4	9	2
Total	33	33	10

Der Chi^2-Test wurde verwendet, um signifikante Unterschiede zwischen den Variablen festzustellen. Um bei der Interpretation der Daten eine detailliertere Analyse zu erreichen, wurden die folgenden vier Variablenkombinationen in Betracht gezogen: 1. Das Ergebnis des Spiels (gewonnen, verloren, unentschieden) wurde zum Alter der Mannschaft in Beziehung gesetzt nach a) den Alterskategorien „jünger", „älter" und „unverändert" und b) nach den Alterskategorien „jünger" und „älter", „unverändert"; 2. Das Ergebnis des Spiels („gewonnen" bzw. „unentschieden" und „verloren") wurde zum Alter der Mannschaft in Beziehung gesetzt nach a) den Alterskategorien „jünger", „älter" und „unverändert" und b) nach den Alterskategorien „jünger" und „älter", „unverändert".

Um den Einfluß eines besseren oder schlechteren Gegners auf den Erfolg der Mannschaft auszuschließen, wurden für die Untersuchung nur die Spieler ausgewählt, die an den Landesmeisterschaftsspielen teilgenommen hatten. Dadurch wurde der mögliche Einwand ausgeschaltet, der sich aus einer Leistungsklassifikation der Mannschaften ergeben hätte.

Aus den vorliegenden Daten können wir schließen, daß der Spielausgang keinen Einfluß auf eine Veränderung in der Altersstruktur einer Mannschaft ausübt.

Aus dem Englischen übersetzt von *Ingrid Metzing*

GRUPPENKOMPOSITION, GRUPPENSTRUKTUR UND EFFEKTIVITÄT VON BASKETBALL-MANNSCHAFTEN*

Von Michael Klein und Gerd Christiansen

Der Basketballtrainer steht vor der Aufgabe, aus 12 Spielern, die zu einer Mannschaft gehören, 5 auszuwählen, die sich jeweils auf dem Spielfeld befinden dürfen. Diese Fünfer-Gruppen sollen jeweils eine optimale Besetzung im Hinblick auf ihr Ziel, den Sieg, darstellen. Als Kriterium für die Entscheidung, welche Mannschaftsmitglieder zu einer Mannschaftskombination zusammengesetzt werden sollen, verwendet der Trainer gewöhnlich die individuelle Leistungsfähigkeit der Spieler, die nach bestimmten Indikatoren festgestellt wird. Dies würde etwa bedeuten, daß man beispielsweise die 5 Spieler, die am besten den Korb treffen, zu einer Fünfer-Gruppe zusammensetzt. Nun zeigen aber bestimmte Forschungsergebnisse der Soziologie und Sozialpsychologie, daß die individuelle Leistung stark variiert, je nach der Situation oder der Gruppenstruktur, in der sie aktualisiert werden soll (vgl. 10, 16, 21, 23)**.

Es scheint für die Zusammensetzung einer erfolgreichen Mannschaft nicht in erster Linie darauf anzukommen, daß alle Mannschaftsmitglieder ein hohes Maß an individueller Leistungsfähigkeit erreichen. Es ist vielmehr wichtig zu untersuchen, unter welchen Bedingungen die für die Erreichung des Gruppenzieles erforderlichen individuellen Merkmale effektiv eingesetzt werden. Solche Bedingungen ergeben sich erstens aus der Gruppenkomposition, d. h. der gruppeninternen Variation individueller Merkmale, und zweitens aus strukturellen Merkmalen der Gruppe.

Zur Untersuchung des Einflusses der Gruppenkomposition verwenden wir als Kriterium die Leistungsmotivation der Mitglieder. Wir gehen von der Vorstellung aus, daß zur Aktualisierung der Leistungsfähigkeit ein gewisses Maß an Leistungsmotivation der Mannschaftsmitglieder vorliegen muß. Unter Leistungsmotivation verstehen wir eine Persönlichkeitsvariable, die ein relativ konstantes Bedürfnis ausdrückt, in jeder Spielsituation unabhängig von der Gruppenaufgabe persönlich Erfolg zu haben. Wir vermuten nun, daß der Erfolg einer Gruppe von einem Gruppenmerkmal, das durch die durchschnittliche Leistungsmotivation dieser Gruppe definiert ist, abhängig ist.

* Diese Untersuchung wurde mit freundlicher finanzieller Unterstützung des Deutschen Sportbundes durchgeführt.
** Die Zahlen in Klammern beziehen sich auf das Literaturverzeichnis am Ende des Artikels.

Der durchschnittliche Wert unseres Kriteriums Leistungsmotivation sagt noch nichts über die Gruppenzusammensetzung aus, d. h. über die gruppeninterne Variation dieses Merkmals. Zu untersuchen ist nun, ob es für die Erreichung des Gruppenzieles günstiger ist, ob Homogenität oder Heterogenität in bezug auf dieses Merkmal in der Gruppe vorliegt.

M. E. Shaw, R. L. Hoffmann und N. F. Maier (8, 9, 18) haben festgestellt, daß ein Zusammenhang zwischen der Heterogenität von bestimmten Persönlichkeitsmerkmalen und der Effizienz in der Lösung von Gruppenproblemen besteht. Die Ergebnisse dieser Untersuchungen lassen vermuten, daß zwar ein bestimmtes Niveau an hoher durchschnittlicher Leistungsorientierung vorhanden sein muß, damit die Gruppe erfolgreich ist, daß aber nicht notwendig alle Mitglieder gleich hohe Leistungsmotivation haben müssen.

Bei Gruppen, bei denen ein eindeutiges Ziel besteht, ist nicht nur relevant, daß diese Gruppen nach persönlichen Merkmalen in bestimmter Weise zusammengesetzt sind, wichtig ist vielmehr, daß Kommunikation und Konsensus in bezug auf bestimmte Strategien zur Erreichung dieses Zieles vorliegen. Voraussetzung für Kommunikation und Konsensus über Strategien ist, daß diese Gruppe ein hohes Maß an Kohäsion aufweist (vgl. 2, 14). Kohäsion soll dann vorliegen, wenn ein möglichst hoher Prozentsatz der Mannschaftsmitglieder die Gruppe als attraktiv empfindet. Die Variable Kohäsion wäre also ein Indikator dafür, daß in der Gruppe keine großen Konflikte oder abweichende Meinungen über die Strategie zur Erreichung von Zielen bestehen. Hiermit ist nichts ausgesagt über Konfliktlosigkeit von Gruppen in anderer Hinsicht (vgl. 12, 13). Behauptet wird nur, daß eine positive Korrelation zwischen Kohäsion, als Indikator für Konsensus über Strategien zum Erreichen des Gruppenzieles, und Erfolg dieser Gruppe besteht.

Ein weiteres strukturelles Merkmal von Gruppen, das für die Erreichung eines eindeutigen Gruppenzieles wichtig ist, besteht darin, daß Konsensus in der Gruppe über die Rollenverteilung herrscht, und zwar besonders Statuskonsensus über das Mitglied der Gruppe, das am meisten zur Erreichung des Zieles beiträgt, nämlich des Führers („focused leadership"). Die Untersuchungen von C. Heinicke und R. F. Bales (7) unterstützen unsere Annahme, daß ein hohes Maß an „focused leadership" in Beziehung zur Gruppenleistung steht. Liegt in einer Gruppe Konsensus über die Rollenverteilung und besonders Statuskonsensus über den Führer vor, so wird die Variable „focused leadership" zu einem Maß für die Erleichterung der Gruppenaufgabe, da sich die Mannschaftsmitglieder auf die Erreichung des Gruppenzieles konzentrieren können.

Bisher haben wir Gruppenmerkmale, die Konfliktlosigkeit und Konsensus innerhalb dieser Gruppe in Hinsicht auf das Gruppenziel ausdrücken, in Beziehung zum Erfolg gesetzt. Anderseits ist es durchaus möglich, daß es Konfliktlosigkeit der Gruppe geben kann, die in negativer Beziehung zum Erfolg steht. So kann z. B. die soziometrische Struktur der Freundschaftsbeziehungen mit der optimalen Kommunikationsstruktur, die für einen Erfolg der Gruppe erforderlich ist, in Konflikt geraten. Während solche Merkmale wie Kohäsion und Statuskonsensus keinen direkten Einfluß auf den Verlauf des Balles im Spiel selbst haben, wird von den interindividuellen Affekten der Spieler angenommen, daß sie einen unmittelbaren Einfluß auf den Lauf des Balles im Spiel und damit einen indirekten auf den Erfolg der Mannschaft haben. Im Spiel müssen Kommunikationsnetze bestehen, die die für das Leistungsziel relevanten Informationen (hier: Bälle) so verteilen, daß ein schnelles und direktes Erreichen des Zieles, und damit Effizienz der Mannschaft, ermöglicht wird. Überprüft werden muß die Annahme, ob eine nach den interindividuellen Affektbeziehungen aufgebaute Kommunikationsstruktur für die Leistung der Gruppe nicht optimal ist.

Als theoretischer Verlauf des Balles wird ein Kommunikationsnetz angenommen, das der Gruppe durch strukturelle Bedingungen des Spieles selbst zugewiesen ist (vgl. hierzu auch 17). Um diese strukturellen Bedingungen des Spieles auszuschalten, wird dieses Kommunikationsnetz als Basis 1 gesetzt. Die unter dem Einfluß der soziometrischen Struktur der Gruppe eingetretenen Veränderungen des Kommunikationsverlaufes werden auf Element 1 normiert. Zu überprüfen wäre nun, ob das als Element 1 gesetzte Kommunikationsnetz für die Gruppe zum Erreichen des Zieles das Optimale ist und ob damit die Affektstruktur der Freundschaftsbeziehungen eine negative Wirkung auf den Erfolg der Gruppe hat.

Methode

In zwei Hochleistungs-Basketballmannschaften zu je 8 Personen wurden im Februar 1965 und im Februar 1966 über einen Fragebogen Daten zu Persönlichkeitsvariablen wie Aspiration und zu Gruppenvariablen wie soziometrische Struktur, Kohäsion und „focused leadership" erhoben.

In der ersten Stufe der Untersuchung wurden für beide Mannschaften während insgesamt 1200 Spielminuten in Meisterschaftsspielen der laufenden Saison oder in eigens für diesen Zweck ausgemachten Trainings- und Freundschaftsspielen durch Protokollführer Paßfolgen, Schußsummen, Fehlpässe und aggressive Akte notiert.

Um die strukturellen Bedingungen des Spiels (etwa die Tatsache, daß der Ballverteiler oder der „Post" den Ball relativ häufiger erhält — vgl. 17) oder Anweisungen des Trainers (etwa die Aufforderung, eine Person häufiger anzuspielen) zu eliminieren, wurden die notierten Werte auf Element 1 normiert.

Das heißt, die in der Untersuchung gefundenen Werte wurden durch die als Basis 1 gesetzten erwarteten Werte geteilt.

In der zweiten Stufe der Untersuchung wurde für 7 Personen der einen Mannschaft im März 1966 die Untersuchungssituation verändert. Diese Mannschaft wurde deshalb ausgewählt, weil sie in bezug auf Merkmale, wie Alter und individuelle Leistungsfähigkeit, sehr homogen war: 1. Waren nur zwei aufeinander folgende Jahrgänge in der Mannschaft vertreten, 2. war die individuelle Leistungsfähigkeit der Mannschaftsmitglieder in bezug auf technische Fähigkeiten, Wurfsicherheit, Schnelligkeit und Kondition als absolut gleich zu bezeichnen.

Von den sieben Personen spielten jeweils drei gegen drei. Dieses Verfahren ist zu rechtfertigen: a) Im Basketballspiel interagieren immer nur drei Personen miteinander. Jeder Spielzug läßt sich infinitesimal in Interaktionen von drei Personen auflösen; b) spielstrukturelle Bedingungen sind ausgeschaltet; c) die Erhebung ist einfacher und klarer; d) diese Art der Spielweise war den Mannschaftsmitgliedern von Auswahl-Lehrgängen und dem normalen Training schon bekannt. Von den sieben Personen wurde jede mit jeder in den Dreiergruppen kombiniert, und jede Kombination spielte gegen jede Kombination. Bei sieben Personen ergibt das 35 Kombinationen und 70 Spiele, von denen allerdings nur 51 durchgeführt werden konnten, so daß die Optimalzahl von vier Spielen für jede Kombination nicht erreicht wurde. Die Mannschaften spielten 41 Spiele à drei Minuten und zehn Spiele à fünf Minuten. Die Spiele wurden auf fünf Minuten normiert.

Vor jedem Spiel füllte jeder Spieler einen Kurzfragebogen aus, auf dem die Attraktivität dieser Kombination, „task-related-leadership", Voraussage des Spielergebnisses und Antizipation des Verhaltens der Mitspieler erhoben wurden.

Die Punktdifferenzen der Spiele jeder Kombination wurden zusammengezählt. Mannschaften mit positivem Differenzwert nennen wir erfolgreiche Mannschaften, solche mit negativem Differenzwert erfolglose Mannschaften.

Leistungsmotivation: Zur Messung dieser Variablen wurde ein Aspirationsindex verwendet, den *L. Worrell* (24) vorschlägt. Der Index vergleicht die Selbsteinschätzung der eigenen Leistungsfähigkeit mit der erwarteten zukünftigen Leistungsfähigkeit. Je höher bei einer Person die Diskrepanz zwischen den beiden Selbsteinschätzungen ist, desto eher ist die Annahme gerechtfertigt, daß die Selbsteinschätzung der zukünftigen Leistungsfähigkeit unrealistisch ist. Bei Personen mit überhöhtem Aspirationsniveau — so läßt sich aus der *Atkinson*schen Theorie des Aspirationsniveaus ableiten (1) — ist die Tendenz, Versagen zu vermeiden, größer als die Tendenz, Erfolg zu erreichen. Anscheinend wird hiermit also eine Verhaltensdisposition, wenig zu leisten, erhoben. Ein hoher Wert auf der Aspirationsskala von *Worrell* bedeutet eine niedrige Leistungsmotivation und ein niedriger Wert hohe Leistungsmotivation. Wir möchten vorschlagen, diesen Aspirationsindex als indirekte Methode zum Messen der Leistungsmotivation zu verwenden.

Homogenität: Es wurde für jede Gruppe die Differenz des höchsten und des niedrigsten angetroffenen Wertes der Leistungsmotivation gebildet. Die Spannweite der Leistungsmotivation der Mitglieder der Gruppe wurde also als Indikator zum Messen der Homogenität verwendet. Ein hoher Wert bedeutet geringe Homogenität und umgekehrt ein niedriger Wert hohe Homogenität.

Focused leadership: Es wurde erfragt, wer in der Mannschaft am meisten dazu beiträgt, daß das Ziel erreicht wird. Der Modalwert dessen, der am häufigsten genannt wurde, wurde durch den Wert der optimal zu erreichenden Nennungen geteilt. Der Wert gibt an, welches Maß an focused leadership in der Gruppe besteht. Die Gruppen wurden nach „hoch" und „niedrig" über den Median dichotomisiert.

Attraktivität: Von den Mitgliedern der Gruppe wurde erfragt, ob sie gern oder ungern in dieser Kombination spielten. Die Zahl der Antworten, die „gern" angaben, wurde durch die Zahl der zu leistenden Antworten geteilt. Der Wert gibt an, welches Maß an Attraktivität für die Gruppe besteht. Die Gruppen wurden nach „hoch" und „niedrig" über den Median dichotomisiert.

Soziometrische Struktur: Die soziometrische Struktur wurde in wiederholten soziometrischen Tests erhoben und kontrolliert. Als Indikator wurde die Wahl des Mitbewohners eines Zimmers bei Lehrgängen, Turnieren etc. verwendet.

Ergebnisse und Diskussion

a) Die Frage, wie Gruppen nach welchen Persönlichkeitsmerkmalen zusammengesetzt sein müssen, damit die Gruppenleistung hoch ist, läßt sich nur beantworten, wenn man das Gruppenziel und die daraus resultierenden Aufgaben der Gruppenmitglieder in Betracht zieht. Bei Basketballmannschaften liegt das gemeinsame Ziel vor, mehr Punkte zu machen als die gegnerische Mannschaft. Die einzelnen Spieler haben einmal die Aufgabe, trotz der Hindernisse, die von gegnerischen Spielern entgegengesetzt werden, Punkte zu machen. Zum anderen müssen sie den Gegner daran hindern, einen Angriff mit einem Punkterfolg abzuschließen. Versagen oder Erfolg des einzelnen Gruppenmitglieds trägt zur Gesamtleistung der Gruppe bei. Das bedeutet, daß das einzelne Mitglied der Gruppe für sein Versagen bzw. seinen Erfolg von den anderen Mitgliedern der Gruppe oder der Umgebung, etwa dem Trainer, bestraft oder belohnt wird, z. B. durch Statusverlust bzw. -gewinn. In solchen Situationen können am besten diejenigen Personen ihre potentielle Leistungsfähigkeit einsetzen, die wenig Angst vor Versagen und trotz Konkurrenz eine hohe Motivation, Erfolg zu haben, besitzen. Es handelt sich also um Personen mit hoher Leistungsmotivation. Wenn nun Gruppen mit eindeutigem Ziel aus Mitgliedern zusammengesetzt sind, die dieses Merkmal in hohem Maße besitzen, sollte sich das positiv auf den Erfolg auswirken.

Hypothese: *Je größer die durchschnittliche Leistungsmotivation einer Basketballmannschaft ist, desto erfolgreicher wird sie spielen.*

Tabelle 1: Durchschnittliche Leistungsmotivation der Mannschaft und Mannschaftsleistung

Mannschaftsleistung	Durchschnittliche Leistungsmotivation	
	hoch	niedrig
hoch	13	6
niedrig	5	11
N	18	17

Tabelle 1 zeigt, daß von den erfolgreichen Mannschaften die meisten hohe durchschnittliche Leistungsmotivation aufweisen, und umgekehrt, daß die erfolglosen Mannschaften niedrige durchschnittliche Leistungsmotivation aufweisen. Die Daten weisen also in die erwartete Richtung.

Die gefundene Beziehung beantwortet nur die Frage, ob die Mitglieder von Basketballmannschaften überhaupt ein bestimmtes aufgabenspezifisches Persönlichkeitsmerkmal besitzen müssen, damit die Gruppe Erfolg hat. Dabei wird der Tatbestand außer acht gelassen, daß in Gruppen mit einem eindeutigen Ziel von den Mitgliedern nach Art und Ausmaß der Aktivitäten unterschiedliche Beiträge zur Erreichung des Gruppenziels erwartet werden. Diese unterschiedlichen Rollenerwartungen verlangen möglicherweise ein unterschiedliches Ausmaß des aufgabenspezifischen Persönlichkeitsmerkmals. Wenn in Basketballmannschaften alle Spieler eine gleich hohe Leistungsmotivation besitzen, so mag das zu Schwierigkeiten bei einer schnellen und von allen akzeptierten Rollenzuweisung während des Spiels führen. Die folgende Annahme scheint also gerechtfertigt zu sein.

Hypothese: *In bezug auf die Leistungsmotivation heterogene Basketballmannschaften sind erfolgreicher als homogene Mannschaften.*

Tabelle 2: Zusammensetzung der Mannschaften nach Leistungsmotivation und Mannschaftsleistung

Mannschaftsleistung	homogene Mannschaften	heterogene Mannschaften
hoch	3	16
niedrig	13	3
N	16	19

Tabelle 2 scheint die in der Hypothese behauptete Beziehung zu bestätigen. Auf Grund der Tatsache, daß Gruppen mit hoher homogener Leistungsmotivation geringe Gruppenleistungen zeigen, muß die Hypothese über den Zusammenhang zwischen durchschnittlicher Leistungsmotivation und Effektivität der Mannschaft modifiziert werden. Am effektivsten sind wahrscheinlich solche Mannschaften, die zwar einen hohen Grad an durchschnittlicher Leistungsmotivation als Gruppenmerkmal zeigen, in denen aber der Grad der Leistungsmotivation der einzelnen Spieler variiert.

Es ist nun zu erwarten, daß in den Gruppen, in denen im Hinblick auf das aufgabenspezifische Persönlichkeitsmerkmal Heterogenität besteht, weniger Konflikte über die Rollenzuweisung herrschen als in homogenen Gruppen. Tabelle 3 ist zu entnehmen, daß ein Zusammenhang zwischen der Gruppenzusammensetzung und dem Konsensus über die Rollenverteilung in der Gruppe besteht. Der Konsensus über die Rollenverteilung in der Gruppe wird hier gemessen durch den Statuskonsensus über die Person, die am meisten zur Erreichung des Zieles beiträgt.

Tabelle 3: Zusammensetzung der Mannschaften nach Leistungsmotivation und Statuskonsensus

Statuskonsensus	homogene Mannschaften	heterogene Mannschaften
hoch	2	14
niedrig	15	4
N	17	18

Es ist anzunehmen, daß Statuskonsensus über die Rollenverteilung die Interaktionen in der Gruppe erleichtert und damit eine Voraussetzung für den Erfolg der Gruppe ist.

Hypothese: *Mannschaften mit hohem Statuskonsensus spielen erfolgreicher als Mannschaften mit niedrigem Statuskonsensus.*

Tabelle 4: **Statuskonsensus und Mannschaftsleistung**

Mannschaftsleistung	Statuskonsensus	
	hoch	niedrig
hoch	14	5
niedrig	2	14
N	16	19

Statuskonsensus über die Rollenverteilung trägt nicht nur zu einer höheren Leistung der Gruppe bei, sondern führt auch, wie die Untersuchung von *Heinicke* und *Bales* (7) gezeigt hat, zu einer größeren Kohäsion der Gruppe. Das liegt wahrscheinlich daran, daß die Interaktionen in der Gruppe erleichtert und **die Statuskonflikte herabgesetzt werden** (vgl. 5). Es ist anzunehmen, daß unter den angeführten Bedingungen die Gruppe für die Mitglieder attraktiver ist. Attraktivität der Gruppe wird in der Literatur am häufigsten als Definitionsmerkmal für Kohäsion verwendet.

In Gruppen mit eindeutigem Ziel und klarer Rollendifferenzierung im Hinblick auf dieses Ziel erleichtert Kohäsion die Effektivität der Gruppen, weil sich in kohäsiven Gruppen leichter Konformität über Strategien zur Erreichung dieses Zieles erreichen läßt.

Hypothese: *Es besteht eine positive Beziehung zwischen der Kohäsion einer Mannschaft und der Effektivität.*

Tabelle 5: **Kohäsion und Mannschaftsleistung**

Mannschaftsleistung	Kohäsion	
	hoch	niedrig
hoch	13	6
niedrig	7	9
N	20	15

Zusammenfassend läßt sich feststellen: Die Verteilung von Persönlichkeitsvariablen in aufgabenorientierten Gruppen ist anscheinend keine ausreichende Voraussetzung für die Leistungsfähigkeit von Gruppen. In Gruppen, in denen Interaktionen der Mitglieder Mittel zur Erreichung eines gemeinsamen Zieles sind, entscheidet die Struktur der Gruppe darüber, ob die individuellen Leistungen zu einem Gruppenerfolg führen oder nicht.

b) Über den Verlauf der Interaktionen während eines Spieles wurden bisher noch keine Aussagen gemacht. Während des Spiels ist der Verlauf des Balles die institutionalisierte Form des Verlaufes der Interaktionen. Um Aussagen über den direkten Verlauf des Spieles machen zu können, wird angenommen, daß ein Team um so erfolgreicher im Spiel verfahren wird, je schneller und direkter der Erfolg angestrebt wird. Es wird vorausgesetzt, daß es für jeden Angriff einen optimalen Verlauf des Balles für den Erfolg gibt. Diese optimalen Spielzüge können nur dann ausgeübt werden, wenn jeder Spieler die Chance besitzt, angespielt zu werden, wenn er in günstiger Position steht. Diese Annahme wird in einer Hypothese formuliert.

Hypothese: *Mannschaften spielen dann am erfolgreichsten, wenn jeder Spieler (auf Element eins normiert) gleich viele Pässe erhält.*

Zur Kontrolle dieser Hypothese wurden zunächst für vier verschiedene, als gleich stark anzusehende Mannschaftskombinationen einer Mannschaft je 60 Spielminuten gegen unterschiedliche, aber gleiche Zeiten gegen gleichstarke Gegner (Stärke gemessen an Ligazugehörigkeit und Platz darin) nach Paßverteilung und Erfolg (Punktdifferenzen) ausgewertet. Ein Wert von 1,0 bei der Paßverteilung würde hierbei eine Gleichverteilung bedeuten.

Tabelle 6: Paßverteilung und Erfolg

	Pässe	Erfolg
Komb. 1	0,87	+ 18
Komb. 2	0,72	+ 8
Komb. 3	0,64	+ 5
Komb. 4	0,47	− 12

Es läßt sich also feststellen, daß unterschiedliche Kombinationen derselben Mannschaft ihre Bälle unterschiedlich verteilen, wobei die Kombination, die dem Wert 1,0 am nächsten kommt, am erfolgreichsten, die am weitesten von 1,0 entfernt ist, am erfolglosesten spielt. Nach den oben angestellten Erwägungen vermuten wir, daß sich die unterschiedlichen Kommunikationsabläufe durch unterschiedliche Affektstrukturen der Kombinationen, die durch die soziometrischen Wahlen operationalisiert werden, erklären lassen. Zur Überprüfung dieser Annahme wird die folgende Hypothese formuliert.

Hypothese: *Interaktionen (hier definiert als Pässe) erfolgen in der Spielsituation häufiger zwischen Mannschaftsmitgliedern, die sich in einem soziometrischen Test gegenseitig gewählt haben, als zwischen Mannschaftsmitgliedern, die sich nicht gewählt oder abgelehnt haben.*

Zur Kontrolle dieser Hypothese wurden im Training Dreierkombinationen so zusammengesetzt, daß jeweils ein soziometrisches Paar und ein Nichtgewählter in ihnen vertreten waren. Pässe wurden dann notiert, wenn sie von einem Mitglied des Paares ausgingen. Von 1100 ausgezählten Pässen gingen 748 (68 %) zu dem soziometrisch Gewählten, 352 (32 %) zu dem Nichtgewählten.

Es besteht also Berechtigung, die Hypothese in dieser Form aufrechtzuerhalten. Wollen wir uns aber nicht mit der bloßen Feststellung des in der Hypothese Behaupteten begnügen, werden wir einige Bedingungen untersuchen müssen, unter denen sich Veränderungen einstellen.

Hypothese: *Soziometrisch abgelehnte Mannschaftsmitglieder werden häufiger angespielt als soziometrisch isolierte.*

Zur Kontrolle wurden 380 Pässe in Fünfermannschaften ausgezählt, in denen jeweils zwei soziometrische Paare und ein Isolierter waren. Es bestand für jeden die Chance, 76 Pässe zu erhalten. 18 Pässe oder 23,7 % der statistischen Chance gingen an den jeweils Isolierten. Zum Vergleich wurden 350 Pässe in Fünfermannschaften ausgezählt, in denen jeweils zwei soziometrische Paare und ein von beiden Paaren Abgelehnter waren. Es bestand für jeden die Chance, 70 Pässe zu erhalten. 34 Pässe oder 48,6 % der statistischen Chance gingen an den jeweils Abgelehnten.

Untersuchen wir noch kurz, ob sich Spielbedingungen finden lassen, in denen dieselbe Mannschaftskombination, also eine Gruppe mit konstanter Affektstruktur, unterschiedliche Kommunikationswege benutzt. Wir vermuten, daß sich Kommunikationswege mit der Schwierigkeit der gestellten Aufgabe und damit mit gestiegener Leistungsanforderung verändern.

Hypothese: *Je stärker der Gegner, desto weniger wird die Verteilung der Pässe von soziometrischen Präferenzen bestimmt.*

Tabelle 7: Schwierigkeit des Gegners und Verteilung der Pässe

1.0	.	1.0						
0.9	.		0.91					
	.			0.89				
0.8	.				0.79			
	.					0.78		
	.						0.70	
0.7	.							0.68
0.6	.							
		Training	TS	MS	TS	MS	TS	äußerst
			schwacher		starker		weit	wichtiges
			Gegner		Gegner		überlegener	MS
							Gegner	

TS Trainingsspiel
MS Meisterschaftsspiel

Zur Kontrolle wurden die Ballabgaben in verschiedenen Spielen ausgewertet, und zwar 400 Pässe für jede Kategorie der Tabelle 7. Die in der Trainingssituation gefundenen Werte werden als erwartete Werte gleich eins gesetzt. Die an soziometrisch Gewählte gegebenen Pässe werden für Spiele gegen verschiedene Gegner durch die erwarteten Werte geteilt. Je näher der Punktwert an 1,0 liegt, desto mehr Pässe werden also wie im Training an soziometrisch Gewählte gegeben.

Abweichungen von soziometrischen Präferenzen scheinen also nicht davon abzuhängen, welche formale Bedeutung das Spiel besitzt — auch im Trainingsspiel bleibt das Ziel der Sieg —, sondern von der Stärke des Gegners. Ausnahme ist ein äußerst wichtiges Meisterschaftsspiel, das jedoch auch nur gegen starke Gegner gespielt wird. Siege gegen starke Mannschaften setzen die Attraktivität der Gruppe sicherlich mehr herauf, als hohe Siege gegen schwache Gegner. Zusammenfassend läßt sich sagen:

1. Durch die soziometrische Struktur bedingte Umwegrelationen behindern einen schnellen und direkten Kommunikationsfluß und damit den Erfolg.

2. Soziometrisch Abgelehnte sind Gruppenmitglieder, die ebenfalls mit Affekten besetzt werden und eher in den Kommunikationsverlauf eingeschlossen werden als soziometrisch Isolierte.

3. Hoher Leistungsdruck auf die Gruppe läßt die affektbedingten Kommunikationswege gegenüber den sachlich bedingten zurücktreten.

Zusammenfassung

In der vorliegenden Untersuchung wurden in Form der angewandten Sozialforschung Beziehungen zwischen Gruppenvariablen und der Leistung von Basketballgruppen untersucht. Ausgegangen wurde dabei von gesicherten Ergebnissen der Kleingruppenforschung. Es konnte eine positive Beziehung von durchschnittlicher Leistungsmotivation, Heterogenität in bezug auf dieses Merkmal, Statuskonsensus und Kohäsion der Gruppe zur Leistung festgestellt werden. Die soziometrische Struktur der Mannschaft hat einen unmittelbaren Einfluß auf die Kommunikationswege in der Spielsituation und damit einen indirekten Einfluß auf den Erfolg.

Es ist anzunehmen, daß sich für jede Basketballmannschaft eine optimale Fünferkombination feststellen läßt. Hierzu müßten aber in einer differenzierteren Untersuchung die Beziehungen der relevanten Variablen untereinander und die Beziehung von Variablengruppen zur Leistung untersucht werden.

Literaturhinweise

(1) *Atkinson, J. N.* und *C. H. Litwin*, Achievement Motive and Test Anxiety Conceived as Motive to Approach Success and Motive to Avoid Failure, in: Journal of Abnormal and Social Psychology, Bd. 60, 1960, S. 52—63.
(2) *Berkowitz, L.*, Group Standards Cohesiveness, and Productivity, in: Human Relations, Bd. 7, 1954, S. 509—519.
(3) *Caplow, T.*, A Theory of Coalitions in the Triad, in: American Sociological Review, Bd. 21, 1956, S. 489—493.
(4) *Davol, S. H.*, An Empirical Test of Structural Balance in Sociometric Triads, in: Journal of Abnormal and Social Psychology, Bd. 59, 1959, S. 393—398.
(5) *Festinger, L.*, *S. Schachter* und *K. Back*, Social Pressures in Informal Groups, New York 1950.
(6) *Hare, A. P.*, Handbook of Small Group Research, Glencoe, Ill., 1962.
(7) *Heinicke, C.* und *R. F. Bales*, Developmental Trends in the Structure of Groups, in: Sociometry, Bd. 16, 1953, S. 7—38.
(8) *Hoffmann, R. L.*, Homogeneity of Member Personality and its Effects on Group Problem Solvings, in: Journal of Abnormal and Social Psychology, Bd. 58, 1961, S. 27—32.
(9) *Hoffmann, R. L.* und *N. F. Maier*, Quality and Acceptance of Problem Solutions by Members of Homogeneous and Heterogeneous Groups, in: Journal of Abnormal and Social Psychology, Bd. 62, 1961, S. 401—407.
(10) *Homans, G. C.*, The Human Group, New York 1950.
(11) *Klein, J.*, The Study of Groups, London 1956.
(12) *Lenk, H.*, Konflikt und Leistung in Spitzensportmannschaften, in: Soziale Welt, Bd. 15, 1965, S. 307—343.
(13) *Lenk, H.*, Maximale Leistung trotz inneren Konflikten, in: Kölner Zeitschrift für Soziologie und Sozialpsychologie, Sonderheft 10.
(14) *Lott, A. J.* und *B. E. Lott*, Group Cohesiveness, Communication Level, and Conformity, in: Journal of Abnormal and Social Psychology, Bd. 62, 1961, S. 408—412.
(15) *Roby, T. B.* und *J. T. Lanzetta*, Work Group Structure, Communication and Group Performance, in: Sociometry, Bd. 19, 1956, S. 105—113.
(16) *Rohrer J. H.* und *M. Sherif*, Hrsg., Social Psychology at the Crossroads, New York 1951.
(17) *Schafer, W. E.*, Die soziale Struktur von Sportgruppen, in: Kölner Zeitschrift für Soziologie, Sonderheft 10.
(18) *Shaw, M. E.*, A Note Concerning Homogeneity of Membership and Group Problem Solving, in: Journal of Abnormal and Social Psychology, Bd. 60, 1960, S. 448—450.
(19) *Shelley, H. P.*, Status Consensus, Leadership and Satisfaction with the Group, in: Journal of Social Psychology, Bd. 51, 1960, S. 157—164.
(20) *Shelley, H. P.*, Focused Leadership and Cohesiveness in Small Groups, in: Sociometry, Bd. 23, 1960, S. 209—216.
(21) *Sherif, M.* und *C. W. Sherif*, Groups in Harmony and Tension, New York 1953.
(22) *Stryker, S.* und *G. Psathas*, Research on Coalitions in the Triad: Findings, Problems and Strategy, in: Sociometry, Bd. 23, 1960, S. 217—230.
(23) *Whyte, W. F.*, Street Corner Society, Chicago 1943.
(24) *Worrell, L.*, Level of Aspiration and Academic Success, in: Journal of Educational Psychology, Bd. 50, 1959, S. 47—54.

SOZIALE BEEINFLUSSUNG DER LEISTUNG BEI VIER PSYCHOMOTORISCHEN AUFGABEN

Von Gerald S. Kenyon und John W. Loy, Jr.*

Vorbemerkung

Seit kurz vor der Jahrhundertwende haben sich Sozialpsychologen damit befaßt, welchen Einfluß die tatsächliche, vorgestellte oder implizierte Anwesenheit anderer Personen auf Individuen ausübt. Gleichzeitig wurde die Bedeutung sozialer Beeinflussung für Perzeption, Erinnerungsvermögen, Motivation, Lernen, Bildung von Attitüden, Konflikt, Konformität und Kommunikation untersucht. Dabei wurden u. a. folgende Bezugsrahmen verwandt: soziale Erleichterung (5)**, kollektives Verhalten (14), die Psychologie des Publikums (8), Anpassung an Gruppenzwänge (3), die Wirkung von Belastungen auf motorische Leistung (11), Gruppenlernen im Gegensatz zu individuellem Lernen und Beeinflußbarkeit (17).

Untersuchungen über soziales Lernen können in zweifacher Hinsicht klassifiziert werden: Nach Art der sozialen Bedingungen, von denen angenommen wird, daß sie Verhalten beeinflussen, und nach der Art der Aufgabe, die in einer speziellen Situation gelöst werden soll. Unter sozialen Bedingungen in diesem Sinne verstand man den Einfluß von Beobachtern, die Anwesenheit von Mitarbeitern, das Vorhandensein von Wettbewerb, die Wirkung sozialer Ermunterung oder Entmutigung, den Einfluß von Gruppendiskussionen, die Gruppengröße und die Wirkung der Anwesenheit einer Prestigeperson (5).

Obwohl verschiedene Arten von Aufgaben — wie kognitive, affektive und psychomotorische — in Untersuchungen über soziale Beeinflussung angewandt worden sind, haben die meisten Forscher die letzteren nur ungenügend berücksichtigt. Obwohl z. B. *Fred L. Strodtbeck* und *Paul A. Hare* (16) in ihrer 1400 Titel umfassenden Bibliographie über Untersuchungen der Kleingruppenforschung von 1900 bis 1953 nur knapp ein Dutzend Studien über die Beziehung zwischen sozialen Stimuli und der Lösung motorischer Aufgaben erwähnen, läßt sich die Behandlung dieses Problems relativ weit zurück verfolgen. 1897 zeigte

---

* Wir schulden Dank Herrn *Alan Metcalfe* und Fräulein *Judi Smith* für ihre maßgebliche Unterstützung bei der Durchführung des Experimentes sowie all denen, die als „soziale Stimuli" fungierten, und den Studenten, die sich als Versuchspersonen zur Verfügung stellten.

** Die Zahlen in Klammern beziehen sich auf die Literaturhinweise am Ende des Artikels.

N. Triplett (19) in einem Aufsatz klare Leistungsunterschiede zwischen Radfahrern mit und ohne Schrittmacher und zwischen Personen, die allein, und solchen, die in Wettbewerb zueinander eine Winde betätigten. Obwohl in späteren Arbeiten die Wirkungen des Wettbewerbs beschrieben wurden, fehlte es besonders an Studien, die sich mit dem Einfluß von Zuschauern auf motorische Leistungen beschäftigten. Seit Mitte der zwanziger, Anfang der dreißiger Jahre ist relativ wenig Arbeit auf diesem Gebiet geleistet worden.

D. A. Laird (10) hat — unter den Bedingungen friedlichen Wettbewerbs — Anwärter einer Studentenverbindung Teste über die Geschwindigkeit, Hand-Augen-Koordination und Sicherheit beim Greifen, sowohl im Sitzen wie im Stehen, machen lassen; dann ließ er die Teste wiederholen, wobei eine Reihe aktiver Verbindungsmitglieder die Testpersonen hänselte. Die Ergebnisse zeigten schlechtere Punktwerte in beiden Testen über Greifsicherheit in der Spottsituation. Die Ergebnisse waren jedoch nicht so klar, wenn man die Teste über Greifgeschwindigkeit und Koordination betrachtet, da mehrere Versuchspersonen ihre Leistung in jedem Fall verbessert hatten. Es wurde nachgewiesen, daß die Streuung der Testergebnisse nicht von Intelligenz beeinflußt war. G. S. Gates (7) verwandte — zusammen mit anderen Aufgaben — ein Drei-Loch-Koordinations-Brett und verglich dann die Leistung von Individuen bei Anwesenheit von wenigen (4—6) und vielen (27 und mehr) Zuschauern mit Leistungen, bei denen nur der Experimentator anwesend war; es ergaben sich jedoch keine statistisch signifikanten Unterschiede. F. H. Allport (2) beobachtete demgegenüber: „Wenn wir die Ergebnisse der Versuchspersonen mit den höchsten Punktzahlen und mit den niedrigsten Punktzahlen aus der Gruppe mit Zuschauern nicht mit den entsprechenden Klassen der Kontrollgruppe, sondern miteinander vergleichen, dann fallen die auf ursprünglicher Geschicklichkeit ruhenden Unterschiede auf." Genauer: Eine Verbesserung der Leistung konnte bei einem größeren Anteil der Versuchspersonen mit den niedrigsten Punktzahlen als bei solchen mit den höchsten Punktzahlen beobachtet werden. L. E. Travis (18) verwandte den „Koerth Schrittmacher Rotor", um die Hand-Augen-Koordination bei jüngeren männlichen Studenten zu testen. Der Test wurde einmal nur in Anwesenheit des Experimentators und dann vor einer Zuschauergruppe (4—8 ältere Studenten) durchgeführt. Die Zuschauer verhielten sich passiv und saßen im Halbkreis um die jeweilige Versuchsperson. Travis fand für die beiden Versuchssituationen keine statistisch signifikanten Unterschiede in der durchschnittlichen Leistung. Er berichtete jedoch, daß 18 der 22 Personen ihre Leistungen in der „sozialen" Situation verbesserten.

J. Pessin und R. W. Husband (12) untersuchten die Auswirkungen sozialer Stimulation auf menschliches Lernen im Labyrinth: Es handelt sich erstens um Lernen des Labyrinths mit verbundenen Augen, wobei nur der Versuchsleiter anwesend war, zweitens um Lernen des Labyrinths mit verbundenen Augen, wobei ein oder zwei den Versuchspersonen bekannte Zuschauer anwesend waren, und drittens um Lernen des Labyrinths bei voller Sehmöglichkeit und voller Sichtbarkeit durch Experimentator und Zuschauer. Man fand keine statistisch signifikanten Unterschiede zwischen der sozial stimulierten und der Kontrollgruppe, jedoch Belege für die Annahme, daß das Lernen in Anwesenheit von Zuschauern eine größere Variabilität in bezug auf Lösungen erbrachte. In einer neueren Studie stellte *Singer* (15) die Hypothese auf, daß Sportler, die daran gewöhnt sind, ihre Leistung vor Zuschauern zu erbringen, bei einer neuen physischen Aufgabe bessere Leistungen erreichen würden als Nichtsportler. Das Gegenteil schien jedoch wahr zu sein, was vermuten läßt, daß soziale Erleichterung sich nur bei spezifischen Aufgaben auswirkt.

Zusammenfassend läßt sich sagen, daß die Anwesenheit anderer Personen nur geringen Einfluß auf Leistung zu haben scheint, es sei denn, die Stimuli sind integriert und maximiert, wie im Falle des „Neckens", von dem *Laird* (10) in seiner Studie berichtet. Dennoch zeigen die wenigen Studien über soziale Beeinflussung seit der Arbeit von *Triplett*, daß die Anwesenheit von Zuschauern unterschiedliche Wirkungen hervorruft. Das bedeutet, daß Versuchspersonen dazu neigen, auf die gleichen Bedingungen unterschiedlich zu reagieren. Obwohl generelle Gruppendifferenzen nicht stark ausgeprägt zu sein schienen, mag doch eine gewisse Einheitlichkeit in der Reaktion auf sozialen Einfluß aufgetreten sein. Weiterhin ist es möglich, daß einige der unbefriedigenden Ergebnisse aus Mängeln im Forschungsansatz resultierten. Eine fallweise Durchleuchtung des Materials wurde häufig unterlassen, ebenso wie die Berücksichtigung des möglichen oder vielleicht wahrscheinlichen Einflusses des Experimentators selbst.

Das Problem

Es war das Ziel der vorliegenden Untersuchung, die Wirkung dreier passiver sozialer Stimuli — Anwesenheit weniger Zuschauer, einer Prestigeperson und Personen anderen Geschlechts — auf die Leistung bei vier physischen Aufgaben zu ermitteln. Zusätzlich wurden zwei miteinander in Beziehung stehende Persönlichkeitsmerkmale, nämlich „Selbstachtung" und „Bedürfnis nach Anerkennung", erhoben, um möglicherweise auftretende verschiedenartige Effekte erklären zu können.

Vorgehensweise

Zweiundfünfzig erstsemestrige Studenten wurden an Hand einer Liste nach dem Zufallsprinzip aus tausend Bewohnern eines Wohnheims ausgewählt. Da erwartet werden konnte, daß der Austausch von Informationen über das Experiment unter den Teilnehmern die Ergebnisse verfälschen würde, wurde das Sample nach Wohnetagen geschichtet, um ein Minimum an sozialer Interaktion zu garantieren. Alle Versuchspersonen wohnten in demselben Gebäude, nahmen ihre Mahlzeiten im gleichen Speisesaal ein und befanden sich demnach weitgehend in der gleichen alltäglichen Umgebung. Die Versuchspersonen wurden telefonisch gebeten, an einer Untersuchung teilzunehmen, die ihre Anwesenheit zweimal im Abstand von einer Woche für fünfzehn bis zwanzig Minuten erforderte. Das eigentliche Ziel der Untersuchung wurde nicht mitgeteilt; vielmehr wurden die Versuchspersonen dahingehend informiert, daß Normwerte für einige einfache physische Aufgaben entwickelt werden sollten. Im Anschluß an den Test des ersten Tages wurden die Versuchspersonen dadurch motiviert, zur zweiten Sitzung wieder zu erscheinen, daß man versprach, unter den Versuchspersonen einen Preis von 20 Dollar zu verlosen. Obwohl die Forscher von der offensichtlichen Wirksamkeit dieser Vorgehensweise befriedigt waren, gab es einige Ausfälle. Bei Abschluß des Experiments lagen Daten über siebenundvierzig Personen vor.

Aufgaben. Die Versuchspersonen wurden gebeten, vier verschiedene motorische Aufgaben durchzuführen, zwei Geschicklichkeitsteste und je einen über Kraft und Ausdauer.

1. Geschicklichkeitstest I. Die Versuchspersonen wurden aufgefordert, unter Benutzung der von ihnen bevorzugten Hand sechzig zylindrische Blöcke in ebenso viele Löcher eines rechteckigen Brettes zu stecken, das sich auf einem ca. 76 Zentimeter hohen Tisch befand. Nachdem sich die Versuchspersonen mit der Aufgabe vertraut gemacht hatten, mußten in zwei Versuchen die Blöcke so schnell wie möglich in die Löcher gesteckt werden. Die benötigte Zeit wurde auf die Sekunde genau gestoppt. Der Durchschnitt beider Versuche diente als Punktwert. Die Zuverlässigkeit dieser Aufgabe (Versuch eins versus Versuch zwei, bereinigt) wird mit 0,87 (6) angegeben. Unter Verwendung von Versuchspersonen der Kontrollgruppe (N = 11) erhielten wir eine Test- und Nachtestzuverlässigkeit (eine Woche Abstand) von 0,88.

2. Geschicklichkeitstest II. Die Versuchsanordnung für diesen Test war die gleiche wie bei Geschicklichkeitstest I, mit einer Ausnahme: von den Versuchspersonen wurde verlangt, daß sie jeden Block umdrehten, bevor sie ihn in sein Loch steckten. Die angegebene Zuverlässigkeit für Versuch eins versus Versuch zwei (bereinigt) beträgt 0,95. Unsere Test-Nachtest-Zuverlässigkeit betrug 0,81.

3. Test über die Beugekraft des Handgelenks. Die Versuchspersonen mußten sich in der gleichen Haltung auf einen Stuhl setzen; ein Tisch, auf dem ein Kraftmesser, versehen mit einem passenden Handgriff, stand, war mit dem Stuhl direkt verbunden. Die Versuchspersonen sollten mit dem linken Arm mit höchster Kraft das Instrument betätigen, wobei ihre Leistung auf einem Papierstreifen verzeichnet wurde. Drei Versuche waren zugelassen, wobei der beste Versuch für die folgenden Analysen verwandt wurde. *Jones* (9) hat bei Verwendung des gleichen Instruments hinreichende Zuverlässigkeitsgrade aufgezeigt.

4. Ausdauertest. Die Versuchspersonen wurden aufgefordert, ein Leistungsniveau, das der Hälfte ihrer maximalen Leistung des vorhergehenden Tests entsprach, solange wie möglich zu halten; an Hand der laufenden Aufzeichnung des Kraftmessers konnte der Experimentator mit neutraler Stimme die Versuchspersonen darauf aufmerksam machen, ob sie „zu hoch" oder „zu niedrig" in bezug auf das ihr vorgegebene Kriterium lagen. Darüber hinaus wurde keine weitere Information oder Ermutigung gegeben. Wie vom Kontrollstreifen leicht abzulesen war, reagierte die Versuchsperson unmittelbar.

Soziale Stimuli. Die Versuchspersonen wurden nach Zufallsprinzip vier Gruppen zugeteilt, welche wiederum nach Zufallsprinzip vier Bedingungen unterworfen wurden; einer Kontrollbedingung und drei Situationen, die soziale Stimuli enthielten. In der ersten Testsitzung wurden alle Versuchspersonen in allen Gruppen den gleichen Bedingungen ausgesetzt, nämlich der Durchführung der vier Aufgaben unter standardisierten Bedingungen, wobei nur der Versuchsleiter anwesend war.

Gruppe eins: Kontrollgruppe. Bei der zweiten Testsitzung — eine Woche nach der ersten — kehrten die Versuchspersonen der Kontrollgruppe ins Laboratorium zurück und führten noch einmal die vier Aufgaben durch, und zwar unter genau den gleichen Bedingungen wie bei der ersten Sitzung. Diese Versuchsanordnung sorgte für eine Kontrolle sowohl des Lernens von Sitzung zu Sitzung als auch eines möglichen Einflusses durch den Experimentator.

Gruppe zwei: wenige Zuschauer. Bei ihrem zweiten Besuch im Laboratorium — eine Woche später — führten die Versuchspersonen dieser Gruppe die vier Aufgaben unter Bedingungen, die mit denen der ersten Sitzung identisch waren, durch, außer daß eine Gruppe von fünf Personen anwesend war. Diese Zuschauer wurden vom Experimentator als ein Professor und als Mitglieder eines Seminars für motorisches Lernen eingeführt. Während der Sitzung wurden an zwei vorher bestimmten Zeitpunkten zwei Fragen gestellt:

1. „Macht die Uhr Angaben in Zehntel- oder Hundertstelsekunden?" (gestellt nach der Durchführung des zweiten Geschicklichkeitstests) und

2. „Welcher Versuch war der beste?" (gestellt nach dem dritten Versuch im Krafttest).

Diese Fragen wurden für jede Versuchsperson zum gleichen Zeitpunkt gestellt, und zwar von jeweils demselben Zuschauer.

Gruppe drei: Prestigeperson. In dieser Gruppe wurden die Aufgaben während der zweiten Sitzung unter den Bedingungen der ersten Sitzung durchgeführt, mit der einen Ausnahme, daß die Leistungen in Anwesenheit einer Person erbracht wurden, die als Mr. Sutton-Smith, Spezialberater der britischen Olympiamannschaft, eingeführt wurde. Die Person, die diese Rolle spielte, war ein englischer Trainer, der zur Zeit eine Professur an einer kanadischen Universität innehatte. Alle anderen Vorgehensweisen waren identisch mit denen bei Gruppe zwei, einschließlich der beiden standardisierten Fragen.

Gruppe vier: Anwesenheit weiblicher Zuschauer. Der soziale Stimulus für diese Gruppe bestand in der Anwesenheit zweier Collegestudentinnen, die von den Forschern als „attraktiv" eingestuft wurden. Die jungen Damen wurden jeder Versuchsperson als Studentinnen höherer Semester der Psychologie mit Interesse für psychomotorisches Verhalten vorgestellt. Wiederum waren alle anderen Bedingungen identisch mit denen der anderen Gruppen, einschließlich der beiden Fragen.

Die Vorgehensweise im Experiment. Alle Daten wurden im „Motor Learning Laboratory" der Universität Wisconsin gesammelt. Die Experimentsitzungen fanden jeweils im Abstand von fünfzehn Minuten zwischen 18 Uhr und 22 Uhr statt. Dabei wurde allgemein wie folgt vorgegangen: Jede Versuchsperson wurde durch eine Postkarte am vereinbarten Tage daran erinnert, zur festgesetzten Zeit ins Labor zu kommen. Bei ihrer Ankunft wurde sie von einer speziell dafür bestimmten Person empfangen und gebeten, auf einem eigens ausgearbeiteten Formular einige generelle Informationen zu geben. Anschließend ging sie ins Laboratorium und führte die Aufgaben unter der Leitung eines Experimentators durch, der eine standardisierte Vorgehensweise für alle Versuchspersonen verwandte. Den Versuchspersonen wurden Informationen über die Ergebnisse vorenthalten, um Wettbewerb weitgehend auszuschließen, und zwar sowohl mit sich selbst wie mit anderen Teilnehmern. Sobald sie das Labor verließen, wurden sie von der Empfangsperson an ihre Verabredung in der nächsten Woche erinnert und gleichzeitig auf die Möglichkeit hingewiesen, den 20-Dollar-Preis zu gewinnen. In der folgenden Woche wurde die Versuchsperson wieder per Post an ihre Verabredung erinnert. Beim Erscheinen zur zweiten Sitzung wurde mit Ausnahme des jeweiligen sozialen Stimulus die gleiche Vorgehensweise angewandt; nach Abschluß dieser Sitzung wurden die Teilnehmer gebeten, zwei Fragebögen auszufüllen, die dazu bestimmt waren, „Selbstachtung" (13) und „Bedürfnis nach Anerkennung" (4) zu ermitteln.

Ergebnisse

Tabelle 1* enthält für jede Gruppe die durchschnittlichen Punktwerte und Streuung für die Leistungen während beider Sitzungen. Um die Gesamtwirkung der experimentellen Bedingungen zu testen, wurde eine Kovarianzanalyse durchgeführt, wobei die Differenzen zwischen den Mittelwerten der zweiten Sitzung (Kontrollgruppe und Gruppen *mit* sozialen Stimuli) mit den Differenzen zwischen den bereinigten Mittelwerten der ersten Sitzung (*ohne* soziale Stimuli) verglichen wurden. Tabellen 2 bis 5 zeigen die Ergebnisse der Kovarianzanalysen. Wie ersichtlich, stützen die Differenzen in keinem Fall die Annahme, daß die Leistung von einer der drei Bedingungen beeinflußt wurde.

In Anlehnung an andere Forscher behauptet *Theodore M. Abel* (1), daß der Einfluß von Zuschauern im Verlauf einer Tätigkeit weniger wirksam wird. Man entschied sich deshalb für eine zusätzliche Datenanalyse, wobei die Punktzahlen des ersten Versuches der ersten Aufgabe während jeder Sitzung einer Kovarianzanalyse unterworfen wurden; dabei ging man von der Voraussetzung aus, daß der soziale Einfluß wahrscheinlich zu Beginn des Experiments am größten sei. Die Ergebnisse dieser Analyse — Tabellen 6 und 7 — zeigen, daß die hier verwandten Stimuli auch zu Beginn nur geringe Auswirkungen auf die Leistung hatten.

Da sich keine signifikanten Änderungen ergaben, die den verschiedenen sozialen Stimuli hätten zugeordnet werden können, versuchte man durch eine weitere Analyse der Daten irgendwelche anderen unterschiedlichen Effekte nachzuweisen. Eine Analyse der Einzelfälle zusammen mit der Beobachtung, daß Standardabweichungen in der zweiten Sitzung generell größer waren, ließ vermuten, daß einige Versuchspersonen anscheinend ihre Leistung verbesserten, während andere dies nicht taten — ein Ergebnis, das mit denen früherer Untersuchungen in Einklang steht. Ein Erklärungsversuch wurde durch Einführung zweier Persönlichkeitsmerkmale — „Bedürfnis nach Anerkennung" und „Selbstachtung" — unternommen. In jeder Gruppe wurden die Versuchspersonen einmal nach ihren Persönlichkeitsmerkmalen und zum zweiten nach dem Ausmaß der Leistungsschwankung eingestuft. Die Person mit der größten absoluten Leistungssteigerung wurde als Nummer eins eingestuft, die mit der geringsten als letzte. Diese Einstufung ermöglichte eine Dichotomisierung der Gruppe hinsichtlich beider Variablen. Die daraus resultierenden Kreuztabellierungen wurden auf Trends hin untersucht, die eine signifikante Beziehung zwischen „Bedürfnis nach Anerkennung" oder Grad der „Selbsteinschätzung" und der Leistungsänderung auf Grund sozialer Stimulation hätten vermuten lassen. Es wurden keine eindeutigen Trends sichtbar.

* Die Tabellen befinden sich am Ende des Artikels.

Schlußfolgerungen

Auf Grund der vorliegenden Daten lassen sich folgende Schlüsse ziehen:

1. Passive soziale Stimuli in Form einer kleinen Zuschauergruppe, einer Prestigeperson gleichen Geschlechts sowie von zwei Personen des anderen Geschlechts haben keinen Einfluß auf die generelle Leistung bei einfachen psychomotorischen Aufgaben.

2. Reaktion auf soziale Stimulation ist bis zu einem gewissen Grad unterschiedlich, insofern einige Versuchspersonen ihre Leistung verbessern, während andere das Leistungsniveau der stimulus-freien Situation beibehalten oder sogar nicht einmal erreichen.

3. Unterschiedliche Reaktionen auf soziale Stimulation ist nicht eine Funktion von „Selbstachtung" oder „Bedürfnis nach Anerkennung" der Versuchspersonen.

Tabellenanhang

Tabelle 1: Mittelwerte und Streuung der Punktwerte einer jeden Gruppe ohne (1. Sitzung) und mit (2. Sitzung) sozialen Stimuli

Aufgabe	Gruppe	Kontrollgruppe 1.Woche	2.Woche	Wenige Zuschauer 1.Woche	2.Woche	Prestige-Person 1.Woche	2.Woche	Das andere Geschlecht 1.Woche	2.Woche
Geschicklichkeitstest I (Sekunden)	M s	64,5 3,2	60,5 4,5	62,5 7,7	60,2 8,4	60,0 4,1	57,4 3,5	63,5 5,8	61,1 5,7
Geschicklichkeitstest II (Sekunden)	M s	74,7 5,3	69,2 5,8	73,1 6,3	67,8 7,6	71,0 5,7	65,8 6,3	75,0 5,9	70,7 6,8
Krafttest (Einheiten)[1]	M s	13,5 2,2	13,2 2,5	13,7 3,2	14,3 3,8	15,1 2,9	15,4 3,4	12,9 2,8	12,6 3,8
Ausdauertest (Einheiten)[2]	M s	22,0 7,3	28,1 11,3	23,2 10,8	23,1 10,8	23,9 11,9	23,9 11,2	19,9 13,9	22,3 13,3

[1] Eine Kraft-Einheit = ca. 5 lbs.
[2] Eine Ausdauer-Einheit = ca. 15 Sekunden.

Tabelle 2: Kovarianzanalyse für die durchschnittlichen Zeitwerte bei der ersten Aufgabe (Geschicklichkeitstest I) mit sozialen Stimuli, nach Bereinigung der Differenzen zwischen den Werten der Gruppen in der ersten Sitzung ohne soziale Stimuli

Art der Variation	df	Σx^2	Σxy	Σy^2	ber. Σy^2	df	ber. M	F*
Fehler Gruppen	3	117,0	86,9	83,1	31,2	3	10.4	1,13
Zwischen	43	1362,1	1231,8	1555,9	386,9	42	9,2	
Gesamt	46	1479,1	1318,7	1639,0	418,1	45		

* Für 3 und 42 Freiheitsgrade, $F_{.95} = 2,83$.

Tabelle 3: Kovarianzanalyse für die durchschnittlichen Zeitwerte bei der zweiten Aufgabe (Geschicklichkeitstest II) mit sozialen Stimuli, nach Bereinigung der Differenzen zwischen den Werten der Gruppen in der ersten Sitzung ohne soziale Stimuli

Art der Variation	df	Σx^2	Σxy	Σy^2	ber. Σy^2	df	ber. M	F
Zwischen Gruppen	3	82,1	108,3	150,2	4,1	3	1,4	<1,0
Fehler	43	1456,7	1448,0	1951,8	382,5	42	9,1	
Gesamt	46	1538,8	1556,3	2102,0	386,6	45		

Tabelle 4: Kovarianzanalyse für die durchschnittlichen Punktwerte bei der dritten Aufgabe (Kraft-Test) mit sozialen Stimuli, nach Bereinigung der Differenzen zwischen den Werten der Gruppen in der ersten Sitzung ohne soziale Stimuli

Art der Variation	df	Σx^2	Σxy	Σy^2	ber. Σy^2	df	ber. M	F
Zwischen Gruppen	3	30,6	38,8	54,2	2,9	3	0,9	<1,0
Fehler	44	348,2	348,6	523,2	115,9	43	2,7	
Gesamt	47	378,8	387,4	577,4	118,8	46		

Tabelle 5: Kovarianzanalyse für die durchschnittlichen Punktwerte bei der vierten Aufgabe (Ausdauer-Test) mit sozialen Stimuli, nach Bereinigung der Differenzen zwischen den Werten der Gruppen in der ersten Sitzung ohne soziale Stimuli

Art der Variation	df	Σx^2	Σxy	Σy^2	ber. Σy^2	df	ber. M	F*
Zwischen Gruppen	3	114,2	29,0	229,2	201,7	3	67,2	1,39
Fehler	44	5661,8	4664,6	6067,2	2075,5	43	48,3	
Gesamt	47	5776,0	4693,6	6296,4	2277,2	46		

* Für 3 und 42 Freiheitsgrade, $F_{.95} = 2,83$.

Tabelle 6: Vergleich der Mittelwerte und Streuung für die erste Aufgabe (Geschicklichkeitstest I) in der ersten Sitzung und für den ersten Versuch bei derselben Aufgabe in der zweiten Sitzung (mit sozialen Stimuli)

Gruppe	1. Sitzung		2. Sitzung (nur erster Versuch)	
	$\overline{X}$	s	X	s
Kontrollgruppe	64,5	3,2	61,5	4,3
Wenige Zuschauer	62,2	7,7	60,9	8,6
Prestige-Person	60,0	4,1	58,7	3,8
Mit anderem Geschlecht	63,5	5,8	61,5	6,0

Tabelle 7: Kovarianzanalyse der Mittelwerte bei der ersten Aufgabe (Geschicklichkeitstest I) nur erster Versuch mit sozialen Stimuli, nach Bereinigung der Differenzen zwischen den Werten der Gruppen in der ersten Sitzung (ohne sozialen Stimulus)

Art der Variation	df	Σx^2	Σxy	Σy^2	ber. Σy^2	df	ber. M	F*
Zwischen Gruppen	3	117,0	76,1	56,0	33,4	3	11,2	1,12
Fehler	43	1362,1	1244,6	1647,0	421,5	42	10,0	
Gesamt	46	1479,1	1320,7	1703,0	454,9	45		

* Für 3 und 42 Freiheitsgrade, $F_{.95} = 2,83$.

Literaturhinweise

(1) *Theodore M. Abel*, The Influence of Social Facilitation on Motor Performance at Different Levels of Intelligence, in: American Journal of Psychology, Bd. 51, 1938, S. 379—383.
(2) *Floyd H. Allport*, Editorial Comment, in: Journal of Abnormal and Social Psychology, Bd. 18, 1924, S. 342—344.
(3) *Solomon E. Asch*, Opinions and Social Pressure, in: Scientific American, Bd. 193, 1955, S. 31—35.
(4) *Douglas P. Crowne* und *David Marlowe*, The Approval Motive, New York 1964.
(5) *J. F. Dashiell*, Experimental Studies of the Influence of Social Situations on the Behavior of Individual Human Adults, in: *C. Murchison*, A Handbook of Social Psychology, Worcester, Mass., 1935, S. 1097—1158.
(6) *Educational Testing Bureau*, Minnesota Rate of Manipulation Test: Examiner's Manual, Minneapolis 1957.
(7) *G. S. Gates*, The Effect of Audience Upon Performance, in: Journal of Abnormal and Social Psychology, Bd. 18, 1924, S. 334—342.
(8) *H. L. Hollingworth*, The Psychology of the Audience, New York 1935.
(9) *R. E. Jones*, Reliability of Muscle Strength Testing Under Varying Motivational Conditions, in: Journal of the American Physical Therapy Association, Bd. 42, 1962, S. 240—243.
(10) *D. A. Laird*, Changes in Motor Control and Individual Variations Under the Influence of 'Razzing', in: Journal of Experimental Psychology, Bd. 7, 1923, S. 237—247.
(11) *O. A. Parsons* u. a., Performance on the Same Psychomotor Task Under Different Stressful Conditions, in: The Journal of Psychology, Bd. 38, 1954, S. 457—466.
(12) *J. Pessing* und *R. W. Husband*, Effect of Social Stimulation on Human Maze Learning, in: Journal of Abnormal and Social Psychology, Bd. 28, 1933, S. 148—154.
(13) *Morris Rosenberg*, Society and the Adolescent Self-Image, Princeton, N. J., 1965.
(14) *S. S. Sargent*, Social Psychology, New York 1950.
(15) *R. N. Singer*, Effects of Spectators on Athletes and Non-Athletes Performing a Gross Motor Task, in: Research Quarterly, Bd. 37, 1965, S. 473—482.
(16) *Fred L. Strodtbeck* und *Paul A. Hare*, Bibliography of Small Group Research (from 1900 through 1953), in: Sociometry, Bd. 17, 1954, S. 107—178.
(17) *K. Stukát*, Suggestibility: A Factorial and Experimental Analysis, in: Acta Psychologica 1958, zitiert nach *David Krech* u. a., Individual in Society, New York 1962.
(18) *L. E. Travis*, The Effect of a Small Audience Upon Eye-Hand Coordination, in: Journal of Abnormal and Social Psychology, Bd. 20, 1925, S. 142—146.
(19) *N. Triplett*, The Dynamogenic Factors in Pacemaking and Competition, in: American Journal of Psychology, Bd. 9, 1897—1898, S. 507—533.

Übersetzt von *Maria Mayser* und *Roland Eckhardt*

WETTBEWERB UND GESCHICKLICHKEIT IM SPORT

Von K. B. Start und J. F. Herbert

Vorbemerkung

1959 wurde eine Gruppe von dreißig zwölfjährigen Jungen in ihrer Fertigkeit im Werfen und Fangen eines Balles eingestuft. Die zehn besten Jungen wurden dann im Team A, die mittleren zehn im Team B und die am wenigsten geschickten im Team C zusammengefaßt. Jedes Team hatte dann eine leicht abgeänderte Form der gleichen Geschicklichkeitsübung auszuführen. Die jeweiligen Leistungen wurden aufgezeichnet, einmal mit und einmal ohne Wissen der Jungen und schließlich in einem Wettbewerb der Gruppenpaare. Die Studie hatte weder eine ausgefeilte experimentelle Planung noch wurden komplizierte statistische Analysen durchgeführt. An Stelle konkreter Resultate ergaben sich folgende Hypothesen:

1. Die Leistungen aller drei Gruppen verbesserten sich, sobald sie wußten, daß sie bewertet wurden.
2. Die Höchstleistung der besten Gruppe verbesserte sich im Wettbewerb nur minimal.
3. Die Höchstleistung der mittleren Gruppe blieb vom Wettbewerb unberührt.
4. Das Leistungsniveau des schwächsten Teams brach zusammen, sobald es in Wettbewerb mit dem stärksten Team trat.

Die Umstände erlaubten damals keine unmittelbare Weiterverfolgung der Ergebnisse dieser Voruntersuchung. Die detaillierten Daten wurden nicht aufbewahrt, so daß sich nach sechs Jahren eine Wiederholung an Stelle einer Erweiterung der Studie empfahl. Der folgende Bericht behandelt diese Wiederholung, die wie die vorhergehende Studie nicht über die für Schlußfolgerungen nötige methodische Verfeinerung verfügt. Ihr Wert liegt in der Überprüfung der 1959 aufgestellten Hypothesen und, soweit sie sich als zutreffend erweisen, in ihrer erneuten Formulierung.

Das Experiment

1. Auswahl. Die Gruppe wurde der ersten Klassenstufe einer höheren Jungen- und Mädchenschule mit Auslesekontrolle entnommen. Die 130 Kinder, die in die Schule aufgenommen worden waren, entstammten dem obersten Fünftel des entsprechenden Schuljahrgangs. Sie wurden alphabetisch in vier Klassen eingewiesen, und man kann daher annehmen, daß jede Klasse in bezug auf geistige und körperliche Fähigkeiten ungefähr gleichwertig war. Obwohl es sich um eine gemischte Schule handelte, wurden die Kinder für das Fach Leibesübungen nach Geschlechtern getrennt. Zu diesem Zweck wurden zwei gemischte Klassen kombiniert, die nach der Umverteilung Klassen von jeweils ungefähr 30 Jungen bzw. Mädchen ergaben. Bei der untersuchten Gruppe handelte es sich um eine derart gebildete Jungenklasse. Offiziell hatte sie 31 Mitglieder; da aber drei Knaben fehlten, betrug die tatsächliche Zahl 28.

2. Methode I. Die Übung bestand im Zuwerfen und Auffangen eines leichten Frauenbasketballes. Die Jungen waren vorher weder in Basketball noch in Handball unterrichtet worden (1959 waren sechs Monate regelmäßigen Basketballtrainings vorausgegangen). Obwohl also ohne förmlichen Unterricht in der untersuchten Übung, war doch anzunehmen, daß die Jungen während ihrer gesamten Grundschulzeit Erfahrung im Umgang mit Bällen aller Art erworben hatten. In der Turnhalle der Schule erhielt die Klasse sechs Bälle. Sie hatten die Erlaubnis zu spielen und wurden noch besonders dazu ermuntert. Danach wurde den Knaben (in vier Gruppen zu fünf und zwei Gruppen zu vier) die sportliche Übung gestellt, die man bewerten wollte. Sie bestand darin, den Ball gegen die Wand zu werfen und beim Zurückprallen direkt aufzufangen. Wenn der Ball zu Boden fiel, war es kein „korrekter" Fang. Jedem Jungen wurde eine Minute zum Üben zugestanden, ohne daß man die Entfernung von der Wand vorschrieb. Diese Übungsminute diente zur Festlegung der Punktwerte entsprechend der Zahl der „korrekten" Fänge pro Minute.

Tabelle 1: Nähere Angaben zum Einteilungskriterium der drei Gruppen

Gruppe		N	Skalenbereich	Mittel	Standardabweich.
Hoch	A	9	70 — 58	62,22	4,27
Mittel	B	9	57 — 50	52,22	1,99
Niedrig	C	9	48 — 21	40,11	8,80

Die 28 Punktzahlen fielen in einen Skalenbereich zwischen 21 bis 70, hatten ein arithmetisches Mittel von 51,5 und eine Standardabweichung von 10,5. Um gleich große Gruppen zu erhalten, mußte ein Junge herausgenommen werden. Da man an extremen Werten interessiert war, wählte man hierzu den Jun-

gen mit dem Median (52). Bei der Zusammenstellung der drei Geschicklichkeitsgruppen erwies es sich glücklicherweise als nicht notwendig, gleiche Punktzahlen verschiedenen Gruppen zuzuteilen.

Die drei Gruppen wurden anschließend in drei Kreisen aufgestellt, wobei jeder Junge knapp zwei Meter von seinem Nachbarn entfernt war. Zum Üben wurden in jeden Kreis zwei Bälle gegeben, und die Jungen übten sich drei Minuten lang im Werfen. Dann wurde wieder ein Ball aus jedem Kreis entfernt und die Jungen aufgefordert, sich den verbleibenden Ball im Uhrzeigersinn so schnell wie möglich zuzuwerfen. Ohne Vorankündigung wurde dann eine Periode von einer Minute beobachtet, wobei die Anzahl der nicht fallengelassenen Würfe in der Minute als Punktzahl diente.

Nun ließ man die Gruppen wissen, daß eine Beobachtungsperiode bevorstünde, und es wurde daraufhin wieder eine Minute kontrolliert. Diese angekündigte Beobachtungsperiode wurde wiederholt. Eins der Teams wurde dann zurückgezogen und die restlichen beiden für eine Minute in direkten Wettbewerb miteinander gestellt. Dieses Verfahren wurde wiederholt, so daß jede Gruppe gegen jede andere angetreten war. Genau die gleiche Vorgehensweise ohne und mit Vorankündigung der Beobachtung und mit Einführung des Gruppenwettbewerbs wurde anschließend wiederholt, wobei der Ball diesmal im entgegengesetzten Uhrzeigersinn geworfen wurde. Die Ergebnisse dieser Versuchsfolgen sind in Tabelle 2 zusammengefaßt.

Tabelle 2: Wurfdaten der Gruppen

Gruppe	Uhrzeigersinn					entgegengesetzter Uhrzeigersinn				
	1-Min.-Beobacht.		Direkt. Wettbw.			1-Min.-Beobacht.		Direkt. Wettbw.		
	nicht angeküd.	angekündigt	1	2	3	nicht angeküd.	angekündigt	1	2	3
A	76	84 84	86		84	78	82 83		77	74
B	66	72 81	74	76		65	72 72	71	64	
C	50	68 63		66	53	49	51 50	57		54

In allen drei Gruppen zeigte es sich, daß die Kenntnis der Testsituation zu einer Verbesserung führte, wobei es keine Rolle spielte, in welcher Richtung der Ball geworfen wurde. Dies deckt sich mit den Ergebnissen von 1959 und steht in Übereinstimmung mit Motivationsstudien; denn es ist anzunehmen, daß die Kenntnis der Testsituation motivierend wirkt. Interessanterweise schienen alle Geschicklichkeitsgruppen auf diesen Stimulus zu reagieren.

Wettbewerb im Uhrzeigersinn schien wenig Leistungsänderungen zu bewirken. Soweit zahlenmäßige Veränderungen zu beobachten waren, bedürfte es noch erheblicher Wiederholungen, um daraus einen Trend ablesen und Zufallsschwankungen ausschalten zu können. Jedoch war die Punktereduzierung der schwächsten Gruppe C im Wettbewerb mit der überlegenen Gruppe A beträchtlich und bemerkenswert im Hinblick auf das gleiche Ergebnis in der 1959er Studie.

Wettbewerb im entgegengesetzten Uhrzeigersinn schien die Gesamtleistung der besten Gruppe (A) zu reduzieren. Sollte es sich hier nicht um ein Zufallsergebnis handeln, so bietet sich als halbwegs plausible Erklärung an, daß die Gruppe in ihrer Überlegenheit bestätigt war und sich nicht mehr besonders anstrengte. In analoger Weise sollte die schwächste Gruppe sich des voraussichtlichen Ergebnisses bewußt und entsprechend geringer motiviert sein. Es schien jedoch eher eine Verbesserung einzutreten. Auch diesmal zeigten sich für die Gruppen B und C niedrigere Punktzahlen, sobald sie in Wettbewerb mit Gruppe A traten.

Beim Gruppenwettbewerb bemerkte man, daß in jeder Gruppe bestimmte Individuen während des Wettbewerbs unter größerer Anspannung standen als ihre Mannschaftskameraden der Gruppe. Diese Jungen zögerten viel länger mit dem direkten Wurf und stellten sich überhaupt mit dem Ball recht ungeschickt an. Sie kamen in allen drei Gruppen vor, obwohl der Grad der Aufgeregtheit mit sinkender Punktzahl zuzunehmen schien. Diese Reaktion des Individuums auf den Druck der Wettbewerbssituation scheint in gewisser Hinsicht mit der persönlichen Geschicklichkeit zusammenzuhängen, in anderer Hinsicht jedoch unabhängig von ihr zu sein. Handelt es sich um eine Eigenschaft der Persönlichkeit? Wo sich geringe Geschicklichkeit mit dieser Anspannung im Wettbewerb verbindet, ist das Resultat ein ernsthaftes Absinken der Leistung.

3. Methode II. Um das individuelle Engagement und die Leistungsweite zu variieren, wurden drei weitere Gruppen gebildet. Diese bestanden aus den drei Besten der ursprünglichen Übung (Gruppe X mit den Punktzahlen 70, 68 und 66), den drei Mittleren (Gruppe Y, von denen alle 52 Punkte hatten) und den drei Jungen mit der niedrigsten Punktzahl (Gruppe Z mit Punktwerten von 33, 32 und 21).

Der Test bestand in einer Art Staffel, die auf der ursprünglichen Übung aufbaute. Jedes Mitglied der Mannschaft warf den Ball aus ungefähr zwei Meter Entfernung gegen die Wand und fing den Rückpraller auf. Nach zehn „korrekten" Fängen, das heißt, ohne daß der Ball den Boden berührte, wurde der Ball an den nächsten Jungen in der Gruppe weitergegeben. Die Zeitnahme begann mit dem Wort „los" und endete, sobald alle drei Mitglieder einer Gruppe geworfen hatten und der erste Junge den Ball wieder in Händen hielt.

Alle drei Gruppen standen derselben Wand gegenüber, aber wegen der

Anordnung fester Einrichtungsgegenstände in der Turnhalle waren die einzelnen Standorte beim Werfen nicht gleichweit voneinander entfernt. Standorte 1 und 2 waren ungefähr 1,20 m auseinander, während Standort 3 ungefähr 2,75 m von Standort 2 entfernt war. Es war infolgedessen anzunehmen, daß die Gruppe auf Standort 1 ausschließlich und stark durch die Gruppe auf Standort 2 beeinflußt würde, welche ihrerseits stark von Standort 1 und nur zu einem geringeren Grade von den Jungen auf Standort 3 beeinflußt würde. Letztere würden lediglich und auch nur mäßig durch ihre Klassenkameraden auf Standort 2 beeinflußt werden.

Jede Gruppe konnte die vorgeschriebene Testaufgabe auf jedem Standort einmal vollständig durchüben. Dann traten die Gruppen in Wettbewerb miteinander, wobei sämtliche Standorte nacheinander gewechselt wurden. Wie im vorigen Versuch die einzelnen Minuten gestoppt worden waren, so wurde jetzt die für die vollständige Testaufgabe von jeder Gruppe benötigte Zeit mittels Stoppuhr festgehalten. Die Ergebnisse dieser Aufgabe finden sich in Tabelle 3.

Tabelle 3: Benötigte Zeit in Sekunden für die drei in Wettbewerb befindlichen Gruppen

Stand-ort	Testaufgabe											
	1		2		3		4		5		6	
	Gruppe	Sek.	Gruppe	Sek.	Gruppe	Sek.	Gruppe	Sek.	Gruppe	Sek.	Gruppe	Sek.
1	X	27	X	30	Y	34	Z	64	Y	32	Z	53
2	Y	33	Z	60	X	32	X	33	Z	54	Y	35
3	Z	56	Y	34	Z	58,5	Y	34	X	27	X	28

Alle drei Gruppen erreichten ihre besten Punktzahlen auf Standort 1. Für X war es der gleiche Wert wie auf Standort 3. Beim Erreichen ihrer Bestzeit auf Standort 1 hatte Gruppe X Gruppe Y neben sich, Gruppe Y Gruppe Z, und Gruppe Z wies ihre schnellste Zeit neben Gruppe Y auf. Ihre schlechtesten Zeiten erzielten X und Y auf dem mittleren Standort mit Z auf dem näheren Standort 1. Z erhielt die niedrigste Punktzahl auf Standort 1 neben Gruppe X.

Zusammenfassung

Wie eingangs schon erwähnt, handelte es sich hier um wenig mehr als die Wiederholung einer Voruntersuchung. Dabei wurde versucht, die Wirkungen des Wettbewerbs auf kleine Gruppen von Jungen zu beobachten, die sich hinsichtlich der Geschicklichkeit in einer sportlichen Übung unterschieden. Eine schlüssige Untersuchung dieses Problems würde einen verfeinerten experimentellen Aufbau, gründlichere statistische Verfahren und eine sehr viel größere Auswahl, kurz einen bedeutend entwickelteren Forschungsansatz erfordern, als er in dieser Studie möglich war. Jedoch deuten die Ergebnisse, zusammen mit denen von 1959, auf gewisse Fragen hin, die eine anspruchsvollere Untersuchung überprüfen könnte:

1. Fallen Leute mit geringer Geschicklichkeit beim Wettbewerb mit offenkundig überlegenen Personen regelmäßig unter ihr sonstiges Leistungsniveau?

2. Reduziert die Gewißheit der Ergebnisse die Leistung, während echter Zweifel hinsichtlich der Resultate leistungsverbessernd wirkt?

3. Ist die Gruppengröße, der Grad des persönlichen Engagements, ein Faktor beim Wettbewerbsdruck?

4. Gibt es einen kritischen Punkt der Ungleichheit zwischen Gruppen, der darüber entscheidet, ob sich der Wettbewerbsdruck fördernd oder nachteilig auf die Leistung auswirkt?

5. Welches sind die persönlichen Faktoren, die die Reaktion des Individuums auf einen kritischen Wettbewerbsdruck bestimmen?

Literaturhinweise

Herbert, J. F., The Influence of Personality and Games Ability Upon a Physical Skill Performed under Stress. Unpublished Diploma Thesis, Faculty of Education, University of Manchester 1965.

Laird, D. A., Changes in Motor Control and Individual Variation under the Influence of „Razzing", in: Journal of Experimental Psychology, Bd. 6, 1923, S. 236—246.

Booth, E. G., Personality Traits of Athletes as Measured by the M.M.P.I., in: Research Quarterly, Bd. 29, 1958, S. 127—138.

Ryan, E. D., Relationship Between Motor Performance and Arousal, in: Research Quarterly, Bd. 33, 1962, S. 279—287.

Singer, R. N., Effect of Spectators on Athletes and Non-athletes Performing a Gross Motor Task, in: Research Quarterly, Bd. 36, 1965, S. 473—482.

Aus dem Englischen übersetzt von *Gerd Klöter*

LEISTUNGSORIENTIERUNG UND IHR EINFLUSS AUF DAS SOZIALE UND PERSONALE SYSTEM*

Ein Beitrag zur Theorie des Gleichgewichts

Von Günther Lüschen

In der Soziologie und Sozialpsychologie ist man oft der Frage nachgegangen, von welchen sozialen Faktoren Leistung abhängig ist. Untersuchungen über soziokulturelle Faktoren der Leistungsmotivation, der Leistung ganzer Systeme[1], gehören ebenso in diesen Zusammenhang wie jene über Produktivität und Leistung in der Kleingruppenforschung[2]. Leistung bzw. Leistungsmotivation war die abhängige Variable. Der umgekehrte Untersuchungsansatz, in dem Leistung als unabhängige Variable erscheint, ist dagegen kaum praktiziert worden. Dabei darf die Frage, welchen Einfluß die Variable Leistung auf die Struktur eines sozialen Systems hat, angesichts der steigenden Bedeutung von Leistung in den modernen Industriegesellschaften, von der Ebene großer Organisationen bis zur Ebene der kleinen Gruppen als aktuell angesehen werden. Besonders auffällig ist die Variable Leistung im modernen Sport. Man ist in der Beurteilung der Auswirkungen dieser Variable jedoch mehr auf Vermutungen als auf Erkenntnisse aus systematischen Untersuchungsansätzen angewiesen.

Wenn wir Leistung nach *Talcott Parsons* definieren als „die bewerteten Ergebnisse aus dem Handeln von Individuen[3]", so ist damit Bezug genommen auf das bewertete Resultat und den Prozeß. Von hier rührt ein Teil der Verwirrung um Leistung und ihre Definition her, denn es wird ebenso oft auf den einen wie den anderen Aspekt der Leistung Bezug genommen. Dieser zweifache Aspekt der Leistung mag neben der Tatsache, daß die Messung von soziologischen und sozialpsychologischen Variablen noch weitgehend in den Anfängen steckt[4], ein Grund dafür sein, weshalb man Leistung kaum als unabhängige Variable definiert hat. Zudem ist diese Variable ein sehr komplexes Syndrom, das sowohl durch Potenz, Prozeß, Ergebnis, Motivation und Ziel als auch durch Wert und Norm zu umschreiben ist.

Die im folgenden diskutierte Untersuchung sollte am Beispiel von Schulklassen im Sport Aufschlüsse darüber geben, mit welchen Wandlungen eines sozialen Systems durch die Verstärkung der Variable Leistung, operational definiert als Leistungsorientierung, zu rechnen ist.

* Der Verfasser fühlt sich den bei der Untersuchung und Voruntersuchung beteiligten Lehrern und den Studenten der Pädagogischen Hochschulen Bremen und Hagen ebenso zu Dank verpflichtet wie dem Kultusministerium des Landes Nordrhein-Westfalen für die gewährte Unterstützung.

Unsere allgemeine Hypothese lautet, daß die Verstärkung der Leistungsorientierung, die sich durch die Herausstellung des Wertes sportliche Leistung und eine verstärkte Sanktionierung der auf sie bezogenen Normen ergibt und allgemein als eine Veränderung des kulturellen Systems der zu untersuchenden Klassen zu verstehen ist, ebenso eine Veränderung im sozialen und personalen System zur Folge haben wird. Diese aus der Theorie des Gleichgewichts zu folgernde Hypothese[5] wird in ihren Auswirkungen nur in einigen, der empirischen Überprüfung zugänglichen Strukturebenen des Gesamtsystems Schulklasse untersucht werden[6]. So sollen innerhalb des sozialen Systems Auswirkungen auf das Rangsystem, die Machtstruktur und die persönliche Beziehungsstruktur verfolgt werden; im personalen System Auswirkungen auf aggressives und affiliatives Handeln. Im einzelnen sind für die Verstärkung der Leistungsorientierung im sozialen und personalen System die folgenden empirisch überprüfbaren Hypothesen zu formulieren.

Hypothesen zur Veränderung des sozialen Systems

1 a) Der allgemeine soziale Rang wird zunehmend vom Rang in sportlichen Leistungen abhängen.

1 b) Für die Zuerkennung von Macht wird vermehrt sportliche Leistung maßgebend sein.

1 c) Es werden insofern Veränderungen in den soziometrischen Wahlen zu beobachten sein, als die sportlich Besseren vermehrte Chancen haben, gewählt zu werden.

Hypothesen zur Veränderung des personalen Systems

2 a) Die klare Zielorientierung auf sportliche Leistung, die im Wettbewerb zu erbringen ist, wird die bei den Mitgliedern der Klasse vorhandene Aggressivität kanalisieren. Durch die Leistungsorientierung wird sich also eine Sublimierung der Aggressivität ergeben. Diese im Anschluß an die generelle Meinung im Sport zu formulierende Hypothese steht im Gegensatz zu einigen Ergebnissen über den Einfluß von Wettbewerb auf Verhalten. Das differenzierte soziale System der Schulklassen und der von ihr ausgeübten Kontrollen, das klare Regelwerk im Sport lassen jedoch ebenso eine Kanalisierung als begründet erscheinen wie die durch klare Zielorientierung.

2 b) Affiliatives Handeln wird sich verstärkt auf jene richten, denen man durch soziometrische Wahlen verbunden ist.

Zur Sozialstruktur der untersuchten Schulklassen

Es handelte sich bei den untersuchten Klassen um eine Volksschulklasse (B) und eine in der gleichen Schule untergebrachte Mittelschulklasse (A) mit Koedukation. Die Jungen wurden, wie im Sport üblich, aus der Klasse herausgezogen und als eigene Einheit gesetzt. Die Schule lag in einem Wohnquartier, das sich überwiegend aus der Unterschicht mit einem geringen Anteil unterer Mittelschicht zusammensetzt. In der untersuchten Altersstufe bei 13 Jahre alten Jungen wird nach allgemeiner Auffassung speziell sportliche Tüchtigkeit hoch gewertet. Sportliche Leistung ist danach ein grundlegender Wert dieser Altersstufe. Insofern darf im inneren System dieser Klassen eine im Rangsystem zum Ausdruck kommende hohe Bewertung der Leistung speziell im Sport erwartet werden. Das System persönlicher Beziehungen dürfte relativ fest und differenziert sein, da die untersuchten Klassen dem deutschen Schulsystem gemäß überwiegend lange zusammen waren. Hier ist aber schon ein außerhalb der Gruppe liegender Faktor von Einfluß. Überhaupt scheint es, als sei das äußere System dieser Gruppen außerordentlich stark ausgeprägt. Die Gegebenheiten des äußeren Systems sind durch Faktoren wie das Schulsystem und seine Organisation vom Lehrplan bis zum Lehrer und eine gesetzte Ordnung beschrieben und von erheblichem Einfluß auf das soziale System dieser Klassen.

In der Kultur der Schule ist die Leistung eine der wesentlichen Wertorientierungen. Das wirkt sich so aus, daß der Rang, insofern er durch das äußere System gegeben ist, idealiter von der Leistung abhängt. Die darauf ausgerichteten Normen werden so stark sanktioniert, daß bei Nichterfüllung oder ungenügender Erfüllung sogar der Gruppenausschluß erfolgt, das Sitzenbleiben in deutschen Schulen.

Wenn wir das System der Klasse hinsichtlich der verschiedenen Strukturtypen betrachten, so ist die auffälligste die der Aufgaben- bzw. Leistungsstruktur. Die Schulklassen haben aber neben dieser und der Kommunikationsstruktur noch eine ganze Reihe anderer, so der persönlichen Beziehungen und der Macht. Wieweit diese Strukturtypen als übereinstimmend angesehen werden können, welche Verbindungen zwischen ihnen bestehen — diese Frage ist keinesfalls geklärt[7]. Die persönlichen Beziehungen können weitgehend als vom äußeren System unabhängig aufgefaßt werden. Nicht dagegen die Machtstruktur, in der im Amt des Klassensprechers eine Rolle zu erfüllen ist, die ihre Macht in der Mittlerfunktion zwischen Klasse, Lehrer und Schule sowohl aus dem inneren als auch äußeren System der Klasse bezieht. Darüber hinaus ist auch mit einer Machtstruktur innerhalb des inneren Systems zu rechnen, die unabhängig vom äußeren System ist und sich womöglich sogar gegen die formale Institution oder ihre Repräsentanten wenden mag. Veränderungen der Gruppenkultur, hier der Leistung und der auf diesen Wert ausgerichteten Normen, werden nun das gesamte System der Klasse verändern. Der folgende Forschungsbeitrag soll klären, in welchem Umfang das der Fall ist.

Untersuchungsanordnung

Das Feldexperiment lief über jeweils fünf Stunden. Auf zwei „normale" Perioden folgten drei Perioden, in denen die Leistungsorientierung im Rahmen einer Sportstunde verstärkt und in ihren Auswirkungen beobachtet wurde. Es wurden Preise für die Besten ausgesetzt; alle Leistungen sollten in die Zeugnisnote eingehen. In der Führung wurde konstant ein demokratischer Stil praktiziert. Eine formale Ordnung wurde nur mit Maßen gesetzt. Disziplinäre Sanktionen wurden nicht ausgesprochen. Als Aufgabe wurde in einer Klasse Geräteturnen und Spiel, in der anderen eine Leistungsaufgabe mit objektiv bewertbaren Übungen und Spiel eingeführt. In den späteren Auswirkungen zeigten sich keine Unterschiede nach „objektiv" und „subjektiv" bewertbaren Formen. Der Lehrer hielt sich in der Bewertung der gezeigten Leistungen zurück, aktualisierte aber die Leistungsbewertung durch eine Diskussion über die gezeigten Leistungen innerhalb der Klasse. Die bei anderen Untersuchungen eher störenden Beobachter wirkten hier im Sinne der Untersuchungsanordnung nur verstärkend für die Variable, denn den Schülern wurde nach der „normalen" Periode erklärt, daß jede ihrer Leistungen beobachtet und schriftlich festgehalten würde.

Untersuchungen wurden mittels schriftlicher Befragung vor Beginn des Experiments („vorher"), unmittelbar nach dem Experiment („nachher") und einen Monat später („später") sowie jeweils während des Experimentes durch systematische Beobachtung durchgeführt.

Schriftliche Befragung. Zur Feststellung möglicher Veränderungen in der persönlichen Beziehungsstruktur wurden mit der Methode der Soziometrie Wahlen und Ablehnungen erhoben. Die Fragen lauteten: „Wer in der Klasse ist Dein 1., 2., 3. Freund? Wen möchtest Du gern zum Freund haben? Wen möchtest Du am wenigsten gern zum Freund haben?"

Um Aufschlüsse über die Machtstruktur der Klassen zu erhalten, wurde gefragt: 1. „Wer sollte Klassensprecher sein?" 2. „Wer hat in der Klasse am meisten zu sagen? Nach wem richtet Ihr Euch am meisten?"

Die in der Klasse bestehende Rangordnung auf Grund der Bewertung durch jedes Mitglied wurde in drei Ebenen erfaßt: Rang im Sport, Rang in allen anderen Fächern, Rang allgemein.

Die Fragestellungen lauteten in dieser Reihenfolge: „Die Jungen in Eurer

Klasse sind ja sehr unterschiedlich in Turnen und Sport. Ordnet bitte die Jungen Eurer Klasse nach ihrer Leistung im Turnen und Sport von Nr. 1 — n."
„Und wie ist das in all den anderen Fächern? Ordnet da bitte die Jungen Eurer Klasse nach ihrer Leistung von Nr. 1 — n." „Wenn man einmal alles zusammennimmt: Was einer kann und wie er sonst so ist, wie würdet Ihr da die Jungen dieser Klasse von Nr. 1 — n ordnen?"

Die Brauchbarkeit dieser Fragen wurde vorher getestet. Sie wurden im Sinne des Untersuchungsansatzes verstanden. Das galt auch für die als schwierig angesehene dritte Frage, in der neben dem Wert Leistung auch andere (z. B. moralische Werte) aktualisiert werden sollten.

Beobachtung. Während der Sportstunden wurden zur Analyse der Veränderungen im personalen System systematische Beobachtungen über das Verhalten der Schüler vorgenommen. Dabei wurde affiliatives und aggressives Handeln gegenüber anderen Gruppenmitgliedern festgehalten. Dieses Handeln konnte sowohl verbal als auch physisch sein. Als affiliative Aktion wurde freundschaftlicher Zuruf, Beifall, Hilfeleistung (falls nicht angeordnet), Unterhaltung, Wahl eines Partners gewertet; als aggressive Aktion: Beschimpfung, Schmähung, Stoßen, Schlagen, „Foulen". Beobachtet wurde jeweils über einen Zeitraum von 45 Minuten, d. h. einer Schulstunde pro Woche. Das Feldexperiment zog sich also über einen Monat hin.

Veränderungen im sozialen System

Rangsystem. In den beiden untersuchten Klassen (A und B) zeigen sich als Auswirkung der verstärkten Leistungsorientierung Veränderungen im Rang nach der sportlichen Leistung, der Leistung in anderen Fächern und im allgemeinen sozialen Rang. Die reine Addition der Veränderungen in den einzelnen Rangpositionen (errechnet aus der durchschnittlichen Zuordnung durch alle Mitglieder der Klasse) ergibt das in der Tabelle 1 angeführte Ergebnis.

Tabelle 1: Veränderungen von Rängen aus drei Aufnahmen (vorher, nachher, später) in der Gesamtzahl und in den Pro-Kopf-Veränderungen

Klasse	Sport Sa. ⌀	andere Fächer Sa. ⌀	allgemein Sa. ⌀	n
A	12 (0,9)	44 (3,4)	52 (4,0)	13
B	49 (2,6)	75 (4,0)	96 (5,1)	19

Zunächst lassen sich in Klasse B insgesamt stärkere Veränderungen als in Klasse A aufweisen. Die Klasse A, eine Mittelschulklasse, wies die stärkere Integration auf, die nicht nur aus der kleineren Anzahl, sondern auch aus solchen Faktoren wie geringere Leistungsunterschiede, Persönlichkeit des Lehrers zu erklären ist. Unabhängig von solchen Fragen zeigt sich, daß das Rangsystem im Sport stabiler als das in anderen Fächern und als das allgemeine Rangsystem ist. Eine Ursache ist darin zu suchen, daß dieses System Jungen dieses Alters stärker bewußt ist. Eine andere darin, daß das Rangsystem in anderen Fächern von mehr Faktoren abhängig ist. Auf jeden Fall ist die beim allgemeinen Rang erkennbare Veränderung, die die stärkste überhaupt ist, auch als eine Auswirkung der als unabhängiger Variable gesetzten Leistung im Sport, die damit in der Kultur dieser Klassen ein hoher Wert wurde, zu interpretieren.

Ausmaß und Richtung der eingetretenen Veränderungen im Rangsystem lassen sich dadurch analysieren, daß die einzelnen Ränge auf Grund der Bewertung durch die Schüler miteinander korreliert werden, und zwar in den drei Aufnahmen „vorher, nachher, später". Diese Korrelationen wurden nach *Kendalls* τ berechnet und ergeben die in Tabelle 2 angeführten Ergebnisse.

Tabelle 2: Korrelationswerte zwischen Rängen nach Kendalls τ bei drei Aufnahmen (vorher, nachher, später)

korrel. Ränge	Klasse	vorher	nachher	später	n
Sport — allgemein	A	—0,218	0,323	0,231	13
	B	0,34	0,522	0,306	19
andere Fächer — allgemein	A	0,558	0,545	0,675	13
	B	0,37	0,529	0,845	19
Sport — andere Fächer	A	—0,271	—0,092	—0,141	13
	B	—0,064	0,381	0,311	19

Ein Blick auf das ursprünglich in den Klassen angetroffene Rangsystem, das einen Hinweis auf die in der Kultur dieser Klassen gültigen Werte gibt, ist in der Klasse A im Hinblick auf die für diese Altersstufe gehegten Erwartungen überraschend. Im Gegensatz zu einer Meinung, wie sie durchaus typisch für entwicklungspsychologische Auffassungen von *Rafael Helanko* auf Grund seiner Untersuchungen in Finnland geäußert wird[8], ist der allgemeine Rang nicht nur nicht von sportlicher Leistung abhängig, sondern weist sogar eine negative Korrelation auf. Auch in der Klasse B hat das sportliche Rangsystem keine größere Bedeutung als das in den anderen Fächern. Ohne daß ein solcher Schluß über die hier vorgefundenen Verhältnisse hinaus repräsentative Gültigkeit haben kann, legt dieses Ergebnis doch nahe, die Wertstellung des Sports immer im

Hinblick auf das soziale System hin zu erfassen, in dem eine entsprechende Wertung vorgenommen wird. Hier mögen in diesem Zusammenhang die unterschiedlichen Kulturen Finnlands und Deutschlands zur Interpretation herangezogen werden. Entscheidend dürfte jedoch sein, daß es sich nicht um freiwillige Gruppen, sondern um Schulklassen handelt, so daß womöglich die geringere Bewertung des Sports im äußeren System durch Lehrer und Schule diese Differenzen hervorrufen.

Die negative Bewertung der sportlichen Leistung in Klasse A deutet sich auch darin an, daß zwischen sportlicher Leistung und der in anderen Fächern ein leicht negativer Zusammenhang gesehen wird. Das Vorurteil „gute Sportler sind dumm" hat in Klasse A auf Grund der getroffenen Bewertungen eine gewisse Grundlage. Es mag sich schließlich auch nur um Einzelfälle ganz bestimmter Gruppen handeln. Diese Gesichtspunkte können aber für die Ziele des Feldexperimentes unberücksichtigt bleiben, denn es geht uns ja nicht um eine repräsentative Aussage über bestehende Zustände, sondern um die durch die verstärkte Leistungsorientierung bewirkten Veränderungen im sozialen System am Beispiel zweier Klassen.

Hypothese 1 a. Der Vergleich zwischen den Korrelationswerten für „vorher" und „nachher" zeigt, daß die schon aus Tabelle 1 zu erschließende Veränderung des Rangsystems in der erwarteten Richtung verläuft. Im Sinne der Hypothese 1 a ist der allgemeine Rang verstärkt von sportlicher Leistung abhängig. In der Kultur der Klassen hat also sportliche Leistung einen höheren Wert bekommen. Die Veränderungen im äußeren System werden also auch für das innere System maßgebend. Besonders auffällig ist diese Veränderung in Klasse A. Die Beziehungen zwischen dem allgemeinen Rang und der Leistung in anderen Fächern bleiben für Klasse A fast gleich, in der Klasse B entwickeln sie sich in der gleichen Richtung wie die Beziehungen zwischen Sport und allgemeinem Rang.

Langfristig auf Grund der Korrelationswerte unter „später" ergibt sich wiederum eine Abschwächung für die Bedeutung sportlicher Leistung. Das soziale System entwickelt sich im Sinne der Theorie des Gleichgewichts auf den ursprünglichen Zustand zurück. Dieses Rückpendeln ist aber nur schwach und wäre weiter zu verfolgen. Für die Korrelationen zwischen Rang in anderen Fächern und allgemeinem Rang kehrt das System auch nicht auf das ursprüngliche statische Gleichgewicht zurück, sondern verstärkt sogar die Bewertung der Leistungen in anderen Fächern für den allgemeinen sozialen Rang. Das könnte als ein Effekt des Transfers verstanden werden, wie er sich ja schon in der Periode „nachher" in Klasse B andeutete. Andererseits ist diese Veränderung als ein Mechanismus des inneren Systems zu interpretieren, der gegen die von außen erfolgte Setzung des Wertes „sportliche Leistung" nun die Leistung in anderen Fächern als Wert setzt und dadurch die strukturelle Balance zwischen äußerem und innerem System erhält. Hier zeigt sich also, daß das Gleichgewicht keinesfalls statisch, sondern dynamisch ist[9].

Dieser Mechanismus zur Verwirklichung eines dynamischen Gleichgewichts zwischen äußerem und innerem System wirkt sich auch im Rangsystem für die einzelnen Schüler aus. In 19 Fällen wird eine Höherstufung im allgemeinen Rang unter der Voraussetzung vorgenommen, daß der Rang in anderen Fächern sich verbessert und der Rang nach sportlicher Leistung fällt bzw. sich nicht verändert oder vice versa. In acht Fällen trifft das Gegenteil dieser Interpretation zu. In fünf Fällen ergeben sich keine Veränderungen, oder beide Ränge fallen bzw. steigen zusammen mit dem allgemeinen Rang.

Hypothese 1b: Das Rangsystem enthält bereits Hinweise auf die Machtstruktur der untersuchten Klassen, ohne daß hier von einer Übereinstimmung ausgegangen werden darf[10]. Das Ergebnis um das dynamische Gleichgewicht im Rangsystem bei der größeren Zahl von Einzelfällen läßt vermuten, daß die Verifizierung der Hypothese 1b nur schwer möglich sein wird. Die Wahlen für den Klassensprecher und den Schüler mit dem größten Einfluß in der Klasse bei den drei Aufnahmen dürften hier Aufschluß über die Machtverhältnisse im Gesamtsystem und im inneren System geben. Als Beispiel werden die Soziogramme von Klasse A in Abbildung 1 und 2 angeführt.

Die Soziogramme für den Schüler mit *Einfluß*, als Indiz für die Machtstruktur im inneren System, lassen zunächst erkennen, daß in beiden Klassen als Folge der Leistungsverstärkung im Sport weniger Macht zugestanden wird. Die Zahl der überhaupt abgegebenen Wahlen geht von 9 auf 4 und von 17 auf 15 in den Klassen A und B zurück. Darin deutet sich eine Divergenz zwischen Leistungs- und Machtstruktur an, die wiederum als Mechanismus für die Erhaltung des Gleichgewichts zu interpretieren ist. Für den Einzelfall sind diese strukturellen Mechanismen konkret nachweisbar. Nr. 1 in Klasse A verliert fast alle Wahlen, da er sich im sportlichen Rang verbessert, im Rang für andere Fächer aber deutlich verschlechtert. Nr. 9 erleidet kaum Einbuße an Macht, da er sich in seinen Rängen stabil zeigt.

In Klasse B verliert Nr. 4 auffällig viele Wahlen. Das wird aus seinem Rangverlust für Leistung in anderen Fächern bei gleichzeitiger Konstanz für den sportlichen Rang erklärlich. Nr. 13 zieht von ihm 3 Wahlen ab, weil er sich dem Mechanismus des strukturellen Gleichgewichts entsprechend verhält, denn sein Rang im Sport sinkt um eine Position, während er seinen Rang in anderen Fächern deutlich verbessert. Dieser Fall ist der typische Repräsentant des sich gegen die Wertorientierung des äußeren Systems richtenden inneren Systems. Nr. 13 ist nicht nur in unterrichtlichen Leistungen deutlich ansteigend. Er fühlt sich auch als Exponent des inneren Systems und nimmt offen gegen die studentischen Untersuchungsleiter bei den letzten schriftlichen Aufnahmen Stellung.

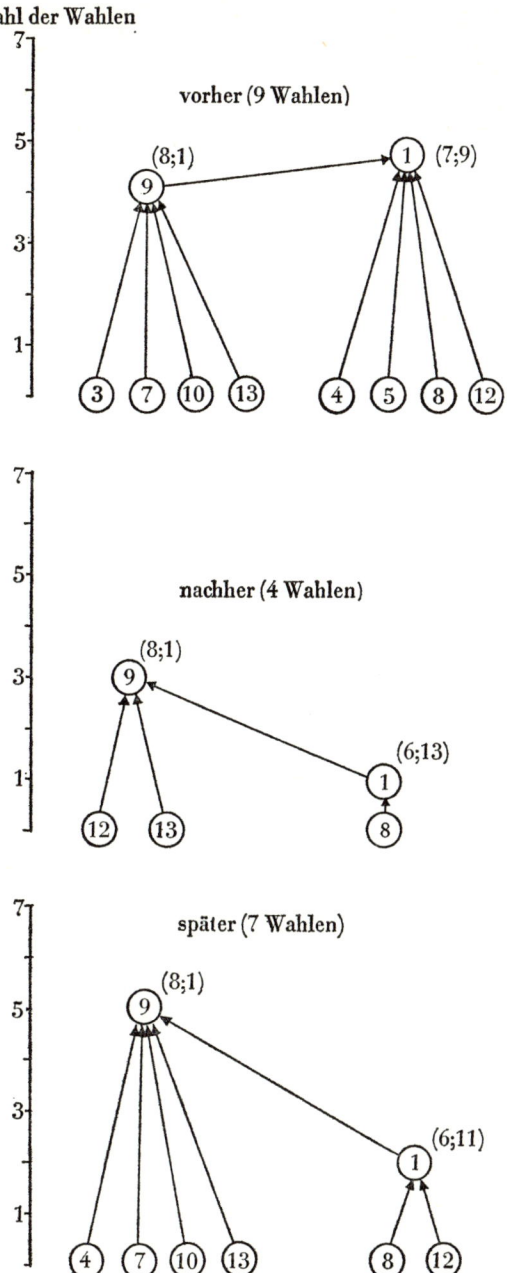

Abb. 1: Wahlen für „Einfluß" in A vor, nach dem Experiment und 1 Monat später, mit Rangzahlen (Sport; andere Fächer)

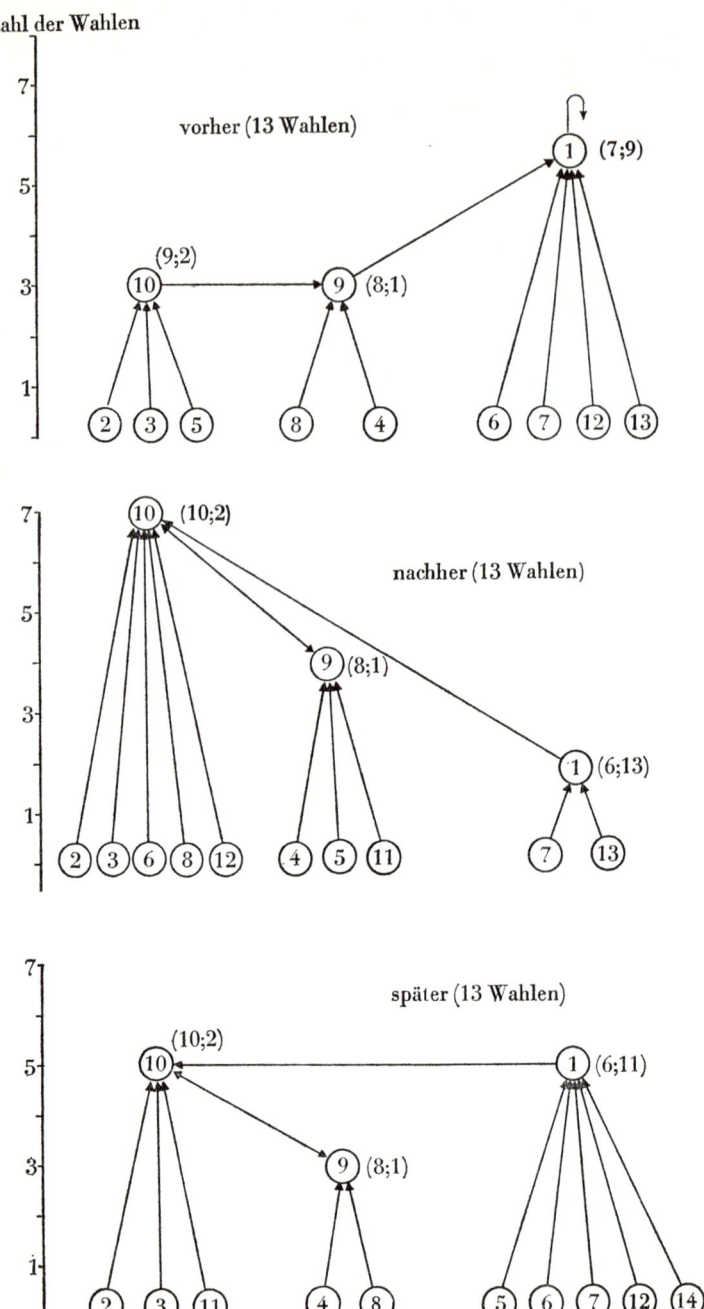

Abb. 2: Wahlen für Klassensprecher in Klasse A vor, nach dem Experiment und 1 Monat später, mit Rangzahlen (Sport; andere Fächer)

Obwohl Nr. 14 im allgemeinen Rang auf Grund seiner guten sportlichen Leistungen (er wird konstant als bester Sportler eingeschätzt) deutlich verliert, wird ihm doch relativ starker Einfluß zugestanden. Dieser Fall aus Klasse B widerspricht an dieser Stelle als einziger der These vom Einsetzen des Gleichgewichtsmechanismus unter der Verstärkung der Leistungsorientierung. Der starke allgemeine Rangverlust von Position 1 über 5 nach 7 bestätigt jedoch auch bei ihm die generelle Wirksamkeit des Mechanismus.

Die *Wahlen für Klassensprecher* belegen für beide Klassen im großen und ganzen die strukturellen Gegebenheiten, wie sie sich aus den Wahlen für Einfluß im inneren System ergaben. Daß die Position des Klassensprechers deutlich von der des Einflußreichen im inneren System unterschieden wird, belegt in Klasse B die Nr. 13; in Klasse A die Nr. 10, die nach dem Ausfall von Nr. 1 wegen guter unterrichtlicher Leistungen bei gleichzeitig schwach durchschnittlicher Leistung im Sport die Mittlerfunktion zwischen Faktoren des äußeren und inneren Systems optimal erfüllen kann, denn gute Leistung in anderen Fächern bedeutet Einfluß gegenüber dem Lehrer als Repräsentanten des äußeren Systems, schwache Leistung im Sport Stabilität für das innere System.

Insgesamt kann die Hypothese 1b als falsifiziert gelten, denn Macht wird auf Grund der Wirkung des Gleichgewichtsmechanismus nicht dem zugestanden, der nach sportlicher Leistung einen hohen Rang erhält, sondern dem, der entweder das System durch geringe Veränderungen seines Ranges am meisten stabil erhält oder im Sinne des dynamischen Gleichgewichts einen steigenden Rang in anderen Fächern aufweist.

Hypothese 1 c. Diese Hypothese läßt sich verifizieren, denn man wählt als Freund verstärkt jenen, dem ein hoher Rang im Sport zugeschrieben wird. Dieses Ergebnis entspricht Untersuchungen, die einen Zusammenhang zwischen Tüchtigkeit (skill) und Beliebtheit aufweisen[11].

Die Sympathiestruktur zeigt sich also gegen oft geäußerte Meinungen deutlich von der Machtstruktur unterschieden[12]. Dabei sind die hier wirksamen antagonistischen Mechanismen einerseits aus der Gleichgewichtstheorie zu erklären. Andererseits kann hier die ökonomische Verhaltenstheorie zur Interpretation herangezogen werden[13], denn das einzelne Mitglied der Klasse möchte aus den veränderten Gegebenheiten den stärksten Profit für sich selbst gewinnen. Das ist in Schulklassen am ehesten durch eine freundschaftliche Verbindung mit den die Werte des äußeren Systems am besten repräsentierenden Mitgliedern bei gleichzeitigem Entzug von Macht möglich, da Freundschaft per definitionem keine Unterordnung erlaubt. Mit dieser Erklärung sind aber bereits Kategorien aktualisiert, die dem personalen System zuzuordnen sind. Ablehnungen richten sich übrigens verstärkt auf jene, die niedere Positionen in den Rängen nach sportlicher oder auch Leistung in anderen Fächern einnehmen.

Veränderungen im personalen System

Die Aussagen in der *Hypothese 2*, die sich auf das personale System beziehen, können durch die erhobenen Daten nicht ausreichend analysiert werden, da die klare Scheidung von aggressivem und affiliativem Handeln in der Beobachtung Schwierigkeiten bereitete. Die ermittelten Tendenzen aus den Klassen A und B, einer Klasse im Vorversuch und einer ad-hoc-Gruppe können daher nur als Hypothesen für weitere Untersuchungen gelten.

Die Gültigkeit der Hypothese 2a kann hinsichtlich einer Verminderung der Aggressivität füglich bezweifelt werden. Es zeigt sich nämlich eher eine Erhöhung der aggressiven Handlungen. Diese Tendenz entspricht ähnlichen Untersuchungen von *Morton Deutsch*, der in individuell auf Wettkampf ausgerichteten Gruppen unter anderem mehr Feindschaft als in kooperativen Gruppen ermittelte[14].

Da die beobachteten Tendenzen schon in der Voruntersuchung nicht den Erwartungen entsprachen und die Aggressivität gerade aus den strukturellen Gegebenheiten der Schulklassen herrühren möchte, wurde mit der gleichen Untersuchungsanordnung eine ad hoc geschaffene Gruppe von Jungen gleichen Alters beobachtet. Bei dieser Gruppe ergab sich in der ersten Periode mit verstärkter Leistungsorientierung zwar auch eine Erhöhung aggressiver Handlungen, diese gingen in der folgenden Periode aber unter normal zurück. Die Leistungsorientierung führte in dieser relativ unorganisierten ad-hoc-Gruppe zu einer von sportlicher Leistung abhängigen Differenzierung, die hinsichtlich der Anpassung sportlicher Leistungsränge an die Gesamtstruktur keine Versagungen heraufbeschwor wie in Schulklassen.

Dieses Ergebnis über Aggressivität in Schulklassen und einer ad-hoc-Gruppe unter verstärkter Leistungsorientierung bestätigen ähnliche Untersuchungen von *Albert Pepitone* und *George Reichling*[15] über Kohärenz und Aggressivität sowie von *John R. P. French*[16] über organisierte und nichtorganisierte Gruppen unter Furcht und Frustration. Aggressivität ist also letztlich aus sozialstrukturellen Gegebenheiten abzuleiten[17]. Gruppen sind daran interessiert, wie sich aus der Diskussion über die Veränderungen im sozialen System der beiden Klassen ergibt, ihr System stabil zu halten. Alle Ansätze zu einer Differenzierung nach sportlicher Leistung als neuer Wertorientierung wirken solchem Streben nach Stabilität in organisierten Gruppen entgegen. Je starrer das System wie das einer Schulklasse ist und je weniger es auf sportliche Leistung ausgerichtet ist, desto eher werden unter der verstärkten Leistungsorientierung Frustrationen wegen nicht verwirklichter Zielverwirklichung im personalen System auftauchen und als Resultante daraus aggressives Handeln. Diese Interpretation bleibt aber auf Grund der Beobachtungen noch weitgehend theoretisch, denn die erfaßten Aggressionen bestätigen ein solches Ergebnis nur teilweise. Es ergab sich nämlich auch, daß die durch schwache Leistung Frustrierten sich affiliativ gegenüber ihren Freunden verhielten. Und affiliativ gaben sich auch jene, die mit über ihnen stehenden Klassenmitgliedern um deren Rang rivalisierten. Diese hingegen erwiderten mit Aggressionen.

Aggressiv verhielten sich schließlich auch die Führer gegenüber denjenigen, die sich am stärksten um eine gute sportliche Leistung und damit eine Verbesserung ihres Ranges bemühten. Diese Aggressivität ist als Ausdruck der von den Führern für die Gruppe ausgeübten sozialen Kontrolle zu interpretieren. Mag man bei den in ihrem Rang Bedrohten noch die Furcht vor Frustration als Ursache der Aggressivität anführen, so ist solche rein psychologische Interpretation am Beispiel der Führer nur sehr indirekt zu erschließen. Diese Form von Aggressivität belegt nochmals den Ursprung der Aggressivität im sozialen System und damit auch die strukturelle Verwobenheit des sozialen und personalen Systems.

Die beobachteten Tendenzen im aggressiven und affiliativen Handeln sind weiter zu verfolgen, mögen die hier aus dem Untersuchungsmaterial geschlossenen Hypothesen auch aus ähnlichen Untersuchungen in Einzelergebnissen[18], so etwa der generellen Erhöhung der Interaktionen unter verstärkter Leistungsorientierung, eine Bestätigung finden.

Zusammenfassung

In einem Feldexperiment wurden die durch Verstärkung der Leistungsorientierung im Sport bewirkten Veränderungen im sozialen und personalen System von Schulklassen untersucht. Insgesamt reagiert das System der untersuchten Klassen in Richtung der in der Kultur des äußeren Systems gesetzten Wertorientierung auf sportliche Leistung. Sozialer Rang wird vermehrt vom Rang im Sport abhängig gemacht. Soziometrische Wahlen richten sich verstärkt auf die guten Sportler. In der Zuerkennung von Macht zeigt sich jedoch, daß innerhalb der untersuchten Klassen Mechanismen wirksam sind, das strukturelle Gleichgewicht zu erhalten. So wird den guten Sportlern und denen, die sich im Sinne der gesetzten Orientierung durch Verbesserung ihres Ranges im Sport verhalten, Macht entzogen. Dieser Mechanismus, das strukturelle Gleichgewicht zwischen der Machtstruktur, Leistungsstruktur und Sympathiestruktur zu erhalten, gilt auch für die Mehrheit der Einzelfälle, die, unabhängig von der generellen Aufwertung des Sports für den allgemeinen sozialen Rang, dann einen sozialen Rangverlust hinnehmen müssen, wenn sie sich einseitig im Sport verbessern. Darin deutet sich das im weiteren Verlauf der Entwicklung des Systems der untersuchten Klassen zu erkennende dynamische Gleichgewicht schon an, das sich in der Weise niederschlägt, daß sich einen Monat nach Abschluß des Experimentes das System wieder auf die alte Wertung sportlicher Leistung zurückpendelt, dafür aber zunehmend Leistung in anderen Fächern maßgebend für die Zuerkennung eines sozialen Ranges wird. Ein Mechanismus zur Wahrung des strukturellen Gleichgewichts läßt sich auch zwischen dem sozialen und personalen System vermuten. So lassen sich die nicht mit letzter methodischer Klarheit zu beobachtenden Veränderungen im personalen System, etwa der Aggressivität der im Rang Bedrohten oder der Führer, als Ausfluß der sozialen Kontrolle erklären, die darauf hinausläuft, alle Veränderungen nur in dem Maße zuzulassen, wie sie das strukturelle Gleichgewicht nicht beeinträchtigen. Jedenfalls weist sich damit nicht nur die strukturelle Verwobenheit von personalem und sozialem System der untersuchten Klassen nach. Sondern damit erweist sich auch die Gültigkeit der Theorie des Gleichgewichts, denn die im äußeren System vollzogene Veränderung, Leistung durch verstärkte Leistungsorientierung als unabhängige Variable zu setzen, bewirkt Veränderungen in allen drei Systemen der Klasse. Das läßt sich auch in den Reaktionen des inneren gegen das äußere System erkennen. Ganz allgemein läßt sich auf Grund dieses Ergebnisses die Auswirkung der Forcierung von Leistung auf ein System abschätzen. Es werden unmittelbar Mechanismen einsetzen, die Leistung zu kontrollieren. Wir haben an anderer Stelle aus solchen strukturellen Zusammenhängen rein hypothetisch die Herausbildung von Werten wie Fairneß und Kameradschaft mit der Forcierung von Leistung im Sport zu erklären versucht[19]. Das vorliegende Ergebnis bestätigt im Rahmen eines Feldexperimentes mit Schulklassen offenbar diese Hypothese.

Anmerkungen

[1] Vgl. dazu *David C. McClelland*, The Achieving Society. Princeton, Toronto, London, New York 1961, deutsch: Die Leistungsgesellschaft, Stuttgart 1966. *McClelland* diskutiert dabei die soziologischen und sozialpsychologischen Arbeiten zu diesem Problemkreis und führt zur Erklärung starker Leistungen anstelle intermediärer Variablen wie des Protestantismus bei *Max Weber* die Variable achievement motive ein. Übrigens liegt bei *McClelland* u. a., The Achievement Motive, New York 1953, ein ähnlicher Untersuchungsansatz wie in der vorliegenden Untersuchung vor. Auswirkungen des Leistungsmotivs auf Gruppenstruktur waren aber nicht das Ziel der Untersuchung.

[2] Hierher gehören ebenso die bei *F. J. Roethlisberger* und *W. J. Dickson*, Management and the Worker, Cambridge, Mass., 1939, und *William F. Whyte*, Street Corner Society, Chicago 1943, diskutierten Untersuchungen wie die Studien über den Leistungsvorteil von Gruppen.

[3] *Talcott Parsons*, Essays in Sociological Theory, Glencoe 1954, S. 75. Die Schwierigkeiten in der Entwicklung einer klaren Konzeption von Leistung deuten sich auch bei *Parsons* an, denn er spricht zunächst von „achievement", seit den „Working Papers", Glencoe 1953, von „performance".

⁴ *Martin Irle*, Soziale Systeme, Göttingen 1963, S. 109 f.
⁵ *George C. Homans*, Theorie der sozialen Gruppe, Köln und Opladen 1960, S. 290.
⁶ *Dorwin Cartwright* und *Frank Harary*, Structural Balance: A Generalization of Heider's Theory, in: *D. Cartwright* und *Alvin Zander,* Hrsg., Group Dynamics, New York, Evanston, London 1960, S. 705—726. *Cartwright* und *Harary* weisen nach, daß die strukturelle Balance wie bei *Fritz Heider* oder *Theodore Newcomb* nicht nur für 2er-Gruppen, sondern auch für größere Gruppen gilt und daß diese Theorie auch auf eine Balance zwischen verschiedenen Strukturebenen innerhalb eines Systems anwendbar ist.
⁷ Vgl. *Dorwin Cartwright* und *Alvin Zander*, a. a. O., S. 647 ff.
⁸ *Rafael Helanko*, Sports and Socialization, in: *Neil J. Smelser* und *William I. Smelser*, Personality and Social Systems, New York, London und Sydney 1963.
⁹ Vgl. dazu das durch den Führer bewirkte „bewegliche Gleichgewicht" bei *Homans*, a. a. O., S. 391 ff. Die Zusammenhänge sind im vorliegenden Fall insofern komplizierter, als hier der Transfer des gesetzten Wertes „sportliche Leistung" durch das innere System auf Leistung in anderen Fächern erfolgt, um die Balance zwischen äußerem und innerem System zu erhalten.
¹⁰ *Muzafer Sherif* und *Carolyn W. Sherif*, An Outline of Social Psychology, New York und Evanston 1956, S. 223.
¹¹ So *William F. Whyte*, a. a. O., S. 21.
¹² Im allgemeinen wird von Anhängern der Soziometrie in Verkennung der durch diese Methode erfaßbaren Strukturausschnitte aus der Häufigkeit sozialer Wahlen schon auf Rang (Prestige) oder Machtposition geschlossen. So *Lothar Müller*, Das Moreno-Soziogramm im Rahmen der vergleichenden Schulklassenforschung, in: *Johann Peter Ruppert*, Hrsg., Die seelischen Grundlagen der sozialen Erziehung, Weinheim 1965, S. 356. Die hier vorliegenden Ergebnisse legen jedoch nahe, Rangsystem und Machtsystem zu unterscheiden und selbst das Machtsystem zu differenzieren. Gerade das Machtsystem ist auch entscheidend von Struktur und Aufgabe der jeweiligen Gruppen abhängig. Vgl. *Fred E. Fiedler*, Leadership: A New Model, in: Discovery, April 1965. *Sherif* und *Sherif*, a. a. O., S. 222 ff. und *Cartwright* und *Zander*, a. a. O., S. 498 f.
¹³ *George C. Homans*, Social Behavior: Its Elementary Forms, New York und Burlingame 1961.
¹⁴ *Morton Deutsch*, The Effects of Cooperation and Competition upon Group Process, in: *Cartwright* und *Zander*, a. a. O., S. 414—448.
¹⁵ *Albert Pepitone* und *George Reichling*, Group Cohesiveness and the Expression of Hostility, in: Human Relations, Bd. 8, 1955, S. 327—337. Hier ergab sich eine größere Aggressivität bei stärker kohäsiven Gruppen.
¹⁶ *John R. P. French*, Organized and Unorganized Groups under Fear and Frustration, in: University of Iowa Studies of Child Welfare, 1944/20, Nr. 409, S. 231—308 (nicht verfügbar. Zitiert nach *David Krech* und *Richard S. Cruchfield*, Theory and Problems of Social Psychology, New York 1948, S. 397).
¹⁷ Vgl. *Theodore M. Newcomb*, Autistic Hostility and Social Reality, in: Human Relations, Bd. 1, 1947, S. 3—19; *Leonard Berkowitz*, Aggression, New York, Toronto, London und San Francisco 1962.
¹⁸ Vgl. etwa *French*, a. a. O.
¹⁹ *Günther Lüschen*, Soziologische Aspekte der Leistung, in: Allgemeine Deutsche Lehrerzeitung (Beilage Leibeserziehung) 1964, H. 5.

LEISTUNGSFORCIERUNG IM SPORTUNTERRICHT UND IHR EINFLUSS AUF DIE STRUKTUR VON SCHULKLASSEN

Von Kurt Hammerich

Wenn bei einem Kongreß des Bundesverbandes Deutscher Leibeserzieher in einem Forum-Gespräch über „Leistung und Prestige" eine unmittelbare Übertragung von intendierten Wertvorstellungen durch den Lehrer als eine Selbstverständlichkeit betrachtet wurde, indem man die Möglichkeit einer Trennung von sportlicher Leistung als Erlebnis personaler Leistungssteigerung und als soziales Prestige je nach Intention des Lehrers undiskutiert ansetzte[1], so weist dies deutlich auf eine unkritische Übernahme eines weitverbreiteten pädagogischen Systems hin. Denn es wird hier in der Dogmatisierung des auf *Martin Buber* zurückgehenden Prinzips des Dialogischen von einer prästabilierten Harmonie in der Beziehung zwischen Lehrer und Schüler ausgegangen. Die hier vorliegende Irrationalität, die sich in der Annahme einer universalistischen Prädisposition von Lehrer und Schüler äußert, kann zwar aufgewiesen, jedoch wegen der Komplexität der Aussage soziologisch nicht widerlegt werden[2].

Als Bezugsrahmen dieser Arbeit soll eine Strukturanalyse der Beziehung zwischen Lehrer und Schüler unternommen werden. Dabei wird von der Annahme ausgegangen, daß die strukturelle Disposition von Schulklassen als ein zentraler Punkt zur Erklärung von Prozessen in Schulklassen angesehen werden kann.

Die Untersuchung bezieht sich inhaltlich auf eine empirische Prüfung von Hypothesen über sozialstrukturelle Bedingungen für eine Stabilität des inneren Systems von Schulklassen bei erhöhter sportlicher Leistungsanforderung von außen. Dabei wurde bewußt auf eine empirische Prüfung der aus *Fritz Heiders* Balance-Modellen[3] ableitbaren Hypothesen verzichtet[4].

Der Begriff des inneren Systems von Schulklassen wird hier im Gegensatz zu *W. Gordon*[5] gebraucht, da sich bei diesem Autor oft Überlagerungen von inneren und äußeren Systemen sowie zwischen formaler und informaler Gruppenstruktur ergeben[6]. Der von *George C. Homans*[7] geprägte Terminus soll hier in einer engeren Fassung Verwendung finden. Als Hauptunterscheidungskriterium für inneres und äußeres System von Schulklassen wird für diese Arbeit die unterschiedlich institutionalisierte Machtstellung und damit der unterschiedliche „Grad der organisatorischen Einheitlichkeit eines Systems"[8] angesetzt. Denn das Rollenverhalten des Lehrers wird primär definiert durch seine delegierte Position im sozialen System Schule, das ihm zugleich eine institutionalisierte Machtstellung gegenüber den Schülern verleiht. Demnach wäre das innere System von Schulklassen für diese Arbeit lediglich die Struktur des Systems, das die sozialen Prozesse der Schüler untereinander und der Schüler mit Personen des komplexeren äußeren Systems reguliert. Eine Interaktion Schüler — Lehrer gehört in dem Fall zum inneren System, wenn der Lehrer die Klasse in ihrer Gesamtheit anspricht und einer oder mehrere von den Schülern auf diesen Stimulus reagieren. Interaktionen Schüler — Lehrer gehören dann dem äußeren System an, wenn der Lehrer auf Grund seiner Machtposition mit einzelnen aus der Klasse interagiert [9].

Von diesen Überlegungen ausgehend wurde angenommen, daß eine mögliche Hierarchie im inneren System von Schulklassen eine geringere Stabilität als die im äußeren System wegen der fehlenden Institutionalisierung aufweist, die infolge der Verschränkung mit anderen sozialen Systemen die Stabilität der vertikalen Differenzierung im äußeren System impliziert. Während mit fortschreitender Institutionalisierung der Positionshierarchie des äußeren Systems auf Grund der Verschränkung mit anderen sozialen Systemen die Stabilität dieses Systems zunimmt, dürfte umgekehrt die Stabilität des inneren Systems wegen fehlender Institutionalisierung ihrer vertikalen Differenzierung um so mehr abnehmen, je stärker diese nach verschiedenen Kriterien variiert.

Demnach verhielte sich eine Klasse in ihrer Gruppenstruktur gegenüber Einflüssen des äußeren Systems um so stabiler, je mehr ihre vertikalen Differenzierungen nach verschiedenen Kriterien übereinstimmen [10].

Um eine empirische Prüfung dieser Hypothese geht es im ersten Teil dieser Arbeit. In diesem Zusammenhang wird untersucht, in welchem Maße sportliche Leistungsfähigkeit als Zuweisungskriterium für eine instrumental-adaptive und für eine integrativ-expressive Rangfolge bei erhöhter Leistungsforcierung im Sportunterricht durch das äußere System akzeptiert wird [11]. Weiterhin sollen einige ausgewählte Prozesse in den sich aus dem Aufbau und der Art der Veränderungen ergebenden Strukturformen entsprechend unserer Ausgangshypothese diskutiert werden.

Methode der Untersuchung

Die im Sportunterricht eingeführte Variable — erhöhte Leistungsforcierung — wurde zeitlich in 3 Abschnitten von einer Dauer von jeweils 2½—3 Monaten gegliedert. Es wurden dabei im ersten Abschnitt keinerlei Leistungen, im zweiten Gruppenleistung und im dritten Abschnitt stark forcierte Einzelleistungen verlangt.

Veränderungen in der Struktur des inneren Systems wurden ermittelt durch

Fragebogen, der den Schülern in der gleichen Fassung Ende Juli 1965 und Ende Februar 1966 vorgelegt wurde. Die Beantwortung des Fragebogens geschah unter Aufsicht des Autors dieser Studie.

Der Fragebogen beinhaltete im wesentlichen Fragen nach Aufbau der Klassenstruktur, Radius und Richtung inner- und außerschulischer Interaktionen, Klassenidentifikation, Interaktionsradius und -dimension innerhalb der Familie und Familienstruktur. Weiterhin wurden Daten durch einen dritten Schülerfragebogen mit weitgehend geschlossener Fragestellung gewonnen. Dieser Schülerfragebogen zielte auf Einstellungen zu bestimmten, vorgegebenen Situationen mit verschiedenen soziometrischen Tests und enthielt ebenfalls Fragen nach außerschulischer Aktivität und nach der inneren Differenzierung der Klassenstruktur. Eine ebenfalls im Februar durchgeführte schriftliche Befragung der Lehrpersonen sollte spezielle Verhaltensweisen der Schüler bei bestimmten Situationen spezifizieren.

Da weiterhin Verhaltensweisen und -einstellungen der Schüler in unterschiedlichen Situationen verglichen werden sollten, wurden kontrollierte Beobachtungen im Unterricht ohne Sportunterricht im Monat Dezember 1965 und im Monat Februar und der ersten Hälfte des Monats März 1966 sowie im unterrichtsfreien Sport während der gesamten Dauer des Experiments durchgeführt.

Um eine unterrichtsfreie Situation als Sport definieren zu können, wurden die Klassen über ein halbes Jahr vor Beginn der Untersuchung an einen Zustand gewöhnt, bei der es den Lehrer nur als stillen Beobachter gab.

Vor Beginn des Sportunterrichts stand den untersuchten Klassen jeweils eine Viertelstunde zur freien Verfügung. Eine Interaktion — auch verbaler Art — zwischen Schülern und Lehrer war ausdrücklich verboten. War dennoch eine Interaktion nach Meinung des Lehrers erforderlich, so wurde die Untersuchung dieser Klasse für diese Stunde unterbrochen und bei der Auswertung nicht berücksichtigt. Dies war jedoch insgesamt nur einmal der Fall. Auch wurde auf das Geschehen während dieser Viertelstunde im übrigen Unterricht in keiner Weise Bezug genommen.

Zur Gesamtauswertung dieser Studie wurden weiterhin alle vorhandenen statistischen Unterlagen der Schule verwendet.

Untersucht wurden vier Jungenklassen im Sport, die jeweils aus gemischten Klassen einer Kölner Volksschule kamen.

Der Altersdurchschnitt der Klassen variierte zwischen 11,5 und 13,5 Jahren. Die Klassenstärke betrug zwischen 11 und 17 Jungen.

Diskussion der Ergebnisse

Unsere Hypothese, die aus der Analyse der Beziehungen zwischen Lehrer und Schüler abgeleitet wurde, lautete: Gegenüber einer erhöhten Leistungsforderung im Sportunterricht durch das äußere System verhält sich die Struktur des inneren Systems von Schulklassen um so stabiler, je mehr ihre vertikalen Differenzierungen nach verschiedenen Kriterien übereinstimmen.

Zur Überprüfung dieser Hypothese wurden vier mögliche Kriterien zur Bildung von vertikalen Differenzierungen ausgewählt. Bei der Auswahl wurde unter anderem auf Untersuchungen über Gruppendiskussionen von *Robert F. Bales*[12] Bezug genommen; in diesen wurde eine deutliche Divergenz zwischen instrumental-adaptiver und integrativ-expressiver Führerschaft festgestellt. Aus diesem Grunde setzten wir als mögliche Rangfolgen solche nach sozialem Einfluß und nach Beliebtheit an. Weiterhin wurden Rangfolgen nach Häufigkeit der Interaktionen und nach affiliativen Interaktionen gebildet. Letztere Kategorie ist als ein Versuch anzusehen, systeminterne Bezugspersonen[13] in eine Rangfolge zu bringen.

Die Übereinstimmung dieser Rangfolgen wurde gemessen durch den Konkordanzkoeffizienten W nach *M. G. Kendall*[14].

Die Stabilität der Klassenstruktur wurde ermittelt mit Hilfe des *Spearmanschen*[15] Rangkorrelationskoeffizienten r_s.[15] Verglichen wurde jede der oben diskutierten Rangfolgen zu Beginn und Ende des Experiments.

Da physische Leistungsstärke als Zuweisungskriterium für Führerschaft bei Kindern von besonderer Bedeutung ist[16], mußten verschiedene Bedingungen für eine Vergleichbarkeit der Ergebnisse erfüllt sein. Zu diesen gehörten vor allem eine gleiche Bewertung der sportlichen Leistungsstärke zu Beginn und Ende des Experiments durch die Schüler und durch den Lehrer. Weiterhin mußte die Bewertung des Lehrers mit der der Schüler übereinstimmen. Die Voraussetzungen waren bei allen Klassen erfüllt. Die Zufälligkeit einer positiven Rangkorrelation in der Bewertung der sportlichen Leistungsstärke durch den Lehrer konnte mit 99,9 % und durch die Schüler mit 99,5 % Sicherheit zurückgewiesen werden. Auch zwischen der Einschätzung durch die Schüler und der durch den Lehrer bestand ein hoch signifikanter Zusammenhang für beide Zeitpunkte des Experiments.

Tabelle 1: Konkordanz der Rangfolge nach Einfluß, Beliebtheit, Interaktionen und affiliativen Interaktionen

Klasse A	Klasse B	Klasse C	Klasse D
W = 0,46	W = 0,25	W = 0,23	W = 0,44
p < 0,02	p > 0,05	p > 0,05	p < 0,05

Ein Vergleich des Konkordanzkoeffizienten für die Rangfolge nach Einfluß, Beliebtheit, Interaktionen, affiliativen Interaktionen ergibt signifikante Werte für die Klassen A und D.

Nach diesen Ergebnissen müßten sich zur Bestätigung der oben aufgestellten Hypothesen die Klassen A und D als stabiler in ihrer Gruppenstruktur erweisen als die Klassen B und C.

Aus Tabelle 2 ist ersichtlich, in welchem Maße die Rangfolgen zu Beginn mit denen zu Ende des Experiments übereinstimmten.

Tabelle 2: Stabilität der Rangfolgen

	soz. Einfluß	Beliebtheit	Interaktion	aff. Interaktion
Klasse A	$r_s = 0{,}91$ $p < 0{,}001$	$r_s = 0{,}59$ $p < 0{,}05$	$r_s = 0{,}43$ $p < 0{,}05$	$r_s = 0{,}14$ $p > 0{,}05$
Klasse B	$r_s = 0{,}27$ $p > 0{,}05$	$r_s = 0{,}51$ $p > 0{,}05$	$r_s = 0{,}38$ $p > 0{,}05$	$r_s = 0{,}68$ $p < 0{,}05$
Klasse C	$r_s = 0{,}43$ $p > 0{,}05$	$r_s = 0{,}55$ $p < 0{,}05$	$r_s = 0{,}34$ $p > 0{,}05$	$r_s = 0{,}27$ $p > 0{,}05$
Klasse D	$r_s = 0{,}49$ $p < 0{,}05$	$r_s = 0{,}44$ $p < 0{,}05$	$r_s = 0{,}73$ $p < 0{,}01$	$r_s = 0{,}34$ $p > 0{,}05$

Die Ergebnisse dieser Tabelle würden die These zulassen, daß das innere System solcher Schulklassen, deren Rangfolgen nach verschiedenen Kriterien untereinander konvergieren, gegenüber einem erhöhten Leistungsdruck im Sportunterricht sich als stabiler erweist als das innere System solcher Schulklassen, deren Rangfolgen nach verschiedenen Kriterien untereinander divergieren. Diese Aussage schließt als Bedingung eine unveränderte Rangfolge der sportlichen Leistungsfähigkeit der Schüler und eine gleichbleibende kognitive und evaluative Perzeption derselben ein [17].

Letztere Tabelle weist jedoch auch auf eine Veränderung in der Rangfolge der Bezugspersonen in den Klassen A und D hin, so daß auch bei diesen Klassen Strukturänderungen durch Einflüsse des äußeren Systems eigentlich feststellbar sein müßten [18]. Diese könnten auf eine veränderte Bedeutung der Bewertung der sportlichen Leistungsstärke als Zuweisungskriterium für Rangfolgen im inneren System zurückzuführen sein.

Der Einfluß des Lehrers nimmt zu mit der Aufteilung der vertikalen Differenzierung des inneren Systems von Schulklassen nach verschiedenen Kriterien — so lautete die zu Beginn dieser Studie geäußerte Hypothese. Bisher konnten wir jedoch nur nachweisen, daß das innere System solcher Schulklassen, deren Rangfolgen nach verschiedenen Kriterien untereinander konvergieren, gegenüber erhöhtem Leistungsdruck im Sportunterricht sich als stabiler erweist als das innere System solcher Klassen, deren Rangfolgen nach verschiedenen Kriterien untereinander divergieren. Diese These gibt jedoch keinerlei Auskunft über den Prozeß der Internalisierung der sportlichen Leistung als Zuweisungskriterium für die verschiedenen Rangfolgen, so daß daraus empirische Aussagen über die strukturellen Bedingungen, die eine vollständige Übertragung der Intention des Lehrers erlauben, nicht abgeleitet werden können. Denn die Stabilität des inneren Systems kann in verschiedenen Faktoren begründet liegen. Die sportliche Leistungsstärke kann einmal bereits Zuweisungskriterium gewesen sein, zum anderen kann ein solches Zuweisungskriterium nicht internalisiert worden sein. Eine andere Möglichkeit ist jedoch auch noch denkbar. Bei den stabileren Klassenstrukturen handelt es sich um Systeme, die Personen nicht nach bestimmten Kriterien bewerten, sondern einer bereits bestehenden Rangordnung von Personen Eigenschaften entsprechend ihrer Rangposition zuschreiben.

Für die instabileren Systeme wäre demnach ein Prozeß der Umorientierung nachzuweisen. Dieser kann seine Ursache in einer zunehmenden oder abnehmenden Akzeptierung der sportlichen Leistung als Zuweisungskriterium für systeminterne Rangfolgen haben [19]. Möglich wäre jedoch auch eine Veränderung in der Bedeutsamkeit von Zuweisungskriterien; dies würde zugleich eine Wandlung der Struktur des Systems in seiner Gesamtheit bedeuten.

Tabelle 3: Leistungsforcierung und sportliche Leistung als Zuweisungskriterium
Beginn des Experiments

	Klasse A	Klasse B	Klasse C	Klasse D
soz. Einfluß vs. sportl. Leistung	$r_s = 0{,}60$ $p < 0{,}01$	$r_s = 0{,}64$ $p < 0{,}05$	$r_s = 0$ $p > 0{,}05$	$r_s = -0{,}09$ $p > 0{,}05$
Beliebtheit vs. sportl. Leistung	$r_s = 0{,}60$ $p < 0{,}01$	$r_s = -0{,}11$ $p > 0{,}05$	$r_s = -0{,}36$ $p > 0{,}05$	$r_s = 0{,}19$ $p > 0{,}05$
soz. Einfluß vs. Beliebtheit	$r_s = 0{,}48$ $p < 0{,}05$	$r_s = -0{,}73$ $p < 0{,}05$	$r_s = -0{,}10$ $p > 0{,}05$	$r_s = -0{,}25$ $p > 0{,}05$
Ende des Experiments				
soz. Einfluß vs. sportl. Leistung	$r_s = 0{,}50$ $p < 0{,}05$	$r_s = 0{,}57$ $p > 0{,}05$	$r_s = 0{,}46$ $p > 0{,}05$	$r_s = 0{,}18$ $p > 0{,}05$
Beliebtheit vs. sportl. Leistung	$r_s = 0{,}50$ $p < 0{,}05$	$r_s = -0{,}54$ $p > 0{,}05$	$r_s = -0{,}39$ $p > 0{,}05$	$r_s = 0{,}24$ $p > 0{,}05$
soz. Einfluß vs. Beliebtheit	$r_s = 0{,}40$ $p > 0{,}05$	$r_s = -0{,}10$ $p > 0{,}05$	$r_s = 0{,}31$ $p > 0{,}05$	$r_s = 0{,}32$ $p > 0{,}05$

Der begrenzte Rahmen dieser Untersuchung kann nicht alle Möglichkeiten in ihren Ausformungen analysieren; jedoch soll der Versuch unternommen werden, die allgemeine These über die strukturellen Bedingungen für einen Einfluß des Lehrers zu spezifizieren.

Aus Tabelle 3 ist ersichtlich, daß die Veränderung in der Bedeutung der sportlichen Leistung als Zuweisungskriterium für expressive und instrumentale Rangfolgen in den Klassen A und D einen geringeren Umfang als in den Klassen B und C aufweist. Die Prozesse in den einzelnen Klassen sind aber zu unterschiedlich, als daß sie gemeinsam diskutiert werden könnten.

In den Rangfolgen nach Beliebtheit und sozialem Einfluß war in Klasse A die Bewertung der sportlichen Leistungsstärke bereits vor Beginn des Experiments integriert. Die Abnahme in dem Grad des Signifikanzniveaus ist nicht nennenswert. Wenn, wie bei *Talcott Parsons*, der Begriff des sozialen Equilibriums als diagnostisches Modell gebraucht wird [20], dann wäre diese Klasse als eine mit geringerer innerer Dynamik zu bezeichnen. Es ist jedoch von hier aus nicht nachweisbar, ob die sportliche Leistungsstärke bereits Zuweisungskriterium war, oder ob generell in diesem System Eigenschaften, die für die Bildung der bestehenden Rangfolge bisher nicht bedeutsam waren, Personen entsprechend ihren Rangpositionen zugeschrieben werden.

In Klasse D blieb die sportliche Leistungsstärke als Zuweisungskriterium für die beiden diskutierten Rangfolgen unbedeutsam; jedoch zeigte sich eine leichte Verschiebung in der Bedeutung für sozialen Einfluß. In Klasse B wurde die Beziehung zwischen sportlicher Leistungsstärke und Beliebtheit negativer, während sich die zwischen sportlicher Leistungsstärke und sozialem Einfluß bestehende Korrelation kaum veränderte. In Klasse C dagegen war eine Veränderung in dem Zusammenhang von sportlicher Leistungsstärke und sozialem Einfluß feststellbar.

Die Beziehung zwischen expressiver und instrumentaler Rangfolge nahm jedoch in den Klassen B, C und D zu.

Diese Ergebnisse ließen sich dahingehend zusammenfassen, daß unter erhöhtem Leistungsdruck im Sportunterricht eine Tendenz zur Konvergenz von instrumentaler und expressiver Rangfolge besteht, wenn diese Rangfolgen vorher divergierten. Dabei kann sowohl eine gleichbleibende Bedeutungslosigkeit als auch eine Zu- oder Abnahme der Bedeutung der sportlichen Leistungsstärke als Zuweisungskriterium für expressive und instrumentale Rangfolgen diesen Prozeß auslösen. Demnach wäre eine Integration der Bewertung der sportlichen Leistungsstärke in expressive und/oder instrumentale Rangfolgen zweitrangig gegenüber einer Tendenz zur Konvergenz dieser beiden Rangfolgen, wenn durch das äußere System ein erhöhter Leistungsdruck im Sportunterricht besteht.

Aus den bisherigen Ergebnissen wäre als These über den Einfluß des Lehrers auf Rangfolgen nach Einfluß und Beliebtheit durch erhöhte Leistungsforderung im Sportunterricht abzuleiten: Wenn eine Konvergenz von expressiven und instrumentalen Rangfolgen besteht, die als ein Sonderfall einer allgemeinen Übereinstimmung von Rangfolgen nach verschiedenen Kriterien zu betrachten ist, verändert sich das innere System von Schulklassen bei erhöhter Leistungsforcierung im Sportunterricht weniger als in solchen Systemen, die diese strukturellen Bedingungen nicht erfüllen.

Die Vermutung, daß dabei die allgemeine Konvergenz verschiedener Rangfolgen entscheidender ist, läßt sich aus dem vorliegenden Material nicht exklusiv entscheiden. Sie würde dann auch implizieren, daß der sportlichen Leistungsfähigkeit eine zentrale Bedeutung für eine Zuweisung von Rangfolgen nicht unbedingt zukäme [21].

Im folgenden soll untersucht werden, ob die Stabilität des inneren Systems der Klasse A dadurch zustande kommt, daß hier Personen entsprechend ihrer Rangposition Eigenschaften zugeschrieben werden. Weiterhin soll eine Analyse der Ausprägungen dieses sozialen Equilibriums auf Interaktionsmuster durchgeführt werden.

Letztere Hypothese ließe sich dadurch stützen, daß die Machtgruppe als positive Bezugsgruppe für verschiedene Situationen angesehen wird.

Tabelle 4: Machtgruppe als Bezugsgruppe

	Unterricht		Sport [22]		Ausflug	
	positive Wahlen	negative Wahlen	positive Wahlen	negative Wahlen	positive Wahlen	negative Wahlen
Klasse A	+ 25	0	+ 26	— 25,5	+ 17,5	— 21
Klasse B	+ 2	+ 21,5	— 9	+ 26	+ 1	+ 43,5
Klasse C	+ 23	— 18,5	+ 20,5	+ 2,5	+ 1	— 6
Klasse D	+ 25	— 28	+ 25	— 10,5	+ 10	22,5

Aus der Tabelle 4, die in Prozentwerten das Verhältnis von tatsächlichen soziometrischen Wahlen zu den nach der Normalverteilung zu erwartenden angibt, geht hervor, daß die Machtgruppen für die Klassen A und D positive Bezugsgruppen darstellen. Dieser Sachverhalt wird auch aus Tabelle 5 ersichtlich, die den Rangkorrelationskoeffizienten rs der Rangfolge nach Macht [23] zu den Rangfolgen nach Wahlen und Ablehnungen für Unterricht, Sport und Ausflug wiedergibt.

Die negative Korrelation zwischen Machtstruktur und Ablehnungen in Klasse A ist als Kennzeichen für eine relativ stärkere vertikale Durchstrukturierung auf-

Tabelle 5: Beziehung zwischen Rangfolge nach Macht und soziometrischen Wahlen

Macht vs. positive Wahlen	Klasse A	Klasse B	Klasse C	Klasse D
Unterricht	$r_s = 0,64$ $p < 0,01$	$r_s = 0,07$ $p > 0,05$	$r_s = 0,80$ $p < 0,001$	$r_s = 0,50$ $p < 0,05$
Sport	$r_s = 0,73$ $p < 0,01$	$r_s = -0,36$ $p > 0,05$	$r_s = 0,90$ $p < 0,001$	$r_s < 0,58$ $p < 0,05$
Ausflug	$r_s = 0,77$ $p < 0,001$	$r_s = 0,17$ $p > 0,05$	$r_s = 0,20$ $p > 0,05$	$r_s = 0,42$ $p < 0,05$

Macht vs. negative Wahlen				
Unterricht	$r_s = -0,33$ $p > 0,05$	$r_s = -0,02$ $p > 0,05$	$r_s = -0,26$ $p > 0,05$	$r_s = -0,30$ $p > 0,05$
Sport	$r_s = -0,72$ $p < 0,01$	$r_s = 0,21$ $p > 0,05$	$r_s = -0,12$ $p > 0,05$	$r_s = -0,31$ $p = 0,05$
Ausflug	$r_s = -0,50$ $p < 0,05$	$r_s = 0,52$ $p > 0,05$	$r_s = -0,29$ $p > 0,05$	$r_s = -0,24$ $p > 0,05$

zufassen, die eine enge Beziehung zwischen Machtstruktur und Bezugsgruppenstruktur offenbart[24].

Mit einer Konvergenz verschiedener vertikaler Differenzierungen des inneren Systems von Schulklassen verbindet sich eine Quasi-Institutionalisierung der Machtgruppe als positive Bezugsgruppe, die sich mit einer positiven Beziehung zwischen instrumentaler und expressiver Rangfolge verstärkt. Eine so etablierte Machtgruppe ist dann auch dominierend in der Zahl der durchgeführten Interaktionen. So entfielen auf die Machtgruppe der Klasse A im Unterricht 15 % mehr und im Sport 38 % mehr an Interaktionen als nach der Normalverteilung zu erwarten war. Die Machtgruppe der Klasse D führte nur im Sport proportional mehr Interaktionen durch (21 %). In der Klasse B lag der Anteil an den durchgeführten Interaktionen im Unterricht und Sport bei der Machtgruppe disproportional niedrig, während dies nur im Unterricht bei Klasse C der Fall war.

Aus den bisher vorgelegten Daten dürfte hervorgehen, daß die Stabilität des inneren Systems von Schulklassen trotz erhöhter Leistungsforderung im Sportunterricht um so eher erhalten bleibt, je mehr sich eine eindeutige, von den Mitgliedern akzeptierte Rangordnung gebildet hat, die sich in einer Konvergenz von nach verschiedenen Kriterien gebildeten Rangfolgen äußert. In Systemen mit einem derartigen sozialen Equilibrium erweisen sich die durch das äußere System herangetragenen Bewertungsmaßstäbe als ungeeignet für systeminterne Veränderungen, weil mögliche Bewertungskriterien den bereits bestehenden Rangfolgen angepaßt sind.

Einem solchen System entsprechen relativ stabilere Interaktionsmuster. So weisen die Interaktionskanäle im Sport bei Klasse A durchschnittlich 2,66 Wiederholungen während der gesamten Dauer des Experiments auf[25]. Dagegen fanden in den übrigen Klassen im Sport durchschnittlich nur zweimal in gleichen Kanälen Interaktionen statt.

Die relativ geringe Eigendynamik des inneren Systems der Klasse A mit ihrer relativ hohen Stabilität der Interaktionskanäle im Sport führt zu der Tendenz, daß in einem solchen System im Verhältnis zu anderen Systemen aggressive Handlungen im Sport zwischen solchen häufiger vorkommen, die sich soziometrisch für diese Situation — unterrichtsfreier Sport — wählten[26]. Da es sich bei denen, die trotz soziometrischer Wahl auf aggressive Art interagieren, jeweils um Angehörige der Macht- und Nicht-Machtgruppe handelt, dürften diese aggressiven Handlungen in der strukturellen Starrheit des Systems begründet liegen. Demnach wären die aggressiven Handlungen als noch nicht instrumentalisiert zu betrachten und als eine positiv gemeinte Interaktion zu interpretieren. Damit wäre der Bedeutungsinhalt von aggressiven Handlungen von dem Grad der Konvergenz ihrer vertikalen Differenzierung und der Quasi-Institutionalisierung der Machthierarchie abhängig.

Der Übereinstimmung der nach verschiedenen Kriterien durchführbaren vertikalen Differenzierungen des inneren Systems würde nach den bisherigen Überlegungen ein sozialer Equilibriumszustand entsprechen, wenn das Verhalten der Mitglieder des Systems für verschiedene Situationen generalisiert wäre.

Ein Vergleich der Verhaltensweisen und -einstellungen im Unterricht und unterrichtsfreien Sport[27] wurde unter Verwendung der nach *Homans* soziologisch relevanten Kategorien „Sentiment", „Aktivität" und „Interaktion" durchgeführt[28].

Dabei zeigte sich für die jeweils drei verschiedenen operationalen Definitionen für Sentiment, Aktivität und Interaktion[29] in der Klasse A eine Übereinstimmung in 6 von 9 Fällen, wie aus untenstehender Tabelle ersichtlich ist[30].

Tabelle 6: Verhaltensweisen und -einstellungen in Unterricht und Sport

	Klasse A			Klasse B			Klasse C			Klasse D		
Aktivität	−	+	+	−	−	+	+	+	−	−	−	+
Interaktion	−	−	+	−	−	−	−	−	−	−	−	−
Sentiment	+	+	+	−	−	−	−	−	+	−	+	+

Demnach wäre eine Generalisierung des Verhaltens in unterschiedlichen Situationen in solchen Systemen eher zu erwarten, die der Struktur des inneren Systems der Klasse A ähnlich sind, als in solchen, die größere Identität mit der von uns untersuchten Klasse B haben.

Bevor eine abschließende Zusammenfassung erfolgt, soll kurz darauf verwiesen werden, daß sozio-ökonomischer Status, Familienstruktur, Reihenfolge in der Geschwisterfolge, Berufstätigkeit der Mutter, Dimension der Interaktion Vater — Schüler, Geschlecht und Alter des Klassenleiters und Organisationsform des Unterrichts als Einflußfaktoren nicht nachweisbar waren.

Zusammenfassung

Diese Studie zeigte, daß die durch den Lehrer an das innere System von Schulklassen herangetragene Leistungsforcierung im Sportunterricht unterschiedliche Reaktionen in diesen inneren Systemen auslöst[31]. Grad und Richtung des Einflusses des Lehrers erwiesen sich als abhängig von der sozialstrukturellen Disposition des inneren Systems von Schulklassen.

Die Struktur des inneren Systems von Schulklassen verhält sich bei erhöhter Leistungsforcierung im Sportunterricht um so stabiler, je mehr sich eine eindeutige, von den Mitgliedern akzeptierte Rangordnung gebildet hat[32], die sich dann in einer Konvergenz von nach verschiedenen Kriterien gebildeten vertikalen Differenzierungen äußert[33]. Diesem Gleichgewichtszustand der vertikalen Differenzierung, bei dem den Mitgliedern Eigenschaften entsprechend ihren Rangpositionen zugeschrieben werden[34], entspricht eine relativ hohe Stabilität der Interaktionskanäle und eine weitgehende Generalisierung des Verhaltens in unterschiedlichen Situationen.

Da diese Studie als eine Voruntersuchung zu betrachten ist, müßte die Allgemeingültigkeit der eben explizierten These auf einer breiteren Basis überprüft werden.

Anmerkungen

[1] Vgl. Ausschuß Deutscher Leibeserzieher, Hrg., Die Leistung, Schorndorf 1964, bes. S. 242. Vereinzelt wird sogar noch ein spezifisches Medium — die Spielstimmung — zur Übertragung der intendierten Wertvorstellungen für erforderlich gehalten. Vgl. *H. Wagner*, Pädagogik und Methodik in der Leibeserziehung, Bd. I, Paderborn 1954, S. 41.

[2] Vgl. *K. R. Popper*, Über die Unwiderlegbarkeit philosophischer Theorien einschließlich derer, welche falsch sind, in: *G. Szczesny*, Hrg., Club Voltaire I, München 1963, S. 271 ff. Vgl. *A. Malewski*, Zur Problematik der Reduktion. Stufen der Allgemeinheit in Theorien über menschliches Verhalten, in: *E. Topitsch*, Logik der Sozialwissenschaften, Köln - Berlin 1965, 2. Aufl., S. 367 ff.

[3] *F. Heider*, Attitudes and Cognitive Organization, in: Journal of Psychology, 1946, H. 1. Vgl. auch *D. Cartwright* und *F. Harary*, Structural Balance: A Generalization of Heider's Theory, in: Psychological Review, 1956, H. 2. Zur Kritik vgl. u. a. *R. B. Zajonc*, The Concepts of Balance, Congruity, and Dissonance, in: Public Opinion Quarterly, 1960, H. 2.

[4] Der Theoriegehalt von Thesen, die aus den Balance-Modellen abgeleitet werden, ist wissenschaftstheoretisch nicht unproblematisch. Vgl. hierzu besonders *René König*, Grundlagenprobleme der soziologischen Forschungsmethoden (Modelle, Theorien, Kategorien), in: Dialectica, 1963, H. 2.

[5] *W. Gordon*, Die Schulklasse als ein soziales System, in: *P. Heintz*, Hrg., Soziologie der Schule, Sonderheft 4 der Kölner Zeitschrift für Soziologie und Sozialpsychologie, Köln und Opladen 1959. Dies gilt auch für *P. W. Musgrave*, The Sociology of Education, London 1965, S. 249 f.

[6] Zur Kritik der Theorie von formalen und informalen Organisationen vgl. besonders: *M. Irle*, Soziale Systeme, Göttingen 1963.

[7] *G. C. Homans*, Theorie der sozialen Gruppe, Köln — Opladen 1960, S. 100 ff.

[8] *M. Irle*, Soziale Systeme, a. a. O., S. 101.

[9] Diese Vorgänge ließen sich durchaus mit den Kategorien von *Borgatta* analysieren. *E. F. Borgatta* und *B. Crowther*, A Workbook of Social Interaction Processes, Chicago 1965.

[10] Die Verkürzung des Aussagewertes dieser Hypothese liegt vornehmlich in den fehlenden Angaben über den Grad der Bedeutsamkeit verschiedener Kriterien für die Stabilität des Systems.

[11] Zur Begriffserklärung von instrumental-adaptiv und integrativ-expressiv vgl. *T. Parsons*, Essays in Sociological Theory, Glencoe 1963, 3. Aufl., S. 386 ff.

[12] *R. F. Bales*, Task Roles and Social Roles in Problem-Solving Groups, in: *E. E. Maccoby, Th. M. Newcomb* und *E. L. Hartley*, Readings in Social Psychology, New York 1958, 3. Aufl., S. 437 ff. Vgl. auch: *R. F. Bales, P. E. Slater* u. a., Role Differentiation in Small Decision-Making Groups, in: *T. Parsons, R. F. Bales, J. Olds, M. Zelditch, P. E. Slater*, Hrg., Family, Socialization, and Interaction Process, Glencoe 1955, S. 259 f., *R. F. Bales*, The Equilibrium Problem in Small Groups, in: *T. Parsons, R. F. Bales, E. A. Shils*, Hrg., Working Papers in the Theory of Action, Glencoe 1953, S. 111 ff.

[13] Nach der Art der Fragestellung konnte es sich hierbei jedoch nur um situationsunspezifische Bezugspersonen handeln.

[14] Vgl. *M. G. Kendall*, The Advanced Theory of Statistics, Bd. I, London 1948, 4. Aufl.

[15] *S. Siegel*, Nonparametric Statistics for Behavioral Sciences, New York - Toronto - London 1956.

[16] *R. Lippitt, N. Polansky, F. Redl, S. Rosen*, The Dynamics of Power. A Field Study of Social Influence in Groups of Children, in: *E. E. Maccoby, Th. M. Newcomb, E. L. Hartley*, Hrg., Readings in Social Psychology, a. a. O., S. 260 f.

[17] Nach den Ergebnissen von *Festinger* und *Kelley* wäre eine gleichbleibende valuative Perzeption wichtiger als eine kognitive. *L. Festinger, H. H. Kelley*, Changing Attitudes through Social Contact, Ann Arbor 1951. Die Bedeutsamkeit dieser Bedingung wird in der Diskussion zu den in Tabelle 3 aufbereiteten Daten in Frage gestellt.

[18] Dabei wird jedoch unterstellt, daß die von uns angesprochene Dimension von Bezugspersonen bedeutsam für systeminterne Prozesse ist.

[19] Diese Aussage ist nicht so zu verstehen, daß es sich um einen einheitlichen Prozeß einer zu- oder abnehmenden Akzeptierung handelt; vielmehr können für jeweils verschiedene Rangfolgen beide Prozesse im gleichen System stattfinden.

[20] *T. Parsons*, The Social System, Glencoe 1964, S. 298.

[21] Zur dieser Aussage zugrundeliegenden Definition des Sports vgl. *K. Hammerich*, Critical Remarks Regarding the State of Sociological Research on Sport in the German Federal Republic, in: International Review of Sport-Sociology, 1966, H. 1 (im Druck).

[22] Unter Sport ist hier unterrichtsfreier Sport zu verstehen. Einzelheiten vgl. in dem Kapitel „Methode der Untersuchung".

[23] Die Rangfolge nach Macht ist an dieser Stelle nach der operationalen Definition nicht mit der Rangfolge nach sozialem Einfluß identisch. Zur Machtgruppe sind die Schüler zu zählen, die insgesamt mehr als die Hälfte aller Stimmenwerte auf sich vereinigen konnten unter der Bedingung, daß der Abstand des letzten der Machtgruppe mit dem ersten der Nicht-Machtgruppe mehr als 10 Punkte betrug.

[24] Die hier angesprochene Dimension von Bezugspersonen weist nur eine geringe Beziehung zu der auf, die bei der Interpretation der Daten aus Tabelle 1 und 2 diskutiert wurde. Hier

dürfte es sich — auf jeden Fall wohl bei Klasse A — um eine systemrelevante Dimension handeln. Deshalb wäre die zu Beginn der Interpretation der Daten verwandte Dimension als nicht relevant für die von uns untersuchte vertikale Differenzierung des Systems zu bezeichnen. Hier läge u. U. eine Möglichkeit zur Analyse von Toleranzgrenzen in Systemen.

[25] In dieser Klasse wurde ein Interaktionskanal im Sport 41mal benutzt. Nur 21 Interaktionsmuster wurden nicht wiederholt.

[26] Diese Tabelle gibt die Beziehung zwischen soziometrischer Struktur und aggressiven Handlungen wieder.

Aggressive Handlungen zwischen	Klasse A	Klasse B	Klasse C	Klasse D
soziom. Isolierten	—	—	—	—
soziom. Abgelehnten	11 %	33 %	29 %	25 %
soziom. Gewählten	19,5 %	—	8 %	—
Sonstigen	69,5 %	67 %	63 %	75 %
	n = 36	n = 6	n = 24	n = 4

[27] Diese Analyse diente der Widerlegung einer Ideologie von einigen Leibeserziehern und Sportphilosophen, nach der der Mensch im Sport ein anderer sei. (Vgl. hierzu *H. Wagner* Pädagogik und Methodik in der Leibeserziehung, a. a. O., S. 24.) Die eben wiedergegebene philosophische Deutung des Sports hängt eng zusammen mit der auf gleiche Denkkategorien zurückgehenden Definition des Sports, die sich weitgehend an die idealistische Theorie des Spiels anlehnt. So kommt es zu einer Dichotomie von Arbeit und Pflicht auf der einen und Spiel und Freiheit auf der anderen Seite. Der Sport wird dann im Gegensatz zu Arbeit und Pflicht gesehen und dem anderen Pol zugeordnet. Philosophische Globalaussagen lassen sich als solche nicht widerlegen. Jedoch wird mit ihnen zugleich der Anspruch erhoben, auch für die ihr subsummierten Einzelaussagen die Realität darzustellen. Deshalb sollte nach *A. Malewski*, Der empirische Gehalt der Theorie des historischen Materialismus, in: Kölner Zeitschrift für Soziologie und Sozialpsychologie, 1959, H. 2, der empirische Gehalt eines Teils der obiger Globalaussage subsummierten Einzelaussagen untersucht werden. Ein Vergleich der Verhaltensweisen und -einstellungen im Unterricht und unterrichtsfreien Sport für die jeweils drei verschiedenen operationalen Definitionen für Sentiment, Aktivität und Interaktion ergab generell ein ambivalentes Verhalten der Klassen. Damit wäre die zu Beginn diskutierte Hypothese einiger Leibeserzieher, nach der der Mensch im Sport ein anderer sein solle, falsifiziert.

[28] *G. C. Homans*, Theorie der sozialen Gruppe, a. a. O., S. 50 ff.

[29] Verglichen wurden Richtung positiver und negativer Wahlen, gewünschte Aktivitätsform, Grad der Aktivität, Durchführungsform und Umfang der Aktivitäten, Häufigkeit der Interaktion, Interaktionspartner und Stabilität der Interaktionskanäle.

[30] Die Zeichen bedeuten:
   + = Übereinstimmung
   — = keine Übereinstimmung
   0 = Übereinstimmung/keine Übereinstimmung.

[31] Vgl. dazu die Beziehung zwischen Höhe des Aspirationsniveaus und Stress-Situation: *U. R. Kunapuli* und *R. W. Russell*, Effects of Stress on Goal Setting Behavior, in: Journal of Abnormal and Social Psychology, 1960, H. 3.

[32] Vgl. zum Problem der Identifikation mit den Inhabern von Machtpositionen bei zielorientierten Gruppen: *M. Mulder*, Group Structure, Motivation, and Group Performance, Den Haag - Paris 1963, S. 15 ff. *Festinger* und *Thibaut* stellten eine Zunahme der Konformität zu den Ranghöheren bei bestehender Rangordnung und sozialen Drucksituationen fest. *L. Festinger* und *J. Thibaut*, Interpersonal Communication in Small Groups, in: Journal of Abnormal and Social Psychology, 1951, H. 1.

[33] Nur bei Klasse A ergab sich eine signifikante Konkordanz zwischen Macht, sozialem Einfluß und soziometrischem Status (W = 0,70; p < 0,01). Vgl. *B. Eisman*, Some Operational Measures of Cohesiveness and their Interrelations, in: Human Relations, 1959, H. 2. Vgl. auch: *L. Berkowitz*, Sharing Leadership in Small, Decision-making Groups, in: Journal of Abnormal and Social Psychology, 1953, H. 2.

[34] Vgl. *W. F. Whyte*, Street Corner Society, Chicago 1961, 7. Aufl.

DIE AUFGABE VON VERTEIDIGUNGSSCHICHTEN IN DRUCKSITUATIONEN

Ein soziodramatisches Experiment

Von Harold Charnofsky

I. Einleitung

Im „Bulletin of the U. S. Army Medical Department, Combat Psychiatry Supplement", November 1949, Seite 137—146, ist ein Bericht von Major *Raymond Sobel* (der seit langem wieder seinen nichtmilitärischen Titel Dr. *Sobel* trägt) unter dem Titel „Anxiety-Depressive Reactions After Prolonged Combat Experience: The Old Sergeant Syndrome" abgedruckt. Dieser Artikel verdient mehr Beachtung als eine gelegentliche Fußnote in psychologischen Lehrbüchern[1], und zwar schon aus dem Grunde seiner möglichen Nützlichkeit für das Studium und Verständnis der Dynamik von Kleingruppen.

II. Das Begriffsschema

Hier ist in aller Kürze, was Dr. *Sobel* feststellte: In der höchsten Anspannung einer Schlacht schien sich der endgültige Zusammenbruch derjenigen Personen, die am allerstärksten dem Persönlichkeitszerfall widerstanden hatten, gemäß einem genau feststellbaren Muster zu vollziehen. Bei sorgfältiger Prüfung stellte sich heraus, daß die Individuen anscheinend durch fünf psychologische „Verteidigungsschichten" (defensive layers) nach außen abgeschirmt waren, die sie angesichts der Spannung und Bedrohung nach und nach aufzugeben bereit waren. Der Vorgang verlief ungefähr folgendermaßen:

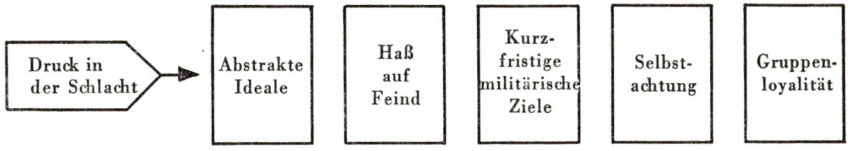

Abb. 1: Reihenfolge der Aufgabe der „Verteidigungsschichten" unter dem Druck der Schlacht

Man muß natürlich voraussetzen, daß jedes menschliche Wesen allen möglichen vorherigen psycho-sozialen Erfahrungen ausgesetzt gewesen ist, welche seine Fähigkeit, Drucksituationen zu ertragen, verstärkt oder geschwächt haben können. Aber der entscheidende Punkt bei *Sobels* Experiment ist der, daß sein Sample aus Männern bestand, die alle vor diesen Druckbedingungen den Eindruck gutintegrierter Persönlichkeiten gemacht hatten. Deshalb könnte seine Studie unter bestimmten Modifikationen gut auf das Studium von Kleingruppen ausgedehnt werden, wo man von den Mitgliedern annimmt, daß sie gutintegrierte Persönlichkeiten sind. Ein eventueller Zusammenbruch der Individuen muß zwar nicht zur Diskussion stehen, aber die Reihenfolge der progressiven Aufgabe akzeptierter Werte kann auch hier von zentraler Bedeutung sein. Es ist unwahrscheinlich, daß alltägliche Beziehungen, auch wenn sie starke Momente von Druck und Bedrohung enthalten, zum Zusammenbruch von Gruppenmitgliedern führen werden. Es kann im Gegenteil erwartet werden, daß eine gewisse Anpassung an den Druck entstehen wird.

Die Frage, die bei uns auftaucht, ist die, ob sogenannte „normale Menschen", die in relativ stabilen Gruppensituationen leben und interagieren, demselben Muster in der Aufgabe der abschirmenden Schichten (oder Werte) folgen wie die Armeemitglieder, wenn sie mit ernsthaftem Druck und Bedrohung konfrontiert werden. Selbstverständlich sind die Art und der Grad des Druckes unendlich verschieden. Diese Tatsache erhöht die Relevanz meiner Frage, da es ebenso wichtig erscheint, die Verläßlichkeit der Reihenfolge zu überprüfen, wenn der Druck nicht maximal konstant gehalten wird, als wenn dies der Fall ist (z. B. die tödliche Bedrohung in einer Schlacht). Nebenbei ist, streng genommen, der Grad des Druckes in einer gegebenen Situation niemals konstant, wenn er mehr als ein Individuum betrifft, da jede Person in einzigartiger Weise und gemäß ihren erworbenen Fähigkeiten auf jede Drucksituation reagiert. Genauso ist der Druck niemals von einer Situation zur nächsten gleich.

Die erste der aufzugebenden „Verteidigungsschichten" war die *abstrakter Ideale* wie „Demokratie" oder „die vier Grundfreiheiten". *Loyalität gegenüber der Gruppe* wurde an letzter Stelle aufgegeben. *Sobel* berichtete, daß die Männer, die er untersuchte, eine Art „*Gattungs*bewußtsein" zeigten, eine Identität mit jenen, mit denen sie in mehreren Schlachten gekämpft hatten, „... ein Band, das im Feuer des gemeinsamen Überlebens geschmiedet worden war"[2].

Diese letzten Bemerkungen erinnern den Verfasser daran, daß er praktisch die gleiche Art von Aussagen hörte, die über Sportmannschaften gemacht wurden, die durch lange und anstrengende Kämpfe, unvergessene Niederlagen, zeitweilige Rückschläge und „Pechsträhnen" gegangen waren, und die es dennoch fertiggebracht hatten zu überdauern. Der Gruppengeist wird mit jedem Triumph gesteigert. Die Spieler beginnen, sich selbst als untrennbare Einheiten zu sehen, unfähig, sich voneinander zu lösen („Cinderella teams"), geradeso wie „alte Sergeanten", die sich vor ihrem Zusammenbruch als verantwortungsvolle Mitglieder von gutintegrierten Soldatengruppen sahen.

Es erscheint möglich, daß *Sobels* interessante Entdeckung identifizierbarer Verteidigungsschichten, welche er auch als „Ziele" bezeichnet, ein nützliches Begriffsschema sein könnte, um Mannschaftssport zu untersuchen. Verteidigungsschichten kann man als Werte ansehen, an denen die Gruppenmitglieder mit unterschiedlicher Stärke hängen. In Anwendung dieser Gedanken auf den Mannschaftssport ergibt sich das methodologische Problem, die Reihenfolge in der Aufgabe der Werte zu entdecken und zu identifizieren.

Verschiedene mögliche Ansätze wurden in Betracht gezogen und wegen der methodologischen Schwierigkeiten zurückgestellt, die sie mit sich brachten. Schließlich wurde entschieden, eine Technik anzuwenden, die von *Jacob L. Moreno*[3] entwickelt wurde und als „Soziodrama" bekannt ist.

In einer besonders relevanten Untersuchung versuchten *Howard R. Stanton* und *Eugene Litwak* 1955 zu überprüfen, ob die Kompetenz für zwischenmenschliche Beziehungen, die sich im Rollenspiel ausdrückt, repräsentativ oder typisch ist für diese Kompetenz einer Versuchsperson im realen Leben. Sie befaßten sich besonders mit der „Fähigkeit, ein ideales Verhalten unter zwischenmenschlichem Druck aufrechtzuerhalten"[4]. Indem sie Einstufungen seitens Personen, die die Versuchspersonen kannten, mit den Bewertungen des Rollenspieles verglichen, wobei sie die deskriptiven Kategorien, die in beiden Fällen verwandt wurden, konstant hielten, stellten sie fest, daß das Verhalten im Rollenspiel das Verhalten von Individuen in Situationen des realen Lebens dupliziert[5].

Unter der Benutzung von *Sobels* begrifflichem Rahmen wird hier versucht, mit Hilfe soziodramatischer Techniken die schrittweise Aufgabe von fünf Verteidigungsschichten durch Spieler einer College Baseball-Mannschaft, einer Institution, die für ihre außergewöhnliche sportliche Leistung bekannt ist, festzustellen, wenn diese mit Druck und Drohung konfrontiert werden. Zu testen ist die Hypothese, daß, genau wie *Sobel* dies für den Kampfdruck feststellte, „abstrakte Ideale" zuerst aufgegeben werden; ihnen folgen „Haß gegenüber dem Feind", „kurzfristige militärische (in diesem Fall: Baseball) Ziele", „Selbstachtung" und schließlich „Loyalität gegenüber der Gruppe". Die gleiche Reihenfolge wird für Spieler eines Baseballteams bei Augenblicken des Drucks und der Bedrohung existieren.

III. Die Strukturierung der Rollenszene

Bei meiner Suche nach Drucksituationen im Baseball kam ich zu dem Ergebnis, daß eine der bedrohlichsten Möglichkeiten in dem kritischen Moment eines Spieles gegen einen traditionellen Rivalen im 9. *Inning* besteht, wenn es unentschieden steht, die Laufmale voll besetzt sind und die Versuchsperson im Soziodrama zum Schlag ausholen soll. Das Problem würde es jedoch sein, einen besonderen Druck einzuführen, welcher zur bloßen Spielsituation hinzukommt, um eine Szene zu schaffen, welche das Aufgeben der Verteidigungsschichten *verlangt*. Wenn kein besonderer Druck eingeführt wird, würde der Spieler keine Wahl zu treffen haben; er würde einfach nach dem von ihm erwarteten Rollenverhalten handeln: d. h. versuchen, den Ball zu schlagen und damit die zum Sieg erforderlichen Läufe zu ermöglichen. Es könnte ihm mißlingen, und er könnte sich ärgern oder enttäuscht sein. Er würde aber wahrscheinlich nicht daran denken, daß er irgendeinen seiner Werte oder Verteidigungsschichten aufgegeben hat(obwohl seine „Selbstachtung" ein wenig verletzt sein könnte).

Ich erwog andere mögliche Rollenszenen, bevor ich mich entschloß, eine strukturierte Situation mit einem Trainer und einem Spieler zu explorieren. Der Trainer sollte dem Spieler erklären, daß er nicht gut genug sei, um im Team mitzumachen. Die Rollenszene würde sich um die Darstellung seitens des Trainers von verschiedenen, für den Spieler zu akzeptierenden Gründen drehen, warum er aus der Gruppe entfernt wird, und um verschiedene Verteidigungen des Spielers.

Zum Beispiel würde der Trainer dem Spieler erklären, daß dieser es der Schule schuldig sei, sein Ausscheiden dankbar zu akzeptieren, da Schultradition und Standards eine solche Einwilligung verlangten; oder daß der Spieler im Interesse der Kämpfe gegen gegnerische Schulen sich seiner Entfernung aus dem Team nicht widersetzen solle; oder eine erfolgreiche Spielsaison mit einer Auswahl von Talenten höchster Qualifikation würde durch sein Verbleiben in der Mannschaft behindert; oder daß er einfach nicht die Fähigkeit besitze, einen Platz in der Gruppe zu beanspruchen, und er solle es seinem Stolz nicht erlauben, sein Selbstbild zu verzerren; oder er solle im Interesse seiner Sportkameraden einverstanden sein auszuscheiden, da er nicht mit ihren Fähigkeiten konkurrieren könne. Der Spieler würde, so wurde vermutet, als Erwiderung darauf mit seinen eigenen Ansichten über die erwähnten Werte parieren; er würde aller Wahrscheinlichkeit nach die Bedeutung der fünf Verteidigungsschichten eine nach der anderen bagatellisieren.

Die neue Terminologie, die *Sobels* Reihenfolge verwendet, wird in Abbildung 2 illustriert.

Abb 2: Neue Terminologie für *Sobels* Reihenfolge

Nach sorgfältiger Überlegung entschloß ich mich zu dieser letzten Szene. Sie hatte einige offensichtliche Vorteile gegenüber anderen, die ich versuchsweise überprüft hatte. Zum ersten gestattete sie mir, die Rolle des Trainers in jeder Szene zu spielen, um wenigstens einige Konsistenz in der Darstellung, im Tonfall, Vokabular und, was am wichtigsten ist, in der Bewertung der Reaktionen sicherzustellen. Zum zweiten war die Drucksituation auf ihrem Höhepunkt, als das Soziodrama begann. Der Rollenspieler war sich bewußt, daß seine Worte das Ergebnis der Szene ändern könnten. Das schien eine wichtige Bedingung für das Soziodrama zu sein, da sie zu einer Glaubwürdigkeit führte, die in einigen der anderen Vorschläge fehlte. Als dritten, und eng mit dem zweiten Vorteil verbunden, hatte die Situation einen dynamischen und persönlichen Bestandteil. Der Spieler mußte durch diese angewandte Technik gepackt werden, so daß er eine Möglichkeit hatte, jene Werte zu verleugnen, welche er weniger bedeutend fand, während er den Druck immer noch verspürte.

Es blieben jedoch verschiedene wichtige Probleme ungelöst. Obwohl die Situation voller Druck war und vom Spieler eine Wahl verlangt wurde, unterschied sich die Art der Wahl, die er treffen mußte, erheblich von der Art der Wahl, die der Soldat in der Schlacht zu treffen hat. Der Soldat gab seine „Verteidigungsschichten" bei Bedrohung auf, und dies könnte der Spieler auch tun; die wesentlichen Unterschiede lagen jedoch in der Quelle der Bedrohung. In einem Fall sorgte der Feind für den Druck und im anderen war es der Trainer (der wahrscheinlich nicht als Feind angesehen wird). Hinzu kommt, daß der Baseballspieler gezwungen ist, mit einigen Einwänden seines Trainers einverstanden zu sein, da diese sich auf Angelegenheiten beziehen, die für das Wichtigste, das Team, von großem Wert sind. Wie *Erving Goffman* hervorhebt, „... ist es keinem Individuum erlaubt, sowohl zum Team als auch zu den Zuschauern zu gehören"[6]. Wenn also der Spieler sich durch erfolgreiches Überreden einen Platz in der Gruppe erhofft, kann er es sich kaum leisten, diejenigen Dinge, die das Team (und der Trainer) als wertvoll definieren (z. B. den Geist der Schule, den Sieg über den Feind usw.), in ihrer Bedeutung herabzusetzen, geschweige denn aufzugeben. *Goffman* bemerkt, „... Individuen sind ... Mitglieder eines Teams ... einzig und allein auf Grund der Kooperation, an der sie festhalten, um eine gegebene Definition der Situation aufrechtzuerhalten"[7]. Also müßte der Spieler sich ganz offensichtlich weigern, eine Aufgabe seiner Verteidigungsschichten mitzuteilen.

Die einzige Alternative war, dem Spieler ganz klarzumachen, daß er aus der Gruppe ausgeschlossen würde und keine Chance hätte, jemals zu der Mannschaft zurückzukehren. Dann würde er ärgerlich werden, zum „Kreis der Zuschauer" übergehen (die Hoffnung aufgeben, in der Mannschaft zu bleiben) und bereitwillig jene Verteidigungsschichten aufgeben, welche nicht länger Wert für ihn haben. Es würde dann die Aufgabe des Trainers sein, eine Diskussion zu provozieren, um irgendwie die Reihenfolge in der Aufgabe der Verteidigungsschichten an den Tag zu bringen. Das würde nicht leicht sein.

Nachdem ich dieses Problem lange erwogen hatte, beschloß ich, daß der Trainer ganz einfach nicht zu einem Kompromiß bereit sein durfte. Er würde den Spieler über den notwendigen Punkt hinaus weiter unter Druck setzen, um ihm die Tatsache klarzumachen, daß er aus der Mannschaft ausgestoßen würde. Er würde ihn so lange bedrängen, bis der Druck so groß wäre, daß jegliche Hemmungen verschwänden. Er würde ihn fehlender Loyalität der Schule und dem Team gegenüber beschuldigen. Unter diesen Bedingungen von extrem verlängertem Druck und Bedrohung war zu hoffen, daß sich eventuell ein Muster herausbilden würde, das die Reihenfolge der Aufgabe von Werten zeigt.

Ein letzter Punkt methodologischer Objektivität bedurfte der Klärung. Um sich bei der Reihenfolge der Darlegung von Verteidigungsschichten für den Spieler gegen Verfälschungen zu sichern, ließ ich die Verteidigungsmechanismen rotieren, so daß in jeder Szene eine andere Verteidigungsschicht zuerst erwähnt wurde, wobei die Positionen der übrigen entsprechend variierten. Um dies durchzuführen, benötigte ich fünf Szenen, was eine passende Anzahl für den Umfang und die bescheidenen Ziele dieser Studie war. Es waren bis zu zwei Stunden für jede Szene geplant, obwohl keine solange dauerte. Die längste dauerte etwas über eine Stunde und die kürzeste fünfunddreißig Minuten.

Die Anweisungen an den Spieler: Sie haben für die College Baseball-Mannschaft trainiert und erwarten, in die Mannschaft aufgenommen zu werden. Plötzlich teilt Ihnen der Trainer mit, daß Sie ausgeschlossen werden. Er macht Ihnen *absolut klar,* daß es kein Mittel gibt, ihn umzustimmen. Sie beginnen, die Gründe für Ihren Herauswurf zu bestreiten.

Die Anweisungen an den Trainer: Als Trainer einer College Baseball-Mannschaft müssen Sie einem Spieler mitteilen, daß er aus der Mannschaft herausgeworfen wurde. Sie beharren auf Ihrer Entscheidung, lehnen seine Argumente ab, mit denen er Sie überzeugen will, daß er das Talent hat, zufriedenstellend zu spielen. Wenn die Diskussion hitzig wird, fangen Sie an, so zu manipulieren, daß fünf wichtige Werte zum zentralen Gegenstand werden: 1. Das Hochhalten der Schultradition; 2. der Sieg über den gehaßten Rivalen; 3. der Gewinn der Ligameisterschaft; 4. Aufrechterhaltung der Selbstachtung; 5. Loyalität der Mannschaft und ihren Mitgliedern gegenüber. Sie versuchen festzustellen, in welcher Reihenfolge der Spieler diese fünf Werte unter Druck und Bedrohung aufgeben wird. Denken Sie daran, in jeder Szene unterschiedliche Werte an erster, zweiter usw. Stelle einzuführen, um eine Beeinflussung der Antworten zu vermeiden.

IV. Die Versuchspersonen und ihre Antworten

Jeder Rollenspieler war sofort zur Kooperation bereit. Nur eine der Versuchspersonen hatte bereits Erfahrung mit soziodramatischen Techniken, und diese waren begrenzt.

Ein Vorteil beim Einsatz von Baseballspielern für solche Rollen, die eng mit ihren eigenen realen Lebenssituationen verbunden waren, war der, daß eine Gewöhnungsperiode nicht erforderlich war. Jeder dieser Spieler hatte entweder selbst diese Situation während seiner Ausbildungsjahre (z. B. in der Knabenliga usw.) durchgemacht oder hatte derartiges bei irgendeinem anderen gesehen oder gehört.

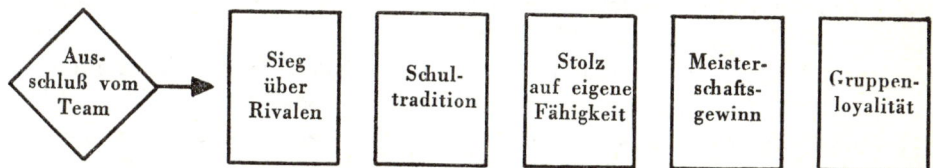

Versuchsperson Nr. 1: Reihenfolge der Aufgabe von Verteidigungsschichten

Das erste Soziodrama brachte verschiedene interessante Probleme hinsichtlich des Begriffsschemas zutage. Der Rollenspieler widersetzte sich dem willkürlichen Urteil des Trainers über seine Fähigkeiten ziemlich heftig, so wie ich es erwartet hatte. Er bestand darauf, daß man ihm keine ausreichende Gelegenheit gegeben hatte, sich zu bewähren. Nachdem ihm jedoch nachdrücklich gesagt wurde, daß er durch Argumentieren nicht in die Mannschaft zurück könne, diskutierte er ausführlich und mit ruhiger Geduld weiter über die Kriterien, nach denen der Trainer die Auswahl traf. Es war offensichtlich, daß der Spieler trotz meiner Absicht, ihn zu spontanen Antworten zu provozieren, es hartnäckig vermied, antagonistisch zu werden, so daß ich schließlich gezwungen war, seine Aufmerksamkeit direkt auf die fünf Verteidigungsschichten zu lenken, und ihn fragen mußte, welche er für die wichtigste hielt. Ich erklärte, daß ich an seinen Präferenzen interessiert sei, da seine Argumente gegen meine Entscheidung so logisch gewesen seien. Ich sagte ihm, es sei seltsam, daß er sowenig emotional reagiere, und ich wolle herausfinden, welche wichtigen Werte er aufzugeben bereit wäre. Er antwortete ohne Zögern, daß die Loyalität seinen Kameraden gegenüber sein erster Gedanke sei und er diese nur sehr widerstrebend aufgebe. Auf der anderen Seite dachte er, der Sieg über einen Rivalen sei von geringster Bedeutung, dicht gefolgt von den Loyalitätsgefühlen gegenüber den Schultraditionen. Er sagte, daß eine gewonnene Spielzeit ein Wert sei, der gleich nach der Gruppenloyalität komme, und er würde diese Möglichkeit ungern aufgeben. Selbstachtung lag in der Mitte, obwohl keine bedeutsamen Bemerkungen über diesen Rangplatz gemacht wurden. Ich muß hinzufügen, daß die Spannung der Situation während der ganzen Szene anhielt, so daß der Befragte seine Entscheidungen nicht ohne Erregung traf.

Versuchsperson Nr. 2: Reihenfolge der Aufgabe von Verteidigungsschichten

Es war interessant, daß die zweite Versuchsperson sich weigerte, Selbstachtung von irgendeinem der anderen Werte zu trennen, mit Ausnahme der abstrakten Ideale. Sie bestand darauf, daß die Selbstachtung jede ihrer Handlungen durchdringe. Als der Spieler aufgefordert wurde, seine Selbstachtung zu unterdrücken (wozu ich ihn geradeheraus aufforderte), meinte er jedoch, daß dieses Opfer an sich zu einer neuen Quelle der Selbstachtung werde. Es war ihm im Grunde genommen unmöglich, zum Beispiel zwischen Selbstachtung und dem kurzfristigen Gewinnen einer Meisterschaft zu differenzieren, da eins mit dem anderen derartig eng verbunden war.

Ich erklärte ihm auf die verschiedenste Art und Weise und in immer neuen Worten, daß er kein Team-Mitglied sei und keine Hoffnung bestünde und daß er diese Tatsache akzeptieren müsse. Er entgegnete ebenso beharrlich, daß er mit meiner Entscheidung nicht einverstanden sei und nach seiner Meinung Mitglied des Teams bleiben müsse. Endlich jedoch gab er ganz klar zu verstehen, daß er nicht in der Mannschaft sein wolle, wenn er nicht so gut wie die anderen Spieler sei. Dann wollte er sehen, daß die Mannschaft die Meisterschaft gewinne und ihren größten Rivalen ohne ihn schlage, da er als erstes loyal gegenüber der Gruppe und ihrem Wohlergehen sein wolle.

Er bagatellisierte die Bedeutung von Schultradition, indem er sagte, daß sie zwar immer gegenwärtig, aber unbedeutend sei, wenn spezifische Ziele verfolgt würden. Außerdem meinte er, daß jeder das Recht habe, Entscheidungen, die sein Wohlergehen betreffen, in Frage zu stellen, ohne Rücksicht darauf, welches Verhalten durch Tradition oder langbestehende Ideale verlangt werde. Ich bin sicher, daß er sich dabei auf die Aufforderung des Trainers bezog, daß er damit einverstanden sein solle, aus der Mannschaft entfernt zu werden, da dies mit dem Geist und dem Vermächtnis des College Sport-Programmes konsistent sei.

Die Reihenfolge, die sich nach mühsamen Kämpfen herausbildete, war ziemlich unklar, da sie durch seine Bemerkungen über die Selbstachtung modifiziert wurde. Es war dennoch augenscheinlich, daß die zwei Werte „Loyalität gegenüber dem Team" und „Schultradition" an den beiden Enden des Kontinuums lagen. Die drei mittleren Werte wurden von seiner Aussage bestimmt, „sich nicht um Kämpfe gegen das Gegner-College zu kümmern, solange wir die Meisterschaft gewinnen", und „sich nicht um sich selbst zu kümmern, wenn dies bedeutet, die Meisterschaft zu gewinnen und/oder unsere Gegner zu schlagen".

Als die Versuchsperson schließlich einverstanden war, die ihr vom Trainer zugewiesene Position anzunehmen, nämlich nicht länger zum Team zu gehören, gab sie zu, daß die Gruppenloyalitäten die letzten Bande wären, die sie aufzugeben bereit wäre, wohingegen die abstrakten Ideale von geringster Bedeutung erschienen. Sie gab ebenfalls eindeutig zu erkennen, daß sie ihre eigene Selbstachtung gerne für einen der drei wichtigeren Werte der Loyalität, einer siegreichen Saison und eines Sieges über den Feind opfern würde.

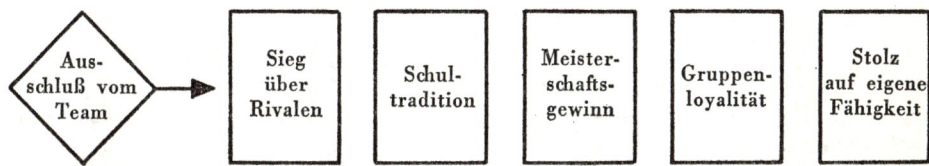

Versuchsperson Nr. 3: Reihenfolge in der Aufgabe der Verteidigungsschichten

Dieser Rollenspieler reagierte sehr sanft auf die bedrohliche Situation. Er fragte nüchtern nach meiner Meinung, ob er tatsächlich eine faire Chance gehabt hätte, sich zu bewähren, oder nicht. Er bestand darauf, daß er auf Grund seiner Fähigkeiten ein Anrecht auf eine sorgfältigere Beurteilung hätte. Er war während des ganzen Rollenspieles selbstsicher, und diese Einstellung spiegelte sich in seiner Wahl, die Selbstachtung über alle anderen Verteidigungsschichten zu setzen. Er hielt es für wenig wichtig, den gehaßten Rivalen zu schlagen, und gab diesen Wert bereitwillig angesichts der Tatsache auf, daß sein Platz in der Mannschaft bedroht war. Dann bemerkte er, wie ich meine, etwas dumm, daß Schultraditionen nicht zur Diskussion stünden und wenig mit der Frage zu tun hätten, ob er in der Mannschaft des Collegs mitspielen solle oder nicht. Obwohl eine siegreiche Saison wichtig und Gruppenloyalität sogar noch wichtiger wären,

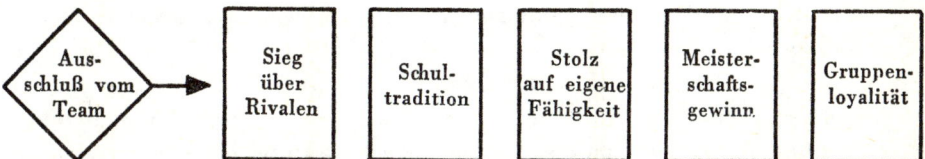

Versuchsperson Nr. 4: Reihenfolge in der Aufgabe der Verteidigungsschichten

schloß er, daß Selbstachtung sein kostbarster Besitz sei und er diese als ersten Wert betrachten müsse. Sein Soziodrama war das erfolgreichste hinsichtlich der klar getroffenen Wahlen und des reibungslosen Ablaufs.

Streitlust und Herausforderung kennzeichneten das Verhalten des Rollenspielers Nr. 4. Er machte dem Trainer immer wieder die Fähigkeit streitig, seine Talente hinreichend beurteilen zu können. Er beschuldigte den Trainer bitter, daß er seine Pläne bezüglich einer Karriere als professioneller Baseballspieler über den Haufen werfe. Er wies schon zu Anfang der Szene die Vorstellung, einen Erzfeind zu schlagen, als einen trivialen Vorwand zurück, ihn hinauszuwerfen (ich hatte die Vermutung geäußert, daß durch seine Aufstellung unser Gegner uns schlagen könnte). Ähnlich bestimmt überging er die Schultradition. Es war interessant, daß er die erste Versuchsperson war, die freiwillig eine Reihenfolge für die Aufgabe der Verteidigungsschichten angab. Bei allen anderen Szenen hatte ich eine solche Anordnung anregen müssen. Er teilte seine Meinung mit: „... natürlich kommt Gruppenloyalität immer zuerst". Dann fügte er schnell hinzu, „ein Spiel zu gewinnen ist dasselbe wie Gruppenloyalität. Das eine hängt mit dem anderen zusammen." Er beeilte sich zu erklären, daß es keine bessere Art gäbe, seine Loyalität auszudrücken, als der Gruppe zu helfen, ein Spiel zu gewinnen.

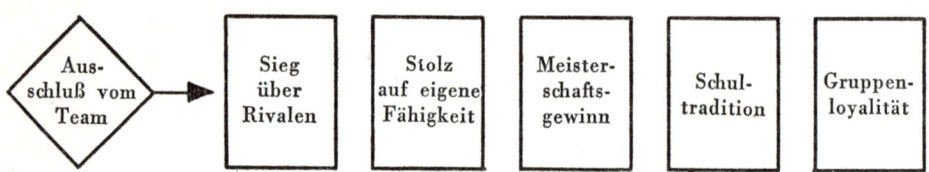

Versuchsperson Nr. 5: Reihenfolge in der Aufgabe der Verteidigungsschichten

Der letzte der fünf Rollenspieler drohte, die Szene schon zu beenden, als sie kaum begonnen hatte. Er erklärte sich passiv mit dem Beschluß des Trainers einverstanden und fragte dann ziemlich unterwürfig. ob ich etwas dagegen hätte, wenn er mit dem Training weitermachte, wenn die Mannschaft trainierte. Ich fragte ihn, was er sich davon verspreche. Er erwiderte, daß er sich vielleicht auf diese Weise bewähren und in der nächsten Saison wieder im Team sein könne. Es bedurfte beträchtlicher verbaler Herausforderung, um bei ihm einige Empörung zu wecken. Er konterte Bemerkungen über „die Zeit der Mannschaft vergeuden", wenn er mit uns trainierte, indem er ruhig sagte, daß er nicht einsehen könne, wieso das Annehmen von verirrten Bällen im Außenfeld die Zeit der Mannschaft vergeude. Ich war schließlich einverstanden, daß gegen seine Beteiligung am Training nichts einzuwenden sei, aber es würde ihm dennoch nicht viel nützen, da nach meiner durch lange Erfahrung bei der Beurteilung von Baseball-Talenten begründeten Meinung er niemals gut genug sein werde, um in unserer Mannschaft mitzuspielen. Das brachte ihn zum Schweigen, und ich benutzte die Gelegenheit, ihm zu sagen, daß ich darauf gespannt sei, zu erfahren, welche Werte er in bezug auf das Team und die Schule als wichtigste erachte, da er doch diese großzügige und uneigennützige Haltung gegenüber der Situation eingenommen habe. Er antwortete, daß er seine Mannschaft niemals im Stich lassen könne. Dies, so sagte er, sei seine wichtigste Überlegung. In ähnlicher Weise fühlte er, daß er als nächstes dem College und seiner Tradition gegenüber loyal zu sein habe. Ähnlich nannte er alle fünf Werte in absteigender Reihenfolge. Die Tatsache, daß er weiterhin hoffte, in der nächsten Saison zu spielen, mag die relativ hohe Position der „Schultradition" in der Reihenfolge der Aufgabe der Werte erklären. Er schien dasjenige Selbst präsentiert zu haben, von dem er glaubte, daß der Trainer es schätzen würde [8].

V. Die Ergebnisse im Zusammenhang

Gewichtung: Dem ersten aufzugebenden Wert wurde ein Gewicht von 1 gegeben, dem zweiten von 2 und so fortlaufend bis zum letzten, der ein Gewicht von 5 hatte.

In tabellarischer Form angeordnet, sind dies die Gesamtsummen der Rangplätze in der Aufgabe jeder Verteidigungsschicht.

Tabelle 1: Der Abbau von Verteidigungsschichten in skalierter Form

Versuchs-person	Tradition	Sieg über Rivalen	Meister-schafts-gewinn	Selbst-achtung	Gruppen-loyalität
1	2	1	4	3	5
2	1	3	4	2	5
3	2	1	3	5	4
4	2	1	4	3	5
5	4	1	3	2	5
Gesamt-summe	11	7	18	15	24

Auf Grund der Zahlen in Tabelle 1 kann eine Abbildung erstellt werden, die die zusammengesetzte Reihenfolge der Aufgabe illustriert und diese mit der Studie von *Sobel* vergleicht:

Eine Betrachtung der Abbildung 8 zeigt, daß „Mannschaftsloyalität" sowohl in der vorliegenden Studie als auch in der von *Sobel* bei Armeemitgliedern zuletzt aufgegeben wird. Die Reihenfolge der in *Sobels* Studie an vierter und dritter Stelle aufgegebenen Verteidigungsschichten war in der vorliegenden Arbeit umgekehrt, genau wie die der an erster und zweiter Stelle aufgegebenen.

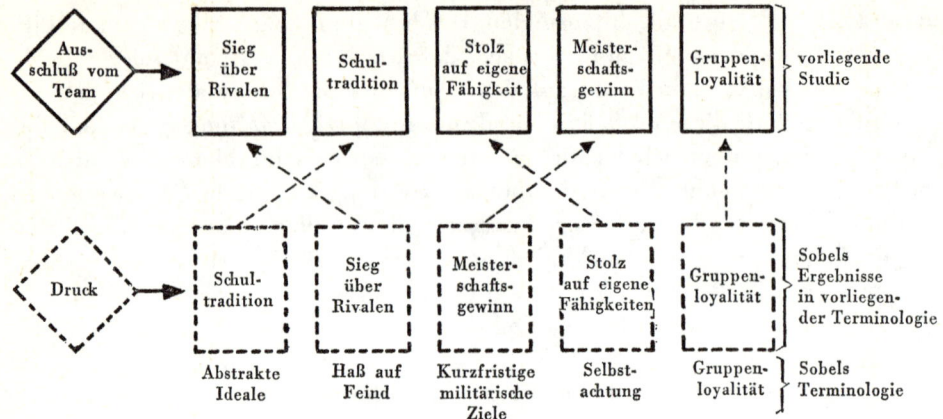

Abb. 8: Schematische Darstellung der sukzessiven Aufgabe von Verteidigungsschichten in der vorliegenden Studie und der Studie von *Sobel*

Die Abbildung 9 zeigt die verschiedenen zusammengesetzten Gewichte der einzelnen Verteidigungsschichten der vorliegenden Arbeit in einer leicht übersichtlichen Form.

Man kann erkennen, daß der größte Unterschied (sechs numerische Werte) zwischen der „Gruppenloyalität" und dem nächsten Wert besteht. Dies ist signifikant, da er ein Maß für die Konsistenz darstellt, mit welcher die Spieler „Gruppenloyalität" vor irgendeinen der anderen Werte setzen. Es muß festgehalten werden, daß die Abstände zwischen den anderen Verteidigungsschichten ungefähr gleich waren.

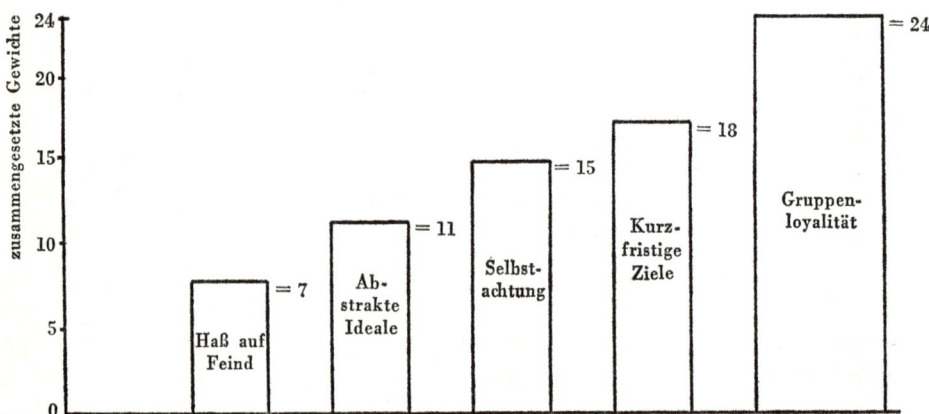

Abb. 9: Die Verteidigungsschichten in der Reihenfolge ihrer Aufgabe

VI. Zusammenfassung und Schlußfolgerungen

Die Ergebnisse eines soziodramatischen Experimentes bei einem Sample von College Baseball-Spielern offenbarte eine Ähnlichkeit in der Reihenfolge der Aufgabe von Verteidigungsschichten unter Druck mit derjenigen, die man bei relativ gutangepaßten, erfahrenen Soldaten nach einer überlangen Schlacht feststellte. In beiden Fällen war der wichtigste und zuletzt aufgegebene Wert die Gruppenloyalität.

Man könnte einwenden, daß die Rollenszene kein Muster unfreiwilliger Aufgabe psychologischer Verteidigungsschichten, wie dies aus dem Studium von Armeemitgliedern hervorging, sondern vielmehr eine normative Ordnung offenbarte, die mit den akzeptierten Werten des Teams, der Schule und der Gesellschaft verbunden war. Mit anderen Worten: Die Spieler der Mannschaft konnten im Hinblick auf die wahrgenommenen Verhaltenserwartungen von wichtigen Bezugspersonen reagiert haben. Wenn dies so wäre, dann kann dieses bescheidene Experiment an Bedeutung gewonnen haben, da normatives Verhalten eines der Hauptgegenstände soziologischen Interesses ist. Man könnte in der Tat argumentieren, daß das *Sobel*sche Experiment ebenfalls eine akzeptierte Reihenfolge in der Aufgabe zeigte, da „abstrakte Ideale", „Haß gegen den Feind" und alle anderen sogenannten Verteidigungsschichten als Werte perzipiert werden müssen, bevor man sie aufgeben kann. Und sowohl die Bildung als auch die Aufgabe von Werten muß unvermeidlich als sozialer Prozeß gesehen werden, der den Einflüssen (d. h. Kontrollen) anderer Personen unterliegt.

Dementsprechend ist es nicht wichtig, daß das Experiment von *Sobel* und das vorliegende nicht völlig übereinstimmen. Wenn ein ausreichend großes Sample von Baseball-Spielern getestet werden könnte und sich die Reihenfolge in der Aufgabe ihrer Verteidigungsschichten als konsistent erweisen würde, könnten wichtige mögliche Voraussagen gefolgert werden. Wenn zum Beispiel gezeigt werden könnte, daß Teamloyalität konsistent die zuletzt aufgegebene Verteidigungsschicht ist (wie das begrenzte Sample der vorliegenden Arbeit andeutet), dann könnte man vorhersagen, daß ein Trainer, der einen Spieler erfolgreich zu dem Einverständnis überreden will, aus der Gruppe ausgestoßen zu werden, besseren Erfolg haben würde, wenn er an diesen Wert der Gruppenloyalität als an irgendwelche anderen Werte appellierte. Oder ähnlich könnte ein Trainer mehr Erfolg haben, wenn er seine Spieler auf die Gruppenloyalität statt auf die Schultradition anspricht, wenn er sie anfeuern will. Ich habe nur auf zwei Anwendungsmöglichkeiten dieser Untersuchung hingewiesen, welche erforscht, bis zu welchem Grad Werte akzeptiert werden. Es scheint so, daß viele verwandte Anwendungsweisen von Nutzen sein könnten.

Anmerkungen

[1] Vgl. z. B. *James C. Coleman*, Abnormal Psychology and Modern Life, Chicago 1956, S. 158.

[2] *Raymond Sobel*, Anxiety-Depressive Reactions After Prolonged Combat Experience: The Old Sergeant Syndrome, in: The Bulletin of the U. S. Army Medical Department, Combat Psychiatry Supplement, November 1949, S. 139.

[3] *Jacob L. Moreno* war ein Pionier auf dem Gebiet der Soziometrie. Zusätzlich zu dem frühen Klassiker: The Theatre of Spontaneity, New York 1947, deutsch zuerst 1923, begründete *Moreno* die Zeitschrift Sociometry und schrieb zahlreiche Bücher und Artikel, von denen sich viele direkt auf das Psychodrama und Soziodrama beziehen. Eine besonders gedrängte Zusammenfassung, die *Morenos* Arbeiten während einiger Jahrzehnte am Sozio-Psychodrama verarbeitet, Begriffe und Geschichte dieses Gebietes diskutiert, ist *Jacob L. Moreno* und *Leslie D. Zelesny*, Role Theory and Sociodrama, in: *J. S. Roucek*, Hrsg., Contemporary Sociology, New York 1958, S. 642—654.

[4] *Howard R. Stanton* und *Eugene Litwak*, Toward the Development of a Short Form Test of Interpersonal Competence, in: American Sociological Review, Bd. 20, 1955, S. 668.

[5] Ebda. S. 671.

[6] *Erving Goffman*, The Presentation of Self in Everyday Life, New York 1958, S. 93.

[7] Ebda., S. 104.

[8] Ebda., S. 217. „ . . . er kann seine spontanen Gefühle unterdrücken, um den Anschein zu erwecken, sich im Rahmen dessen zu halten, was affektiv üblich ist."

Aus dem Amerikanischen übersetzt von *Brigitte Hummell*

DER EINFLUSS VON FREUNDESGRUPPEN
AUF DIE EINSTELLUNG VON STUDENTEN
ZUM STUDIUM UND ZUM BERUF DES SPORTLEHRERS

Von Barbara Krawczyk

In dieser Untersuchung soll die Frage beantwortet werden, auf welche Faktoren sich Unterschiede in der Einstellung zum Studium und zum Beruf des Sportlehrers zurückführen lassen. Insbesondere soll festgestellt werden, welche Rolle Kleingruppen als Elemente der informellen Struktur der Hochschule für die Bildung solcher Einstellungen spielen. Dieses Problem wird an Hand des Datenmaterials eines Forschungsprojekts über Berufsaspirationen und Karrieremuster von Sportstudenten untersucht, das in den Jahren 1961 bis 1964 an der Akademie für Leibeserziehung in Warschau durchgeführt wurde. Die Daten bieten die Möglichkeit, die Hypothese zu testen, daß Mitglieder von Gruppen, die ausschließlich aus Studenten der Hochschule bestehen, andere Einstellungen zu ihrem Studium und zu ihrem späteren Beruf haben als Mitglieder von Gruppen, zu denen auch Personen von außerhalb der Hochschule gehören.

Die Organisationsform der Akademie für Leibeserziehung stellt in Hinblick auf die Fragestellung ein recht gutes Forschungsobjekt dar. Sie ist ein von anderen Bildungsinstitutionen Warschaus relativ isoliertes soziales System mit einem hohen Grad an Integration. Die Gründe dafür liegen erstens in der Tatsache, daß die Studenten zum überwiegenden Teil im Bereich der Hochschule wohnen, und zweitens in der integrationsfördernden Unterrichtsform der Sportausbildung. Diese strukturellen Bedingungen führen zu engen und freundschaftlichen Beziehungen zwischen den Studenten und damit zur Bildung miteinander verbundener Freundesgruppen; und das in stärkerem Maße als z. B. bei Physikstudenten, wie die Ergebnisse einer Untersuchung von *I. Nowak* zeigen. Die Folge ist eine hohe Effizienz der sozialen Kontrolle und damit ein starker Konformitätsdruck in bezug auf die Einstellungen der Studenten. Aber selbst derart integrierte soziale Systeme sind den Einflüssen ihrer Umgebung ausgesetzt. Die Wirkung solcher Einflüsse auf die Einstellungen der Mitglieder lassen sich nachweisen, wenn Personen, die häufig mit der Umgebung in Kontakt stehen, andere Einstellungen zeigen als Personen, die von der Umgebung relativ isoliert sind.

Um zu untersuchen, ob sich solche Unterschiede bei den Studenten der Akademie für Leibeserziehung feststellen lassen, wurden die Studenten der vierten

Klasse (insgesamt 157 Personen) auf Grund von Fragebogendaten in zwei Kategorien aufgeteilt. Die eine Kategorie bestand aus 85 Personen, die angegeben hatten, daß ihre engsten Freunde ausschließlich ebenfalls Studenten der Hochschule waren. Die andere Kategorie setzte sich aus Studenten zusammen, die auch oder nur Freunde hatten, die nicht zur Hochschule gehörten. Diese Gruppe bestand aus 72 Personen. Zwischen den beiden Gruppen gab es keine nennenswerten Unterschiede in bezug auf demographische Merkmale wie Geschlecht, Alter und soziale Herkunft; ebenfalls nicht in der sportlichen Leistung, in den Motivationen für die Wahl des Studiums und in bezug auf Berufsausübung während des Studiums. Unterschiede zeigen sich aber, wenn man die beiden Kategorien wie in Tabelle 1 nach der Bewertung des Sportlehrerstudiums aufgliedert.

Tabelle 1: Bewertung des Studiums und Herkunft der Freunde

Bewertung des Studiums	Herkunft der Freunde		insgesamt
	aus der Hochschule	nicht aus der Hochschule	
	v. H.	v. H.	
positiv	45 (52,94)	24 (32,43)	69
negativ	40 (47,06)	50 (67,57)	90
insgesamt	85 (100,00)	74 (100,00)	159

Positive Bewertungen des Studiums kommen öfter bei den Studenten vor, deren soziale Beziehungen auf die Hochschule begrenzt sind. Negative Bewertungen sind häufiger bei Studenten zu finden, die Kontakt nach außen haben.

Weiter läßt sich nachweisen, daß die Bewertung des Studiums einen Einfluß auf die Art der beruflichen Zukunftserwartungen hat. Von den Personen, die mit ihrem Studium unzufrieden waren, hatten 46 Prozent keine bestimmten Berufspläne. 60 Prozent beabsichtigten, möglicherweise ein zusätzliches Studium an einer anderen Universität. Bei denjenigen, die eine höhere Zufriedenheit mit ihrem Studium zeigten, fielen die entsprechenden Prozentsätze bedeutend niedriger aus: 7,6 Prozent hatten keine bestimmten Berufspläne, und 14,6 Prozent beabsichtigten ein Zusatzstudium.

Die negative Bewertung des Berufs, die sich in den unbestimmten Berufserwartungen ausdrückt, ist ebenfalls auf den Einfluß der Personen zurückzuführen, die nicht der Akademie für Leibeserziehung angehören. Das läßt sich aus den in Tabelle 2 dargestellten Daten ersehen.

Tabelle 2: Herkunft der Freunde und Berufspläne

Berufspläne	Herkunft der Freunde		insgesamt
	aus der Hochschule	nicht aus der Hochschule	
Berufliche Anstellung:	v. H. 53 (62,35)	v. H. 32 (44,44)	v. H. 85 (54,14)
Berufliche Anstellung und zusätzliches Studium:	15 (15,29)	8 (11,11)	23 (13,38)
Zusätzliches Studium:	16 (18,82)	27 (37,50)	43 (27,39)
Andere Pläne:	3 (3,54)	5 (6,95)	8 (5,09)
Insgesamt:	87 (100,00)	72 (100,00)	159 (100,00)

Die Ergebnisse dieser Untersuchung bestätigen unsere Vermutung, daß die Mitglieder der verschieden stark in das soziale System der Hochschule integrierten Bezugsgruppen unterschiedliche Einstellungen aufweisen. Studenten, die den integrierten Gruppen angehören, übernehmen eher die an der Akademie für Leibeserziehung herrschende positive Bewertung des Studiums und des Berufs des Sportlehrers, während sich Personen, die stärker anderen Einflüssen ausgesetzt sind, nicht so leicht an das Wertsystem der Hochschule anpassen.

Literaturhinweise

(1) *D. Cartwright* und *A. Zander,* Hrsg., Group Dynamics: Research and Theory, Evanston 1960.
(2) *A. Ktoskowska,* The Problem of the Small Social Groups in Sociology, in: Sociological Review, Bd. 12, 1958.
(3) *P. Hare, E. F. Borgatta* und *R. F. Bales,* Hrsg., Small Groups, Studies in Social Interaction, New York 1955.
(4) *A. Matejko,* A Small Group, in: Sociological Studies, Bd. 5, 1962.
(5) *A. Matejko,* Sociology of Industry in the United States of America, Warzawa 1962.
(6) *E. Mayo,* Human Problems of an Industrial Civilisation, New York 1933.
(7) *T. M. Newcomb,* Personality and Social Change, New York 1957.
(8) *T. M. Newcomb,* The Student Peer Group Influence, in: *N. Sanford,* Hrsg., The American College, New York 1962.
(9) *J. Nowakowa,* The Values, Accomodation and Position in the Group, Doctor's Thesis, Warzawa 1964.
(10) *M. S. Olmstedt,* The Small Group, New York 1959.
(11) *N. Sanford,* Higher Education as a Field of Study, in: *N. Sanford,* Hrsg., The American College, New York 1962.
(12) *F. L. Strodtbeck,* The Case for the Study of Small Groups, in: American Sociological Review, Bd. 19, 1954, S. 651—657.
(13) *J. Szczepanski,* The Sociological Problems of the Higher Education, Warzawa 1963.

Übersetzt und zusammengefaßt auf Grund einer englischen Version von *Gerd Christiansen*

SPORT UND SOZIALISIERUNG IN BANDEN UND SOZIALEN AGGREGATEN

Von Rafael Helanko

Die alte Theorie, die sich mit dem Namen *L. H. Gulick* (2) * verbindet, nach der der Sport sich aus den athletischen Spielen unserer Vorfahren entwickelt habe, die ihre Kampfkraft für den Existenzkampf bis zur höchstmöglichen Leistungsfähigkeit übten, hat sich sowohl biologisch als auch soziologisch als unhaltbar erwiesen. In Abweichung von dieser noch immer bestehenden Auffassung habe ich zu zeigen versucht, daß Sport sich früher wie heute als Teil des Sozialisierungsprozesses entwickelt (4). Um es ganz einfach auszudrücken: Falls der Sport plötzlich aus der Welt und aus dem Bewußtsein getilgt werden könnte, würde er bald wiedergeboren und vielleicht gar in der gleichen Form wie heute entstehen, vorausgesetzt, daß der Sozialisierungsprozeß und die ihn beeinflussenden Faktoren gleich geblieben sind.

Zur Erforschung der Beziehung zwischen Sport und Sozialisierung habe ich den Zeitraum der Sozialisierung in drei Stufen eingeteilt, mit denen ich mich dann getrennt auseinandersetzte. Diese Stufen sind:

1. Die Periode, die dem Banden-Alter voraufgeht (0—8 Jahre);
2. Das Banden-Alter (9—16 Jahre);
3. Die Periode, die dem Banden-Alter folgt (17—24 Jahre).

Im folgenden werden die beiden letztgenannten Perioden kurz beschrieben. Die erste Periode wird gegenwärtig untersucht. Ich werde dabei hauptsächlich Jungenbanden beschreiben, da ich Mädchenbanden weniger untersucht habe.

Das Bandenalter. Das Bandenalter der Jungen umfaßt die Altersperiode von 9—16, während das der Mädchen ein Jahr früher liegt. Während dieser Sozialisierungsstufe lernen die Individuen, wie sie sich im sozialen System der kleinen Gruppe zu verhalten haben. Eine Bande wird immer als ein Aggregat von Jungen oder Mädchen derselben Nachbarschaft gebildet. Die ersten Motive resultieren gewöhnlich aus den entfernungsnahen Aggregaten kleiner Kinder. Die Banden sind immer gleichgeschlechtlich.

Das Bandenalter kann in zwei Unterperioden eingeteilt werden. Die erste Periode umfaßt das Alter von 9—12 bei Jungen und von 8—11 bei Mädchen. Die zweite Periode reicht vom Ende der ersten Periode bis zum Pubertätsalter. Sie ist unter Mädchen schwächer ausgeprägt als unter Jungen. Zugleich

* Die Zahlen in Klammern beziehen sich auf die Literaturhinweise am Ende des Artikels

mit dem Beginn des Bandenalters erwacht bei Jungen und Mädchen ein starkes Interesse am Sport. 98 Prozent der Jungenbanden und 84 Prozent der Mädchenbanden in Turku beschäftigen sich mit Sport, in der Hauptsache mit Ballspielen. Die folgende Tabelle zeigt die Entwicklung des respektiven Interesses an Bandenaktivitäten und am Sport bei Jungen im Bandenalter in der finnischen Stadt Turku:

Tabelle: Interesse an Banden und am Sport bei Jungen in Turku (Finnland)

Alter in Jahren	9	10	11	12	13	14	15	16	17—20
Interesse an Bandenaktivitäten	66	74	79	81	72	66	53	52	33
Interesse an Sportaktivitäten	66	70	74	83	79	78	72	78	57

Die Bande im Jugendalter ist als die Wiege des Sports anzusehen. Entsprechend geht der Sport von jener Sozialisierungsstufe aus, in der das Individuum zuerst die Fähigkeit erlernt, in einer Gruppe zu leben. In dieser Stufe bilden die jungen Buben mit Leidenschaft gerade diese Gruppen und lernen Regeln als Norm-Systeme mit relativer Bedeutung verstehen (7). Das Erlernen der Kooperation ist eng mit den erwähnten Faktoren verbunden. Es ist ebenfalls eine notwendige Voraussetzung für das Erlernen von Sport und der Entwicklung der Einstellung zum Sport.

Im übrigen können die Hobbys eines Jungen oder Mädchens als Funktionen bestimmter Bedürfnisse aufgefaßt werden. Auf der Grundlage der angeführten Tabelle kann davon ausgegangen werden, daß das Bandenalter die folgenden dominanten Bedürfnisse hat: 1. Das soziale Bedürfnis, den Wünschen nach Geselligkeit zu genügen, das zur Bandenbildung führt. 2. Das Bedürfnis nach Übung, das zu Sport führt.

Gruppenspiele, besonders Fußball, der die wichtigste Aktivität der Jungenbanden in Turku ist, können als gemeinsame Funktion dieser beiden Bedürfnisse aufgefaßt werden. In der Tat sind Jungenbanden und Sport zwei verschiedene Aspekte desselben Phänomens. Sport ist das dynamische Element der Bande, eine Form primitiver Gruppenaktivität, die zur Perfektion ausgestaltet wurde. Die sozialen Mechanismen der Banden bringen folglich ständig Sport hervor. Darum ist es gerechtfertigt, von der Geburt des Sports im Zusammenhang mit der Bildung der Bande zu sprechen. Entsprechend ist die Soziologie der Bande ein untrennbarer Teil der Soziologie des Sports. Ebenso muß das im Sport vorgefundene System fast das gleiche wie das der Bande sein. Falls die grundlegenden Elemente der Bande Interaktion, Kontrolle und ein System von Normen und Werten sind, dann müssen sich die gleichen grundlegenden Elemente auch im Sport vorfinden. Folglich muß die grundlegende Struktur des Sports soziologisch sein.

Wenn ein Junge oder ein Mädchen in eine Bande eintreten, so kommen sie automatisch in den Einflußbereich des Sports. Die Ausweitung im Interaktionsfeld bei der Entwicklung der Bande ist eng an den Sport gebunden, da er die nach außen gerichteten Tendenzen der Bande deutlich fördert. Eine der Folgen ist, daß die verschiedenen Jungenbanden spätestens während der zweiten Bandenperiode miteinander in Kontakt kommen. Diese Entwicklung führt oft zum Entstehen von sekundären Gruppen.

Da die Jungengruppen hauptsächlich wegen des Sports zusammenkommen, folgt daraus, daß die Normen der Bande mit denen des Sports übereinstimmen. Struktur und Regeln des Sports sind so beschaffen, daß die Annahme schwerfällt, er könne irgendwo anders als in solch einer primären Gruppe wie einer Jungenbande geschaffen worden sein. Das mag auch die Erklärung für den Tatbestand sein, daß es keine Aufzeichnungen über die frühesten Entwicklungsstufen der meisten Sportregeln gibt.

In einer Bande, wie allgemein auch in anderen Gruppen, wird der Status der Mitglieder gewöhnlich auf Grund der hauptsächlichen Bandenaktivität zugewiesen. Da Sport die hauptsächliche Aktivität der Bande bildet, wird der Status eines Jungen gewöhnlich von seiner Tüchtigkeit im Sport abgeleitet. Sportliche Tüchtigkeit ist allerdings generell vom Alter des Jungen abhängig, mit dem Ergebnis, daß altersmäßiger und sportlicher Rang mehr oder weniger übereinstimmen. Sport erfüllt in der Bande die beiden Funktionen, Quelle des Vergnügens und Mittel für die Statusdefinition zu sein. Sport und Bande schaffen beide das Milieu, in dem der Junge zum erstenmal in seinem Leben aufgefordert ist, sich eine Position unter seinesgleichen zu schaffen.

Es wurde ebenfalls die soziale Kontrolle als ein grundlegender Faktor in der Gruppe erwähnt. Es kann überhaupt keinen Zweifel über die Macht der durch die Gruppe praktizierten Kontrolle geben; man braucht sich nur den Lärm anzuhören, der durch eine fußballspielende Bande gemacht wird.

Die Sportbewegung von heute ist auf der Basis aufgebaut, daß die Jungenbande weiterhin Sport „produziert". Tatsächlich reflektiert sich die organisierte Sportbewegung in der Welt der Jungenbanden und beeinflußt ihrerseits deren Auswahlmodus aus dem Sport. Folglich ergibt sich ein reziproker Einfluß, den man einen Rückkopplungsmechanismus nennen könnte, zwischen dem organisierten Sport und den primitiven Formen des Sports in der Jungenbande. Die Sportbewegung wird so lange bestehen, wie dieser gegenseitige Einfluß andauert.

Die dem Bandenalter folgende Periode. Gegen Ende des Pubertätsalters verlassen die Jungen ihre Banden. Danach wird die Gruppenaktivität stärker als im Bandenalter differenziert. Gruppenaktivität ist nicht mehr an die häusliche Umgebung und die Nachbarschaft gebunden. Junge Leute haben außerdem eine deutliche Neigung, sich in Aggregaten zu versammeln. Dieses Phänomen kann an allen Orten, wo Menschen zusammenkommen, beobachtet werden. Auf dem Lande ereignet sich Aggregation auf dem dörflichen Tanzboden unter freiem Himmel, in Jugendklubs, auf dem Dorfanger, an geeigneten Straßenkreuzungen oder an anderen zentralen Plätzen. In Städten versammeln sich junge Leute auf die gleiche Weise in Tanzsälen, auf dem Sportplatz und auf gewissen Straßen oder Plätzen.

Es ist auch nachgewiesen worden, daß sich die Aggregation der reiferen Jugend schon in historischen Zeiten zeigte. Darauf wurde beispielsweise durch *Eduard Hoffmann-Krayers* (6) und *Sigurd Erixons* (1) Beobachtungen der Sitten junger Leute im alten Skandinavien und in Mitteleuropa hingewiesen. Es erscheint immerhin als wahrscheinlich, daß auch die Gymnasien im alten Griechenland als Aggregate begannen. Die Aggregation war ebenfalls ein allgemeines Phänomen unter primitiven Stämmen, worauf *H. Schurtz* (8) schon in seiner Untersuchung über die Altersklassen und Männerbünde hinwies.

Da sich unter den Individuen dieser Aggregate bald Interaktionen zeigen, organisieren sich diese Aggregate oft zu größeren Gruppen. Wenn dieser Prozeß sich fortsetzt, so können diese Aggregate sich leicht in Vereine oder Organisationen umwandeln. Damit wird deutlich, daß sich ein allgemeiner Zweck, als solcher erkannt oder unbewußt, herauskristallisiert. Falls sich Aggregate der reiferen Jugend um einen gemeinsamen Zweck oder eine gemeinsame Überzeugung über ein größeres Gebiet organisieren, so kann man von einer Volksbewegung sprechen. Das geschah auf dem Gebiet des Sports.

Um zu klären, wie Sport mit dem Sozialisierungsprozeß verbunden ist oder vorerst mit dem Phänomen der Aggregation, habe ich die Sportvereine in Turku untersucht. Dabei ergab sich, daß alle Vereine in den relativ kleinen, engen Vorstadtbezirken durch Aggregate der reiferen Jugend gebildet worden sind. Der Ursprung des größten Teils der Vereine kann direkt auf die vielen Jungenbanden zurückverfolgt werden. Die Aggregation fand im Zentrum des Stadtbezirks immer dort statt, wo es ein passendes Feld, eine Werkhalle, ein Lokal oder einen anderen Versammlungsplatz gab. Die beiden wichtigsten Sportvereine in Turku wurden auf diese Weise gegründet. Sie entwickelten sich erst später zu großen Organisationen, die sich auf die gesamte Stadt ausrichteten.

Ungefähr die Hälfte aller Mitglieder von Sportvereinen in Turku treiben tatsächlich gar keinen Sport und beteiligen sich nicht an Wettkämpfen. Nur ein Viertel der Mitglieder gab an, daß Sport ihr Hauptinteressengebiet sei. Falls diese Fakten als Maßstab genommen werden, so ist die hauptsächliche

Funktion eines Sportvereins nicht mehr, wie wir gewöhnlich annehmen, nur den Sport zu fördern, sondern er hat zumindest ebenso die Funktion, ein Aggregationszentrum für junge Leute bereitzustellen. Sport ist natürlich eng mit dem Phänomen der Aggregation verbunden, weil Sport immer dort auftritt, wo sich die Jugend in Aggregaten zusammenfindet.

Da Sport eng mit dem Sozialisierungsprozeß verbunden ist, wird es vom pädagogischen Standpunkt aus klar, daß die Sozialisierung mit Hilfe des Sports gelenkt werden kann. Das ist allerdings eine Frage, die in die Methodologie der Jugendarbeit gehört.

Literaturhinweise

(1) *Erixon, Sigurd,* Ynglingalaget. En gengangare i samhället, Fataburen 1921/1—4.
(2) *Gulick, L. H.,* A Philosophy of Play, New York 1920.
(3) *Helanko, Rafael,* Turun poikasakit (mit englischer Zusammenfassung: Die Jungenbanden von Turku), Turku 1953.
(4) *Ders.,* Sports and Socialization, in: Acta Sociologica, Bd. 2, 1957, Heft 4, S. 229—240. Nachdruck in: *Neil Smelser,* Personality and Social Systems, New York, London 1964, S. 238—247.
(5) *Ders.,* On the Small Groups of School Age Girls in Turku, in: Annales Universitatis Turkuensis Serie B, Tom 76, Turku 1960.
(6) Hoffmann-Krayer, Eduard, Knabenschaften und Volksjustiz in der Schweiz, in: Schweizerisches Archiv für Volkskunde, 1904/8.
(7) *Piaget, Jean,* The Moral Judgment of the Child, London 1932.
(8) *Schurtz, H.,* Altersklassen und Männerbünde, Berlin 1902.

Aus dem Englischen übersetzt von *Günther Lüschen*

IV. Teil: Berichte und Diskussionen

KLEINGRUPPENFORSCHUNG IN ANWENDUNG AUF SPORTGRUPPEN UND SPORTVEREINE

Von Takaaki Niwa

In Japan gibt es drei Hauptuntersuchungsgebiete der Kleingruppenforschung im Bereich des Sports:
1. Untersuchungen kleiner Kinderspielgruppen (hauptsächlich in Hinsicht auf die internen sozialen Beziehungen während des Spiels).
2. Untersuchung von Lernsituationen an Sportschulen (hauptsächlich um bessere Lehrmethoden im Sport und der Leibeserziehung zu erreichen).
3. Untersuchung von Sportvereinen an Schulen (der Nachdruck liegt auf der Analyse der Organisation, Struktur und Funktion der Sportvereine und der Beziehung zwischen den Vereinen und der Persönlichkeitsbildung ihrer Mitglieder).

Als viertes Untersuchungsgebiet wären Vereine in Betrieben zu nennen, doch waren die Untersuchungen über solche Sportvereine nur wenig auf die spezifische Kleingruppenforschung ausgerichtet.

ad 1) Untersuchung kleiner Kinderspielgruppen. Die sozialen Beziehungen zwischen spielenden Kindern werden hier meistens durch Beobachtung analysiert. Das Ziel ist, die Kleingruppenforschung und die Analyse sozialer Dynamik zu fördern. Diese Untersuchungen wurden 1950 begonnen und zeigten ständige Erfolge.

Die Studiengruppe unter der Leitung von S. *Asai* versucht zum Beispiel, die Kindergruppe soweit wie möglich als ein dynamisches Ganzes aufzufassen. Hauptgegenstand ihrer Untersuchung ist die kleine Kinderspielgruppe; ihr Alter variiert von fünf bis zu neun Jahren, und sie besuchen entweder den Kindergarten oder die unteren Volksschulklassen in Japan. Dabei wurde folgende Untersuchungsmethode angewandt: Zuerst beobachteten die Forscher das Verhalten der Kinder während des Spiels und sammelten einige Daten, an Hand derer sie die sozialen Beziehungen unter den Spielenden analysierten. Auf der Basis dieser Beziehungen untersuchten sie dann die Herausbildung der Gruppenstruktur und den Prozeß des Strukturwandels. Sie benutzten als Beobachtungs- und Experimentiermethoden die Feldstudien von Kleingruppensituationen, wie sie von *Kurt Lewin* und anderen entwickelt wurden.

Bei der Prüfung der durch die Beobachtung erhaltenen Hypothesen wendete diese Studiengruppe allgemein mehr logische Interpretationen an, basierend auf den begrenzten Daten aus streng kontrollierten Experimenten, als eine intensive statistische Auswertung unkontrollierter Daten. Charakteristisch für die Arbeitsweise dieser Gruppe ist der Gebrauch der hypothetisch-deduktiven Methode.

Die Gruppe arbeitet mit sieben Kategorien, um die Struktur kleiner Spielgruppen als ein Gesamtsystem zu analysieren; das heißt, die Gruppe entwarf die Struktur an Hand eines kategorialen Klassensystems.

Strukturaspekte für die Analyse kleiner Spielgruppen	Kategorie
1. Entstehung	gemeinsames Ziel
2. Kontinuität	Wir-Gefühle
3. Stabilität	soziale Ordnung
4. Unabhängigkeit	Territorium der Gruppe
5. Grad der Organisation einer Kleingruppe	Gruppenführer
6. Wachstum	Regeln der Gruppe
7. Strukturierung	Rolle und Status

So stellte sich etwa bei der Beobachtung des Verhaltens kleiner Spielgruppen heraus, daß die Desorganisation kleiner Spielgruppen mit dem Verschwinden eines gemeinsamen Ziels zusammenhing. Deshalb wurde das gemeinsame Ziel als die Kategorie für die Entstehung von Kleingruppen betrachtet. Diese Beziehung zwischen Kleingruppenbildung und dem gemeinsamen Ziel wurde in Kleingruppensituationen bestätigt.

Wie in vielen anderen Fällen verwendete die Forschergruppe viel Sorgfalt auf die Entscheidung über die Einheit oder das Maß, durch die die Analysekategorien operational festgelegt wurden; bei ihrer Entscheidung legte sie oft ihre eigenen Interpretationen zugrunde. Zum Beispiel war beim Ballspiel die Maßeinheit für die individuelle motorische Geschicklichkeit das Zuspielen von einem Spieler zum anderen. Aber die Kooperationsbereitschaft wurde nicht nur durch die Weitergabe, sondern auch am Zurückspielen des Balls zum Mitspieler gemessen. Die Studiengruppe stellte die Behauptung auf, daß sowohl motorische als auch soziale Beweglichkeit an der Art des Zuspielens und der Abgabe eines Spielers ersichtlich seien, dies war eine für diese Gruppe charakteristische Interpretation. Dann stellte sie die Hypothese auf, daß die kooperative Haltung der kleinen Spielgruppe motorische Geschicklichkeit (nicht des Teams, sondern des Individuums) und soziale Beweglichkeit erfordere. Sie operationalisierte die Variable „soziale Beweglichkeit" und testete die Hypothese in Kleingruppensituationen. Diese Untersuchung basierte hauptsächlich auf *Lewins* Feldtheorie.

Im Vorhergehenden untersuchte man die kleine Spielgruppe. Die Ergebnisse sind nicht ohne weiteres auf die Sportgruppe übertragbar, aber sie werden uns in vieler Hinsicht weiterhelfen. Sie betrafen den Entstehungsprozeß von Normen, die Struktur, Stabilität, Atmosphäre, erzieherische Funktion und die Entwicklung sozialer Muster in kleinen Spielgruppen.

Die Studie, über die wir berichteten, hat kürzlich eine unmittelbare Anwendung bei der Lösung praktischer Schulprobleme gefunden, und zwar bei der Frage, wie eine Schulklasse zu analysieren, zu bilden und zu leiten sei, um die Kinder Fertigkeiten zu lehren, die ihnen in ihrem Leben helfen können. So hat diese Untersuchung auf Grund einer Verordnung des Erziehungsministeriums seit 1957 den Sportunterricht in Kindergärten, Volks- und höheren Schulen beeinflußt.

ad 2) Untersuchung von Lernsituationen an Sportschulen. Der hier zu nennende Untersuchungskomplex erreichte 1957 seinen Höhepunkt. Er war mit einer Art Erziehungsbewegung verknüpft, die die Sporterziehung unter dem Gesichtspunkt von Gruppen- und zwischenmenschlichen Beziehungen neu interpretierte. Diese Bewegung war nach dem Kriege von einer empirischen Erziehungstheorie in Gang gebracht worden, die auf Selbständigkeit und Persönlichkeitsbildung zielte. Daher hatte diese Untersuchung „Lernen durch Sport" zum praktischen Ziel und wurde mit der Hilfe von Lehrern durchgeführt.

Der Motor dieser Bewegung war eine Theorie des Gruppenunterrichts in ihrer neuen Interpretation, das heißt, sinnvolle Zusammenstellung und Leitung der Unterrichtsgruppen in Übereinstimmung mit dem Studienziel der Studenten, Lernen unter Zustimmung der Schüler und Errichtung demokratischer sozialer Beziehungen. Die Hauptträger dieser Bewegung waren die Professoren *Takenoshita* und *Matsuda* (Tokyo, University of Education).

Der Beitrag dieser Bewegung lag darin, daß sie uns die Bedeutung des sozialen Aspekts in der Sporterziehung zum Bewußtsein brachte und daß sie einen Anstoß für die wissenschaftliche Untersuchung von kleinen Sportgruppen gab. Aber diese Bewegung selbst verlor um 1960 ihren anfänglichen Enthusiasmus. In theoretischer Hinsicht wurde eine wissenschaftlichere Kleingruppenforschung auf dem Gebiet der Sporterziehung in Gang gesetzt; praktisch aber wurde dieses Problem unter dem Gesichtspunkt von Führungsmethoden gesehen.

ad 3) Untersuchung von Sportvereinen an Schulen. Takaaki Niwas Untersuchung von Sportvereinen ist ein typisches Beispiel aus diesem Forschungsbereich. Im folgenden gebe ich die Anlage dieser Studie wieder.

Die Untersuchung gliedert sich in zwei Teile. Im ersten Teil (A) werden die

Struktur der Entstehung von Normen in einem Sportverein und die Vereinsfunktionen untersucht, im zweiten Teil (B) die Beziehungen zwischen Sportvereinen und der Persönlichkeit ihrer Mitglieder.

Der zweite Teil der Untersuchung geht von dem Gedanken aus, daß die Persönlichkeitsbildung durch Internalisierung von Kulturmustern vor sich geht und daß die Kleingruppe einen Rahmen darstellt, der diesen Internalisierungsprozeß fördert und der soziales Handeln einschließt.

Um *Niwas* Hypothesen zusammenzufassen: In hochorganisierten Sportvereinen artikulieren sich die für diese Organisation charakteristischen Ziele und Normen in einem durch sportliche Aktivität und soziale Beziehungen definierten Bezugsrahmen, auf den das Verhalten der Vereinsmitglieder bezogen ist. Auch beeinflussen die Art und die Struktur der sozialen Beziehungen die Persönlichkeit der Vereinsmitglieder. Darüber hinaus müssen die sozialen Verhaltensmuster eng mit der Gruppenfunktion zusammenhängen, da letztere durch die ersteren bedingt ist. Demgemäß stehen Interaktionsmuster, Gruppenfunktionen und Attitüden der Klubmitglieder in enger Wechselwirkung zueinander.

Ausgehend von diesen Hypothesen hat *Niwa* die Vereinsnormen und -ziele und die sozialen Interaktionsstrukturen in ihrer Entstehung analysiert, Gruppen- und Interaktionsstruktur miteinander verglichen und die Beziehungen zwischen Gruppenstruktur und Attitüdenbildung sowie Gruppenstruktur- und Gruppenfunktion untersucht.

Niwas Studie wurde in den Jahren 1962—1965 mit 1266 Studenten und Studentinnen und in 101 Sportvereinen durchgeführt.

Für die Analyse des Einflusses der Struktur von Sportvereinen auf die Attitüden der Mitglieder wurden nur die Studenten ausgewählt, die folgende Antworten gaben: 1. Der Sportklub, dem jemand angehört, hat ein ausdrückliches Ziel; 2. der Befragte hält das Ziel für richtig; 3. er nimmt an mehr als 90 % der Sportaktivitäten seines Vereins teil; 4. der Befragte hält die Klubregeln strenger als üblich ein. *Niwa* untersuchte solche Vereine und Mitglieder während mehrerer Jahre unter unterschiedlichen Bedingungen.

Die folgenden sechs Studien über die oben erwähnte Personengruppe wurden von 1962—1965 in jedem Juli durchgeführt.

Untersuchungen über:
1. Die Struktur eines Sportvereins hinsichtlich der Entstehung seiner Ziele und Normen unter Verwendung der Kategorien aus Tabelle 1;
2. die drei Funktionen eines Sportklubs, ebenfalls an Hand der gleichen Kategorien (Tabelle 2);
3. die allgemeinen Attitüden der Vereinsmitglieder mittels eines gemeinsam von den Forschern aufgestellten Tests;

4. die demokratische Haltung der Mitglieder unter Benutzung von *Ushijimas* Attitüdentest;
5. die autoritäre Werteinstellung unter Benutzung von *Ushijimas* und *Sakamotos* Autoritäts-Skala;
6. die Haltungen bezüglich Konservativismus-Radikalismus mit *Ushijimas* und *Sakamotos* Konservativismus-Radikalismus-Skala.

Alle diese Untersuchungen wurden durchgeführt mit Hilfe von Fragebogen und — wenn nötig — Interviews. Die erhaltenen Resultate waren nicht ein Durchschnittsergebnis, sondern jeweils die Ergebnisse aus den Einzeluntersuchungen eines jeden Sportvereins.

Tabelle 1: Kategorien, Unterkategorien und Indikatoren zur Analyse des Entstehungsprozesses von Normen und Zielen von Sportvereinen

Kategorien	Norm			Ziel		
	Aufstellung des Trainingsplans	Wahl des Mannschaftsführers	Festsetzung der Klubregeln	Inhalte des Gruppenziels	Entstehungsprozeß	Mitgliederreaktion auf Gruppenziel
Unterkategorien	A Reflexion des Willens und der Gefühle der Mitglieder B Inhalte der Methode C Wer fällt die endgültige Entscheidung			A vereinend B getrennt	Wie unter ABC bei Norm	zustimmend ablehnend unbewußt indifferent
Indikatoren	a ja, nein, weiß nicht b von wem, mit welcher Methode c alle Mitglieder, Mannschaftsführer, Manager, Berater, Studenten der Oberklasse, andere			gemeinsames Ziel getrenntes Ziel	Wie unter abc bei Norm	1. richtig 2. nicht zu ändern 3. falsch 4. unbewußt 5. keine Antwort

Die Untersuchungen führten zu folgenden Ergebnissen:

Untersuchung von Teilkomplex A: 1. Drei Vereinstypen lassen sich nach der Frage, wer die Entscheidungen über die Vereinsnormen und -ziele fällt, bilden. Es sind dies erstens „Mitgliedschaftsvereine", bei denen alle Mitglieder eines Klubs die gleiche Macht haben bei der Bestimmung der Normen und Ziele. Zweitens „Oligarchie-Vereine" (die weiter unterteilt werden können nach einem Oligarchie-Muster, das Außenseiter einbezieht, und einem, das solche ausschließt), in denen einige mächtige Mitglieder das Recht, Normen und Ziele zu bestimmen, monopolisieren; und drittens „Außenseiterkontrollierte Vereine", bei denen einige Außenseiter die Entscheidungsgewalt besitzen.

2. Jeder der oben erwähnten Typen wurde in bezug auf die Vereinsfunktionen untersucht. Es wurde nach folgenden drei Funktionen unterschieden: a) Funktion der Beziehungen zwischen Klubmitgliedern, b) Aufgabenfunktion (Grad der Erreichung des Klubziels), c) die Funktion, die die Synthese von a) und b) darstellt.

Bezüglich der ersten Funktion wurden folgende Ergebnisse ermittelt: In Klubs mit Außenseiter-Kontrolle üben hochrangige Mitglieder Macht über niedrig-rangige Mitglieder aus, die gehorchen und sich unterwerfen. In Klubs mit oligarchischer Kontrolle respektieren Mitglieder mit niederem Rang solche hohen Ranges, obwohl sie sich den höher-rangigen Mitgliedern unterordnen. In Klubs mit Mitgliedschaftskontrolle respektieren alle Mitglieder einander, und es besteht gegenseitiges Verständnis und eine freundschaftliche Beziehung zwischen ihnen. Allgemein ausgedrückt: Vereine, die von Außenseitern oder oligarchisch kontrolliert werden, weisen eine autoritäre Struktur auf, basierend auf dem Prinzip des Zwanges, und die Mitgliedschaftsvereine zeigen eine demokratische Struktur, basierend auf dem Prinzip der Kooperation.

Die Analyse des zweiten Funktionsaspekts ergab: Vereine mit Außenseiter-Kontrolle zeigen die höchste Effizienz bei der Verwirklichung der Klubziele; danach kommen die oligarchisch kontrollierten Vereine. Die Mitgliedschafts-Vereine weisen in dieser Hinsicht den geringsten Grad auf.

Die Ergebnisse der Analyse zu Funktion c ergaben folgendes: Der relativ höchste Grad an Teilnahme am Training ebenso wie die strikteste Befolgung der Klubregeln lassen sich bei den Klubs mit Außenseiter-Kontrolle beobachten. Danach kommen die oligarchischen Klubs, schließlich die Mitglieder-kontrollierten Vereine. Für den Grad an Kooperation im Alltagsleben des Klubs scheint die umgekehrte Reihenfolge zu gelten; das Ausmaß an Disziplin hängt nicht mit der Kontrollstruktur zusammen.

Die oben erwähnten Resultate ähneln stark denen, die die Longitudinalstudie über vier Jahre hinweg ergab.

3. Die Analyse der longitudinalen Daten zeigte, daß ein Wechsel der Entscheidungsstruktur im Sportverein den Entwicklungsprozeß von Normen ebenso wie die Funktion des Vereins beeinflußt.

4. Sportvereine, die gute Ergebnisse bei Sportveranstaltungen erzielen, haben die höchste Teilnehmerquote beim Training ebenso wie einen hohen Grad an Einhaltung der Klubregeln. Jene Klubs zeigen gute Teamarbeit bei Sportveranstaltungen, und jedes Mitglied dieser Vereine ist gut über die Aktivitäten anderer Mitglieder informiert.

Tabelle 2: Beziehungen zwischen Zieleffizienz und Trainingsteilnahmequote, Koinzidenz von Einschätzungsurteilen, der Grad an Einhaltung der Klubregeln (1964—1965)

Unterkategorien und Indikatoren	Vereinsanzahl	Anzahl der Mitglieder	Teilnahme an Trainingsstunden							Grad an Übereinstimmung von A+B B−A %	Grad an Einhaltung der Klubregeln				
			A Durchschnittlicher Trainingsbesuch jedes Mitglieds (Selbsteinschätzung jedes Klubmitglieds)				B Durchschnittlicher Trainingsbesuch eines Klubs als ganzem (Einschätzung jedes Klubmitglieds)					1 am niedrigsten	2 niedrig	3 durchschnittlich	4 hoch	5 am höchsten
			$\bar{X}$ %	ϱ %	F-test	t-test	$\bar{X}$ %	ϱ %	F-test	t-test						
Anteil guter Ergebnisse bei Sportveranstaltungen																
A sehr stark	5	92	96,7	4,7	F = 83,1	α<.05 signifikant (zwischen je zwei Durchschnitten)	97,2	3,4	F = 57,7	<α.05 signifikant (zwischen je zwei Durchschnitten)	0,5	—	—	—	3	2
B stark	21	255	89,4	7,7	α<.01		94,6	3,6	α<.01		5,2	—	—	6	15	—
C mittel	10	109	85,0	8,2			92,7	4,3			7,7	—	—	8	2	—
D schwach	4	36	76,1	6,0			87,4	6,5			11,3	—	—	3	1	—

5. Es zeigte sich eine hohe Korrelation zwischen Kooperation und Vereinsmoral bei Sportveranstaltungen und in den Alltagssituationen des Klubs (r = .70, .66, beide α< .01).

Tabelle 3: Korrelationskoeffizient zwischen Vereinsmoral und Kooperation (1965)

Indikator	Strukturmuster					
	Außenseiterkontrolle der Vereine	Oligarchisch kontrollierte Vereine (Ausschluß der Außenseiter)	Oligarchisch kontrollierte Vereine (Einbeziehung der Außenseiter)	Mitgliederkontrollierte Vereine	Gesamt	
	Anzahl der Klubs					
	6	6	6	6	r_s	α
Korrelationskoeffizient bei Sportveranstaltungen	.54	.77	.74	.86	.70	.01
Korrelationskoeffizient in Alltagssituationen des Klubs	.71	.83	.83	.54	.66	.01

Anmerkung: α = Signifikanzniveau
rs = *Spearmans* Rangkorrelationskoeffizient

Tabelle 4: Korrelationskoeffizient zwischen guten Ergebnissen bei Sportveranstaltungen und Vereinsmoral (1965)

Sportklubs (Anzahl der Klubs)	r_s
Männer-Volleyballklubs in Universitäten (6)	.60
Frauen-Volleyballklubs in Universitäten (5)	.50

Anmerkung: Die Vereinsmoral wurde mit *Niwas* Moraltest gemessen.

Die Beziehung zwischen der Normenentwicklung und der soziometrischen Struktur und die Vereinskohäsion wurden ebenfalls analysiert bzw. gemessen.
Ergebnisse zum Teilkomplex B. 1. Je stärker die Kameradschaft, desto stärker die Angleichung der Attitüden der Klubmitglieder.

2. Rolle und Status in einem Sportklub beeinflussen stark die Attitüdenbildung eines Individuums.

3. Die Attitüden der Person, bei der die Entscheidung über die Normen eines Klubs liegt, beeinflussen stark die Attitüden der Mitglieder.

4. Es zeigte sich eine hohe Korrelation zwischen dem Strukturmuster der Normenbildung und den Attitüden der Mitglieder, aber die Attitüden des um Vermittlung bemühten Führers sind variabel.

5. Das Gruppenziel und die Norm des Sportvereins beeinflussen die Attitüden eines Mitglieds, doch hängt die Wirkung zu einem großen Teil von der Beurteilung des Individuums ab, von seinem Ziel und seiner Rolle.

6. Mitgliedkontrollierte Vereine verstärken die demokratische Haltung, Außenseiterkontrolle schwächt sie und der oligarchisch kontrollierte Verein schwächt sie geringfügig.

Literaturhinweise

(1) *Asai, S.*, The Group Norm in Playing Group, in: Research Journal of Physical Education, Bd. 3, 1958, H. 1.
(2) *Asai, S.*, The Process of Role Assignment in Small Play Group, in: The Japanese Science Review, Humanistic Studies 1959.
(3) *Fukuda, M. u. a.*, A Study of Athletic Clubs and Personality, in: Research Journal of Physical Education, Bd. 8, 1963, H. 1.
(4) *Ikuta, K. u. a.*, The Effect of Cohesiveness of the Team on the Team Records, in: Research Journal of Physical Education. Bd. 5, 1960, H. 1.
(5) *Niwa, N. u. a.*, An Experimental Study on the Cohesiveness of the Playing Group, in: Research Journal of Physical Education, Bd. 4, 1961, H. 1.
(6) *Obata, K.*, The Roles in Playing Groups, in: Research Journal of Physical Education, Bd. 4, 1959, H. 1.
(7) *Sato, H.*, The Relationship between Friendship and Leadership, in: Research Journal of Physical Education, Bd. 1, 1956, H. 1.
(8) *Sato, H.*, Social Survey of Sports Clubs, in: Research Journal of Physical Education, Bd. 2, 1957, H. 4.
(9) *Suetoshi, H.*, The Development of Friendship in Class, in: Bulletin of School of Education of Okayama University 1955.
(10) *Takeuchi, K.*, The Development of Team Work, in: Research Journal of Physical Education, Bd. 8, 1963, H. 1.
(11) *Ymada, K.*, The Comradeship in Group, in: Research Journal of Physical Education, Bd. 8, 1963, H. 1.

Aus dem Englischen übersetzt von *Ingrid Metzing*

FORSCHUNGSERGEBNISSE IM BEREICH DER KÖRPERKULTUR UND DER FORMIERUNGSPROZESS VON SPORTGRUPPEN

Von Friedrich Trogsch

1. Bemerkungen zu Wesen und Aufgabenstellung der Sportsoziologie

Den Sportsoziologen interessieren die sozialen Einheiten, Gruppen und Institutionen im Sport, die Beziehungen der Menschen bei sportlicher Betätigung und die tatsächliche Rolle des Sports, die er im Leben des einzelnen und in der Gesellschaft spielt. Dabei erinnern wir, was die Wertung des Sports anbelangt, an die Feststellung von *Helmuth Pleßner*, daß der Sport nicht besser und nicht schlechter sein kann als die Gesellschaft, die ihn praktiziert[1].

Wir befinden uns jedoch im Gegensatz zu jenen Auffassungen, die die Sportsoziologie als eine sogenannte „wertfreie Sozialwissenschaft" zu postulieren versuchen[2]. Wir wissen, daß man, um diese These zu begründen, von den zwei Rollen spricht, die der Soziologe angeblich zu spielen gezwungen sei: von der Rolle als Forscher und als Bürger eines Landes[3], und daß man aus dieser Not eine Tugend zu machen versucht, indem man den Begriff des „change agent" als Berufsbezeichnung für die Tätigkeit eines Soziologen in der gesellschaftlich-politischen Praxis eingeführt hat[4]. Eine solche Unterscheidung ist offensichtlich dort möglich, wo es nach *B. E. Mercer* schwierig für den Soziologen ist, seine „healing function", seine heilende Funktion in der Gesellschaft auszuüben, weil ihm nicht genügend Gelegenheiten hierzu geboten werden und das wissenschaftliche Urteil (the „professional mind") als unpraktisch und utopisch („as impractical and given to improbably utopian schemes") bezeichnet wird[5]. Für uns bestehen solche Gegensätze und Widersprüche in der Rolle und Aufgabenstellung des Soziologen nicht. Wir befinden uns in voller Übereinstimmung mit den gesellschaftlichen Bedingungen, wenn wir versuchen, wissenschaftliche Erkenntnisse in soziale Praxis umzusetzen, wenn wir die Produktivkraft Wissenschaft auch im Bereich von Körperkultur und Sport fruchtbar zu machen suchen[6].

Von daher sind auch die Ergebnisse zu beurteilen, die im folgenden dargelegt werden sollen. Es handelt sich um sportsoziologische Gesetzmäßigkeiten, die als grundlegende Erkenntnisse und Richtlinien für das praktische Handeln bei der Herausbildung einer lebenskräftigen sozialen Einheit gelten können. Es sind Gesetzmäßigkeiten, die zur optimalen Strukturierung und Funktionalisierung bzw. zweckmäßigen Institutionalisierung einer solchen Einheit führen.

2. Gesetzmäßigkeiten bei der planmäßigen Entwicklung von Sportgruppen und ihrer Stabilisierung auf institutioneller Grundlage

Die Grundlage für die Gewinnung dieser Erkenntnis bildeten zwei Entwicklungsvorhaben, die sich einmal mit der Neugründung einer Sportsektion in einer Betriebssportgemeinschaft und zum anderen mit der Weiterentwicklung einer Sportgemeinschaft an einer Oberschule beschäftigten [7].

2.1. Die Voraussetzung zur Einleitung solcher sozialen Enwicklungsprozesse bilden umfassende territoriale Analysen, die eine begründete Einschätzung der Entwicklungsdeterminanten gestatten (materielle Bedingungen, Sozialstruktur der Bevölkerung, Verkehrsbedingungen anderer konkurrierender Organisationen, Wirksamkeit von Tradition).

Aus dieser Analyse leiten sich begründete Entscheidungen ab, die der Festlegung bestimmter erreichbarer Ziele zugrunde liegen und zur Aufstellung eines Maßnahmeplanes der gewünschten Entwicklung führen.

2.2. Die planmäßige Entwicklung einer solchen sozialen Einheit wird im einzelnen von folgenden mikrosoziologischen Entwicklungsgesetzmäßigkeiten bestimmt:

a) Die Entwicklung verläuft phasentypisch. Wir unterscheiden auf Grund unserer bisherigen Erfahrungen folgende Entwicklungsabschnitte: die konstitutive Phase, d. h. die Gründungs- oder Anfangsphase im engeren Sinne; die Phase der Strukturierung und beginnenden Stabilisierung; die Phase der eigentlichen (endgültigen) Stabilisierung; die Phase der stabilisierten kontinuierlich-progressiven Entwicklung.

Für jeden Abschnitt ergeben sich bestimmte Zeiträume, deren Größe durch weitere Untersuchungen hinsichtlich ihres Grenzwertes bestimmt werden muß.

b) Die Konstituierung des neues Gebildes geschieht zunächst durch zielstrebige Außenleitung eines dazu eingesetzten, beauftragten Entwicklers (Sportleiters oder Sportorganisators) oder Entwicklungsstabes (Führungsgruppe). Hierzu ist die Festlegung der einzelnen Entwicklungsmaßnahmen und die Programmierung der inhaltlichen Tätigkeit der neu zu bildenden sozialen Einheit (die Festlegung ihrer inneren Funktionen, d. h. in unserem Falle des künftigen Übungs- und Trainingsbetriebes) eine unabdingbare Voraussetzung.

c) Das Ingangbringen der zweiten Phase und der Prozesse der Strukturierung und Stabilisierung geschieht durch interne Gruppenbildung nach dem Leistungsprinzip; durch Entwicklung von Führungskadern aus dem Bestand der Übungsgruppen; durch Gewinnung von Leitungskadern und Mitarbeitern aus dem Außenbereich der Sektion.

d) Das Entwicklungstempo wird entscheidend beeinflußt durch den Funktions- oder Wirkungsgehalt der sozialen Betätigung, d. h. in unserem Fall durch ein optimal wirksames System der physischen Leistungsentwicklung. Hierzu sind erforderlich: ein hochintensives, gut funktionierendes Trainingssystem; ein durchdachtes, aussagekräftiges Kontrollsystem (Testsystem); ein differenziertes, vielseitiges und elastisches Wettbewerbs- oder Wettkampfsystem.

e) Die Entwicklung der Sektion in der dritten und vierten Entwicklungsphase bedeutet, die Entwicklung der sozialen Einheit zu einem innerhalb des lokalen und fachlichen Hintergrundes anerkannten Faktor (in unserem Falle Wettbewerbspartner) zu machen.

Diese Entwicklung hängt von dem Gewinn an Sozialprestige ab: durch kontinuierlichen Mitgliederzuwachs; durch steigende sportliche Leistungen im ganzen; durch Entdeckung und Entwicklung von Talenten als besonders profilierten Prestigeträgern.

f) Die erfolgreiche Stabilisierung und weitere progressive Entwicklung der neuen sozialen Einheit hängt auch von der planmäßigen Einbettung des neuen Gebildes in den gegebenen territorialen Hintergrund, in das Gesamtgefüge der sozialen Struktur ab. Dieses Ziel wird in erster Linie erreicht durch ein planmäßig aufgebautes Informationssystem.

g) Die innere Festigung des neuen sozialen Gebildes wird erreicht durch planmäßige Entwicklung und Pflege des „Wir-Gefühls", das heißt des Gefühls der Zugehörigkeit und Identifizierung mit dem Gruppenleben und den Gruppenzielen. Geeignete Mittel und Maßnahmen dafür sind: Entwicklung und Festigung des kollektiven Bewußtseins durch gemeinsam beschlossene Ziele; Organisierung komplexer Leistungsvergleiche mit anderen Sektionen und Wettbewerbspartnern im Gruppenwettbewerb; Schaffung vielfältiger Erlebnishöhepunkte innerhalb und außerhalb des Trainings- und Wettkampfbetriebes.

2.3. Für die Optimierung der kontinuierlich-progressiven Weiterentwicklung der neuen Einheit ist eine ständige Kontrolle der Faktoren notwendig, die den Bestand und die Weiterentwicklung der Sportgruppe gewährleisten. Dazu gehören: die Sicherung und ständige Verbesserung der materiellen Grundlagen durch regelmäßige Jahresanalysen und Entwicklungspläne; die differenzierte Gestaltung und Beeinflussung der Mitgliederleistungen und Entwicklungsmöglichkeiten (Kaderentwicklung, Weiterbildung); die systematische Planung der inneren Funktionen der sozialen Einheit, das heißt die Formulierung der Aufgaben, Ziele und Tätigkeiten im Kalenderjahr und das Bemühen um einen ständigen Kontakt (Wettbewerb und Kooperation) mit anderen neben- und übergeordneten Institutionen.

3. Einige Erfahrungen und Erkenntnisse über die Möglichkeit, die Struktur und Stabilität einer Sportgruppe durch gesellschaftliche Beauftragungen zu verbessern

Die Grundlage für die Gewinnung dieser Erkenntnisse bildete eine Untersuchung von *H. Göldner* über die Wirksamkeit von Beauftragungen im Sportunterricht [8]. Aus dieser Untersuchung leiteten sich folgende Ergebnisse ab:

3.1. Für die strukturelle Entwicklung einer Gruppe sind die sozialen Beziehungen der einzelnen Gruppenmitglieder wesentlich. Sie finden ihren Ausdruck in Rollen und Positionen, in Rangordnung, Popularität, Führerschaft u. a. m. Sie beinhalten sachliche und persönliche Momente und stehen in kausalem Zusammenhang mit den gesellschaftlichen Verhältnissen. Einen Einblick in das Beziehungsgefüge einer Gruppe erlaubt die Anwendung der soziometrischen Methode.

3.2. Durch zweckmäßige Beauftragungen von Schülern im Sportunterricht in Form von unterrichtsvorbereitenden Aufgabenstellungen, aktiver Mitarbeit bei der Gestaltung und Durchführung des Unterrichts durch Führung, Anleitung und Betreuung von Teilgruppen (Riegen und Mannschaften, Übungsgruppen) gelingt es, die sozialen Beziehungen der Schüler untereinander zu verbessern und die Struktur der Gruppe positiv zu beeinflussen. Im einzelnen ergaben sich: Es trat eine Erhöhung der positiven sozialen Intensität ein. Nach *Z. Zaborowski* [9] berechnet sich der Index der sozialen Intensität einer Gruppe aus der Summe der Wahlen und Ablehnungen, dividiert durch die Gesamtzahl der Gruppenmitglieder minus 1, also $I = \dfrac{W + A}{N - 1}$.

Diese Intensität kann sowohl positiv (Wahlen), wie auch negativ (Ablehnungen) bestimmt sein. In unserem Falle verminderte sich der Index der sozialen Intensität von 3,76 auf 3,56 durch Abnahme der Ablehnungen, das heißt, tatsächlich erhöhte sich die positive Seite der sozialen Intensität; es veränderte sich auch die innere Struktur der Gruppe. Die anfänglich dominierende Führungs-

Tabelle 1: Abnahme der Ablehnungen in den Versuchsklassen

Versuchs-klassen	(k = Anzahl der Ablehnungen)					
	1. Befragung		2. Befragung		3. Befragung	
	k	N	k	N	k	N
Vkl. A	68	80	54	80	51	78
Vkl. B	68	70	61	70	51	68
Vkl. C	73	74	62	74	52	74
insgesamt	209	224	177	224	154	220

stellung bzw. Außenseiterposition einzelner Schüler wurde durch eine gleichmäßigere Verteilung der Führungsakzente und durch Aufhebung der extremen Isolierungen ersetzt; es verbesserte sich die Gruppenintegration durch Abnahme der Ablehnungen (vgl. Tabelle 1), der Index der sozialen Integration erhöhte sich von 0,050 auf 0,058; es veränderte sich auch die Motivverteilung durch Zunahme des allgemeinen Motivreichtums bei gleichzeitiger Verminderung der auf äußere Erscheinungen bezogenen Wahlmotive und durch Verlagerung auf solche Motive wie soziales, leistungs- und wertbezogenes Verhalten (Tabelle 2).

Tabelle 2: Verteilung der Motive für Wahlen und Ablehnungen aller Schüler der Versuchsklassen auf einzelne Motivgruppen

Motivgruppe	1. Befragung (N = 224) Wahlen insges.	2. Befragung (N = 224) Wahlen insges.	3. Befragung N = 220) Wahlen insges.
1. äußere Erscheinung	74	60	42
2. soziale Verhaltensweisen und Eigenschaften	60	65	66
3. Leistungsverhalten und -eigenschaften	49	56	71
4. Normatives Verhalten	19	21	23
5. Sonstige bzw. nicht verwertbare Angaben	22	17	18
Insgesamt:	224	219	220

Anmerkungen

[1] *Helmuth Pleßner,* Soziologie des Sports, in: Deutsche Universitätszeitung 1952, S. 22—23.
[2] *G. S. Kenyon* und *J. W. Loy,* Toward a Sociology of Sport, in: Journal of Health, Physical Education and Recreation, Mai 1965, S. 25.
[3] *B. E. Mercer,* The Study of Society, New York 1958, S. 14 bzw. S. 618.
[4] *R. Lippit, J. Watson* und *B. Westley,* The Dynamics of Planned Change, New York 1958, S. 10, zitiert nach: *Mercer,* a. a. O., S. 617.
[5] *Mercer,* a. a. O., S. 619.
[6] *G. E. Erbach,* Sportwissenschaft und Sportsoziologie, in: Wissenschaftliche Zeitschrift der Dtsch. Hochsch. f. Körperkultur, Bd. 7 (1965).
[7] *K. Licht,* Entwicklungsphasen und -prinzipien beim Aufbau einer Sportsektion im Rahmen einer Betriebssportgemeinschaft (Manuskript), Leipzig 1965; *R. Kaden,* Probleme der Leistungstätigkeit und Ergebnisse aus der Entwicklung der Schulsportgemeinschaft der Leibniz-Oberschule in Leipzig (Manuskript), Leipzig 1965.
[8] *K.-H. Göldner,* Über die Wirksamkeit von Beauftragungen im Sportunterricht auf die Struktur des Klassenkollektivs, in: Theorie und Praxis der Körperkultur, Bd. 12 (1963), S. 987—995.
[9] *Z. Zaborowski,* Sozialpsychologie und Erziehung (poln.), Warschau 1962.

V. Teil: Bibliographie

BIBLIOGRAPHIE AUSGEWÄHLTER LITERATUR ZUR KLEINGRUPPENFORSCHUNG

Zusammengestellt von Helmut E. Lück

Vorbemerkung

Eine vollständige Bibliographie der Kleingruppenforschung vorzulegen, ist durch die ständig anschwellende Flut der Literatur heute nahezu unmöglich geworden. Bereits 1953 nannten *Fred L. Strodtbeck* und *Paul A. Hare* insgesamt 1407 veröffentlichte Arbeiten.
Nachstehend findet sich eine kurze Bibliographie der Kleingruppenforschung, in die hauptsächlich Standardwerke, Sammelreferate, sog. „Reader", sowie eine Reihe von wissenschaftsgeschichtlich besonders interessanten „klassischen" Einzelarbeiten aufgenommen wurden. Für die deutschsprachige Literatur wurde eine gewisse Vollständigkeit angestrebt, einschließlich der zumeist rein soziometrischen Studien über Schulklassen. Der speziell interessierte Leser sei aber besonders auf das Gesamtverzeichnis der deutschsprachigen psychologischen Literatur der Jahre 1942 bis 1960 von *Albert Wellek* (1965) verwiesen.
Umfassende Bibliographien wurden insbesondere von *Strodtbeck* und *Hare* (1953), von *Hare* (1962) sowie von *Joseph E. McGrath* und *Altman* (1965) vorgelegt.
Eine Reihe von klassischen Arbeiten aus der Geschichte der Kleingruppenforschung weist eine enge Beziehung zu Sport und Spiel auf. Als derartige „Klassiker" sind zu nennen: *Norman Tripplett* (1897), *Walther Moede* (1920), *William F. Whyte* (1943), *Fred E. Fiedler* (1952, 1953, 1958), *M. Sherif* und *C. Sherif* (1953), *O. J. Harvey* (1953) und *M. Sherif, B. J. White* und *O. J. Harvey* (1955). Diese und die übrigen Arbeiten, in denen auf den Sport Bezug genommen wird, sind im folgenden Verzeichnis durch einen (*) bezeichnet.

Allport, Floyd H., The Influence of the Group upon Association and Thought, in: Journal of Experimental Psychology, 1920, Bd. 3, S. 159—182.

Allport, Floyd H., Social Psychology, Boston und New York 1924.

Anger, Hans, Theorienbildung und Modelldenken in der Kleingruppenforschung, in: Kölner Zeitschrift für Soziologie und Sozialpsychologie, 1962, Bd. 14, S. 4—18.

Ansbacher, H. L., The History of the Leaderless Group Discussion Technique, in: Psychological Bulletin, 1951, Bd. 48, S. 383—391.

Argyle, M., Methods of Studying Small Social Groups, in: British Journal of Psychology, 1952, Bd. 43, S. 269—279.

*Asai, A., The Process of Role Assignment in Small Play Group, in: The Japanese Science Review, Humanistic Studies, 1959.

Asch, Solomon E., Effects of Group Pressure upon the Modification and Distortion of Judgments, in: *H. Guetzkow*, Hrsg., Groups, Leadership and Men, Pittsburgh 1951.

Asch, Solomon E., Studies of Independence and Conformity: I. A. Minority of One against a Unanimous Majority, in: Psychological Monographs, 1956, Bd. 70, No. 9.

Bahrdt, Hans Paul, Helmut Krauch und *Horst Rittel*, Die wissenschaftliche Arbeit in Gruppen, in: Kölner Zeitschrift für Soziologie und Sozialpsychologie, 1960, Bd. 12, S. 1—40.

Bales, Robert F., Interaction Process Analysis. A Method for the Study of Small Groups, Cambridge/Mass. 1950.

Bales, Robert F., Some Uniformities of Behavior in Small Social Systems, in: *Guy E. Swanson, Theodore M. Newcomb* und *Eugene L. Hartley*, Hrsg., Readings in Social Psychology, New York 1952.

Bales, Robert F., und *Fred L. Strodtbeck*, Phases in Group Problem Solving, in: Journal of Abnormal and Social Psychology, 1951, Bd. 46, S. 485—495.

Bales, Robert F., und E. F. Borgatta, Size of Groups as a Factor in the Interaction Profile, in: Paul A. Hare, Edgar F. Borgatta und Robert F. Bales, Hrsg., Small Groups: Studies in Social Interaction, New York 1955.

Bals, Christel, Gruppenbildung der Jugendlichen in einem Heim der „Offenen Tür", in: Kölner Zeitschrift für Soziologie und Sozialpsychologie, 1960, Bd. 12, S. 672—685.

Bartl, Hedi, Eine Studie über Gruppendynamik in den USA, in: Erziehung und Unterricht, 1956, Bd. 106, S. 270—275.

Bass, Bernard, M., The Leaderless Group Discussion, in: Psychological Bulletin, 1954, Bd. 51, S. 465—492.

Bavelas, Alex, Communication Patterns in Task Oriented Groups, in: Journal of the Accoustical Society of America, 1950, Bd. 22, S. 725—730.

Berkowitz, Leonard, Hrsg., Advances in Experimental Social Psychology, Bd. 1, New York 1964.

*Bernard, Michel, Une interpretation dialectique de la dynamique de l'equipe sportive, in: Education Physique et Sport, 1963, H. 63.

Bion, W. R., Experiences in Groups, New York 1961. Enthält u. a.: I. Hum. Rel. 1948, 1, S. 314—320; II. Hum. Rel. 1948, 1, S. 487—496; III. Hum. Rel. 1949, Bd. 2, S. 13—22; IV. Hum. Rel. 1949, Bd. 2, S. 295—303; V. Hum. Rel. 1950, Bd. 3, S. 3—14; VI. Hum. Rel. 1950, Bd. 3, S. 395—402; Hum. Rel. 1951, Bd. 4, S. 221—227.

Birth, K., und G. Prillwitz, Führungsstil und Gruppenverhalten von Schulkindern, in: Zeitschrift für Psychologie, 1959, Bd. 163, S. 230—301.

Borgatta, Edgar F., Arthur S. Couch und Robert F. Bales, Some Findings Relevant to the Great Man Theory of Leadership, in: American Sociological Review, 1954, Bd. 19, S. 755—759.

Bornemann, Ernst, Hauptergebnisse der experimentellen Gruppenpsychologie, in: Gruppe im Betrieb, 1953, S. 109—124.

Bornemann, Ernst, Sozialpsychologische Probleme der Führung, in: Kölner Zeitschrift für Soziologie und Sozialpsychologie, 1962, Bd. 14, S. 105—123.

Bottomore, T. B., Hrsg., Current Sociology — La Sociologie contemporaine, 1960, Bd. 9, Small Group Research — Recherche sur le petit groups, Oxford 1962.

*Boutin, Lucienne, Les groupes d'aptitude physique homogéne au Lycée Marie Curie, in: Education physique et sport, 1960, Bd. 52, S. 9—13.

Bracken, Helmut von, Zur Sozialpsychologie der Autorität, in: Psychologische Rundschau, 1950, Bd. 1, S. 94—102.

Brehm, J., und Leon Festinger, Pressures toward Uniformity of Performance in Groups, in: Human Relations, 1957, Bd. 10, S. 85—91.

Bruner, Jerome S., Social Psychology and Group Processes, in: Calvin P. Stone und W. Donald, Hrsg., Annual Review of Psychology, Bd. 1, Stanford (Calif.) 1950.

Burnham, William H., The Group as a Stimulus to Mental Activity, in: Science, 1910, Bd. 31, S. 761—767.

Cappel, Walter, Das Kind in der Schulklasse, Weinheim 1963.

Cartwright, Dorwin, Social Psychology and Group Processes, in: Paul R. Farnsworth und Quinn McNemar, Hrsg., Annual Review of Psychology, Bd. 8, Palo Alto (Calif.) 1957.

Cartwright, Dorwin, Hrsg., Studies in Social Power, Ann Arbor (Mich.) 1959.

Cartwright, Dorwin, und Alvin Zander, Group Dynamics. Research and Theory, Evanston, Ill., 1953.

Coleman, James S., Reward Structures and the Allocation of Effort, in: Joan H. Criswell, Herbert Solomon und Patrick Suppes, Hrsg., Mathematical Methods in Small Group Processes, Stanford (Calif.) 1962.

Collins, Barry E., und Harold Guetzkow, A Social Psychology of Group Processes for Decision Making, New York 1964.

Cranach, Mario L. von, Experimente zur Urteilsbildung in strukturierten Gruppen, in: Zeitschrift für experimentelle und angewandte Psychologie, 1960, Bd. 7, S. 427—450.

Criswell, Joan H., Herbert Solomon und Patrick Suppes, Hrsg., Mathematical Methods in Small Group Processes, Stanford (Calif.) 1962.

Crutchfield, Richard S., Social Psychology and Group Processes, in: Calvin P. Stone und Quinn McNemar, Hrsg., Annual Review of Psychology, Bd. 5, Stanford (Calif.) 1954.

Dashiell, J. F., An Experimental Analysis of Some Group Effects, in: Journal of Abnormal and Social Psychology, 1930, Bd. 25, S. 190—199.

Deutsch, Morton, A Theory of Cooperation and Competition, in: Human Relations, 1949, Bd. 2, S. 129—152.

Deutsch, Morton, Experimental Study of the Effects of Cooperation and Competition upon Group Processes, in: Human Relations, 1949, Bd. 2, S. 199—232.
Deutsch, Morton, und *H. Gerard*, A Study of Normative and Informational Social Influences upon Individual Judgement, in: Journal of Abnormal and Social Psychology, 1955, Bd. 51, S. 629—636.
Dirks, H., Experimente mit der kleinen Gruppe, in: Psychologie und Praxis, 1958, Bd. 2, S. 293—299.
Dirks, H., Über die Bedeutung strukturpsychologischer Erkenntnisse für die Probleme der Gruppenpsychologie, in: Psychologische Rundschau, 1950, Bd. 10, S. 251—269.

Emge, R. Martinus, Die Lösung von der Gruppe und ihr Verhältnis zu Außenstehenden, in: Kölner Zeitschrift für Soziologie, 1953—54, Bd. 6, S. 63—82.
Emge, R. Martinus, Der Einzelne und die organisierte Gruppe, Mainz 1956.
Engelmayer, Otto, Das Soziogramm in der modernen Schule, 2. Aufl., München 1958.
Ex, Jacques, Situationsanalyse und sozialpsychologisches Experiment, in: Zeitschrift für experimentelle und angewandte Psychologie, 1960, Bd. 7, S. 100—125.
Eyfferth, K., Erfassung von Gruppenstrukturen, in: *A. Meili* und *Hubert Rohracher*, Hrsg., Lehrbuch der experimentellen Psychologie, Bern und Stuttgart 1963.

Festinger, Leon, Social Psychology and Group Processes, in: *Calvin P. Stone* und *Quinn McNemar*, Hrsg., Annual Review of Psychology, Bd. 6., Stanford (Calif.) 1955.
Festinger, Leon, Stanley Schachter und *Kurt W. Back*, Social Pressures in Informal Groups: A Study of Human Factors in Housing, New York 1950.
Festinger, Leon, W. H. Riecken, Jr. und *Stanley Schachter*, When Prophecy Fails, Minneapolis 1965.
Fichter, Joseph H., Die Sozialstruktur der Gruppen in einer Pfarre, in: Kölner Zeitschrift für Soziologie und Sozialpsychologie, 1955, Bd. 7, S. 43—54.
Fiedler, Fred E., W. Hartmann und *S. A. Rudin*, The Relationship of Interpersonal Perception to Effectiveness in Basketball Teams, Bureau of Research and Service, University of Illinois, Urbana (Ill.) 1952.
Fiedler, Fred E., W. Hartmann und *S. A. Rudin*, Correction and Extension of Relationship of Interpersonal Perception of Effectiveness in Basketball Teams, Bureau of Research and Service, University of Illinois, Urbana, Ill., 1953.
Fiedler, Fred E., Assumed Similarity Measures as Predictors of Team Effectiveness, in: Journal of Abnormal and Social Psychology, Bd. 49, 1954, S. 381—388.
Fiedler, Fred E., Leader Attitudes and Group Effectiveness, Urbana (Ill.) 1958.
Fiedler, Fred E., The Leader's Psychological Distance and Group Effectiveness, in: *Dorwin Cartwright* und *Alvin Zander*, Hrsg., Group Dynamics, Evanston 1960, S. 586—606.
Fiedler, Fred E., Leadership: A New Model, in: Discovery, April 1965.
Finkelstein, B. A., Die Psychologie der isolierten Gruppe, in: Schweizer Zeitschrift für Psychologie, 1948, Bd. 7, S. 46—63.
Fischer, Hardi, Gruppenstruktur und Gruppenleistung, Bern und Stuttgart 1962.
French, John R. P., Organized and Unorganized Groups under Fear and Frustration, in: University of Iowa Studies of Child Welfare, 1944, Bd. 20, S. 231—308.
French, Robert L., Social Psychology and Group Processes, in: *Paul R. Farnsworth* und *Quinn McNemar*, Hrsg., Annual Review of Psychology, Bd. 7, Stanford (Calif.) 1956.
Friedemann, Adolf, Soziogramm, Aktogramm und Dynamik der Gruppe, insbesondere der Schulgruppe, in: Schweizer Zeitschrift für Psychologie und ihre Anwendungen, Ber. 20, 1961, S. 56—60.

Geiger, Theodor, Über Soziometrik und ihre Grenzen, in: Kölner Zeitschrift für Soziologie, 1948/49, Bd. 1.
Gibb, Cecil A., Leadership, in: *Gardner Lindzey*, Hrsg., Handbook of Social Psychology, Bd. II., Reading (Mass.) 1954.
Gilchrist, J. C., Social Psychology and Group Processes, in: *Paul R. Farnsworth* und *Quinn McNemar*, Hrsg., Annual Review of Psychology, Bd. 10, Palo Alto (Calif.) 1959.
Golembiewski, Robert R., The Small Group. An Analysis of Research Concepts and Operation, Chicago 1962.
Gordon, C. Wayne, Die Schulklasse als ein soziales System, in: Kölner Zeitschrift für Soziologie und Sozialpsychologie, Köln-Opladen 1959.
Guetzkow, Harold, Hrsg., Groups, Leadership and Men, New York 1963.
Gurvitch, Georges, Mikrosoziologie und Soziometrie, in: Zeitschrift für die gesamte Staatswissenschaft, 1955, Bd. 111, S. 322—353.

Hare, A. Paul, Edgar F. Borgatta und *Robert F. Bales,* Hrsg., Small Groups. Studies in Social Interaction, New York 1955.
Hare, A. Paul, Handbook of Small Group Research, Glencoe (Ill.) 1962.
Hartley, Eugene L., und *Ruth E. Hartley,* Die Grundlagen der Sozialpsychologie, Berlin 1955.
Harvey, O. J., An Experimental Approach to the Study of Status Relations in Informal Groups, in: American Sociological Review, 1953, Bd. 18, S. 357—367.
Haseloff, Otto Walter, Zur Anwendung experimenteller Sozialpsychologie in der Schulklasse, in: Pädagogische Rundschau, 1948/8, Bd. 3, S. 359—370.
Hawcroft, E. G., Group Interaction in Psysical Education, in: Physical Education, Vol. 52, 1960/3, S. 15—17.
Heider, Fritz, The Psychology of Interpersonal Relations, New York 1958.
Heyns, Roger W., Social Psychology and Group Processes, in: *Paul R. Farnsworth* und *Quinn McNemar,* Hrsg., Annual Review of Psychology, Bd. 9, Palo Alto (Calif.) 1958.
Hillebrandt, Friedrich, Die Gruppenstruktur einer Schulklasse und ihre Wandlung, in: Schule und Psychologie, 1958, Bd. 5, S. 225—236.
Höhn, Elfriede, und *M. Koch,* Zur Psychologie des Außenseiters, in: Psychologische Rundschau, 1954, Bd. 5, S. 271—283.
Höhn, Elfriede, und *C. P. Schick,* Das Soziogramm. (Die Erfassung von Gruppenstrukturen.) Eine Einführung für die psychologische und pädagogische Praxis, Stuttgart 1954.
Hollander, Edwin P., und *Raymond G. Hunt,* Hrsg., Current Perspectives in Social Psychology, New York 1963.
Hörmann, Hans, und *Ernst Timaeus,* Altersabhängigkeit einiger Gruppenstrukturen bei Oberschülerinnen, in: Psychologische Rundschau, 1961, Bd. 12, S. 93—99.
Hofstätter, Peter R., Sozialpsychologie, Berlin 1956.
Hofstätter, Peter R., Gruppendynamik, Reinbek bei Hamburg 1957.
Homans, George Caspar, The Human Group, New York 1950. Deutsch: Theorie der sozialen Gruppe, Köln und Opladen 1960.
Homans, George Caspar, Social Behavior: Its Elementary Forms, New York 1961.
Homans, George Caspar, Sentiments and Activities. Essays in Social Science, Glencoe 1962.
Irle, Martin, Führungsprobleme, in: Handbuch der Psychologie, Bd. 9, Betriebspsychologie, Göttingen 1961.
Irle, Martin, Soziale Systeme, Göttingen 1963.
Jennings, Helen H., Schule und Schülergemeinschaft, Berlin 1951.

Kahlert, H., Möglichkeiten und Grenzen des Soziogramms in der Schulpraxis, in: Die Deutsche Berufs- und Fachschule, 1958, Bd. 54, S. 14—17.
Kahlert, H., Schulklassen und Kleingruppen, in: Zeitschrift für Pädagogik, 1958, Bd. 4, S. 43—47.
Katz, Daniel, Social Psychology and Group Processes, in: *Calvin P. Stone* und *Donald W. Taylor,* Hrsg., Annual Review of Psychology, Bd. 2, Stanford (Calif.) 1951.
Katz, Elihu, und *Paul F. Lazarsfeld,* Persönlicher Einfluß und Meinungsbildung, München 1962.
Kelley, Harold H., und *J. W. Thibaut,* Experimental Studies of Group Problem Solving and Processes, in: *Gardner Lindzey* Hrsg., Handbook of Social Psychology, Bd. I. Reading (Mass.) 1954.
Kelley, Harold H., John W. Thibaut, Roland Radlof und *David Mundy,* Development of Cooperation in the „Minimal Social Situation", in: Psychological Monographs General and Applied, 1962/19, Bd. 76, S. 1—19.
Klein, Josephine, The Study of Groups, London 1956.
König, René, Einige Bemerkungen zur Übersetzung von J. L. Moreno: Die Grundlagen der Soziometrie, in: Psyche, 1955/56, Bd. 9, S. 905—911.
König, René, Peter Atteslander, Heiner Treinen und *Hans-Wolfgang Stiebler,* betriebssoziologische Mikroanalyse, in: Kölner Zeitschrift für Soziologie und Sozialpsychologie, 1956, Bd. 1, S. 46—91.
König, René, Die informellen Gruppen im Industriebetrieb, in: *E. Schnaufer* und *K. Agthe,* Hrsg., Organisation, Berlin, Baden-Baden 1961, S. 55—118.
Kortzfleisch, S. v., Frühformen einer jugendlichen Bande, in: Psychologische Rundschau, 1957, Bd. 8, S. 190—194.
Krech, David, und *Richard S. Crutchfield,* Theory and Problems of Social Psychology, New York 1948.
Krech, David, Richard S. Crutchfield und *Egerton L. Ballachey,* Individual in Society, A Textbook of Social Psychology, New York, San Francisco, Toronto und London 1962.
Kurz, Ursula: Partielle Anpassung und Kulturkonflikt. Gruppenstruktur und Anpassungsdispositionen in einem italienischen Gastarbeiterlager, in: Kölner Zeitschrift für

Soziologie und Sozialpsychologie, 1965, Bd. 17, S. 814—832.

Lange, W., und H. Richter, Soziometrische Untersuchungen einer Schulklasse, in: Pädagogik, 1948/8, Bd. 3, S. 368—372.

Leavitt, Harold J., Some Effects of Certain Communication Patterns on Group Performance, in: Journal of Abnormal and Social Psychology, 1951, Bd. 46, S. 38—50.

*Lenk, Hans, Konflikt und Leistung in Spitzensportmannschaften, in: Soziale Welt, 1965, S. 307—347.

*Lenk, Hans, Renngemeinschaft und Gruppendynamik, in: Rudersport, 1962.

*Lewin, Kurt, Field Theory in Social Science, New York 1951. Deutsch: Feldtheorie in den Sozialwissenschaften, Bern und Stuttgart 1963.

Lewin, Kurt, Group Decision and Social Change, in: Guy E. Swanson, Theodore M. Newcomb und Eugene L. Hartley, Hrsg., Readings in Social Psychology (Revised Edition), New York 1952.

*Lewin, Kurt, Ronald Lippit und Ralph K. White, Patterns of Aggressive Behavior in Experimentally Created „Social Climates", in: Journal of Social Psychology, 1939, Bd. 10, S. 271—299.

Lichtenberger, Waldemar, Formelle und informelle soziale Ordnung im Verband einer Schulklasse, in: Schule und Psychologie, 1960, Bd. 7, S. 33—43.

Lichtenberger, Waldemar, Die Bedeutung soziometrischer Untersuchungen für die erzieherischen und unterrichtlichen Maßnahmen des Berufserziehers, in: Schule und Psychologie, 1961, Bd. 8, S. 271—282.

Lindzey, Gardner, Hrsg., Handbook of Social Psychology, 2 Bde., Reading (Mass.) 1954.

Lochner, Rudolf, Das Soziogramm der Schulklasse, in: Zeitschrift für Pädagogische Psychologie, 1927, Bd. 20, S. 127 ff.

Lütkens, Charlotte, Die kleine Gruppe — Legende und Wirklichkeit, in: Kölner Zeitschrift für Soziologie und Sozialpsychologie, 1956, Bd. 8, S. 426—449.

*Lüschen, Günther, Prolegomena zu einer Soziologie des Sports. (Mit einer Übersicht über die deutschsprachige Literatur.), in: Kölner Zeitschrift für Soziologie und Sozialpsychologie 1960, Bd. 12, S. 505—515.

*Lüschen, Günther, Soziologische Aspekte der Leistung, in: Allgemeine Deutsche Lehrerzeitung (Beilage Leibeserziehung), 1964/5.

*Lüschen, Günther, Die Klein-Gruppen-Forschung und der Sport, in: Leibeserziehung, 1966, S. 54 f.

Lukasczyk, Kurt, Gruppenstruktur und Gruppenprozeß, in: Bericht über den 21. Kongreß der Deutschen Gesellschaft für Psychologie, Göttingen 1958.

Lukasczyk, Kurt, Zur Theorie der Führer-Rolle, in: Bericht über den 22. Kongreß der Deutschen Gesellschaft für Psychologie, Göttingen 1960.

Maccoby, Eleanor E., Theodore M. Newcomb und L. Eugene Hartley, Hrsg., Readings in Social Psychology, New York 1958.

Mann, Richard D., A Review of the Relationships between Personality and Performance in Small Groups, in: Psychol. Bulletin, 1959, Bd. 56, S. 241—270.

Mayer, August, Über Einzel- und Gesamtleistungen der Schulkinder, in: Archiv für die gesamte Psychologie, 1903, Bd. 1, S. 276—417.

*McGrath, Josef E., The Influence of Positive Interpersonal Relations on Adjustment Effectiveness in Rifle Teams, in: Journal of Abnormal and Social Psychology, 1962, Bd. 65, S. 365—375.

McGrath, Joseph E., und I. Altmann, Small Group Research Studies, Arlington 1962.

McGrath, Joseph E., und I. Altmann, Small Groups Research. A Synthesis and Critique of the Field, New York 1965.

Mertn, Anneliese, Validitätsuntersuchung zum soziometrischen Test, in: Zeitschrift für experimentelle und angewandte Psychologie, 1960, Bd. 7, S. 631—641.

Meumann, Ernst, Haus- und Schularbeit, Leipzig 1914.

Mey, Harald, Studien zur Anwendung des Feldbegriffs in den Sozialwissenschaften, München 1965.

*Moede, Walther, Experimentelle Massenpsychologie. Beiträge zur Experimentalpsychologie der Gruppe, Leipzig 1920.

Moreno, J. L., Who Shall Survive? Foundations of Sociometry, Group Psychotherapy and Sociodrama, Washington 1934, deutsch: Die Grundlagen der Soziometrie, Köln und Opladen 1954.

Müller, Heinz A., Die Verwendung der Interaktionskategorien von Bales beim Gruppenfertigungsversuch, in: Psychologische Rundschau, 1961, Bd. 12, S. 251—263.

Müller, Heinz A., Die Dynamik des Arbeitsverhaltens und ihre Wirkung auf die Gruppenleistung, in: Psychologie und Praxis, 1962, Bd. 6, S. 21—28.

Müller, Heinz A., Ergebnisse der sozialpsychologischen Gruppenforschung in ihrer Bedeutung für die politische Erziehung, in: Polit. Psychologie, 1966, 4, S. 45—64.

Müller, Heinz A., Die experimentelle Gruppenforschung und ihre Stellung in der Sozialpsychologie, in: Psychologische Rundschau, 1966, Bd. 17, S. 23—33.

Müller, Lothar, Das Moreno-Soziogramm im Rahmen der vergleichenden Schulklassenforschung, in: *Johann Peter Ruppert*, Hrsg., Die seelischen Grundlagen der sozialen Erziehung, Bd. 3, Der interne Raum der Schule, Weinheim 1965, S. 345—464.

Mulder, Mauk, Power and Satisfaction in Task-Oriented Groups, in: Acta Psychologica, 1959, Bd. 16, S. 178—225.

Mulder, Mauk, Group-Structure and Group-Performance, in: Acta Psychologica, 1959, Bd. 16, S. 356—402.

Mulder, Mauk, Group Structure, Motivation and Group Performance, Den Haag und Paris 1963.

Myers, Albert, Team Competition, Success, and the Adjustment of Group Members, in: Journal of Abnormal and Social Psychology, 1962, Bd. 65, S. 325—332.

Nehnevasja, Jiri, Soziometrische Analysen von Gruppen (mit einer Bibliographie der Soziometrie), in: Kölner Zeitschrift für Soziologie und Sozialpsychologie, 1955, Bd. 7, S. 119—157, S. 280—302.

Newcomb, Theodore M., Social Psychology and Group Processes, in: *P. Stone* und *Donald W. Taylor*, Hrsg., Annual Review of Psychology, Bd. 4, Stanford (Calif.) 1953.

Newcomb, Theodore M., Sozialpsychologie, Meisenheim 1959.

Obata, K., Acceptance of Team Members in Playing Group, in: Research Journal of Physical Education, 1958, Bd. 3.

Odan, K., Social Conflict in the Negotiatory Process of Playing Group, in: Research Journal of Physical Education, 1951, Bd. 4.

Oerter, Rolf, Die Suggestivwirkung von Gruppenmitgliedern mit extremer Position auf die Gruppe, in: Psychologische Rundschau, 1963, Bd. 14, S. 275—285.

Olmstedt, Michael S., The Small Group, New York 1964.

Parsons, Talcott, et al. Hrsg., Family, Socialization and Interaction Process, Glencoe 1955.

Paul, H., Der Vorgang der Gruppenbildung beim Spiel, in: Soziale Welt, 1952, Bd. 4, S. 50—58.

Pesquie, Pierre, La cohésion de l'équipe sportive, in: Education physique et sport, 1963/64.

Petrullo, Luigi, und *Bernard Bass*, Hrsg., Leadership and Interpersonal Behavior, New York 1961.

Pfeiffer, E., Dynamismen der Kollegengruppe, in: Jahrbuch für Psychologie und Psychotherapie, 1958, Bd. 5, S. 368—375.

Proshansky, Harold M., und *Bernard Seidenberg*, Hrsg., Basic Studies in Social Psychology, New York 1965.

Riecken, Henry W., Social Psychology, in: *Paul R. Farnsworth* und *Quinn McNemar*, Hrsg., Annual Review of Psychology, Bd. 11, Palo Alto (Calif.) 1960.

Riecken, Henry W., und *George C. Homans*, Psychological Aspects of Social Structure, in: *Gardner Lindzey*, Hrsg., Handbook of Social Psychology, Bd. 2, Reading (Mass.) 1954.

Roethlisberger, F. J., und *W. J. Dickson*, Management and the Worker, Cambridge (Mass.) 1939.

Roger, Roger, An Attempt to Integrate an Group Isolate, in: Journal of Educational Sociology, 1962, Bd. 36, S. 154—158.

Rollett, Brigitte, Struktur und Wechselwirkung in Kleingruppen: Der Gestaltlegetest als Gruppentest, in: Bericht über den 23. Kongreß der Deutschen Gesellschaft für Psychologie, Göttingen 1963.

Roseborough, M. E., Experimental Studies of Small Groups, in: Psychol. Bulletin 1953, Bd. 50, S. 275—303.

Schachter, Stanley, Deviation, Rejection and Communication, in: Journal of Abnormal and Social Psychology, 1951, Bd. 46, S. 190—207.

Schachter, Stanley, et al. An Experimental Study of Cohesiveness and Productivity, in: Human Relations, 1951, Bd. 4, S. 229—238.

Schäfer, Otto, Zur Gruppenstruktur der Gymnasialklasse, in: Kölner Zeitschrift für Soziologie und Sozialpsychologie, 1959, Bd. 11, S. 120—130.

Scharmann, Theodor, Zur Systematik des „Gruppen"begriffes in der neueren deutschen Psychologie und Soziologie, in: Psychologische Rundschau, 1959, Bd. 10, S. 16—48.

Scharmann, Theodor, Zur Methodik der experimentellen Gruppenforschung, in: Bericht über den 22. Kongreß der Deutschen Gesellschaft für Psychologie, Göttingen 1960, S. 259—262.

Scharmann, Theodor, Experimentelle Interaktionsanalyse kleiner Gruppen, in: Kölner Zeitschrift für Soziologie und Sozialpsychologie, 1962, Bd. 14, S. 139—154.

Schindler, S., Gespräche über Gruppen, deren Struktur und Dynamik, in: Jahrbuch für Psychologie und Psychotherapie, 1958, Bd. 5, S. 341—342.

Schmidt, Ernst A. F., Die graphische Soziomatrix, in: Kölner Zeitschrift für Soziologie und Sozialpsychologie, 1962, Bd. 14, S. 198 —210.

Schöneberger, Walter, Soziale Beziehungen in der Kindergruppe, Frauenfeld 1959.

Schulenberg, Wolfgang, Über die Kameradschaft, in: Westermanns Pädagogische Beiträge, 1958/7, Bd. 10, S. 269—277.

Sennewald, H., Strukturanalyse von Schulklassen, in: Pädagogik, 1956, Bd. 11, S. 224 —227.

Shaw, Marvin E., Group Dynamics, in: *Paul R. Farnsworth*, et al. Hrsg., Annual Review of Psychology, Bd. 12, Palo Alto (Calif.) 1961.

Sherif, Muzafer, A Study of Some Social Factors in Perception, in: Arch. Psychol. 1935.

Sherif, Muzafer, The Psychology of Social Norms, New York 1936.

Sherif, Muzafer, und *Carolyn W. Sherif*, Groups in Harmony and Tension, New York 1953.

Sherif, Muzafer, und *Milbourne O. Wilson*, Hrsg., Group Relations at the Crossroads, New York 1953.

Sherif, Muzafer, B. J. White und *O. J. Harvey*, Status in Experimentally Produced Groups, in: American Journal of Sociology, 1955, Bd. 60, S. 370—379.

Shibutani, Tamotsu, Society and Personality, New York 1961.

Simmel, Georg, Soziologie, 4. Aufl., Berlin 1958.

Smith, N. Brewster, Social Psychology and Group Processes, in: *Calvin P. Stone* und *Donald W. Taylor*, Hrsg., Annual Review of Psychology, Bd. 3, Stanford (Calif.) 1952.

Sodhi, Kripal S., Urteilsbildung im sozialen Kraftfeld. Experimentelle Untersuchungen zur Grundlegung der Sozialpsychologie, Göttingen 1953.

Sodhi, Kripal S., Der Einfluß der Gruppe auf das Individuum, in: *A. Meili* und *W. Rohracher*, Hrsg., Lehrbuch der Experimentellen Psychologie, Bern und Stuttgart 1963.

Steiner, Ivan D., Group Dynamics, in: *Paul R. Farnsworth*, et. al., Hrsg., Annual Review of Psychology, Bd. 15, Palo Alto (Calif.) 1964.

Steiner, Ivan D., und *Martin Fishbein*, Hrsg., Current Studies in Social Psychology, New York 1965.

Stemmler, Johannes, Führertypen, in: Kölner Zeitschrift für Soziologie und Sozialpsychologie, 1953—54, Bd. 6, S. 533—563.

Stendenbach, Franz Josef, Soziale Interaktion und Lernprozesse, Köln und Berlin 1963.

Stirn, Hans, Die kleine Gruppe in der deutschen Soziologie, in: Kölner Zeitschrift für Soziologie und Sozialphycologie, 1955, Bd. 7, S. 532—557.

Stogdill, Ralph, Personal Factors Associated with Leadership: A Survey of the Literature, in: Journal of Psychology, 1948, Bd. 25, S. 35—71.

**Stogdill, Ralph*, Team Achievement under High Motivation, Ohio State University Studies, Business Research Monograph, 113, 1963.

Strodtbeck, Fred L., und *Paul A. Hare*, Bibliography of Small Group Research: From 1900 through 1953, in: Sociometry, 1954, Bd. 17, S. 107—178.

Swanson, G. E., T. M. Newcomb und *E. L. Hartley*, Hrsg., Readings in Social Psychology (Revised Edition), New York 1952.

Tagiuri, Renato, und *Luigi Petrullo*, Hrsg., Person Perception and Interpersonal Behavior, Stanford (Calif.) 1958.

Taylor, D. W., und *W. L. Faust*, Twenty Questions: Efficiency in Problem Solving as a Function of Size of Group, in: Journal of Experimental Psychology, 1952, Bd. 44, S. 360—368.

Teirich, H. R., Rangordnungsprobleme in der Gruppe bei Mensch und Tier, in: Zeitschrift für Psychotherapie und Psychologie, 1954, S. 193—200.

Teirich, H. R., Soziometrie und Gruppenpsychotherapie, in: Zeitschrift für Psychotherapie und medizinische Psychologie, Bd. 7, S. 41—48.

Thelen, Herbert A., Dynamics of Groups at Work, Chicago 1954.

Thibaut, John W., und *H. H. Kelley*, The Social Psychology of Groups, New York 1959.

Timaeus, Ernst, Verbale Konditionierung und Personvariablen, in: Zeitschrift für experimentelle und angewandte Psychologie (im Druck).

**Tripplett, Norman*, The Dynamogenic Factors in Pacemaking and Competition, in: American Journal of Psychology, 1897, Bd. 9, S. 507—533.

**Whyte, William F.*, Street Corner Society: The Social Structure of an Italian Slum, Chicago 1943.

Washburne, Norman F., Hrsg., Decisions, Values and Groups, Bd. 2, New York 1962.

Weiß, Carl, Abriß der pädagogischen Soziologie, 2. Teil, Bad Heilbrunn 1952.

Wellek, Albert, Hrsg., Gesamtverzeichnis der deutschsprachigen psychologischen Literatur der Jahre 1942 bis 1960, Göttingen 1965.

Willner, Dorothy, Hrsg., Decisions, Values and Groups, Bd. 1, New York 1960.

Wiese, Leopold von, Soziometrie, in: Kölner Zeitschrift für Soziologie und Sozialpsychologie, 1948—49, Bd. 1, S. 23—40.

Zulliger, H., Kollektivpsychologische Erscheinungen in einem Ferienheim, in: Zeitschrift für Psychoanalyse, 1949, Bd. 1, S. 67—84.